创业记

吹尽狂沙始到金

符蓉　曹琪　柯有雄◎著

经济管理出版社
ECONOMY & MANAGEMENT PUBLISHING HOUSE

图书在版编目（CIP）数据

创业记/符蓉，曹琪，柯有雄著 . —北京：经济管理出版社，2022. 12
（职场）
ISBN 978-7-5096-8928-8

Ⅰ.①创… Ⅱ.①符…②曹…③柯… Ⅲ.①创业—通俗读物 Ⅳ.①F241.4-49

中国国家版本馆 CIP 数据核字（2023）第 007755 号

组稿编辑：张莉琼
责任编辑：张莉琼
责任印制：黄章平
责任校对：王淑卿

出版发行：经济管理出版社
　　　　　（北京市海淀区北蜂窝 8 号中雅大厦 A 座 11 层　100038）
网　　　址：www.E-mp.com.cn
电　　　话：（010）51915602
印　　　刷：唐山昊达印刷有限公司
经　　　销：新华书店
开　　　本：720mm×1000mm/16
印　　　张：19
字　　　数：260 千字
版　　　次：2023 年 8 月第 1 版　　2023 年 8 月第 1 次印刷
书　　　号：ISBN 978-7-5096-8928-8
定　　　价：118.00 元（共二册）

谨以此书，献给最可爱的人！

谢谢你们，为中华民族的振兴崛起和繁荣昌盛，保驾护航！

谢谢你们，为中国人民的和平安定和岁月静好，负重前行！

脱下军装，进入社会，

我们陪你一起，退役不褪色，建功新时代！

本书编委会

编委会主任

贺　臻

编委会副主任

郭新宇

编委会成员

徐　华　马同勇　安家伟　陆嘉淇　汪学聪　赵丽芳

推荐序

——军人，不仅要敢战，还要善战！

我曾经是一名军人。

在离开部队之后，我经历了很多困难和挑战，吃了很多苦，同时也走了很多弯路，但军人的坚强和荣耀不允许我向现实低头，经过多年打拼，才稍稍有了些许成就。

我相信，每个人都有一个创业梦，一个创造一片天地的理想，军人更是如此。随着党和国家对退役军人的越发重视，其待遇不断提高，特别是当下的战友们，退役的时候怀揣一笔不小的退役金，很容易就产生创业的冲动。

和我同龄的老战友，不少人过上了平凡且稳定的生活，也有不少人和我一样在创业的道路上拼搏，成功的少，失败的多。这些年我也接触了很多年轻的创业战友，他们的条件更好、想法更多，但非常可惜的是，比较盲目和茫然，当资金消耗殆尽，留下的就是各种遗憾。甚至还有很多战友被坑骗或被背叛，让人愤怒，更让人心痛。

我在不少场合分享过创业的经历、心得和建议，但毕竟零散，听到的人也不够多。我曾经想过是否通过讲课或者出书的方式，做系统的整理和输出，从而能够帮助到更多的人，奈何时间、精力以及能力不够，一直没有成行。

有幸，我看到了这本书！

书名就让人耳目一新，"吹尽狂沙始到金"，这句诗出自刘禹锡的《浪淘沙·莫道谗言如浪深》，一句话几乎道尽了创业的艰辛、曲折和成就感。

退役军人创业既有着得天独厚的优势，比如政策的扶持、军队信誉的背书、战友之间的互帮互助，也有着不小的局限，比如认知的偏差、经验的缺失、个性上的不够圆滑等。这个时候，他们特别需要一个系统的指导：如何发挥优势、规避不足？

首先，创业是有逻辑和条件的，在开始之初就不能莽撞，比如本书就提到"认清形势、谨慎选择、有备而行"，一拍脑袋撸起袖子就开干，风险很大。

其次，创业是有套路和流程的，选择什么赛道、如何确认创业方向、怎样评估市场、如何组建创业团队、创业过程中要注意什么障碍和陷阱等。如果不清楚这些，创业的难度必然会增加不少。

最后，创业是需要一定的能力和技巧的，如何管理公司、如何领导团队、如何开拓市场、如何搞定资金等。如果对这些没有概念，创业失败的概率就会很大。

更重要的是，通常市面上能接触到的创业的教学内容具有一定的普适性，而退役军人的特殊性就很难被顾及到，比如经历、个性、政策、社会关系网络等。《创业记》是一部非常用心的、系统的创业指导手册，更难能可贵的是，它是面向咱们退役军人定制的，从书里的案例甚至用词、用语都能感受到，针对性和实用性有保障。

在这部著作里，我能够看到当年我所走过的弯路、所遇到过的困难、所面临的困境，如果早十年有这样一本书摆在我面前，我想我应该能走得更远、更顺吧。

非常荣幸被邀请为本书作序，因为从中我看到了真心、用心，当然还有专业和责任。

仅以此序，预祝每一位退役创业的战友，闪耀于创业的新战场！

郭新宇

天奕信息技术股份有限公司董事长

前　言

本书的初心

昔日军营挥汗水，今朝立业在地方。

想当年，热血的你穿上军装，去到了祖国最需要的地方，挥洒着汗水与鲜血，保卫着身后人民群众的幸福生活。

现如今，你脱下军装，又将奔赴没有硝烟的战场，在建设新时代的浪潮中，为社会的发展、为自我的成就，继续贡献着自己的力量。

"互联网+""大众创业、万众创新"等国家战略的实施，给我国发展带来了新的历史机遇，也给广大退役军人创业带来了难得的历史机遇。

但是对于刚退役的军人来说，由于长期在部队，商业知识体系还未建立，对地方经济形势缺乏了解，想创业却不知从何做起，迫切需要对创业有一个全面的认识和学习。为了让打算创业的退役军人了解国家社会经济发展形势，理解企业管理及运行的基本规律，掌握市场调研、项目选择、资金筹集、团队建设、企业运营、市场营销等创业方面的知识，提高退役军人在创业过程中分析问题和解决问题的能力，提升其综合素质和创业成功率，最终成功创业，我们组织编写了本书。

如何让我们"最可爱的人"在踏上创业之路的过程中，能够清晰地认识创业环境，梳理自身的优势和方向，掌握创业的方式、路径和技能，是我们撰写本书的初心！

用一片真心，换你一路顺利！

本书的特色

1. 内容实用实在，详略相宜

本书内容涵盖了退役军人创业的各个方面，比如创业环境、创业准备、创业方向、企业运营、团队组建和管理、公司设立及融资等。

本书结构简洁明了，符合军人阅读习惯；在内容上，注重知识的实用性和可操作性，将复杂的知识简单化、简单的内容形象化。

本书基于退役军人创业的实际难点和痛点，将更多篇幅集中在退役军人关注的、实用的内容上，由浅入深、循序渐进。

2. 行文图文结合，情景故事有效串联

本书采用图文结合的方式进行编写，不仅有示例图片，还有实景照片、插画/漫画，让读者轻松阅读，获得良好的阅读体验。

在行文结构上，本书将李大力退役后的创业经历放在每章开头，反映退役军人创业路上的普遍问题，由多年从事军转工作的"小郭政委"和从事退役军人创业辅导工作的专家"莫指导员"给予方向上的指导，并在行文中以大量案例进行佐证，让内容更加丰富、生动、可读！

3. 科学实用，直指根本

本书在创作过程中，采访和调研了大量刚退役的军人和已有创业经历的退役军人，了解了他们的所思所想和各种经历，通过不断的拆解和研究，提供更具针对性的解决方案和建议。

同时，本书的编辑团队中有多位企业管理领域的专家和顾问，他们给本书提供了专业的建议，保证了本书内容的科学性和正确性，也使得本书更具创业指导价值。

本书的读者对象

（1）负责退役军人服务、保障的有关单位领导和相关人员。

（2）军队退伍退役军人服务部门相关人员。

（3）退役准备期军人。

（4）已退役待创业的军人。

（5）其他有创业需求的退役军人。

目　录

导 论

党中央提出大众创业、万众创新的方略，对退役军人来说，是一次巨大的机遇。

这是一个创业最好的时代。中国经过 40 多年的改革开放，经济取得了巨大的成就，人们的生活水平得到了巨大的提高，城市化的发展使工业体系、经济服务体系得到了巨大的完善，社会文化得以不断丰富。随着经济不断深入发展，经济增速在下降，市场环境在变化，创新成为发展最强的动力，而创业无疑是创新的助推器和催化剂。创新创业一方面能够解决就业问题，另一方面能够挖掘潜在的市场和能力。但是大家会说，创业创新非常艰难，是的，非常难。但是我们所处的这个时代，国富民强，政局稳定，人们的消费能力进一步增强，市场环境也比较完善，各级政府对创业制定了各种各样的扶持政策和优惠政策。

在这个时代，机会对每个人来说基本平等，并不一定只有大学生才能成为企业家，才能成为经济英雄，才能成就大事。市场经济不唯学历论，不唯背景论，不唯出身论，成功的道路千万条，每个人都有成功的机会。对于创业来说，万事俱备，只欠你创新的理念和创业的意志。特别是年轻的退役军人，如果这个时候不创业，当你回首往事的时候会非常遗憾。身处这个时代，年轻人为什么不去尝试呢？没有失败就没有成功，所有成功的鲜花都成长于失败的土壤上，不经历失败，就不知道成功的幸福；不经历失败，就无法总结走向成功的经验；不经历失败，人生就无法变得圆满。创业首先要树立正确的成败观，成不骄，败不馁。

军人的特质适合创业。俗话说，商场如战场，讲的是一个普遍的道理，军队与企业，优秀的军人与合格的商人，在某些方面是相通的：

（1）战略意识。企业经营从某种意义上来说，是对军队战争的模拟、创新和丰富。打仗讲究排兵布阵，讲究战略先行，无论是打游击战、运动战还是阵地战，是横队队形、纵队队形，还是三角队形、梯形队形，这些都要根据时势、环境、兵力等进行全局谋划。《孙子兵法》讲"道天地将法"，这不仅适用于军事，也适用于市场。"道"是市场经济规律，"天"是国内外环境，"地"是经营环境，"将"是领导者，"法"是运行规则。西方近代军事理论鼻祖克劳塞维茨的《战争论》认为，决定战争胜负的是军人的精神，良好的心理素质、知识素质、能力素质是军队制胜的法宝。企业的发展同样需要吃苦耐劳的精神、勇往直前的精神和屡败屡战的精神。这就是军事理论在市场经济和企业经营中的借鉴意义。

我们可以看到，中国著名企业家中，很多都是军人出身，如柳传志、任正非、王石等，他们在各自的领域中成为行业翘楚。全世界有很多著名大学，培养了无数企业精英和管理人才，但是高校培养出世界 500 强企业 CEO 最多的不是牛津、剑桥，不是哈佛、耶鲁，是哪所学校？西点军校！西点军校培养出的世界 500 强企业中最多的 CEO。这说明什么问题？军人的品质、胸襟、谋略不仅不输于管理学院、商学院的学生，甚至在某些方面具有更加明显的优势。

（2）团队协作。军人在团队协作方面的优势特别明显。战场绝不是个人英雄主义的作战阵地，生死之间，需要战友间的紧密协作。战场上单独的一个人很容易被击败，但是一个团队可以形成一座铜墙铁壁。现代战争更是点面结合的系统性战争，海陆空全面打击，空中轰炸，海上移动作战，陆地进行集中扫射或者点射。企业运作也需要各部门通力合作，为了一个目标、朝着一个方向，运用各种手段，整合各项资源，配备各类人才，只有这样，才能取得最后的胜利！

（3）意志品质。军队不仅培养军人的思维方式，更注重锻炼意志以及对胸襟责任的熏陶，所以军人具有很强的责任意识、牺牲精神和执行能力，责任、团队、执行，有了这三样，不仅能干好企业，做任何事情都能无往而不胜。特别是军人疾恶如仇、刚直不阿的优秀品质，从市场来说，短期内可能会遇到阻滞和困境，但从长远来看，一定是军人站稳脚跟、树立形象的定海神针。

　　（4）军队文化。军队文化塑造了军人的性格和涵养，军队的"强"文化对企业文化来说，是一种巨大的补充。军人服从性强，个人服从团队，小集体服从大集体，局部服从全局，具有大局意识；执行力强，按时按质按量完成任务，执行效率高；信念意志强，具有必胜的信念，在困难面前永不退缩。

　　基于以上条件，对退役军人来说，创业是巨大的机遇，我们要抓住时代机遇，充分发挥自己的优势，创出一片天地，不仅为国防事业奉献青春激情，而且在市场经济大潮中展示青春风采。

　　不过，创业并不一定等于成功。很多创业故事都告诉我们，只有坚持下去才可能会成功。创业是一个非线性过程，国际上有研究者对成功的创业者做了访谈，47%的成功创业者认为自己的成功靠的是运气，而80%以上的创业失败者将失败归咎于运气不好。创业心理学讲的是创业者心理的弹性抗逆力，创业者应该像个弹簧，能伸能缩却永不崩盘。

　　根据国际调研数据，97%的创业者的收入没有打工者的收入高，为什么依然还有很多人选择创业呢？创业是一种生存方式，就像明知有伤亡，军人仍然要去作战一样。创业是一个高度不确定的过程，它受多方面因素的影响。

　　创业是一个不确定的过程。军旅生涯是一个确定性过程，只要努力奋斗，就一定有收获。但创业可能十年收获一年散尽。创业其实是发现商业机会、组织资源、在特定时间内形成营利能力的过程。很多创业者难以分清思路与商机的区别，能够实现的、有价值的思路才是商机。从思路转变成商机的历程是难以捉摸、自相矛盾和危险的。这就好比一次要经历不同地形、不同天气条件的旅程，旅程中不仅有充满阳光的高速公路，也有迂回曲折、上下起伏的羊肠小路，这些小路可能会把你逼向绝境，沿途还会遇到龙卷风、飓风、沙暴；可能在渺无人烟时耗尽了汽油，或在你最想不到的时候车胎爆了。而这就是创业者的历程，也是一个把赚钱的思路变成商机的过程。很多创业者都将思路当成商机开始创业，部分创业者在困难中不断反思调整，最后实现了思路和商机的一致性。但多数创业者因为没有正确判断商机，错误匹配创业资源和贻误商机，导致容错成本大幅增加。

军人是一个拥有高执行能力的群体，执行命令不允许有偏差，不允许随意性。军人在执行命令过程中讲究配合的默契，当资源短缺时，大部分军人都是向上一级汇报获得支持，听首长的非常重要也很有效。

创业过程却不同，就像是游击队长在敌占区，各种资源短缺，情况层出不穷。创业过程高度不确定，周围环境瞬息万变。判断行业结构的变化，判断市场人群心理的变化，都是在这个变化时代的市场中的基本功。军人的基本功在于强健的体魄和过硬的军事技能，创业者的基本功却是市场敏感性和战略调整能力。每个行业都有快速增长适合创业的时间窗，如果不在窗口期或者窗口期过了，就难以赚到足够的钱来持续经营。

军人与创业者之间的区别还在于社交网络宽度的不同。军人的活动范围为自己的营房，社交网络基本是同连队的士兵；军官的范围宽一些，但是受纪律约束也很难跨到其他城市、其他国家进行交际。创业者处在一个变化的环境中，一个企业的成败实际上是一个创业者个人的社会网络扩展的结果。一个创业者个人的社会网络扩展为企业的社会网络，就是企业成长的一条路径。企业家社会网络的地域宽度、行业宽度是企业发展的一个重要因素。

今天没有下雨，你或许可以用 12 秒跑完百米。明天大雨加暴风，你就算用 20 秒也跑不到百米。瞬息万变的互联网时代给予每个行业更短的时间窗，行业与行业融合产生的新行业也在分割着客户群体。正确判断自己的能力，判断创业资源聚集的速度及其与商机时间窗的匹配度，将给予每个创业者更大的机会。

每一个退役军人，都是党和国家的宝贵财富，值得倍加关心、倍加爱护。多年来，习近平总书记高度重视退役军人工作，多次发表重要讲话，作出重要指示。

2017 年 10 月 18 日，习近平总书记在党的十九大报告中明确提出：组建退役军人管理保障机构，维护军人军属合法权益，让军人成为全社会尊崇的职业。

2018 年 3 月 12 日，习近平总书记在出席十三届全国人大一次会议解放军和武警部队代表团全体会议时指出：军人是最可爱的人，让军人受到尊崇是最基本的。必须做好退役军人管理保障工作。该保障的要保障好，该落实的政策必须落实，不能让英雄流血又流泪。

2018 年 12 月 31 日，习近平总书记发表 2019 年新年贺词时提出："要关爱退役军人，他们为保家卫国作出了贡献。"

党和政府，时刻牵挂着这群"最可爱的人"，在努力创造更好的条件和机会，在努力提供更齐全的政策、法律和机制保障。

从军队走向社会，从国防走向创业，从军营走向市场，这是一次转变，也是一次升华，是一次颠覆，也是一次重建。站在社会转型的历史节点，抓住创业的大好时机，发挥军人的综合优势，实现一次大时代的华丽转身，为社会的和谐发展留下军人的伟岸身影！衷心祝愿，有创业愿望、有创业冲动的军人，勇敢地走向创业的大道；衷心祝愿，已经创业的退役军人，在创业征程中勇往直前，你们一定是实现中国梦伟大篇章中最壮丽绚烂的风景！

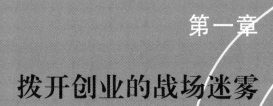

第一章

拨开创业的战场迷雾

手握退役金，抑制不住一颗创业的心

夜幕下的军营，熄灯号响起，数百盏灯同时关灭，热闹了一天的连队归于沉寂，楼道里只有执勤哨兵偶尔发出的咳嗽声。

经过一天的训练，此时躺在床上的李大力久久不能入睡。还有三个月就要退役了，军营中一幕幕往事浮现在他的眼前，他永远忘不了自己第一次五公里越野跑时精疲力竭却咬牙坚持的感觉，忘不了战友们相互帮扶、大声呐喊的景象。转眼五年就过去了，李大力即将结束自己的军旅生活。

此时上铺的赵远航压低了声音说："兄弟们，睡了没？"

李大力还没来得及说话，就听到旁边床的王大海说："没呢，睡不着呀！"

李大力接上话："我也没睡着呢，原来大家都一样呀！"

赵远航接着说："还有三个月就退伍了，大家准备以后干点啥呢？"

这时大家你一言我一语地聊起来。赵远航想去公司里上班，比如到大公司里当一名职员，因为大树底下好乘凉，在大公司里比较稳定，收入有保障；王大海说自己想创业，拿退役金开个公司或做点小生意，这样可以更自由，不用受人管制，但具体做哪方面自己还没想好。

李大力说："说到创业，我已经想好了，我准备回湛江老家，做海鲜养殖生意。"

李大力之所以有这个想法，是因为他在海边的渔村长大，父母均以打鱼为生，以前村民的生活都很艰苦，但近几年，有不少村民开始进行海鲜养殖，赚了大钱。

听了李大力的话，大家突然很感兴趣。因为军人大都喜欢尝试新事物，喜欢挑战，所以不少军人都希望退伍后可以创业，这样更自由，也可以创造更多财富，从而体现自己的价值。但对于如何创业，大家也是心里没底，因为经常听说身边很多战友都创业失败了，第一次就创业成功的寥寥无几。

赵远航兴奋地说："大力，听你的语气，搞海鲜养殖的事你都想好了？"

李大力信心满满地说："差不多了，我已经跟隔壁班的两个老乡小能、阿坤商量好了，我们仨退役后就一起回老家养虾。前一段时间放假时，我们已经一起坐飞机去雷州，跑了四五个地方，做了市场调研，大家都觉得这是一个发家致富的好项目。"

赵远航说："听你讲得这么有信心，真替你开心，你们具体准备怎么做？"

李大力说："我们已经选好了地址，就在我们村里，计划先租个 120 亩水塘，主要养殖南美白对虾和罗氏沼虾。"

赵远航接着说："这两种虾听起来挺稀少的，养出来计划卖到哪儿？"

李大力说："我们县城有个海鲜市场，关于销路完全不用愁，价格也可以，每斤都在 35 元以上，每年可以有几百万元的利润。"

王大海说："大力呀，关于养虾，你可得慎重。我家也是海边的，听有经验的前辈说，虾这东西，娇气得很，养不好很容易死。养殖这个行业能不能赚钱，要看年景，看天气，看水质，当然最重要的是看养殖者的专业能力，可不是光靠努力就行的，你别忘了咱们的师兄张金就是养虾亏了很多钱。"

说到张金，他是两年前退伍的战友，半年前部队组织了一次"就业、创业分享会"，他在会上分享了他的创业故事。他当年听说养虾利润很高，可以快速致富，于是退伍后决定养虾创业，经过前期辛苦的准备后，张金将第一批虾苗投入了虾塘，没想到，在 10 月底的一天早晨，虾塘里出现了大量死虾。尽管损失不小，张金仍然觉得第一次搞养殖，出现问题也可以理解，所以很快就重整旗鼓，投入第二批虾苗，结果一样，过了一个月还是没养活，两批虾苗全部打了水漂。张金在养虾上信心受挫，决定转型，将剩下的资金用来养全鳝鱼，然而结果还是一样，最终亏损60万元，并欠下4万多元的鱼饲料费未结清。

想到张金养虾失败的事，李大力突然觉得养虾创业这件事可能并不像自己想得那么简单，如果要养，需要好好学习一下养殖的技术，不能贸然去养。

这时赵远航接着问："你们的资金够了吗？"

李大力说："我、小能、阿坤我们每人出资20万元，共计60万元。"

赵远航说："60万元可不是小数字，你想过万一发生了风险怎么办吗？"

这时李大力陷入了沉默，之前他一直对养虾这件事满怀信心，但经过战友的这番询问，他突然开始忐忑不安起来，他意识到创业这件事要考虑的东西还是很多的，不是光凭一腔热血就能成功……

 小郭政委开讲啦

创业是一个系统的工程，如果像情景故事里的张金一样，脑门一拍就开干，必然将面临各种各样的问题和风险。创业并不可怕，可怕的是对创业没有基本的认知，盲目、茫然。所以，在创业之前，一定要先做三件事，才能拨开创业的战场迷雾：

一是认清形势，既要了解创业的有利条件，也要认识创业成功的诸多困难；

二是谨慎选择，先充分了解行业情况和要求，再选择要进入的行业；

三是有备而行，"兵马未动，粮草先行"，要进行充分的计划和考量，才能开始创业。

第一节　认清形势

说到创业，有的人认为是九死一生，难于上青天，有的人认为凭一股子激情，没有什么克服不了的困难。其实，过于悲观或过于乐观，都不是适合创业的心态。说到底，创业之前要做的第一件事，就是认清形势，对创业环境有全面、客观的认识。

一、创业优势

俗话说，万事开头难，但是对于退役军人来说，创业并不像很多人认为的那么困难，退役军人在创业流程、市场机会及相关政策上都有很多便利的条件。

（一）注册容易

随着现代商业市场的不断发展和进步，创业的门槛逐渐降低，你可以在家做抖音短视频拍摄，开直播带货，可以在猪八戒等网络平台接一些设计或修图的订单，你也可以去摆个地摊，开个小店，甚至也可以去注册一家公司。但是在开始之前，你需要清楚地了解创业的相关知识。

1. 工作室

如果你想要在电商、自媒体、烘焙、摄影等领域创业，可以去工商管理部门注册工作室，工作室是个人独资企业中的一种。相对来说，工作室注册较容易，具有无注册资金要求、税率较低等优势，但是工作室需要承担无限责任。

2. 个体工商户

如果你准备开个门店，进入餐饮、食品或烟酒等销售或服务类行业，那么你需要去工商管理部门注册个体工商户，如果是某些特殊的行业，比如餐饮、烟酒、民宿等，你还需要在相关部门办理行业经营许可证，经工商以及行业管理部门审批通过后方可营业。个体工商户和工作室一样，需要承担无限责任。

3. 公司

如果你和几个战友一起共同出资，进行外贸、企业服务，或者涉足生产加工等领域，这个时候需去工商管理部门注册公司。同样，公司也需通过得到相关业务管理部门的审批后方可经营。公司所承担的是有限责任，通常只需承担和注册资金相等的责任。

改革开放四十多年来，我国的电子政务系统得到了极大的提升，现在各个地方绝大多数的政务服务都可以在家通过电脑操作完成。如果你有注册的需求，可以直接在当地的政务系统上进行申办，也可以到当地的行政服务中心现场注册，那里也设置有退役军人服务专用通道。

（二）市场机会多

创业，当然不只是注册一家公司这么简单，在注册公司之前不得不考虑"做什么"的问题，也就是创业的方向，要进入哪个行业。俗话说，"男怕入错行，女怕嫁错郎"，对于创业者来说，选错了行业，可能从一开始就注定了失败。

不过，也不用过于担心这个问题。在这个高速发展的时代，只要拥抱科技的革新，跟上时代发展的脚步，就不存在绝对意义上的"夕阳产业"。甚至有不少成功的企业家认为，传统行业依然有很大的发展空间，并且他们也在一直努力地想把"夕阳"变成"朝阳"。联想集团创始人柳传志就是其中之一。

柳传志认为，中国的传统行业有非常大的发展空间，虽然不会像 IT 行业一样突然地爆发、增长，但是也不会萎缩。当跟世界接轨以后，国外一些先进的管理方法和技术的引进，又会使我们这个行业本身产生新的变化。传统行业也可能会突然又处于新的发展期。

过去，我们对夕阳行业的定义更多受到西方经济界的影响，等同于纺织钢铁采掘化工机械等传统初级制造业，实际原因是欧美初级制造业在全球化中，由于成本过高失去了竞争力而被转移到亚洲。所谓的"夕阳"，并不是这个行业需求下降或消失，而是企业将制造环节外包为供应链，导致这些产业转移到其他国家。并且，全球化的每一次产业转移，首当其冲的都是这类传统初级制造行业，这才给投资者以夕阳行业的深刻印象。

事实上，初级制造行业并不一定是夕阳行业，相反，中国很可能成为传统初级制造业转移的"终点站"，这类夕阳行业将在中国成为"日不落行业"主要基于以下三个原因：

第一，再也无法找到比中国大陆更有比较优势的地区。

传统初级制造业从欧美到日本再到"亚洲四小龙"，最后转移到中国大陆，每一次都是因为后者有"比较优势"。比较优势比较的不仅是劳动力成本，还包括基础设施、内需市场规模、统一市场、政府治理能力，等等，但放眼全球，几乎没有一个地区可以完全接受中国传统制造业的转移。

第二，传统初级制造业竞争格局和管理能力的优化。

不赚钱的行业，只要竞争格局优化到一定程度，产业出清，寡头出现，也能延缓产业链转移的趋势。这是因为，寡头可以通过产业链一体化降低成本，有雄厚的资本收购国外相关企业，有在国外设厂的资金和技术实力，能够进行产能全球化布局。

产能的转移对企业的影响不同，当年欧美纺织服装企业走不出去，而今天的中国纺织服装业，虽然产能转移出去了，但企业还是这些企业，走出去的是企业，带回来的是利润，原因正是——中国企业血液中的"制造业基因"能够适应不同的文化土壤。

第三，新技术对传统初级制造业的改造。

制造业的前几次转移过程中，不管成品是在美国生产，还是在日本、韩国生产，除了机器设备更先进，产品有一些升级，其制造方式并没有本质的变化。可制造业转移到中国之后，恰逢互联网大潮进入 2B 的制造领域，不管是 2010 年左右的"鼠标+水泥"，还是 2015 年以来的"互联网+"，制造业的生产方式有了本质的变化。从物流到采购再到生产，工业互联网对传统制造业的改造，很可能让这些传统行业不再过度依赖低成本和以牺牲环境为代价，传统制造业将稳固地留在中国，或者把利润留在中国。

另外，即便是传统行业，当出现新的消费需求时，新的机会也会随之而生。在我国，也不乏这类的例子。

2011 年，就读于上海交通大学的周坤鹏在读研期间创办了"欢校网"，为学生提供快消品 2 小时内送达服务。两年后，他又创办了 59 分钟零食网"59food"，为学生提供休闲零食 59 分钟内送达服务。又过了一年，升级版的"59store"在 2014 年 5 月正式上线。

"59store"最初的形态是销售日用品的便利超市，采取全天经营的方式并辅以特色的"夜猫店"服务。但经营一段时间后，周坤鹏发现平台上的订单有 60%～70% 为夜间消费，因为晚上学校附近的便利店关门，学生们也懒于出门购买。由此，周坤鹏果断砍掉日用品类目，专注做零食业务，并强化了"夜猫店"的品牌。

发现了这一需求"痛点"之后，周坤鹏继续探索。2015 年 8 月，他宣布"59store"完成 2 亿元的 Pre-B 轮融资，并发布了新产品"零食盒子"。他说，"夜猫店"已经是创新，可以解决校园需求的"最后 100 米"问题，但还有提升空间。他介绍说，"零食盒子"预先放在寝室，学生想吃的时候自己下单。"零食盒子"可以授信使用，解决了最后 1 米的问题，解决了集中人群特定的痛点需求。

截至 2017 年 12 月，"59store"的业务范围覆盖全国 200 多个城市 2500

多所高校，注册用户超过 500 万人，已有近 3000 万名学生接受了 59store 的服务。

可见，即便是便利超市这样看起来平平无奇的传统行业，只要与互联网技术深度融合，看准细分市场，抓住消费者的特定需求，仍然是大有可为。

（三）政策护航

除了注册公司不难，市场机会很多，退役军人还拥有普通创业者没有的优势，那就是国家政策的保驾护航。

党的十九大报告指出，组建退役军人管理保障机构，维护军人军属合法权益，让军人成为全社会尊崇的职业。2018 年 3 月，十三届全国人大一次会议表决通过了关于国务院机构改革方案的决定，批准成立中华人民共和国退役军人事务部。2018 年 4 月 16 日，退役军人事务部在北京正式挂牌成立。

为进一步规范退役军人就业创业工作，加大退役军人就业创业政策支持力度，引导他们积极投身"大众创业、万众创新"实践，2018 年 8 月，退役军人事务部等军地 12 个部门联合印发了《关于促进新时代退役军人就业创业工作的意见》（以下简称《意见》）。

《意见》中除了提到要通过教育培训来提升退役军人的就业创业能力，还专门提出了要积极优化退役军人的创业环境，具体有以下四点：

（1）开展创业培训。组织有创业意愿的退役军人，依托专业培训机构和大学科技园、众创空间、网络平台等，开展创业意识教育、创业项目指导、企业经营管理等培训，增强创业信心，提升创业能力。加强创业培训质量评估，对培训质量好的培训机构给予奖励。

（2）优先提供创业场所。政府投资或社会共建的创业孵化基地和创业园区可设立退役军人专区，有条件的地区可专门建立退役军人创业孵化基地、众创空间和创业园区，并按规定落实经营场地、水电减免、投融资、人力资源、宣传推广等优惠服务。

（3）享受金融税收优惠。符合条件的退役军人及其创办的小微企业可申请创业担保贷款，并按国家规定享受贷款贴息。鼓励有条件的地方因地制宜加大对退役军人就业创业的支持力度。退役军人从事个体经营，符合条件的可享受国家相关税收优惠。适时研究完善支持退役军人就业创业的税收优惠政策。

（4）探索设立创业基金。引导企业和社会组织积极扶持退役军人创业，鼓励社会资本设立退役军人创业基金，拓宽资金保障渠道。

2020 年 11 月 11 日第十三届全国人民代表大会常务委员会第二十三次会议通过了《中华人民共和国退役军人保障法》，其中有关于退役军人创业的五条法律条文：

（1）第三十八条：国家采取政府推动、市场引导、社会支持相结合的方式，鼓励和扶持退役军人就业创业。

（2）第三十九条：各级人民政府应当加强对退役军人就业创业的指导和服务。县级以上地方人民政府退役军人工作主管部门应当加强对退役军人就业创业的宣传、组织、协调等工作，会同有关部门采取退役军人专场招聘会等形式，开展就业推荐、职业指导，帮助退役军人就业。

（3）第四十一条：公共人力资源服务机构应当免费为退役军人提供职业介绍、创业指导等服务。国家鼓励经营性人力资源服务机构和社会组织为退役军人就业创业提供免费或者优惠服务。退役军人未能及时就业的，在人力资源和社会保障部门办理求职登记后，可以按照规定享受失业保险待遇。

（4）第四十五条：县级以上地方人民政府投资建设或者与社会共建的创业孵化基地和创业园区，应当优先为退役军人创业提供服务。有条件的地区可以建立退役军人创业孵化基地和创业园区，为退役军人提供经营场地、投资融资等方面的优惠服务。

（5）第四十六条：退役军人创办小微企业，可以按照国家有关规定申请创业担保贷款，并享受贷款贴息等融资优惠政策。退役军人从事个体经营，依法享受税收优惠政策。

只有在创业之前充分了解国家的这些法律政策，才能少走弯路，让创业之路走得更快更稳。

二、困难与挑战

既然注册公司不难，市场机会也多，还有国家政策的保驾护航，那么创业是不是就能一帆风顺了呢？当然不是。相反，创业要面临的不利因素也不少。

（一）经济增速放缓

自从 2008 年全球金融危机爆发以来，全球经济增速放缓，进入了低速增长区。2019 年，世界经济增速比上一年明显下降，大多数国家经济增速回落、通货膨胀率下降；世界经济还表现出国际贸易负增长、国际直接投资活动持续低迷、全球债务水平升高等特征。

再来看国内的经济环境，中国经济经历了 40 多年的高速增长后，随着人口红利的逐渐消失和资源环境约束的进一步增强，继续依靠大规模投资、消耗大量资源支撑经济增长的传统模式已经难以持续。2011 年以来，中国GDP 一改前 30 多年里平均约 10% 的增长率，逐渐下降，经济增长放缓也成为中国经济新常态的一种表象（见图 1-1）。因而在"十二五"规划时期，政府的工作重点从过去的重速度、重规模、开发重大项目，转向重结构、重质量、重效益、重民生，中国经济增长面临着转型的新常态。

（二）突发事件风险

除了上述大环境的影响，一些突发事件也会给创业带来风险。2020 年，受新冠肺炎疫情影响，2020 年第一季度，中国有 46 万家公司倒闭，包括运营执照被取消的以及自我宣布停止营业的公司，还包括 2.6 万家从事出口贸

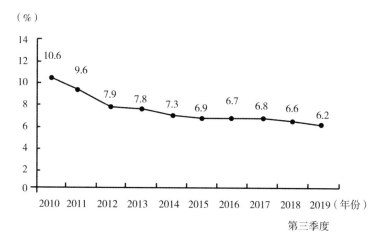

图 1-1　2010~2019 年第三季度中国实际 GDP 增长率

易的企业。① 这些企业体量有限、抗风险能力较弱，因此也容易倒闭。企查查专业版数据显示，2020 年 1~7 月，共有 231 万家企业注销倒闭，其中存活期在 3~10 年的企业倒闭数量最多，占比 50%。

（三）头部企业垄断

近几年，全球经济"头部化"趋势进一步加剧，其主要特征是市场份额的"二八现象"甚至"一九现象"。在某些领域，一两家大企业就可以占据一个行业 90% 以上的市场份额。交通运输部披露的数据显示，2020 年 10 月，共有 8 个中国网约车平台月订单总量超过 100 万单，其中，滴滴出行月订单量为 5.62 亿单，其当年新推出的平台花小猪打车的月订单量为 320 万单，这两者的订单量合计占网约车平台月订单总量的 90.58%。在外卖市场，2019 年第三季度，美团和饿了么两家的份额就接近 98%。在移动支付市场，2019 年支付宝和腾讯财付通的合计份额达到了 94%。

头部企业的垄断地位一旦形成，必然影响到其他市场竞争者的创新，尤

① 《5 位企业家亲述：2020 年企业转型生存之战》，https://xueqiu.com/6664819202/165749094。

其是垄断型平台企业将从以下两个方面对中小企业造成挤压：

第一，初创企业创新动能和意愿下降。头部企业过度发展，往往导致企业之间不是通过技术、服务、客户体验的竞争来分出胜负，而是单纯比拼资本数量，导致"钱多者"通吃，产生对创新者逆向淘汰的弊病。一些大的平台企业对于好的创新、创意、创业项目，采取类似"抄袭"的手段，利用自身的资本、数据、技术等资源迅速形成竞争优势，初创企业无力与这样的对手展开竞争，要么失败退出，要么被并购，这样的局面也不利于新行业形成良好的市场生态。

第二，中小企业负担上升。随着经济数字化程度的加深，越来越多的头部平台企业，如大型电商企业，生活服务企业，网约车企业，网络文学、网络视频平台等已经成为大量中小企业和个人开展经营的平台和管道。当前，此类平台企业滥用垄断地位，通过各种手段提升流量价格、要求经营者在寡头型平台间二选一、屏蔽其他信息渠道等方式来确保自身的垄断地位、增加自身的收入和市场份额的现象越来越普遍。[①] 虽然国家对资本无序扩张的管控力度加大，但是中小企业的发展受到头部企业约束的情况短时间内难以改变。

（四）企业生命周期短

以上种种困难导致的直接结果就是中小企业的存活率低。相关数据显示，国际大企业的寿命很少超过人类寿命的一半，20 世纪 70 年代世界500 强企业排行榜上的公司，现在已经有 1/3 销声匿迹，中小企业更是无从提及。

2018 年末，全国共有国有控股企业 24.2 万个，共有私营企业 1561.4

---

① 《经济"头部化"的影响及对中小企业的冲击》，经济观察网，http：//www.eeo.com.cn/2021/0211/467539.shtml。

万个。① 2019 年，中国人民银行发布报告称，中国金融机构在为小微企业提供融资服务中面临着更高风险。如图 1-2 所示，中国中小企业的平均寿命是 3 年左右，美国是 8 年左右，日本是 12 年左右。②

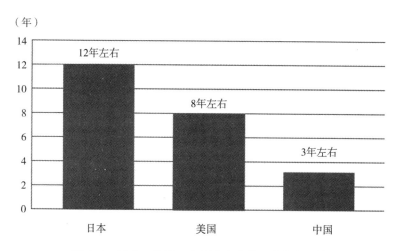

图 1-2　日本、美国、中国中小企业平均寿命比较

由此可见，虽然中国企业数量众多，但企业的生命周期短，尤其是中小企业，大部分因为资金、人才、营销三座大山死死压住企业的"命脉"，能做大做强的企业寥寥无几。

综上所述，创业之前，务必要对创业环境的严峻和创业成功的艰难有清醒的认识。客观来说，外部环境带来的风险其实也可以是机遇，外部环境风险迫使创业者及时提升能力、适应变化、迎难而上，创出一条自己的路。

---

① 曾玉平：《我国法人单位数量进入快速增长期》，国家统计局，http：//www.stats.gov.cn/xxgk/jd/sjjd2020/202001/t20200122_1764898.html。
② 《小微企业活下来　才能更好激发市场活力》，中国经济网，http：//views.ce.cn/view/ent/201807/14/t20180714_29743684.shtml。

第二节　谨慎选择

开始创业前，首先要选择想要从事的行业。不同的行业有不同的发展前景和机会，对于创业者的要求也各不相同，因此，创业者一定要在充分了解行业的前提下，进行谨慎的选择。

一、传统行业

传统行业并非很多人认为的"夕阳产业"。传统行业大多拥有稳定的市场，在"互联网+"的大背景下，传统行业与新技术的融合，开发了大量创新模式，更是在细分市场上催生出无数机会。

（一）餐饮类

在餐饮行业进行创业具备以下优势。

1. 行业规模大，细分市场广

随着经济快速发展，人们的生活水平和消费能力逐渐提高，人们对于特色餐饮的需求越来越大。虽然近几年由于新冠肺炎疫情的影响，餐饮业受到重创，但是随着疫情好转以及经济秩序的逐步恢复，多地出台政策措施促进消费，餐饮业的行业规模未来有望扩大，尤其在细分市场方面。

2. 餐饮消费的重复性大

餐饮消费的重复性大、顾客黏性大，这些特点为餐饮业带来了巨大的潜在市场。

3. 资金回笼快

餐饮业不同于其他行业，因为它直接面对最终消费者，基本上不存在应收账款问题。餐饮业每天都有大量重复的消费者，其资金回笼速度快。

4. 进入门槛低

对于众多"草根创业者"来说，餐饮业的吸引力在于它的进入门槛低，只要你有特色配方或独有厨艺，在进行充分的目标消费者调研后，就可以以相对低的成本进行创业。

5. 投资可大可小

餐饮行业对于创业者的另一个显著优势是投资可大可小，小到街头小摊，大到餐厅酒楼，投资规模可大可小，选择余地较大，创业者可以根据自己的资金实力及具体情况选择相应的餐饮业态。

退役军人成就餐饮创业梦

退役军人蔡土轩，18 岁从军，曾被评为优秀士兵、优秀士官，还立过三等功；23 岁那年退伍后，他开始拜师学厨，在三年的学徒生活结束后，白手起家，开起自己的餐饮店"兵哥鱼王"。创业初期，他曾遇到之前未曾预料的困难。为了找野生鱼，他花费大量时间到处走访，耐心说服渔民，最后才得到渔民的信任，为他的店供应新鲜野生鱼。为了确保野生鱼的新鲜度，蔡土轩又买专车安排专人运送，每个月的运送成本比普通烤鱼店多出了 1 万多元。那个时候"兵哥鱼王"还没有多少客流量，知名度也不够高，尽管蔡土轩的生意做起来了，却又赔本不少。

五年的从军生涯锻炼了蔡土轩坚强的意志，他始终没有放弃，在他的坚持下，客流量渐渐增多。面对巨大的餐饮业竞争压力，他不断调整自己的管理方式，考虑到餐饮店只有美味的菜品是不够的，他还通过向顾客发放优惠券等方式吸引顾客，如普通学生只要出示学生证就可以享受半折优惠。通过不断调整经营方式，"兵哥鱼王"的生意越来越好，此后他又开了多家连锁店。

（二）生产加工类

农村的加工业拥有巨大的市场，如果能好好把握这个市场，就可能成功创业。

1. 来料加工

通过和乡镇企业、私营企业挂钩，利用来料加工、来料组装、来料生产的经营方式，从事各种加工经营。优势是一不用资金投入，二不用担市场风险，是无本取利的好门路。

2. 手工艺品加工

利用当地丰富的玉米棒皮、桑柳条等自然资源，组织剩余劳动力编织门帘、坐垫、床垫、茶盘等手工编织品，制作手工鞋垫、布鞋等手工艺品。

3. 农产品加工

2016年12月，国务院办公厅印发《关于进一步促进农产品加工业发展的意见》，对今后一个时期我国农产品加工业发展作出全面部署。随着乡村振兴战略的实施，我国制定了一系列扶持"三农"及中小微企业发展的政策，有力地推动了农产品加工业的发展。因此，农产品加工是可以考虑的创业方向。

在加工业生产创业中要使自己的产品赢得市场的青睐，必须具备以下四个方面的条件。

1. 优质的产品

在市场经济条件下，不管什么品牌，首先应该保证的就是其产品的质量。也就是说，过硬的质量是产品赢得市场青睐的前提。

2. 良好的管理及加工技术

在加工业中，原料的质量、设备的效率、加工技术的先进性、产品的耐储藏性等，都影响着产品的质量。这就需要创业者具有一定的管理知识。

3. 支撑加工、销售各环节的有利条件

选择加工业创业，涉及的各个环节都需要一定的有利条件来支撑。例如，保证原料质量，就需要落实较固定的优质原料供应渠道；提高设备利用效率，就需要设备本身性能良好。另外，还需要有技术过硬的操作和维修队伍；要有能够支撑加工技术的设备；需要有畅通的销售渠道和用于销售的运输工具。

4. 严格的经济核算制度

只有认真核算加工业每一个环节的成本，才能够使企业加工过程中的生产成本降到最低。这就需要企业有一个严格的经济核算制度，并认真落实。

退役军人加工巴戟踏上致富路①

谢良峰是德庆县高良镇冲口村的退役军人，他在 2012 年应征入伍，到福建某部队做侦察兵，当兵的岁月是他最难忘的记忆。

退伍后，考虑到父母年纪比较大，谢良峰想在家乡发展，可以一边照顾父母，一边创业。定好大方向后，他犹如侦察兵一样去侦察市场，发现高良镇是巴戟的种植大镇，但做巴戟加工的人不多，于是，他把目光瞄准了巴戟半成品加工，不用承担种植风险，通过去收购优质巴戟，加工后再销售。

谢良峰并没有贸然创业，而是先跟有经验的叔叔学习怎么做巴戟半成品加工。学习一段时间后，他开始走村入寨，翻山越岭去收购巴戟。万事开头难，为了找到好货源，谢良峰一天五六趟爬上山顶寻找是常事，远至云浮市区、郁南县等地收购。幸好是当兵出身的，不然体力都吃不消。

截至 2019 年，他加工的巴戟半成品年产量达 15 万公斤，年收入达十几万元。为了增加巴戟的附加值，他也尝试做成品，并通过网络销售。敢想敢干的谢良峰，正为实现自己的梦想努力着。

---

① https://www.sohu.com/a/295433102_257362。

图1-3　谢良峰与巴戟

图片来源：《西江日报》记者杨丽娟摄。

(三) 养殖业

曾有一项返乡创业者会选择什么创业项目的调查，接受调查的人中有65.7%选择养殖业。

为什么呢？原因有如下三点：

（1）技术难度相对低、易掌握。相比于种植业来说，养殖业的技术更容易学习、把控性强、操作更简单。

（2）回报快。养殖业的现金回流速度相对较快，这样就能大大减少资金投入压力，有些养殖项目甚至1个月就可以上市销售，快速回流现金。

（3）易规模化。一旦掌握了科学的养殖技术，养殖业很容易实现规模化，规模化反过来能降低投入成本，使养殖业进入正向循环。

未来养殖的方向与趋势：现代化、规模化。

下面分享的六个案例①，是对当下养殖创业的总结与提炼。

————————

① 《未来养殖业的趋势与干法》，http：//www.nyguancha.com/bencandy.php？fid=57&id=7578。

用现代化知识武装

石伟涛，大学毕业后就返乡创业，与父亲一起养猪。短短5~6年的时间，就在父亲饲养的三五头老母猪的基础上建成了一个拥有50头老母猪和300头生猪的现代化养殖场。

大学毕业回家后，石伟涛发现父母在家里养猪，规模小、条件差。毕业实习的时候，石伟涛曾在日照一个大型养猪场实习，学习了别人的方法和经验，于是，石伟涛就和父母商量，把猪场规模扩大，购置一些现代化的养猪设施。

石伟涛利用在大型猪场实习的经验和专业知识，制定合理的免疫程序、将饲料改为全价饲料、更新猪的品种，当年就实现了9万元的净利润。

石伟涛不仅自己采取现代化的科学养猪方法，在他的带领下，周围村庄的养殖户也学到了不少科学养殖的新技术。

改变经营方式

大学生刘晶与三个同乡好友一拍即合，四个年轻人抱团创业，成立生态农业公司养殖中华鳖。

刘晶发现，当地采用的都是传统的养殖方式。于是刘晶想改变经营方式，采用循环农业的方式经营。通过模拟野外自然环境，建立现代化中华鳖养殖池是刘晶与好友共同成立的公司最大的亮点。刘晶介绍，公司从长江流域引进的中华鳖以吃鱼苗为主，从不喂人工饲料，池中鳖鱼混养，鳖吃不完的鱼苗才转到"精品鱼池"。这种办法喂养的鳖品质好，年产3万公斤的中华鳖，市场价卖到了每公斤100元。

品种选择很关键

曹焕山毕业于畜牧兽医专业，最初在村里小规模养鸡，2003 年在二道沟创办养鸡场后，又创办米格牧业，养殖规模从原来的 5000 只蛋鸡逐渐发展到 4.5 万只蛋鸡，同时又建设了存栏能力 10 万只的现代化养殖场。

曹焕山认为，养殖业的品种选择特别关键。曹焕山的养鸡场新场引进的 4 万只我国自主知识产权品种"京红 1 号"，每天产蛋量 1500 余公斤，比老场产蛋量提高了 10%。

2010 年存栏海兰褐蛋鸡 3.2 万只，年产鲜蛋 40 万公斤，实现销售收入 250 万元。2011 年注册米格品牌生态蛋，依靠科学的饲料配比，产品一经上市就受到国内外市场的欢迎。

走产业化之路

不甘于平凡的刁龙觉得朝九晚五的日子无味，于是带上开旅行社的妻子一同回老家养驴。

在全国各地进行考察、寻找驴苗、学习养殖经验后，刁龙从亲戚朋友处筹资 100 万元，又悄悄贷款 160 万元，成立拥有办公室、员工宿舍、标准化驴舍、饲料房等基础设施的现代化养殖场。2012 年 11 月，刁龙去甘肃、青海等地，一次性引进 140 多头关中驴，进行现代化、规模化养殖。

刁龙觉得驴肉是一个小众的市场，单纯卖驴是走不通的，必须要产业化。于是，刁龙借助父亲有做酱牛肉的手艺，做起驴肉加工生意。2013 年底，刁龙注册了一家食品厂，专门由父亲负责做生熟驴肉加工。之后，他亲自上门推销，将驴肉供给省内各大酒店，并与许多酒店签订了长年合作协议。截至 2017 年，陕西境内销售的大部分驴肉都是他的产品，一头毛驴光是肉就能卖到七八千元，每年纯利润已突破百万元。

借助互联网做大生意

小李大学毕业后回到了江苏老家，办起了易畅牧业生态养殖场，养殖土鸡、番鸭、茅山大白鹅等，利用 QQ、微博、微信、淘宝等网络平台进行售卖。

他承包了 30 亩林地，采取山坡放养的绿色养殖模式，散养土鸡、番鸭、茅山大白鹅等土家禽。茅山林地环境幽静、林间含氧量高，昆虫、蚯蚓繁多，土鸡采食青草、昆虫、牧草种子大大降低了饲养成本，同时林间空气清新、阳光充足，土鸡生长条件好，肉质紧实，营养丰富口感好。

作为一个"90 后"，小李喜欢逛论坛、刷微博，大学期间也研究过淘宝的开店模式。家禽长成需要进行销售时，他立马就想到了开办淘宝店，利用微信、微博推广销售。

随着网络直播平台的兴起，他还给自己的农场安装了实时监控，在直播平台上 24 小时实时直播农场内家禽状况。短短几个月，他的淘宝店月销售额就已过万元。

多元化模式经营①

"80 后"研究生学历的王淑娟，在经历汶川地震后投身蜜蜂养殖事业，成为广元市青川县蜀蕊蜂业专业合作社社长。因重视产品的营销，王淑娟的蜂蜜生意渐渐有了起色。

企业刚步入正轨不久，王淑娟决定到澳大利亚留学，开阔眼界。留学期

① 《全国百名"向上向善好青年"推选活动【创业创优】王淑娟事迹》，http：//dangjian. people. com. cn/n/2015/0317/c394844-26707513. html。

间，她尝遍了澳大利亚和新西兰各种品牌的蜂蜜，并查阅了大量关于蜜蜂养殖的前沿资料。

王淑娟认为，正宗的家乡蜂蜜的营养一点都不比那些国外的高档蜂蜜低，但品牌、包装、产品附加值与之相比相去甚远。

2013 年回国后，王淑娟开始着手扩大企业规模，成立蜀蕊合作社，以"农户+公司+电商"的新型经营模式，线上线下双渠道推广销售。

2014 年，王淑娟成立了青川县智宸网络服务有限公司，成为了一名电商服务商，与农业合作社对接，为消费者提供安全可追溯的优质农特产。

截至 2017 年，王淑娟成立的合作社发展为 3 个中蜂繁育基地、18 个中蜂养殖基地的规模，年产值 1000 余万元。

借用马云的一句话：未来已来！养殖业的未来将会呈现方式的生态化、经营的多元化、创业的年轻化。

随着政策和资本的扩大，养殖业或许会成为创业者淘金的"洼地"。你准备好了吗？

(四) 贸易类

SOHO 是英文 Small Office and Home Office 的缩写，意思是居家办公，如自由撰稿人、平面设计师、工艺品设计人员、艺术家、音乐创作人、产品销售员和商务代理等自由职业者都是采取这种形式工作的。外贸 SOHO 就是指在家办公的外贸人。

做 SOHO 不是简单的事情，做外贸 SOHO 更不是会英语就能做的，以下四点是一个外贸 SOHO 必须具备的要素，缺一不可:[①]

1. 要有系统的外贸知识和产品知识

个人做外贸和在公司做外贸不一样，在公司做外贸，或许只是负责整个外贸流程中的一个环节或者几个环节，但个人做外贸就要清楚整个外贸流

---

① 《外贸 SOHO 一路通》，https://www.jinchutou.com/p-2894603.html。

程，不仅要懂产品、懂货运，能搞定客户，会做单据，懂得验货，而且还要清楚核销、退税等事情。总之，应熟知外贸专业知识以及一般出口操作流程，不要求所有方面都精通，但必须了解基本常识，灵活运用常用的贸易术语，熟知各类结算方式的利弊以及报关、商检、海运等基本知识。此外，你对你所做的产品要有比较专业的了解，因为对产品性能、规格、参数等专业知识的熟知度，关系到能否让客户对你形成好的第一印象。

2. 要有一定的经济基础

做外贸 SOHO 如果没有现成的客户，可能要 3~6 个月才能出单，当然如果你有一定的资源，或者运气好，一个月内出单也是完全可能的，但要做最坏的准备，万一几个月不出单，接下来应该怎么办？所以，在准备做外贸 SOHO 之前一定要考虑到各种可能的情况，最好是有一定的经济基础再做。如果条件不成熟，那还是等时机成熟再做更好。如果整天为生存担忧，哪还有心思做好外贸 SOHO？

3. 要有良好的心理素质

一要耐得住寂寞。外贸 SOHO 是一个人的战斗，所有的问题都要一个人去面对，一个人在一个屋子里，一天十几个小时对着电脑，除了偶尔和朋友在网上聊聊天之外，就是不停地发邮件、回邮件、寻找客户。如果耐不住寂寞，一会儿看看电影，一会儿玩玩游戏，是没法做好外贸 SOHO 的。

二要顶得住压力。做外贸 SOHO 跟常见的就业不一样，很多人尤其是年龄大的长辈不是很能理解，他们可能会认为你不好好上班，天天在家待业，没有正常社交和生活保障。如果长时间没有订单，又顶不住长辈的不解和资金压力，很可能就功亏一篑。所以，在做外贸 SOHO 之前，获得家人的理解和支持很重要。

三要抱有信心。很多人在做外贸 SOHO 初期信心百倍，一旦几个月没有单子，就会开始怀疑自己当初的决定，进而觉得做外贸 SOHO 毫无前途，开始彷徨，不知道是否应该继续坚持。长时间的努力没有效果，有这种反应很正常。这时候我们要做的不是彷徨无措，也不是重新开始找工作，而是想一下自己做外贸SOHO的初心，坚定自己的信心。你可以回顾一下这段时间都做了些什么，在纸上一条一条地列出来，看一下自己忽略了哪些方面，或者没做好，很多时候方法远比努力更重要。

四要保持平常心。在做外贸的过程中会遇到很多意想不到的事情，这时候保持平常心很重要，遇事不急不乱，想清楚再做。如果乱了方寸，只会使事情变得更糟。

4. 要有不断学习的心态和良好的自学能力

要做好外贸SOHO，一定要坚持学习，每天抽时间看相关的论坛，学习别人的经验和教训，找时间和其他做外贸SOHO的朋友聊一聊，相互交流才能进步。不学习就会落后，路就会越走越窄，但如果不会学习更可怕。做外贸SOHO经常会遇到很多问题，除了外贸方面的，可能还有电脑技术、生活等方面的。如果不会学习，不知道怎么找到解决问题的办法，只会弄得自己焦头烂额，严重影响正常工作。

小郑原来所在的苏州某公司是一家大型国有企业的下属机械公司。小郑开发的一个国外小客户所采购的机械零配件本公司并不生产，客户开始的需求量又很少，公司嫌太麻烦不愿花费时间去找新的供应商。但是小郑不想放弃自己辛苦开发的客户，于是向公司争取自己寻找供应商，并且小郑很坦诚地告诉客户，公司不生产这款配件，如果同意外购，她自己会为客户寻找供应商，不过因为对产品不太熟悉可能要花费一些时间寻找。因为这款产品比较特殊，客户自己比较难在中国寻找供应商，于是同意了小郑的提议。就这样，小郑在认真了解产品知识后，努力找了几家供应商进行报价对比，并让客户决定购买的价位和档次，几次合作后客户对小郑采购的产品和服务都很满意。后来小郑离开了公司，公司内其他不熟悉这款产品的员工进行采购时出现了不少问题，于是客户转而主动找上小郑，希望小郑能继续为其采购，并且给了她别的零配件订单。小郑靠着为小客户提供优质产品和服务的精神打动了客户，从而获得了个人外贸的第一份订单，就是在这个客户的支持下小郑渐渐走上了全职个人外贸之路。

（五）旅游服务类

很多旅游创业者看到携程、去哪儿、途牛等旅游服务平台的快速扩张，然后选择这些在线旅行社（Online Travel Agency，OTA）巨头的细分业务进行创业。结果就是毫无壁垒的竞争导致创业者全面溃败。原因何在？

其一，旅游作为一项高投入、高风险的产品，消费者更倾向于去大公司购买。

其二，旅游分销没有门槛，一旦某个细分业务火起来，OTA巨头必然早就跟进，通过大量投放广告以及提供优惠的价格占领市场，几轮下来，小公司几乎没有生存空间。

与大量倒闭的线上项目相比，在新冠肺炎疫情暴发之前，线下旅行社却经营得很不错，原因何在？

线下旅行社是OTA巨头的供应商，没有线下旅行社，OTA就是空中楼阁。可是很多创业者根本不屑于去做线下，他们觉得线下既辛苦又没有太多技术含量。

难道旅游行业真的没有创业机会了吗？有，而且有大机会，甚至有可以超越OTA巨头的大机会。

OTA巨头解决了人们最根本的旅游需求，才获得了巨大的发展。因此，旅游创业要根据游客的需求来确定创业方向。

游客的需求是什么？旅游六要素！

旅游六要素：吃、住、行、游、购、娱（见图1-4）。

旅游六要素是人在旅行中最根本的需求，美团、汉庭、携程、滴滴都很好地解决了人们最根本的需求，从而成长为行业巨头。

旅游六要素之一：吃。

游客需求：外出旅游想品尝当地的特色食品，担心食品不正宗或遇上商

图 1-4　旅游六要素

家宰客。

现有解决方案：去美团、马蜂窝、大众点评等平台查询，然后前往购买品尝。

创业机会：开一家当地特色餐饮店，然后大量复制。

旅游六要素之二：住。

游客需求：需求多样，五星级酒店、民宿、快捷酒店、青年旅社、精品酒店、度假酒店、露营、特色酒店……

现有解决方案：去携程、去哪儿、同程艺龙、途家、小猪短租等平台预订。

创业机会：开一家特色酒店，然后全国复制。

旅游六要素之三：行。

游客需求：交通方式要舒适、便捷，交通费用相对合理。交通费用通常是旅游中开销最大的一项，所以游客对交通费用比较敏感。

现有解决方案：在铁路 12306 网站上购置火车票，携程、去哪儿等平台上购置机票，畅途网上购置汽车票，还可以通过滴滴出行、美团等平台打车……

创业机会：自动驾驶的汽车/飞机。

旅游六要素之四：游。

游客需求：这是旅游最大的目的。面对那么多景区，哪些景区必去，在景区里怎样游览才不会错过自己必须要玩的地方，害怕走错路。如果不知道背后的故事，古建筑到哪儿都一样。这时候如果有个导游就好了。跟团省心可是不自由，自由行太辛苦，私人订制太贵，大众消费不起。

现有解决方案：跟团或请讲解员费用相对较高，使用讲解耳机体验生硬，可以使用导游 App，如一路乐旅游、驴迹导游、链景旅行等。

创业机会：推出智能导游机器人、AR 导游。

旅游六要素之五：购。

游客需求：购买当地土特产，纪念行程，送给亲友。痛点是可能会遇上强迫购物、产品以次充好的问题。

现有解决方案：特产专营超市，产品价高、质差。

创业机会：深挖当地特色，推出物美价廉的新国货。

旅游六要素之六：娱。

游客需求：不想走马观花式游览，想要看一场当地的演出、听一场当地的相声、参加一场当地的读书会、逛一逛当地的夜市等。

现有解决方案：印象系列、千古情系列、北京的茶馆、丽江酒吧等。

创业机会：既可以做预订平台，也可以打乱线下的体验服务。

渠道商好找，内容商难求。沉下心来，认真打磨旅游服务，做到极致体验，建立竞争壁垒，加之旅游业的逐步复苏以及国内的消费升级，相信未来创业者在旅游业会有很多机会。

模范军转干部黄国强变荒山为"红叶观赏地"①

2002年，黄国强从部队转业选择了"自主择业"，先后创办山庄、宾馆和运输公司，赚了钱后就下定决心回到老家广东惠州市博罗县公庄镇官山村，租下近万亩的大山开发、建设"秋枫寨"。

当时，村里都是原始森林、悬崖峭壁，黄国强邀请省市县专家前来考察论证，最终按照"四区一廊"的标准开发。

要开发先修路。在山里修路困难重重，黄国强带着100多名工人、25台设备、11匹马，进山开路。工人修路只能全凭手工慢慢凿石开出路基，由于过于辛苦，能坚持下来的工人为数不多。

由于山上没信号，最初的5年，黄国强与工人们几乎过着与世隔绝的生活。功夫不负有心人，经过5年的建设，黄国强将荒山种满了红叶树、红玫瑰、巴西紫牡丹，现在漫山遍野成了"花的海洋"。

据了解，从2014年10月"秋枫寨"景区营业至今，原本偏僻的官山村热闹起来，高涨的人气也带旺了官山村的经济发展。通往大山的村道两边，农户摆卖自家种的香蕉等，过往的游人纷纷停下车来购买。村子周边的农家乐也越开越多，成为发财的"香饽饽"。

二、科技行业

当今世界，科技发展日新月异，每一项新技术的发展和应用，必然带来巨大的市场潜力和创业机会。

---

① 《模范军转干部黄国强当"愚公" 把荒山变"红叶观赏地"》，中国新闻网，https：//www.chinanews.com./gn/2018/04-29/8502927.shtml。

（一）人工智能

人工智能发展掀起了第三次浪潮，人工智能技术领域的突破如雨后春笋。技术的进步推动了浪潮向前，产品的落地则拉伸了浪潮的高度，而中小创业者在技术浪潮中发挥了重要作用。

大公司拥有人工智能的核心技术，但是却不能完全做到各领域产品的研发落地。而中小创业者更接地气，更了解生活中人们的各种需求，能将自己的创新想法落实到各个垂直领域。

"AI+"赛道是创业公司深耕的点，在细分领域和赛道，创业公司只有找准痛点、切入实际需求，推动产品落地，才能在自己的领域有所建树。

1. AI+医疗健康领域

相对生命的复杂性，人们对医疗健康的理解仍比较粗浅，目前人工智能在医疗健康领域的运用还不能有效地应对各种问题，但这并不妨碍我们对这一领域的探索。人工智能在医疗健康领域的典型应用有医疗影像分析、病历管理、身体健康管理等。

2. AI+文娱领域

艾瑞咨询统计的在线视频市场规模数据显示，2018 年，中国在线视频市场规模达到千亿级，但是市场的增长速度却从 100% 逐渐下降。流量规模增长得如此之快，但视频市场却开始逐渐饱和，成为现今网络视频行业的明显特征，视频商业化将面临更多的挑战。

3. AI+智能客服领域

《2017 年中国呼叫中心产业白皮书》的数据显示，全国有近 680 万电话从业人员，其中大部分是"80 后"和"90 后"。电话从业人员（主要是客服人员）每天重复着简单、枯燥甚至会招来辱骂的话务工作，工资低，工作幸福指数低。对于企业，客服人员离职率高，培训成本高，人员素质偏低。对于社会，这些青壮年劳动力本该为社会做出更有用的贡献，却做着廉价、低效、毫无职业晋升前景的重复劳动。人工智能兴起后，客服被视为最有可能被全面替代的职业。

4. AI+房地产领域

2017年，全球房地产服务上市公司高力国际发布的《人工智能对房地产业的影响》报告提出，人工智能的发展对工业、酒店业、零售业、房地产业的影响最大，未来20年，包括房产中介在内的多个职业将有可能会被人工智能取代。[1]

5. AI+教育领域

艾瑞咨询发布的《2018年中国人工智能行业研究报告》，认为在教育领域，自适应教育才是"AI+教育"的核心。人工智能自适应教育是一次行业改革实验，能使机构、学生、老师三方都降本提效，其核心价值是使教育行业成本更低、效率更高。

技术不等同于创新，创新需要落地。大公司通过开放平台与中小创业者合作，提供技术接口，吸纳创新思维，在各个领域落地人工智能产品。中小创业者借助大公司的AI开放平台，将成熟技术赋予各个应用场景，进行产品落地，中小创业公司从而可以创造更多的价值。

严俊，1998年11月加入武警安徽省消防总队成为一名消防战士。2000年，他脱下一身军装，开始打拼他的事业。在大众创业、万众创新的热潮之下，严俊积极组建研发团队，建立专项资金，利用互联网、大数据、人工智能等先进技术，自主研发出青邦智慧科技创新服务平台——青邦App，并在"青网"园区内成立青邦智慧企业服务平台，针对中小企业发展中遇到的实际问题，以标准化的专业服务，解决中小企业痛点，切实帮助企业降低运营成本，提升经营效率，助力企业蓬勃发展。

2020年，在咨询技术专家后，他再次组织公司研发团队，在原来平台的基础上融入5G技术，进行产品迭代升级，研发出"基于人工智能及大数

---

[1] 《人工智能正在渗透房地产行业，20年后房产中介或被淘汰》，澎湃新闻，https://www.thepaper.cn/newsDetail_forward_1885803。

据技术的 5G 智慧企业服务平台"。

目前，平台自主研发并成功授权的知识产权共 16 项，被评选为"安徽省信息化十大事件优秀项目"。平台力争通过 3~5 年高速发展，实现 10 万家以上的中小企业服务覆盖，为企业提供办公装修、工商财税、办公采购、商标注册、项目申报、金融支持、人力资源等方面的服务，打造更优质的营商环境，让企业更多专注自身业务领域，提升核心竞争力。

资料来源：《退役军人严俊的创业路：路漫漫，吾将上下而求索》，人民资讯，https：//baijiahao.baidu.com/s？id=1696999265092138455。

（二）机器人

随着劳动力人口减少、劳动力成本增加，人口红利消失，机器人替换人成为行业内共识。目前机器人主要分为两大类[①]：

1. 工业机器人

随着劳动力成本的不断增加，工业机器人的市场需求越来越大，销量不断上涨。工业机器人在工作强度、精密度以及对危险环境的承受能力上明显高于普通劳动力，能够工作的场景也更多（见图 1-5），同时还具有成本优势以及效率优势。

2. 服务机器人

服务机器人相较于工业机器人发展较晚，对人机交互、人工智能等高层次智能化需求更高，除了重复工作的替代，在精密工作的辅助、危险或极端工作环境中的替代方面也发挥越来越多的作用，市场认可度也越来越高（见图 1-6）。其中以扫地、除草等清洁功能为主的家政服务机器人，因为满足了现代人的生活需求，被越来越多的家庭接受。在专业领域中，机器人在客服、餐饮、物流等工作中提供辅助性或替代性工作。

机器人创业较热门的三个领域为医疗机器人、无人机、工业机器人。医

---

① 《机器人产业专题分析 2016》，Analysys 易观，https：//m.jiemian.com/article/1038887.html。

焊接	功能：弧焊、点焊 场景：工作站、生产线、汽车生产、海洋工程建设等
装配	功能：用于生产线上对零件或部件进行装配 场景：适用于各种电器制造、小型电机、汽车及其部件、计算机、玩具、机电产品的装配等
喷涂	功能：涂装、点胶、喷漆 场景：汽车、仪表、电器、搪瓷等工艺生产
处理	功能：打磨抛光等 场景：汽车、电子器械加工，木材建材家具制造等
搬运	功能：上下料、搬运、码垛等 场景：机床上下料、冲压机自动化生产线、自动配装流水线、码垛搬运、集装箱等自动搬运

图 1-5　工业机器人的功能分类

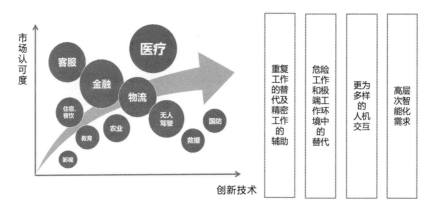

图 1-6　服务机器人在各领域的市场认可度

注：圆形面积代表该领域市场潜力。

疗机器人和工业机器人的市场领导产品多是由原有的医疗器械厂商和工业自动化厂商的产品升级而来，存在一定的行业进入壁垒。无人机则是近年才发展起来的一个细分领域，这一领域集中了大量新进入的创业公司。具体来说，机器人创业在以下细分领域存在机会：

（1）医疗机器人在远程诊断、手术辅助、临床护理、运输和康复方面均有一定的应用。

（2）工业机器人的很多细分领域存在创业机会。

（3）门槛相对较低的无人机成为了机器人创业的热门。这一领域的火热还衍生出了如配件、航拍监控、无人机快递等创业公司，同时因为无人机具有广阔的想象空间（如与 VR 的结合、人工智能在无人机上的应用等），成为 VC 投资的热门领域。

（4）家用机器人无论在机械构造还是 AI 方面都有更高的要求，市场潜力巨大。

（5）其他值得注意的细分领域还包括安防机器人、商用机器人、人工智能研究等。

（三）VR、AR

2016 年是 VR、AR 快速扩张的一年，虚拟现实技术（Virtual Reality，VR）和增强现实技术（Augmented Reality，AR）将颠覆传统模式，通过提供良好的沉浸式体验而成为新一代人机交互平台。

近几年，VR 体验馆在全国遍地开花，很多创业者进入这个新行业挖到第一桶金。不过，AR 市场蕴藏着更大机会。根据中国互联网协会发布的《中国互联网发展报告 2021》，2020 年我国 AR 市场规模约为 300 亿元，VR 市场规模约为 230 亿元，预计到 2024 年 AR 的占比将超过 VR。

VR/AR 创业可从五个细分领域寻找机会，具体如表 1-1 所示。

表 1-1　VR/AR 创业五个细分领域

细分领域	具体内容	代表公司
应用平台	基于 VR/AR 的应用、App、浏览器和平台等	礼小签、橙子 VR、触景无限等
内容	内容制作团队,包括游戏、影视娱乐、旅游、早教等	乐客灵境、热播科技、兰亭数字等
技术研发	比如可视化技术、影像技术、手势识别技术、空间交互技术等	指挥家、盛开互动、完美幻境等
软件系统	基于一些具体领域的辅助系统,比如装修设计、旅游、航空航天、军用系统等	曼恒数字、盟云移软、赛四达等
硬件	以可穿戴设备为主	乐相科技、蚁视科技、3Glasses 虚拟现实科技、暴风魔镜、灵镜 VR 等

资料来源:《VR/AR 领域数据报告:资金的实际流向是怎样呢?》,https://www.jiaheu.com/topic/185554.html。

　　VR/AR 硬件方面的技术门槛相对较高,对资金的需求量很大,所以不是一个大众的创业领域。而在内容方面,好内容永远都是缺乏的,因此存在很多的机会。但同时应该注意内容的更新很快,比较容易出现合并的现象。一旦硬件设备开始普及,已经做好准备的内容团队就能很快实现大规模的落地。

一位创业老兵的 VR 征程①

　　刘宣付,一位军人出身的企业家,北京身临其境文化股份有限公司创始

---

① 《刘宣付:一位创业老兵的 VR 征程》,https://www.toutiao.com/article/6293261486940750338/。

人兼董事长。1966 年出生在湖北仙桃，1984 年入伍参军当了一名通信兵。从部队退伍后，分配到兵工厂做技术员。1991 年开始第一次创业，截至 2016 年，投资+创办的项目约 20 个，先后覆盖环保、电子商务、游戏、移动互联网、VR 等领域。2011 年，成立身临其境公司，刘宣付开始进军 VR 领域。2009 年，一部电影火遍全球，这就是票房 27 亿美元的 3D 电影《阿凡达》。这部 3D 电影让刘宣付滋生了 VR 梦想。

"我当时在想，这种超现实的身临其境的 3D 电影，如果能够和虚拟现实形成互动，那将是一种全新的娱乐形式。这种娱乐形式前所未有，而且市场非常大，绝对是颠覆性的模式。"刘宣付透过这部电影，在心中琢磨着背后蕴藏的商业先机。

于是，从 2010 年起，刘宣付开始酝酿一个新创业项目，投身到虚拟与现实相关的领域中。2011 年，"身临其境"诞生（北京身临其境文化股份有限公司）。刘宣付觉得身临其境这种体验是最好的体验，就把"身临其境"作为商标。公司既生产硬件设备，也涉及软件研发和电影内容制作。

在商业化实践中，早在 Oculus 被 Facebook 收购的前 3 年，也就是 2011 年，身临其境已提出依托线下体验店实现虚拟现实商业化的论断，并先后推出互动影院、虚拟现实体验馆等 VR 商业化解决方案，在商业模式上不断创新，建立云内容分发、票房分账、VR 运营呼叫中心等，提供更便捷、符合人们需求的服务。

2013 年，身临其境的 7D 互动影院在一年多时间内建立了近 400 家连锁店，合作伙伴包括欢乐谷、万达广场、耀莱成龙国际影城、大玩家等。

2015 年 7 月，身临其境正式登陆资本市场，成为新三板虚拟现实第一股。

三、新兴行业

时代的高速发展，往往激发人们产生新的需求，而新的需求又会孕育新兴行业和新的机遇。

（一）跨境电商

中国跨境电商真正开始被当作产业重视起来大概是在 2012 年，快速崛起是从 2015 年开始的。它的成长伴随着 4G 网络的普及，搭乘移动互联网发展的快车而迅速发展。随着物流基础设施的完善以及 5G 时代的到来，跨境电商行业在未来将全面进入繁荣期。2015～2019 年全球 B2C 跨境电商交易规模及增长情况如图 1-7 所示，2020～2025 年全球 B2C 跨境电商交易规模预测如图 1-8 所示。

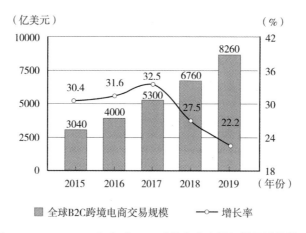

图 1-7　2015～2019 年全球 B2C 跨境电商交易规模及增长情况

资料来源：《2023-2028 年中国跨境电商行业发展前景预测与投资战略规划分析报告》，前瞻产业研究院。

虽然新冠肺炎疫情给整个世界经济带来了很大的冲击，但同时也激发了人们旺盛的网购需求。中国大多数餐饮、旅游等服务业从业者转移到了物流行业，比如外卖员，成为线上交易连接客户的重要媒介。从现实发展来看，跨境电商是朝阳产业，且正处于从成长期向成熟期的过渡区间。

我国跨境电子商务综合试验区获批情况如表 1-2 所示。

（亿美元）

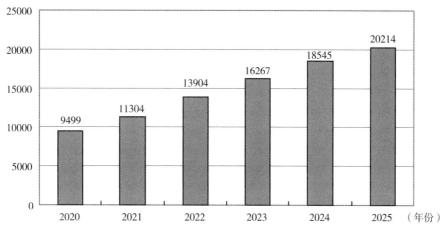

图 1-8　2020~2025 年全球 B2C 跨境电商交易规模预测

资料来源：《2023-2028 年中国跨境电商行业发展前景预测与投资战略规划分析报告》，前瞻产业研究院。

表 1-2　我国跨境电子商务综合试验区获批情况

全国 105 个跨境电商综试区获批历程		
时间	数量（个）	城市
2015 年 3 月	1	杭州
2016 年 1 月	12	宁波、天津、上海、重庆、合肥、郑州、广州、成都、大连、青岛、深圳、苏州
2018 年 7 月	22	北京、呼和浩特、沈阳、长春、哈尔滨、南京、南昌、武汉、长沙、南宁、海口、贵阳、昆明、西安、兰州、厦门、唐山、无锡、威海、珠海、东莞、义乌
2019 年 12 月	24	石家庄、太原、赤峰、抚顺、珲春、绥芬河、徐州、南通、温州、绍兴、芜湖、福州、泉州、赣州、济南、烟台、洛阳、黄石、岳阳、汕头、佛山、泸州、海东、银川

续表

全国 105 个跨境电商综试区获批历程		
时间	数量（个）	城市
2020 年 4 月	46	雄安新区、大同、满洲里、营口、盘锦、吉林、黑河、常州、连云港、淮安、盐城、宿迁、湖州、嘉兴、衢州、台州、丽水、安庆、漳州、莆田、龙岩、九江、东营、潍坊、临沂、南阳、宜昌、湘潭、郴州、梅州、惠州、中山、江门、湛江、茂名、肇庆、崇左、三亚、德阳、绵阳、遵义、德宏傣族景颇族自治州、延安、天水、西宁、乌鲁木齐

资料来源：《2023–2028 年中国跨境电商行业发展前景预测与投资战略规划分析报告》，前瞻产业研究院。

　　市场看完了，我们再聊聊政策。从这几年不断设立的中国跨境电子商务综合试验区就可见国家对于跨境电商整体是扶持和鼓励的。中国跨境电子商务综合试验区是中国设立的跨境电子商务综合性质的先行先试城市区域，旨在跨境电子商务交易、支付、物流、通关、退税、结汇等环节的技术标准、业务流程、监管模式和信息化建设等方面先行先试，通过制度创新、管理创新、服务创新和协同发展，破解跨境电子商务发展中的深层次矛盾和体制性难题，打造跨境电子商务完整的产业链和生态链，逐步形成一套适应和引领全球跨境电子商务发展的管理制度和规则，为推动中国跨境电子商务健康发展提供可复制、可推广的经验。截至 2019 年，我国跨境电子商务综合试验区共 59 个。如果你想在跨境电子商务行业有所作为，那么试验区城市是首选，优惠政策包括：免费提供办公场地，3 年内的税收减免，免费的产品推介会、创业培训会等。

　　国内目前的跨境电商是群雄并立的场面：兰亭集势、京东国际跨境、岚锋创视、环球易购、赛维网络等，没有哪个公司占据绝对优势，而这种情况对于初创者是有利的。

（二）宠物医院

1. 资本进军创业不二之选①

《2018 年中国宠物行业白皮书》相关数据显示，2018 年中国宠物行业经营规模达 1708 亿元，宠物医疗占据全部宠物市场约 14.8%，规模约 253 亿元，平均增长速度约 28%。宠物医院保持的零售收益约为 55.8 亿元，诊疗有关收益近 200 亿元。

《2011-2028 中国宠物医院市场现状研究分析与发展前景预测报告》显示，截至 2019 年 4 月，中国宠物医院总数超出 15000 家，其中非连锁加盟医院占有率近 90%；福建省宠物医院总数最多，约 1200 家；江苏、四川、浙江、山东的宠物医院都超过千家。宠物医院龙头企业新瑞鹏宠物医疗集团拥有近 1300 家医院，每年为 400 万宠物主提供宠物服务。

2. 连接上中下游行业的关键环节

宠物医院非常容易形成顾客黏性，进而也容易切入相关子行业，通过全产业链融合提升公司的竞争能力。

据《第一财经日报》报道，一线城市的宠物医院，诊疗和美容用品的收益占比为 7∶3，美容毛利率为 60%~80%，医疗毛利润为 50%~60%，门店流水利润率均值约为 50%。另据相关协会统计分析，宠物医院行业的平均净利润率为 18%~20%。

伴随着城镇化进程的逐步推进，宠物早已进行了从多功能性小动物向守候性小动物的变化，宠物主的消费思想意识也随之提高。宠物主在宠物医院的消费以疫苗、除虫、绝育手术等为主，其中疫苗作为刚性需求，消费占比最多。接种疫苗作为科学养宠物的重要一环，越来越被宠物主所看重。

3. 行业布局分步产生

宠物主挑选宠物医疗服务项目时，首先考虑宠物医院的诊疗技术及交通

---

① 一丁宠物资讯，http://www.whmja.com/article-417-1.html。

出行便捷性。因此，顾客的"用脚投票"使宠物医院逐步从价格不透明、技术专业水准良莠不齐，向标准化、社区化及其系统化发展。

我国宠物医疗行业尚处在初始阶段，以私营企业和个人商家为主，近80%的宠物医院是30~50平方米的小商店。据智研咨询统计分析，我国排行前10的宠物连锁加盟定点医疗机构的全年收入占销售市场全年收入的比重小于10%，而英国宠物连锁加盟医院能够达到25%。

《2019中国宠物医疗行业研究报告》显示，我国宠物医院在药物及耗品、器材的挑选上，国内品牌和进口知名品牌各占一半，处在伯仲之间；国内兽药市场占比为53.4%，国内生物制品市场占比为58.5%，国内器材市场占比为53.4%；在职工总数上，我国非连锁加盟宠物医院的职工人数平均小于5人，而连锁加盟宠物医院多在6人左右，职工人数在10人左右的连锁加盟宠物医院占比也较大。

我国三大连锁加盟宠物医院——高瓴、瑞鹏、瑞派中排名分别为第一、第二的高瓴和瑞鹏合并，成立新瑞鹏宠物医疗集团，一跃变成宠物医疗器械行业独角兽。2019年，中国宠物医院中，新瑞鹏宠物医疗集团市场占有率约为6.5%，瑞派市场占有率约为2%。

4. 宠物医院发展方向

伴随着行业规范性发展，很多不规范的小型宠物医院将被淘汰，宠物医院连锁化将成为我国宠物医疗行业的发展趋势。大中型连锁加盟宠物医院管理制度相对完善，问诊量大，大夫的诊治经验丰富，机器设备先进，治疗率高，用户评价好，容易产生顾客黏性。未来，宠物医院将会建立宠物医疗综合服务平台，与店面紧密结合形成线上+线下服务模式。服务平台能够为消费者提供更为方便快捷的服务，消费者可依需选择服务项目。

随着行业相关法律法规的完善，在消费能力提升、情感需求增多的加持下，宠物医疗行业市场空间广阔。

（三）新媒体运营服务

进行新媒体运营创业，可以有以下三种方式：

第一，制作视频。相信你对这个一点也不陌生，在流行的快手、抖音等短视频 App 上，你会看到很多有意思的小视频，这些小视频的制作需要最基本的视频剪辑技术，对于一个自媒体行业的小白来说，这是需要花时间去学的，只要你掌握了视频制作方法，就可以自己制作视频。

第二，写文章。你可以选择入驻搜狐、头条等平台，将自己写的文章通过多个平台发布，由平台帮你推广，如果你文笔好、有才思，每天更新自己的文章，慢慢地就会拥有自己的粉丝，一旦你的文章获得曝光量，你就可以开通广告渠道。此外，如果你有能力开通原创的标签，那么你的文章推荐量和阅读量会更多，从而收入也会更多。

第三，制作音频。如果你天生拥有好的嗓音，你可以选择去做音频主播。现在比较热门的平台有蜻蜓 FM、喜马拉雅等。你可以入驻这些平台，把自己的一些原创文章读出来制作成音频上传到平台上，慢慢积累粉丝，有了粉丝的支持，你就可以有相应的收入了。

这三种方式是目前比较常见的新媒体创业方式，其实新媒体的创业方式远不止这些，只要你有想法，想从事新媒体行业，肯坚持，你就能在其中找到适合自己的创业方式。

退役军人做农家土菜短视频成"网红"①

曾庆贵退伍后，先后学习并从事视频剪辑、广告设计等工作，为自媒体创业打下了一定的基础。

---

① 《梁平兵哥创业成"网红" 粉丝突破三百万，帮乡亲卖土货》，《重庆日报（农村版）》，2019 年 12 月 18 日第 4 版。

2017 年，曾庆贵偶然看到了一个"青年如何创业"的视频后豁然开朗，顿时有了创业的方向和信心。"视频提到很受年轻群体喜欢的短视频平台，很多草根农民，在上面依靠自己的能力成了小有名气的'网红'，也有了可观的收入。"曾庆贵说，结合自己以前学过的技能，他决定做自媒体。

曾庆贵从小生活在农村，会做许多地道的农家土味菜，他当即就在短视频平台上注册了 ID "大兵哥哥功夫美食"。在风景秀美、农产品丰富的小山村里，曾庆贵拍摄做农家土味菜的短视频，从做菜、拍摄到剪辑，一个人独立完成后上传，就这样开始了创业之路。

家人和乡邻完全不看好曾庆贵，觉得他不务正业。"平时见我在村子的河边、山坡上、田地里拍视频，大家都根本没当回事。"曾庆贵说，直到他在平台上传了一个做辣子鸡的视频，达到了 200 万的播放量，涨了 4 万的粉丝。

图 1-9　曾庆贵的短视频

图片来源：《重庆日报》熊伟摄。

辣子鸡视频的"火爆点"就在于拍摄和剪辑手法上有了新意。"当时突然闪现了一个想法，加了让辣椒飞起来这个拍摄剪辑环节，没想到很吸引眼球，所以点赞转发量都很高。"曾庆贵说，这也成为了他之后视频作品里都有的独家设计和"招牌片段"。

有了粉丝的支持，曾庆贵干起来更"有劲儿"了。他陆续创作了不少热门视频，比如利用竹子制作椅子、桌子、枕头、菜刀等工艺品，播放量全都破百万，甚至千万。同时，他还在短视频里设计了无人机揭锅盖等搞笑诙谐的桥段，让更多网友关注到了他。

截至2020年1月，曾庆贵在短视频平台上已经是一个拥有330万粉丝的博主。曾庆贵说："粉丝多了，来找我进行商务合作的平台也多了，另外空闲时候也会尝试直播做菜，与粉丝在线上沟通，目前月收入过万元。"

第三节　有备而行

认清了形势，了解了行业，是不是就可以开始创业了呢？别急，在开始创业之前，你还需要"三思而后行"，先考虑清楚三方面问题。

一、是否有足够的资源支持

巧妇难为无米之炊，空有计划，没有充足的资源，创业必然是空谈。创业需要哪些资源呢？无非是三样——钱、人、商品。

（一）物资筹备

创业物资筹备包括创业所需的场地、资金等。创业物资筹备工作做好了，可以给企业未来的发展奠定扎实的基础。

在实际工作中，以下几个问题值得注意：

1. 投资规模

如何确定创业投资规模是每个创业者都必须思考的问题。

创业投资规模的大小影响着企业未来的发展。投资过大，一是会使企业筹资遇到较大困难；二是未来生产和经营的成本压力较大；三是承担的风险会加大。投资过小，一是会使企业未来发展受阻；二是对于有些可以形成规模效益的产品或项目非常不利，特别是对那些可以形成规模效益的新产品和新项目，如果资金投入过小，可能会限制市场开拓，也可能会增大产品成本，不利于竞争，甚至由于规模不够，而导致新产品丧失竞争力；三是会造成企业资金运转困难，严重的甚至会导致企业夭折。

2. 资产配置

创业之初，创业者在资产配置方面往往会出现两个极端：一是为节省投资，东拼西凑，资金勉强够用，这样做确实能节约投资，但往往资产质量较低、技术含量差，对今后的产品质量提升不利，降低竞争力。二是出手大方，一切追求最好，什么都用最新最好的，这种做法的优点是可取得较高的资产质量，能保证生产的高技术含量，提高产品质量，提升产品竞争力，缺点是投资大，生产经营的成本较大。

针对创业资产配置问题，应根据待开发的产品和项目，在详细进行市场和质量技术分析后，找出投入产出的最佳结构，区分重点与一般，使投资和效益的结合最佳。

3. 资金筹集

大部分创业者在创业资金筹集方面表现出来的是思路少、筹资能力差，仅靠自己和几个合作伙伴以前积累的一点资金来进行创业，轻易不愿意举债，这是受"无债一身轻"的传统观念的影响，但这种做法对企业的未来发展不一定是有利的，它可能使企业丧失最佳的发展良机，也会使企业降低竞争力。

目前，我国越来越关注中小企业的生存和发展问题，只要创业项目好，可以从很多渠道得到国家和社会的资助和支持，诸如中小企业发展基金、中小企业金融贷款担保基金、项目风险投资基金等，都可以对创业者提供支持，从而使创业走向成功。

图片来源：《湖北新闻》微信公众号。

4. 股权分配

很多时候，创始人不愿意谈论股权分配及分红的问题，或者只是进行一些模棱两可的约定，比如"我们是平等的""先做事其他好商量"。但是，随着时间的推移，每个人都会觉得自己是公司不可或缺的，关于股权及分红的办法难以达成一致意见。因此，在创业之初，就应当进行股权分配及利润分红的约定。

针对不同特点，创业公司的股权分配应当有相应的方案。但总的来说，初创公司的股权分配有以下四个原则可以遵循：

（1）股权结构最忌平均化。创业团队的股权分配不能搞平均主义。几个朋友一起创业，很容易将股权平均化。这样设置的好处是平等，可是一旦股东们对公司重大问题所持意见不一致，就很容易陷入僵局，甚至导致创业失败。

一般来说，比较好的股权模式是：让一个股东们都信服的大股东作为牵头人，他是公司决策的中心，对公司承担最大的责任；另外搭配 1~2 个占股 10%~20% 与大股东在能力和资源上能够互补的合伙股东，他们可以发出与大股东不同的声音，对公司有一定的影响力。基于这样的模式，公司既可以保持不同的意见，遇到重大决策时又有人能拍板和承担责任。

（2）股东人数不宜过多。初创公司的股东人数不要超过三人。如果一开始就有很多人享有股份，而且还平分股份，之后基本上都会出现问题。因此，在没有任何投资注入的时候，大股东最好保持足够的股份话语权。

一般来说，一个公司从开始创立到最后上市，要经过两到三轮的融资，每轮出让 10%~20% 的股份。在融资过程中，原股东持有的股份会越来越少。如果大股东在融资之前持有的股份就少，几轮融资之后，大股东的股份会被不断稀释，那么大股东将逐渐失去在公司的话语权。

（3）设立创始人股权退出机制。很多创业公司都会遇到合伙人半路退出的情况，因此在约定股权时，最好设立创始人的退出条款。退出方式有很多，如传统的股权转让、公司回购股权等。通俗地讲，对于退出的合伙人，公司可以按照一定溢价或折价全部或部分收回股权。设立创始人股权退出机制可以避免事后引起纷争。

（4）分红协议不可意气用事。很多人一看到有商机，就与朋友联手干了起来，至于以后的利润分成，只有口头约定。而当公司走上正轨后，往往就会产生分红的问题。在利益面前，矛盾可能也就随之而来。因此，合伙创业之前，一定要签订分红协议或设置分红条款，内容包括分红依据、分红比例、分红时间、支付方式等。

在分红协议里，资金、客户资源、市场渠道、社会关系、技术能力、货源等，都是合伙的基础资源和前提，也是分红的依据。每一位合伙人都有某方面特定的资源，在进行股权约定时，一定要认真评估每一位合伙人资源的价值，再根据价值确定股份，进而给出对应的分红比例。

（二）人力资源

如果把创业比作战争，创业者是帅，如果麾下无兵无将，那就是光杆司令，打不了仗。因此，创业者必须在创业之前准备好人力资源，组建一个"能打"的创业团队。

1. 基本的团队架构要求

高效的团队工作有赖于默契协作。团队成员必须清楚其他人所扮演的角色，了解如何相互弥补不足，发挥优势。成功的团队协作可以提高生产力，鼓舞士气，激励创新。利用个人的行为优势创造一个和谐的团队，能够极大地提升团队和个人绩效。

当人们试图列出好领导者应具备哪些素质从而应对挑战时，往往发现根本不可能存在这样的"好"领导，因为有些素质是互不相容的。这也正是为什么公司获得持久成功的基础是团队而不是个人，但是对团队的了解往往不如个人容易。那么，管理者如何对团队做诊断？如何依靠团队智慧应对挑战呢？剑桥产业培训研究部前主任梅雷迪斯·贝尔宾博士提出的团队角色理论可以很好地解决这个问题，他也因这个理论被认为是"过去十年里对理解人类组织的运作方式以及如何使他们工作得更好贡献最大的人"。

团队角色理论也叫贝尔宾团队角色理论，其基本思想是：没有完美的个人，只有完美的团队。如表1-3所示，通过明确团队角色，我们可以确保使用各自优势来获利，并以最佳方式来管理我们的劣势。"贝尔宾团队角色"被用来识别在工作环境中人们行为上的优势和劣势，它衡量的是行为而不是个性，因此贝尔宾博士将它定义为"个体在群体内的行为、贡献以及人际互动的倾向性"。它赋予企业管理者一套新的工作方法，将贝尔宾理论与团队管理实践紧密结合，能够显著提升团队领导力。①

表1-3　贝尔宾九种团队角色

团队角色类型	角色	特点
思考型	智多星	充满创意，富有想象力，不会墨守成规，善于解决问题
	审议员	精于谋略，辨识力强
	专业师	拥有不易掌握的专门知识和技能
社交型	协调者	促进团队沟通
	凝聚者	敏锐，善于倾听
	外交家	外向，热忱
行动型	执行者	严于律己，值得信赖
	完成者	勤勉苦干，忠诚尽责
	鞭策者	充满活力，能够承受高压

　　一个成功的团队要包括表1-3中的九种角色，是意味着完美团队要包括9个人吗？并非如此。这九种角色与团队的规模无关，其实一个人是可以同时具备多种角色的，一个团队随着工作项目发展阶段的推进，某些角色的优先度也会发生变化。根据贝尔宾博士的建议，一个团队的基本单位最佳人数应为4人，当然，贝尔宾博士也认可5~6人的团队人数，但超过6个人，个人的贡献就会变得更不平衡。根据对贝尔宾团队角色理论的研究及对实践经验的总结，要组建一支成功的、高绩效的团队，作为组织领导者应该注意以下四点：①角色齐全。唯有角色齐全，才能功能齐全。②容人所短，用人所长。知人善任是每个管理者都应具备的基本素质。③尊重差异，实现互补。员工的异质性、多样性使整个团队生机勃勃，充满活力。④增强弹性，主动补位。团队成员要有集体决策、相互负责、民主管理、自我督导的

---

　　① 《贝尔宾：如何打造致胜团队？（测测你的团队角色）》，https：//www.sohu.com/a/250922651_ 740529。

氛围。

2. 基本的团队人员要求

创业团队的共同目标实现，很难依靠创业者个人完成，需要团队成员之间相互合作，因此，创业团队虽小，但是应当"五脏俱全"。优秀的创业团队必须能实现有效分工，形成优势互补，相得益彰。

首先，创业团队必须有一个核心成员作为团队的领导者，这一领导者，并不是单靠资金、技术、专利等因素决定的，他的领导地位往往来自创业伙伴在共事过程中发自内心的认可。在创业过程中，开始提出创业计划，并且组织起团队的初始创业者，通常是团队的核心领导者。但随着创业活动的进一步深入，如果领导者的素质无法跟上创业活动的发展，就有可能出现新的取代者。

其次，创业团队中还需能有效进行内部整合的人，这个人能有效推行创业团队的战略规划。初创企业内部往往缺乏规范的组织制度和章程，因此，员工的招募和管理、企业内部的生产和经营等，无法在明确的规章制度下运行，这种情况下通常需要有一个团队成员专门从事企业内部管理，形成较好的协调机制。

最后，在创业团队中，应拥有一个专门从事市场营销、负责外联事宜的成员，这些工作需要成员具有良好的沟通协调能力。为了有效推进市场开拓，该团队成员应拥有该领域的经验和资历，因为市场拓展能力是与过去的工作经验和社会阅历息息相关的。新企业能否快速打开市场，也与企业所拥有的社会关系密切相关，因此，创业团队应当积极吸收拥有良好工作经验和广泛社会关系的市场营销人员。

如果创业者要建立的是一所技术型的企业，那么还应有一个技术研发主管人员。对于高科技创业来说，创业者往往自身就是该技术领域的佼佼者，他的创业活动一般是基于自己开发出的项目或专利。但在很多情况下，核心创业领导者不能兼任技术管理工作，因为核心领导者要关注的是企业战略层面的问题，所以技术研发需要专业人士来专门负责。

当然，如果条件允许，这个创业团队还需要有更多的人掌握必要的财务、法律、审计等方面的专业知识，从事相关方面的管理工作。虽然创业团队可以求助于外部机构来完成财务、法律等方面的一系列事务，但在很多情况下，创业团队需要自行处理这些问题，特别是涉及企业内部机密时，因此，创业者也要有意识地吸收这些方面的创业伙伴。

此外，在一个创业团队中，不能出现两个核心成员职能重复的情况。如果职能重复，那么今后必然少不了各种矛盾的出现，最终可能导致整个创业团队分崩离析。

小吴的三次创业①

小吴退役后，曾经历三次创业。第一次是 2018 年，小吴从部队退役，带着一个退役战友合作创业。两人把资金合在一起，小吴负责整个经营，战友小杨负责财务，其间遇到很多从没有遇到的问题，二人一起协商解决。

第二次创业在 2020 年，随着创业规模不断扩大，小吴邀请了更多战友一起加入团队，开拓市场。其中一位战友小周为法人，全权负责经营，但小周不懂业务，导致合作过程中出现一系列问题：分工不明确，缺乏合作协议与规章制度，外行管理内行，成员之间缺乏信任，公司运营混乱，内部缺乏监督机制等，内忧外患下创业一步步走向失败。

第三次创业在 2021 年，小吴与两名战友组建了股份公司，小吴吸取第二次创业失败的教训，在合作前制定了协议，大家事前约定必须遵守制度。虽然多次发生股东意见分歧，但是有协议约束，大家还是按协议办事。公司运营慢慢步入正轨，产品销售逐步打开市场。

---

① 《合伙创业要明确哪些原则》，华律网，https：//www.66law.cn/laws/336403.aspx。

小吴回顾自己的三次创业经历：第一次两个人，简单约定，一个负责全面运营，一个负责财务，分工明确，遇到问题能协商处理，财务互相监督，分配规则意见一致。第二次五个人，法人不是内行，合作前只有股权分配办法，没有具体的合作协议和公司运营管理制度，遇到问题不能很好地协调与制约，出现多头管理，失败是难免的。第三次三个人，合作伙伴各有所长。大股东是外行，一开始负责公司的全面管理，因为合作前达成协议，如果不能提出好的企业发展方案、没有解决企业难题的能力，就自动退出管理层。此外，财务等各项监督机制完善，各股东明确自己的责任，严格遵守协议规定的内容，保证了市场开拓的通畅。

小吴总结三次创业的经验教训，发现创业团队人员多少不是成败的关键因素，其关键因素有三点：第一，合作原则明确，监督机制完善，股权分配清晰，财务透明；第二，能者上，庸者让；第三，合作者之间尽可能做到优势互补、资源共享。

（三）商品资源

既然是创业，那就要为社会创造价值，价值的来源，就是商品。因此，创业者必须考虑清楚，自己的商品从何而来，又如何到达消费者手里。

1. 供应链

供应链是围绕企业核心，通过对信息流、物流、资金流的控制，从采购原材料开始，制成中间产品以及最终产品，最后由销售网络把产品送到消费者手中，将供应商、制造商、分销商、零售商、最终用户连成一个整体的功能网链结构。一条供应链是一系列过程，它不仅涉及连接供应商到用户的物流链、信息链、资金链，而且是一条增值链，物料在供应链上因加工、包装、运输等过程而增加其价值，给相关企业带来收益。

供应链中各环节不是彼此分割的，而是环环相扣的一个有机整体。供应链管理把物流、信息流、资金流、业务流和价值流的管理贯穿于供应链的全过程。它覆盖了整个物流，从原材料和零部件的采购与供应、产品制造、运输与仓储到销售各种职能领域，要求各节点企业之间实现信息共享、风险共担、利益共存，并从战略的高度来认识供应链管理的重要性和必要性，从而真正实现整体的有效管理。

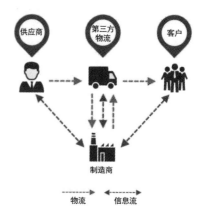

1998年8月，华为与IBM公司共同启动了"IT策略与规划"（ITS&P）项目，该项目的核心目的在于帮助华为在3~5年内设计一套满足华为业务流程需求的IT系统。ITS&P项目共包括8个子项目，分别为编码统一、流程统一、监控统一、账目统一、财务制度统一、IT系统重整、集成供应链、集成产品开发。

1999年，IBM管理咨询顾问向华为提交的管理调研报告中，重点强调了华为供应链管理水平过低问题：与国际巨头相比，华为的供应链管理水平仍存在着较大的提升空间。例如，国际同行业领先者的订单及时交货率平均高达94%，但华为的这一数字仅有50%；国际同行业领先者的库存周转率年均达到9.4次，华为的这一数字仅为3.6次；国际同行业领先者的订单履行周期平均仅有10天，华为的这一数字却达到20~25天。

供应链管理效率低下其实是国内制造企业的普遍现象，虽然它们热衷于控制生产成本，但关注的重点过多地放在了生产制造环节，却没有对供应链的其他环节给予足够的重视，从而导致生产成本较高。

对于国内制造企业而言，不仅需要提升自身在产业链中的话语权，更需要提升自身对产业各个环节中优质资源的整合能力。从原材料采购到与用户对接，这诸多环节中存在很多可以探索的细分领域，而通过整合各个环节中的优质资源，无疑能让企业最大限度地释放产业链的潜在价值。

2000年，在IBM管理咨询顾问的帮助下，华为将IBM的集成供应链管理与自身的组织结构相结合进行了系统改革，并单独构建了一个完善的供应链管理部门，全面覆盖采购、设计、生产、物流及客户服务等各个环节。

华为完成业务流程改造后，整个企业发生了极大的变化，组织焕发出强大的活力与生机。虽然华为实施这种变革后，最初面临着严重的内部质疑，但它为 2000 年后华为向全球市场的快速拓展提供了强有力的支撑，使华为对上游供应商的控制能力及对客户的管理能力有了很大提升。

今天的市场主要是买方市场，也是竞争日益激烈的全球化市场。企业要想在市场上生存，除努力提高产品的质量之外，还要采取更先进、更有效率的运营管理方式。时至今日，竞争已不仅仅是个体企业之间的竞争，更大程度表现为供应链之间的竞争。企业要想在竞争中占据优势，必须加强供应链管理。

2. 生产技术

技术进步、技术变化会带来新技术成功应用于生产的可能性，从而带来创业的技术机会。技术机会是指现存技术的规范或性能有改进的可能性，也包括全新技术的出现和应用。技术机会体现在新技术和新功能的出现，新技术替代了旧技术，或者技术产生了新应用方式，具体分为以下四种类型：

（1）技术突破。技术的发展推动新技术的诞生，技术推动表现为科学和技术的重大突破，从而创造全新的市场需求，或是激发市场潜在的需求。技术突破往往意味着新产品的出现。创业者可以在熟悉的领域寻找市场痛点，通过技术突破实现弯道超车，迅速占领市场。

（2）工艺创新。工艺创新是指创业企业通过研究和运用新的生产技术、操作程序、方式方法和规则体系等，提高企业的生产技术水平、产品质量和生产效率的活动。和技术突破相对应，工艺创新是技术融合，是将不同领域的现有技术进行融合集成，形成新的生产能力。工艺创新分为六种类型：①围绕提高产品质量等级品率的工艺创新。②围绕减少质量损失率的工艺创新。③围绕提高工业产品销售率的工艺创新。④围绕提高新产品价值率的工艺创新。⑤围绕节约资源、降低成本的工艺创新。⑥围绕有益于环境的工艺创新。

（3）技术扩散。技术会在国家之间、地区之间和企业之间发生扩散，创业者在本国、本地区和本行业率先采用了扩散技术，能够获得技术上的优势，发现创业机会。在现实生活中，绝大多数涉及产品和生产技术的转让都是通过有偿方式进行的。技术贸易的基本内容是专利使用权、商标使用权和专有技术使用权。

（4）技术引进和后续开发。创业者通过对引进技术的消化、吸收与改进，也能够形成技术机会。创业者可以进行创造性模仿、消化、吸收引进技术，减少对技术提供方的依赖，实现更大的经济效益，甚至在新旧技术结构的相互适应下形成新的技术结构。创业者还能形成自我研究开发的能力，进而根据市场需要，通过自主的研究和开发，进行改进创新。后续开发能够促进创业者对技术的消化，并建立自我发展的能力，是建立技术机会的重要途径。

3. 生产资源

生产资源是企业在生产和管理过程中使用的有形资源，不仅包括长期存在的生产物质条件，如土地、矿山、厂房、机器设备、运输工具等，还包括生产过程中投入的主材、辅材等原材料。生产资源是创业活动得以开展的重要条件。许多生产资源属于一次性固定成本，它们在使用中会逐渐被损耗掉，因此加强维护和保养，推动实物资源的保值增值非常重要。

随着市场规模的不断扩大，专业化分工程度持续深入，金融市场的效率不断提高，生产资源越来越容易通过采购等渠道获取。在这种情况下，生产资源往往难以成为既有企业的竞争优势，但对于新企业而言，生产资源是其创业的基本条件。

创业企业起步之初面临的一个重要问题是怎样控制创业需要的关键生产资源。就此而言，常见的方法有以下四种：

（1）直接控制，即直接购买或租用某些资源为己所有、为己所用。

（2）契约式优先供货控制，即通过与资源控制者签订优先供货契约，让对方优先保障对自己的供货。

（3）买断区域销售权。例如，某家生产触摸屏电脑创业企业在创业之初首先买断了国外某公司向我国出口先进触摸屏的代理权，这既保障了它优先得到国外的触摸屏供货，又使其他国内同行企业只能以较高价格得到同样的触摸屏配套件。最终，它在国内同行中迅速成长起来，赢得了竞争优势。

（4）长期非契约式供应协议。这主要是靠双方良好的信用关系，而非一纸协议而成。

4. 商业化包装

商品化包装在现代市场营销活动中的地位和作用越来越令人瞩目。在市场营销学中，有的学者把包装（Package）称为与市场营销 4P 组合（产品（Product）、价格（Price）、渠道（Place）、宣传（Promotion））平行的第 5 个 P。从现代营销角度来讲，包装并不只是对商品进行简单的保护、存放，实现商品的销售才是商品包装的目的。美国杜邦公司的一项调查表明，63% 的消费者是根据商品的包装来选购商品的。这一发现表明包装设计在产品销售方面发挥着越来越重要的作用。因此，对于创业者而言，从产品包装上取巧也不失为一种好的营销方式。

二、是否有高超的组织能力

创业不仅仅是生产商品再卖出去，更多时候需要花费大量时间和精力来管理企业。这就要求创业者具备组织、管理、领导的能力。

（一）学习如何管理

一个创业者要想成功，应具备以下几项基本的管理能力：

第一，会组织。是指对企业的组织，即如何建立企业的机构和运营生产；一个企业的领导人也必须对他自己的工作进行组织。因为创业者成功的原则是：一个有经验的管理者不是一切都是自己做，他应该把重要的工作委托下属分权执行。分权，意味着共同承担工作任务，用这种方法来提高职工的工作意愿，领导者则赢得了处理自己工作的时间。

第二，会计划。创业者在确定企业目标后，要能够制订科学的实施计划和策略。同时，企业领导者必须具有一定的专业知识和风险防范意识，在进行重大决策时才不会盲目无从。

第三，会领导。一个成功的创业者必须具备良好的领导能力，如承受力、说服力、实施能力、决断力，还必须有一定的威严。

第四，会沟通。一个好的创业者必须使员工信服企业的目标，只有通过交流和沟通，才能将目标转换成职工的实际行动。一个管理者不仅要能清楚、简明地表达，也要学会倾听。只有这样他才能完成另一个重要任务——正确地调解职工争执和平息纠纷。

第五，会激励。激励就是对行为方式的调节。激励的艺术在于使员工信任企业领导层制定的目标从而努力地去工作，而不是使员工感到他们只是实现企业目标的工具。

（二）组建志同道合的团队

对于一家创业公司，除寻找资金外，最重要的任务就是组建志同道合的团队。事实上，公司在不同的发展阶段，对团队成员的需求不尽相同。

第一阶段是寻找合伙人。合伙人是创业公司的核心，不需要太多，几个人即可。一般情况下，创业者找合伙人优先从自己身边找认识的、志同道合的朋友。合伙人的能力通常与创业者相当。

坚实的合伙人关系是奠定整个公司组织发展的基石，这点不容忽视。那么合伙人之间到底是志趣相投更重要还是能力互补更重要呢？可以说，互相尊重、志趣相投比什么都重要，尤其是创业初期的核心团队，因为这可以减少团队成员之间的交流成本。

很多人认为找合伙人，能力互补更为重要。比如我会技术，就找一个产品型的合伙人，再找一个销售型的合伙人，其实不是这样的。虽然从普遍意义上来讲，创业公司合伙人的关系多是能力互补型，但在现实中，在此结构下能够处理好合伙关系的公司并不是很多。如果创始团队成员在能力上互补，人品也都很好，但是在文化内核上没有磨合好，不能形成强认同感和共同的价值主张，那么在很多关键问题的决策上，就很容易产生分歧，这就不是特别理想的合伙人关系。

那么，什么是志趣相投呢？回想一下，跟你关系好的朋友，即使与你性格迥异，但一定在某些方面与你有共识或相同的爱好，这就是志趣相投。合伙人之间互相欣赏，才可能互相信任，这一点非常重要。

信任，是合伙人之间的必要条件。有时候，合伙人关系与婚姻或恋爱关系是类似的——争吵不可避免，但合伙人之间要确保不会因为意见不一致就散伙。这种信任需要花很长时间去培养。创业不是说两个人搞一个项目，谈好条件就可以了，正如恋爱一样，从有好感到正式成为恋人，中间需要花很多精力经营。只有这样，才能让彼此有足够的了解，既了解对方的优点，也了解对方的弱点。找合伙人是一个相互选择的过程，谨慎选择可以有效避免后期不必要的摩擦。

有了合伙人以后，就要开始寻找初创时期的员工。很多人在初创期找员工，都希望找能力强可以身兼数职的员工，事实上很难实现，因为你面对的现实是：既缺乏资金，又没有品牌，前路未卜，能力强的员工为什么要选择你？在这个阶段，能找到愿意跟着公司一起成长的员工就不错了。找合伙人是要找你相信的人，而在初创期找员工则是要找相信你的人。

实际上，初创期员工宁可"笨"一点也没关系。如果你遇到很"精明"的员工，他往往会优先考虑自己的得失，没有确定的利益通常很难付出百分百的努力。对于一个初创公司来说，一切都还是雏形，一切都是未知，想让"精明"的员工相信创始人、相信公司非常难。所以，在初创时期还不如寻找那些简单的、愿意相信你的人反而更好一些，或许这样的员工不够优秀，但这不要紧，对于初创公司而言，团队凝聚力是非常重要的一点。

在现实中，很多几十个人的小团队创业公司，业务还没有真正稳定，最多只是一个基础不错、有点小名气和小影响的小公司，由于对自身的认识不足，花大力气、大价钱到市场里挖"牛"人，最后要么无果，要么是"牛"人在小的创业公司"水土不服"，公司最终人财两空。

（三）直面挫折和坎坷的勇气

成功是每个人都梦寐以求的，也是每个人苦苦追寻的，但并不是所有的人都能顺利地登上成功的顶端。在攀登的过程中，总有这样那样的原因会让你从半山腰掉下来。但当你历尽千辛万苦终于站在顶端时，就会发现，原来无限风光在险峰。

当一个人各方面都满足创业要求时，并不代表这个人就一定会创业成功，只能说现在的时机正好适合创业。因为前面还有许多看不见、摸不着、数不清的麻烦和困难像拦路虎一样，虎视眈眈地盯着创业者，一有机会它们就扑上来，打创业者一个措手不及。创业者若想克服这些困难，自身心理素质就要强。成功之树的果实不可能一开始就悬挂在头顶上，一抬头就正好砸在创业者身上。成功的道路很漫长，创业者通常都要经过很长的一段荆棘丛生、曲折迂回的道路。

创业中的困难分为可预见的和不可预见的。所谓可预见的，就是在创业之初，创业者可以预料到有哪些困难，并且对这些困难有所准备。创业之初考虑可预见性困难是至关重要的第一步，对这种可预见的困难创业者想得越多，准备得越充分，创业之后的烦恼就会越少。不可预见的困难是非常可怕的，因为它在到来之前通常毫无征兆。不管是在创业之初还是创业成功之后，不可预见的困难都可能像一位不速之客突然地来到人们面前。

对于可预见和不可预见的困难，除了要早做准备之外，创业者还要审时度势，冷静处理，千万不能因为一点挫折就打退堂鼓。古人云："天将降大任于斯人也，必先苦其心志，劳其筋骨，饿其体肤，空乏其身，行拂乱其所为，所以动心忍性，曾益其所不能。"这其实是对一个人在通往成功路上的警示语。

"自古创业无坦途，风霜雪雨尽甘苦。"只有经历过风风雨雨、艰难困苦，创业者才能具备成功者的素质，才能坦然地面对挫折和困难，才会破茧成蝶，涅槃重生。而一个经受不住困难考验的人，是担当不起大任的。

创业中的荆棘会一直在通往成功的路上伴随着创业者，要想创业成功就绝对不能松懈，要时刻打起精神，去挑战自我，挑战极限。

三、是否能够持续发展

创业不是一锤子买卖，没有哪个创业者不希望做大做强，基业长青。那就需要创业者在创业之初，看清前进的方向，做好"长期战斗"的准备。

（一）市场前景在哪里

市场前景预测通常是指通过各种手段获取大量信息，经过研究分析，预测在未来的一段时间内，市场需求与供应的变化及趋势，使经营富有主动性和预见性，将生意做大、做活。

目前，我国市场多种经济形式并存，经营方式、流通渠道和经营环节多种多样，因此在创业之前做市场前景预测十分必要。通过市场前景预测，创业者可以掌握未来市场环境及其他条件的变化；可以更好地组织货源、拓宽业务，满足市场需要；可以改善经营管理，提高经济效益。

商机是建立在市场预测基础上的，预测并不是求神问卜，它的基础是建立在科学的调查与理性的思考之上的。要想预测结果准确，一般需要从以下几方面去把握：

1. 关注当前社会的热点

只要细心观察，就不难发现社会上大大小小的热点和公众话题层出不穷。例如，20世纪90年代我国的热点有申奥热、亚运会热、香港回归热、足球热、股票热、楼市热等。除此之外，在人们生活的城市也会出现诸多热点，如举办绘画展览、唱歌比赛、旅游节等。这些热点在精明的人眼中，蕴含着很多商机，从中可以挖掘赚钱的项目。牢牢抓住热点，把握住机会，别具匠心就能赚大钱。

2. 研究别人在干什么

如果既缺乏创业资金，又欠缺经商经验，不妨研究一下别人在干什么，随大溜也不失为一种很好的选择。看到市场上什么商品热卖，什么买卖好做，在充分进行市场调查和对自身评估后就可以积极投入这个行业中。不过，很多行业别人做能赚钱，并不见得你做也能赚钱，关键要掌握入门的诀窍。因此在进入前，不妨先在别人的企业中打工、向成功的创业者学习请教，学习他人经商的优点，摸清做生意的相关门道，积累必要的资金与经验。

3. 注意生活节奏的变化

随着现代生活节奏的不断加快，"时间就是金钱"成为大家的共识。很多聪明的生意人注意到这一点，做起多种多样适合人们快节奏生活需求的生意。例如，在餐饮方向上，各种各样的快餐、预制菜应运而生。倘若你想在餐饮业创业，或许可以考虑这些方面。

（二）资金可持续性

资金是企业运营的必要条件，无数创业企业因为资金不足而折戟。学会如何运用资金，是创业者的必修课。

1. 资金警戒线（财务风险预警）

为了使企业的财务风险管理决策者能更好地分析与预测本企业的财务风险，并能及时地采取相应的对策，有必要建立针对企业具体特点的财务风险预警系统。

所谓企业财务风险预警系统，是指为了防止企业财务系统运行偏离预期目标而建立的报警系统。建立完善的财务风险预警系统，是企业降低财务风险的关键所在。通常，初创企业的抗风险能力相对较弱，通过建立财务风险预警机制，监督企业财务风险状况，及时调整企业的财务活动，保证企业生产经营活动正常进行对于初创企业而言十分必要。

另外要注意，不要将可用资金一次性全部投入市场，要有一定比例的预留资金。如果将资金一次性全部投入市场，倘若出现创业者决策失误，公司很有可能面临倒闭危险。预留部分资金除了可以降低公司资金风险，还可以随时作为追加投资投入市场，保证市场的灵活性和主动性。

2. 资金持续投入能力

企业开张后要运转一段时间才能有销售收入。制造商在销售之前必须把产品生产出来；服务企业在开始提供服务之前，要买材料和用品；零售商和批发商在卖货之前必须先买货，还得先花时间和费用进行促销。总之，你需要流动资金应对以下开销：购买原材料或成品、促销费用、员工工资、租金、保险等。作为创业者，你必须预测，在获得销售收入之前，你的流动资金能够支撑多久。一般而言，初创企业起步相对困难，因此流动资金要预留足一点，以保证企业的资金持续投入能力。

图片来源：《海峡导报》2014 年 8 月 21 日。

3. 融资的路径设计

根据所融资金的获得渠道，可以将融资路径大致划分为直接融资与间接融资两种。

直接融资是指无须需通过金融中介机构，直接由资金的供求双方签订协议，或者在金融市场上由资金供给者直接购买资金需求者发行的有价证券，例如股票、债券一类，使筹集资金者获得所需要的资金。具体可以采用寻找合作伙伴、争取家人朋友帮助、引入风险投资、转让债权、开出商业汇票、赊购商品、延期付款、延迟应付债务支付、发行股票债券等多种形式来实现直接融资。

间接融资是指通过商业银行等中介机构获得资金。具体的方式包括银行贷款、政府机构贷款和票据贴现等。目前很多银行都推出了个人短期小额创业贷款业务，对处于创业初期的经营者来说，这笔贷款往往可以解企业的燃眉之急。

当前社会上约有十余种融资方式可供创业者借鉴选择，如银行贷款融资、股权融资、信用担保融资、民间借贷融资、专项资金融资、金融租赁融资、风险投资融资、高新技术融资等，下面我们将针对几种常见的融资方式进行分析：

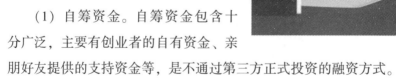

（1）自筹资金。自筹资金包含十分广泛，主要有创业者的自有资金、亲朋好友提供的支持资金等，是不通过第三方正式投资的融资方式。

（2）政府财政扶持资金。我国的财政政策体现了国家对创业企业特别是高新技术企业的扶持，包括政府补贴、税收优惠、设立基金、财政担保以及建立创新企业发展园区等多种形式，政府财政扶持资金是科技创业资本的重要资金来源。因此，企业无论是在创业初期，还是在成熟发展阶段，如若能获得国家财政资金的支持都将是一个很好的融资选择。

（3）银行贷款。银行对于企业的各种贷款，是各类企业重要的资金来源。贷款具体可分为信用贷款、抵押贷款、担保贷款、贴现贷款等形式，由于银行贷款融资具有资金来源稳定可靠的特征，因此是创业融资的重要手段之一。

（4）风险投资。风险投资是指一些专门的风险投资机构为创业企业提供风险资本的行为，资金来源主要包括投资公司、个体投资者、投资银行及其他金融机构等。想要获得风险投资，创业者就要做好充足的准备，制作出完善、可行、具有诱惑力的商业计划书，以此获得风险投资公司的青睐。

（5）其他融资方式。

1）企业投资及外商投资。企业在生产经营中往往会形成暂时闲置的资金，有些企业为了提高资金的利用效率会进行战略性的投资，或考虑对新创企业进行投资，或考虑对科技成果转化提供资金支持，抑或与其他机构联合设立创业投资基金，这也是创业企业的重要资金来源之一。而外商资金主要是指外国投资者以及我国香港、澳门和台湾地区投资者的资金，我国自改革开放以来就开始大量引入外资，外商资金已经成为我国创业企业融资的重要来源。而外商投资不仅可以引进资本，有时还可以引进国外创业投资管理经验。

2）非银行金融机构资金。非银行金融机构主要有信托投资公司、信用合作社、证券公司等，它们能够为创业者提供融资融物、承销证券及其他的融资服务。随着我国金融市场的不断发展，这部分业务将愈加广泛。

（三）抗压能力

创业是自己当老板，看似比当员工要自由，但自由不等于轻松，反而可能面临更多的压力，每一位创业者必须提前做好心理准备。

1. 事业的压力

设想一下，你在一家企业做员工和自己创办经营一家企业，哪一种情况压力更大呢？无疑是后者。

创业者在创业过程中，要处理很多事情，如市场调研、制订创业计划、寻找投资、选择企业地址、选择供货商、企业注册、组建创业团队、招聘员工、制订营销策略和计划、管理企业……任何一件事处理不好，创业可能就会失败，还要面对很多风险，如市场风险、竞争风险、资金风险、团队风险、技术风险、法律风险……任何一种风险应对不当都有可能使企业遭遇灭顶之灾。因此，创业带给创业者的压力是非常巨大的，而且这些压力会长期存在，一直贯穿创业活动始终。所以，作为一个创业者，必须具备高超的压力管理能力，善于应对各种压力。

2. 家庭的压力

我们在做创业辅导时，时常会问创业者这样一个问题："你的家人对创业这事儿有什么看法？会支持你吗？"多数人会强调："嗯，是的。他们一直很鼓励我去实现自己的梦想，但当我创业后又希望我放下所有事情，然后找一份安安稳稳的工作。"也有的人会抱怨："不，他们无法理解我在做什么，这让我很痛苦。"还有的人说："这是一个比较艰难的过程。不过，我们在逐渐调整各自的步调，希望找到一个新的家庭生活模式。"从实际情况来看，许多创业者失败的原因是家庭的压力让他们无法专心于自己的事业。

创业不只是创业者本人的修行，对创业者的家庭成员来说，也是一种修行。一旦创业开始，创业者的家庭成员，尤其是创业者的妻子或丈夫，也必须要适应创业节奏，进入"家属创业模式"。而如若家属不支持，创业者必然会受到很大的影响。

处于创业初期的创业者，时常会遇到事业和家庭相冲突的情况。这个阶段，创业者需要承受比常人更多的压力甚至煎熬，他们比常人更加迫切需要家人的理解、支持与关怀。如果此时家人不但不予支持，反而添堵的话，创业者将承受很大的压力。因此，创业者在准备创业前一定要与家人积极沟通，获得家人的理解与支持，同时做好充分的心理准备。

现在，很多人主张先处理心情，后处理事情。其实，创业者在处理事业和家庭的问题时，也不妨套用这个思路，先厘清家庭的事情，再打拼事业。

不管是事业上的压力还是家庭上的压力，压力的产生和发展是有规律的，心理学研究已经较深刻地揭示了这些规律。因此，利用这些规律，采取一些方法对压力进行有效的应对管理，从而提高工作效率、保护心理健康是完全有可能的。管理压力的方法有很多，下面简要介绍几种：

1. 调整压力源

压力是压力源引发的，因此，最有效管理压力的方法就是调整压力源，减少或消除那些给你带来麻烦的压力源。例如，当前的工作是你最主要的压力源，那么换一个更舒服的工作，你的压力水平就会降低。

2. 认知调节

压力的确是由压力源引发的，但它之所以会引发压力，关键取决于你对压力源的认知。比如，领导布置给你一项任务，这个任务会成为你的一个压力源，如果你认为这个任务对于你来说很容易完成，它引发的压力感就比较小；相反，如果你非常重视这个任务，且完成的难度较大，它引发的压力感就会比较大。

事实上，人们在日常生活中遇到的压力，相当一部分来源于对压力源错误或不恰当的认知，夸大了压力源的难度和重要性，从而导致你过度反应。通过有目的的反思，重新评估压力源，可以降低你的压力水平。例如，某天你要参加一个会议，有可能会迟到，你不妨想一想以下四个问题：如果我迟到，这个会议会无法召开吗？如果我迟到，我的声誉会受到很大损害吗？如果我迟到，我会受到较严重惩罚或被解雇吗？如果我迟到，我可能遭受无法挽回的损失吗？如果你的答案有三个以上的"是"，你有压力感就是正常的；如果有两个以上答案为"否"，你就根本没必要太担心。

3. 任务管理

对生活中的事情无法控制是引起压力的一个重要原因。你也许总是感觉到每天有做不完的事，或者总是有很多紧急的事情需要你去处理，你总是手忙脚乱、疲于应付，但同时你发现每天处理的事情很有限。如果你的日常生活经常出现这种状况，说明你没有将你的任务管理好，你被各种事件牵着鼻子走，这种状况会使你感到压力很大。

要摆脱这种状况，唯一有效的办法就是学会规划、管理自己的任务和时间，并养成一种习惯，处理事情时做到心中有数。

进行任务管理或时间管理的技巧有许多，但其共同的规律和原则可以概括为以下四个步骤：

步骤一：把你日常生活、学习和工作中要做的事情进行整理，列出一个清单，并按事情的重要性、紧急程度进行分类。

步骤二：将你每天、每周、每月、每年可支配的时间分割成若干个相对独立的时间段。

步骤三：将你的任务清单（步骤一）和你的时间清单（步骤二）进行对照，把各项任务安排在特定的时间段中，形成你的日计划、月计划或年计划表。切记，安排任务时，要优先安排那些对你来说最重要的事情，其次是那些较重要的事情，而那些不重要的或不是很着急的事情则尽量不要安排进来，即使安排也要排在最后。

步骤四：按照任务管理目标严格执行制订的计划。

4. 社会支持

一群你可以依靠、能给你鼓励和安慰的人就是你的社会支持系统，比如你的父母、亲戚、朋友、同学等。社会支持系统会对你的人生幸福、心理健康产生非常积极的影响，对于帮助你应对压力同样可以发挥非常积极的作用。你可以将你内心的压力感向他们倾诉，他们的倾听、鼓励、安慰会让你变得更加轻松，压力感大大化解。社会支持系统的另一个作用是，当你面对的事情太多时，可以请他们帮助，为你分担任务，或协助你解决问题，这也可以为缓解你的压力发挥很好的作用。

5. 放松法

压力最主要的一种后果，是让我们的神经紧绷、内心紧张、焦虑不安。放松法就是要通过一些办法缓解这种紧张，使内心恢复平静、轻松。放松法并不是一种单一的办法，而是有很多种，在日常生活中可以根据每个人的实际情况灵活运用。常见的办法有：

（1）运动。体育运动，特别是有氧运动，可以促进人体血液循环和新陈代谢，从而可以帮助人们放松身心，缓解压力。压力较大时，去户外运动一下，出出汗，是一个很好的办法。

（2）沐浴。工作了一天，在感到疲劳、压力大时，泡个热水澡或冲个凉水浴，可以帮你迅速摆脱疲劳，浑身上下变得轻松。

（3）睡觉。累了就睡上一觉，对于帮助你恢复体力、放松心情也非常有效。

（4）游戏。工作压力大的时候，暂时放下工作，玩一会儿游戏，比如打扑克、下棋、玩电子游戏等，可以帮助你缓解压力。

（5）听音乐。听一段音乐，特别是节奏较慢、旋律舒缓的抒情歌曲或轻音乐，也可以帮助你放松身心，缓解压力。

结 语 ●●········

未虑胜先虑败，方是军人本色

创业不易，空有热情，难以成功。商场非战场，创业能力要从头学起；商场如战场，未虑胜先虑败，方是军人本色。身为新时代的退役军人，应以更强的接受能力和适应能力，快速学习、提升自己，为开辟创业之路做好准备。

第二章

夯实创业基础

初次创业遭遇重创，总结教训从头再来

退伍两个月后，李大力和战友小能、阿坤回到了老家湛江，在附近村子租了120亩虾塘，开始进行海鲜养殖。他们都坚信这是一个发家致富的好机会，三人都信心满满。

转眼间六个月过去了，事与愿违，三人前期投资的60万元资金已经全部用完，结果却没有收获一斤虾，还欠了饲料厂3万元的饲料钱。此时的李大力心里异常苦闷，想到父母对自己的深切期待，又想到当初战友劝自己不要贸然养虾，可自己都不听，结果现在连退役金都亏进去了，李大力心情越发低落起来。

夜幕降临，李大力躺在床上久久不能入睡。回顾这一路创业的过程，李大力和两名战友一直非常辛苦，为了养虾，三人在偏僻的沙金村里租了一间简陋的民房。一开始李大力很不习惯，这里没有闹市的灯红酒绿，也没有舒适的家，对他来说更难捱的是寂寞，晚上只能躺在床上对着天花板发呆。到了白天，三人顶着酷暑在虾塘里忙活着，有时一天只能休息两三个小时。在这六个月里，李大力的皮肤晒得格外黝黑，人也瘦了一大圈。

租好虾塘后，三人辛辛苦苦准备了一个月，终于将第一批虾苗投入了虾塘，可一个月后的一天傍晚，李大力发现虾塘出现了大量死虾。对于这个结果大家心里也有所准备，所以很快就重整旗鼓，接着投入了第二批虾苗，本想着第二批一定可以大获丰收，谁承想天公不作美，接连两天下暴雨，附近的江水水位上涨，漫进了虾池，虾全部被冲跑了。两批虾苗全部打了水漂，资金也用完了。三人大受打击，开始相互埋怨起来。

想到自己为了创业付出了那么多的辛苦，而如今所有的努力都付之东流，李大力的眼眶湿润了。

为什么自己这么努力却无法创业成功？李大力陷入了沉思，经过一番反思，他认为此次创业不成功主要有以下几个原因：

首先，高估了自己。李大力在部队上待了5年，社会经验少，对很多事情的认知不够，而且他的性格过于单纯，把一切事物想象得太美好，没有客观评估自己的优势、劣势，也没有评估创业的风险，就贸然开始创业。

其次，低估了市场。李大力只是看到家乡的很多乡亲靠养虾发家致富，就误以为养虾是一件很容易的事，却不知这几年水产行业相对惨淡。另外，养殖这个行业能否赚钱要看年景、看天气、看水质、看市场，最重要的是看养殖者的专业能力。总之，要从事海产养殖这个行业，只依靠努力是不够的。

再次，准备不足。在人员配置上，李大力、小能、阿坤三个人是战友，在创业中彼此是相互信任的，但三人都缺乏社会阅历，创业经验均为零，所以也谈不上经验互补。如果他们能联合有海产养殖经验的人一起创业，成功的可能性会大很多。在资金准备上，三人把自己的退役金一次性地投入其中，并没有核算创业成本和收回成本之前的持续周期，也没有想到可以利用其他渠道来获得周转的资金，比如专门为退役军人设立的创业扶持贷款，所以当资金不足时，生意自然陷入了困境。

最后，专业能力不足。海产养殖是一个技术活，三人都没有系统学习过海产养殖的技术，也没有聘请专业人员进行指导，凭借一腔热血投入其中，最终血本无归。而且，三人也缺乏风险的预防意识，不知道要每天关注天气预报，暴雨前要将虾池堤坝抬高加固，结果遇到暴雨，虾池被淹，虾全部被冲走。

反思完创业失败的原因，李大力决定给当年军营的兄弟王大海打个电话，吐吐苦水。

电话里李大力把自己这半年创业的经历一五一十地跟王大海说了，电话那头的王大海一直耐心地听，并时不时安慰一下李大力。说完后，李大力顿时觉得轻松了很多，虽然这次创业失败了，但他也总结了很多教训，他暗下决心，一定要从头再来，而且下次创业一定要做好充分的准备。

📢 小郭政委开讲啦

创业伊始，不要急着开干，而应该夯实创业基础。兵法里讲"多算多胜，少算不胜"就是强调准备工作的重要性，不打无准备之战，否则就很可能像情景故事中的李大力一样，在失败之后才来总结教训。创业基础有三个方面：

一是正视自我，在清晰自我认知的前提下，调节自我状态，准备迎接挑战；

二是做好准备，准备好创业团队、自身能力和生产所需的资金、产品及供应链等；

三是防范风险，了解常见的经营风险，学会识别常见的诈骗手段。

第一节　正视自我

创业是为了追求事业成功，而事业成功意味着自我价值的实现。从这个角度来说，事业成功其实就是自我价值实现的终点，而起点，就是创业者对自我的认知和要求，即你是什么样的人，你期望成为什么样的人，为了成为你所期望的人你应该怎么做。

一、清晰自我认知

《老子》中有言"人贵有自知之明"，就是说一个人立身处世，最重要的是具备清晰的自我认知。任何人要干一番事业，首要的也是了解自己的优势和劣势，扬长避短，做自己最擅长的事情，成功的可能性才最大。

（一）创业优劣势盘点[①]

在企业战略管理的理论中，有一个对企业或项目的优势、劣势、机会和威胁的全面评估方法，称为 SWOT 分析法，后来这个方法被广泛应用于各类竞争问题的分析。SWOT 是一个客观性的分析方法，是评估一个项目是否可行的主要依据。其中，S 代表优势（Strengths），W 代表劣势（Weaknesses），O 代表机会（Opportunity），T 代表威胁（Threats）。S 和 W 表示项目主体的内部环境，O 和 T 表示项目面临的外部环境（见表 2-1）。我们可以用这个方法来分析自己创业的竞争优势和劣势，了解创业的潜在机会和外部威胁。

---

① 《经典营销理论》，https://wenku.so.com/d/38d6bc58afdad42ffa589dedaffa1a59。

表 2-1　SWOT 分析表

内部	S——优势	W——劣势
外部	O——机会	T——威胁

SWOT 分析法的步骤如下：

（1）罗列企业的优势和劣势，以及可能的机会与威胁。

（2）优势、劣势与机会、威胁相组合，形成 SO、ST、WO、WT 策略（见表 2-2）。

表 2-2　SWOT 战略组合列表

外部因素　　　内部因素	内部优势（S） 如技术、管理、营销、资金、人才、机制等	内部劣势（W） 如技术、销售渠道、资金、管理、产业政策等
外部良机（O） 如经济发展势态、新政策出台、产业结构调整、技术发展动态、新技术的出现等	SO 战略： 最成功的战略组合，运用自己的优势，并充分利用环境带来的良机	WO 战略： 如利用机会，采取克服劣势的创业战略
外部威胁（T） 如在位者阻挠、市场进入壁垒高、经济环境不好、产业政策发生变化、市场萎缩、替代技术或产品出现等	ST 战略： 用优势克服外部环境威胁	WT 战略： 放弃，或依附创业，或合资

（3）对 SO、ST、WO、WT 策略进行甄别和选择，确定企业目前应该采取的具体战略与策略。

1. 竞争优势（S）

竞争优势是相对于竞争对手拥有的可持续性优势，具体包括以下六个方面：

（1）技术技能优势：独特的生产技术，低成本的生产方法，领先的革新能力，雄厚的技术实力，完善的质量控制体系，丰富的营销经验，上乘的客户服务，卓越的大规模采购流程。

（2）有形资产优势：先进的生产流水线，现代化的车间和设备，丰富的自然资源储备，优质的不动产，充足的资金，完备的资料信息。

（3）无形资产优势：良好的品牌形象及商业信用，积极进取的公司文化。

（4）人力资源优势：在关键领域拥有专长的职员，积极上进的职员，很强的组织、学习能力的职员，有丰富经验的职员。

（5）组织体系优势：高质量的控制体系，完善的信息管理系统，忠诚的客户群，强大的融资能力。

（6）竞争能力优势：产品开发周期短，强大的经销商网络，与供应商良好的伙伴关系，对市场环境变化的灵敏反应，市场领导地位。

2. 竞争劣势（W）

竞争劣势是指某种公司缺少或做得不好的方面，或指某种会使公司处于劣势的条件，具体包括以下三个方面：

（1）缺乏具有竞争力的技能技术。

（2）缺乏有竞争力的有形资产、无形资产、人力资源、组织体系。

（3）在关键领域里缺乏竞争力。

3. 潜在机会（O）

市场机会是影响公司战略的重大因素。公司管理者应当确认每一个机会，评价每一个机会的成长和利润前景，选取那些可与公司财务和组织资源相匹配，并且能使公司竞争优势得到最大化发挥的最佳机会。

潜在的发展机会可能是：

（1）客户群的扩大趋势或产品市场细分。

（2）技能技术向新产品新业务转移，为更大的客户群服务。

（3）前向或后向整合。

（4）市场的进入壁垒降低。

（5）获得并购竞争对手的能力。

（6）市场需求增长强劲，可快速扩张。

（7）出现向其他地理区域扩张，或扩大市场份额的机会。

4. 外部威胁（T）

在公司的外部环境中，总是存在某些对公司的营利能力和市场地位构成威胁的因素。公司管理者应当及时确认危及公司未来利益的威胁，做出评价并采取相应的战略行动来消除或减轻它们所产生的影响。

公司的外部威胁可能是：

（1）出现将进入市场的强大的新竞争对手。

（2）替代品抢占本公司产品的市场份额。

（3）主要产品的市场增长率下降。

（4）汇率和外贸政策的不利变动。

（5）人口特征、社会消费方式的不利变动。

（6）客户或供应商的谈判能力提高。

（7）市场需求减少。

（8）容易受到经济萧条和业务周期的冲击。

（二）领导风格测评

创业通常不是单打独斗，而是要依靠团队。如果你是一个创业团队的发起人，那么很可能你也是这个团队的领导者。不同的领导者有不同的领导风格，而领导风格又会很大程度决定一个团队的战斗力，从而对创业能否成功起到关键的影响。下面的自测题，可以用来判断你属于哪种领导风格（见表2-3）。

表 2-3 领导风格测试

陈述	完全不同意	不同意	中立	同意	完全同意
1. 员工需要严密监管，否则他们不可能做好自己的工作	1	2	3	4	5
2. 员工想参与决策过程	1	2	3	4	5
3. 在复杂情境中，领导者应该让下属自己独立解决问题	1	2	3	4	5
4. 公平地说，在一般人群中，大多数员工是懒惰的	1	2	3	4	5
5. 成为优秀领导者的关键是提供指导、不给压力	1	2	3	4	5
6. 在下属工作的时候，领导者不要干涉	1	2	3	4	5
7. 通常来说，要想激励员工实现组织目标，必须对他们实行奖励或者惩罚	1	2	3	4	5
8. 大多数员工喜欢来自领导者的支持性沟通	1	2	3	4	5
9. 通常来说，领导者应该允许下属对他们自己的工作进行评价	1	2	3	4	5
10. 大多数员工对工作感到没有把握，需要接受指导	1	2	3	4	5
11. 领导者需要帮助下属承担责任以完成工作	1	2	3	4	5
12. 领导者应该给下属完全的自由，靠他们自己解决问题	1	2	3	4	5
13. 领导者是团队成员绩效的主要评判者	1	2	3	4	5
14. 帮助下属激发出他们的工作"热情"是领导者的职责	1	2	3	4	5

续表

陈述	完全 不同意	不同意	中立	同意	完全 同意
15. 在大多数情况下，员工希望领导者尽量少地介入他们的工作	1	2	3	4	5
16. 高效的领导者都要下达命令，给出详细说明程序	1	2	3	4	5
17. 员工基本上都是称职的，如果给了任务都会做好工作	1	2	3	4	5
18. 在一般情况下，最好让下属独自完成工作	1	2	3	4	5

注：①计分。

● 第1、4、7、10、13、16项目的分数相加（权威型领导）

● 第2、5、8、11、14、17项目的分数相加（民主型领导）

● 第3、6、9、12、15、18项目的分数相加（放任型领导）

②总分。

权威型领导_____

民主型领导_____

放任型领导_____

③分数解释。

该问卷旨在测量三种常见的领导风格：权威型、民主型、放任型。通过比较你的分数，你可以确定在你自己的领导风格中哪些风格是主要的，哪些是次要的。

如果你的分数是26~30，你处于非常高的范围。

如果你的分数是21~25，你处于较高的范围。

如果你的分数是16~20，你处于中等的范围。

如果你的分数是11~15，你处于较低的范围。

如果你的分数是6~10，你处于非常低的范围。

（三）权威型领导的特征与效果

1. 特征

权威型领导强调对整个团体成员负责，要对他们施加影响和控制，确定团队成员的任务和步骤，刻意不参与团队讨论。权威型领导不鼓励团队成员相互交流，相反，他们更喜欢下属多与他交流。在对他人进行评估时，权威型领导直率地给予表扬或提出批评，但是这基于他们自己的个人标准，而不是客观评论。

在许多情境中，权威型领导能够提供指导、设定目标和组织工作。例如，当员工刚开始学习新工作时，权威型领导便让他们知道他们所做事情的规则和标准。权威型领导能非常有效和成功地激励他人去完成工作。在这些情境下，权威型领导相当有效。

2. 效果

权威型领导既有长处又有短处。从积极的一面来看，它是高效的和多产的。权威型领导能对员工的工作给予明确指导和清晰说明，能在较短时间内完成较多工作。此外，权威型领导在设置目标和工作标准方面非常有效。从消极的一面来看，它不可避免地带来了员工的依赖、顺从和个性丧失，即员工的创造力和个人成长可能会因此受阻。

（四）民主型领导的特征与效果

1. 特征

民主型领导认为下属完全有能力依靠自己完成工作。民主型领导不想控制下属，而是与下属共同工作，尽量公平对待每个人，不把自己置于下属之上。民主型领导以支持的方式倾听下属，协助下属逐渐学会自我指导。此外，他们促进团队成员之间相互交流，对那些不善表达的团队成员循循善诱，使他们能够吐露心声。民主型领导提供信息、说明和建议，而不是发号施令与施加压力。在评价下属时，民主型领导会给予客观的表扬和批评。

2. 效果

民主型领导的效果大多是正面的。首先，民主型领导能给团队成员带来较高的满意度、承诺和凝聚力。其次，在民主型领导者的带领下，员工之间会更友善、相互赞赏和具有团队意识，因而会和睦相处，心甘情愿地参与团队事务，更多地说"我们"，而更少说"我"。再次，民主型领导会使员工工作积极性更高，创造力更强。在民主型领导的支持性结构下，员工会更加积极地发挥自己的聪明才智。最后，团队成员更多参与团队决策，更愿意执行团队决策。民主型领导也有消极面，需要花费更多时间，需要领导者更加投入。因此，民主型领导在完成任务方面不像权威型领导那样高效。

（五）放任型领导的特征与效果

1. 特征

放任型领导既不试图去控制下属，也不试图培育和引导下属。放任型领导者忽视员工和他们的工作动机。这些领导者或许了解下属的情况，但是并不试图影响下属的活动。在放任型领导的管理下，下属可以自由地在任何时间做很多自己想做的事情。放任型领导也不会去评价或控制下属的进步。

2. 效果

放任型领导产生的效果基本上都是负面的，主要的负面效果是任务完成量很少。因为员工缺乏指导，不知道该做什么。给予完全自由之后，大多数员工发现工作杂乱无章。通常，员工喜欢一定程度的指导，如果彻底放开让他们完全依靠自己，他们的工作就很难有成效。没有目的感和方向感，团队成员难以找到工作的意义，因此容易失去工作积极性，缺乏工作热情，其结果自然是生产效率下降。

二、明确企业价值诉求

创业者往往也是决定自身企业价值诉求的人，而企业价值诉求的定位会很大程度影响企业商业模式的倾向，甚至决定企业能否获得长久的、可持续的发展。

兰德公司的专家们用了20多年的时间，跟踪了500家世界大公司，最后发现，历经百年而不衰的企业有一个共同特点：他们不再以追求利润为最高目标，在新形势下，公司决策者已经认识到单纯追求利润的缺陷。杰克·韦尔奇对此有如下描述：一个顶级的强大企业必须有持续增长的收益和利润，收益的增加来自稳定的内在文化，优秀的企业文化有其共同点，更是企业成功的核心竞争力所在。① 具体地说，著名的成功企业往往遵循以下三条原则②：

第一，人的价值高于物的价值。卓越的企业总是把人的价值放在首位。

第二，共同价值高于个人价值。共同的协作高于独立单干，集体高于个人。卓越的企业所倡导的团体精神、团队文化，其本意就是倡导一种共同价值高于个人价值的企业价值观。正如诺贝尔经济学奖得主、剑桥大学印裔经济学家阿马蒂亚·森所说："一个基于个人利益增进而缺乏合作价值观的社会，在文化意义上是没有吸引力的，这样的社会在经济上也是缺乏效率的。"企业的基础是个人，没有个人能力的发挥，没有了解个人是怎样发挥作用的企业就不能成为一个有机的生命体，也就不可能形成企业活力。

第三，社会价值高于利润价值，用户价值高于生产价值。社会实践让决策者意识到必须始终把顾客放在第一位，为顾客、为社会提供更多的服务，彻底转变经营管理思想，因为，从企业的角度看，客户流失会给企业带来很大的危机。

"橄榄无线"创始人曹祺在接受媒体记者采访时，曾表示自己及企业对于财富及个人创业成长的看法。他认为即使自己身价千万，仍要关注自身的成长，创业中学会的最重要的东西就是"分享"。

"珈源量子"的朱小波经理曾在访谈中表示："我国众多高校的许多技术专利都被闲置，甚至许多专利都可以被视为无法应用，非常可惜，我们以为一些重要的专利技术能够有效地产业化应用，关键还要看发明这项专利的学者是否拥有对其专利进行应用化的决心，以及这样的学者是否称之为真正的学者，只有真正的学者才会非常关注其自己所创造出的东西如何对其有效

---

① 《不唯业绩论高低，工匠精神铸品质》，搜狐网，https：//www.sohu.com/a/114208694_162522。
② 《最好的企业文化是做人的文化——你现在或许不是最好的 但你可以成为进步最快的》，http：//www.doc88.com/p-3744783905895.html。

的应用"，"我们珈源量子的主要合作者之一庞代文教授就是一位真正的学者，他所领导的实验室关注量子点的科研内容，我所带领的公司团队就关注如何在量子点和病毒接触后看病毒怎么侵染正常细胞，即在实际中生物医学如何进一步地对其进行应用"，因此，"珈源量子"创立的初衷在于如何将科研中的重要成果去有效地应用，这也是"珈源量子"成长的真正动力所在。

"兴农高科"管理者邓遵威在访谈中表示，"兴农高科正是基于农业院校教授的科研成果开展的一些涉农项目，目的在于帮助一些青壮年农民如何在乡村成功创业致富，既要满足公司的收益以及公司主要投资股东的收益，也要满足金银花种植户的利益诉求，这样兴农高科的企业项目才能够持续发展"。

这三家创业企业从自身的价值诉求出发，采取了相应的价值创造机制。"橄榄无线"为广大智能手机用户提供可供手机上浏览、编辑及上传 Office 文件的软件下载，如能帮手机用户在手机上编辑 XLS、PPT 格式的文件。"珈源量子"为"临床和科研单位、国内外生物医药企业提供试剂盒产品系列以及量子点成像与检测服务"。"兴农高科"为众多农村农户提供"神农Ⅰ号四季金银花苗"，并为广大种植户提供种植技术咨询、技术指导等服务工作。

三、调节自我状态

当你对身为创业者的自己有了清晰的认知，明确了努力的方向之后，还要想一想创业中可能会遭遇的失败和挫折，为了面对这些即将到来的痛苦，你要提前调节自我状态，做好充分的准备。

（一）做好失败的准备

大多数创业者的生活，往往没有朝九晚五，没有诗和远方，没有周末，没有娱乐消遣，只有上紧发条一般的工作，只有无数的辛酸与疲惫。

可是，付出就一定有收获吗？不仅不一定有收获，还有很大可能会全盘皆输。因此要居安思危，除了追求成功，也要考虑失败了怎么办，尤其是对家庭的影响。如何平衡工作与家庭，是多数创业者都会头疼的问题。很多创业者在回顾创业历程时也都会提到，为了工作，自己的家人做出了很大牺牲。

但鱼与熊掌真的不能兼得吗？事实可能并非如此。电无忧 CEO 周大鹏认为：创业不应该去追求悲情，更不要苦情，而是要豪情壮志。这句话怎么理解呢？首先，不要悲情，就是在创业过程当中，不能因为创业而把自己的身体搞垮，"身体是革命的本钱"这句话放之四海而皆准，创业对一个人的身心是巨大的考验，因此创业者一定要重视身体健康。其次，不要苦情，如果因为创业而忽视家庭，甚至导致家庭分崩离析，那就本末倒置了。创业者的初心通常是为了让家人过上更好的生活，如果在追求这个目标的过程中反而失去了家人的理解与信任，那就远离了自己的初心，所以，创业者一定要坚守自己的初心。最后，要追求豪情，什么叫豪情？就是追求家庭、事业的双赢。追求双赢说起来容易做起来难，那么创业者该如何平衡创业与家庭呢？与家人约法三章是一个可行的方法。比如，保障家人的基本生活水平，不要因为筹集创业资金而让家人陷入债务的恐慌中。再比如，跟家人之间做一个约定，无论工作多么忙碌都要抽出一定的时间陪陪家人，听听家人的快乐与烦恼，同时也可以跟家人聊聊你的困难与压力，让家人更多地了解你的创业情况，给予你更多的理解与支持。①

（二）做好长期战斗的准备

创业之路漫长、孤独、寂寞、崎岖不平，因此要做好长期战斗的准备。你的心情很可能会如同坐过山车一般，忽上忽下，但一定要学会坚持。

在你创业之初，你的产品无人知晓，当你满腔热情地跟别人介绍你的产品时，得到的很有可能是别人的质疑或敷衍。不要指望一开始别人就对你的产品感同身受，唯有坚持做好产品，用好的产品质量和服务赢得消费者的青睐。创业之路注定不平，创业者需要像跑马拉松一样，给自己设定很多个小目标，要不停地和自己说，再坚持一下就好了。"路漫漫其修远兮，吾将上下而求索"，这可能就是创业者的真实写照。

在你创业成功前，或许很多人会告诉你，你的想法是错误的，所以创业者一定要多思考，理性分析他人意见，一旦设定目标就要坚持下去。如果创业者只盯着别人那些赚钱的项目，然后像猴子掰玉米一样，项目做一个扔一个，半途而废，结果只能是失败。创业者要耐得住寂寞守得住繁华，不忘初心，方得始终。

---

① 《攘外必先安内，创业成功不等于家庭失败》，https：//www.sohu.com/a/220346731_470005。

第二节　做好准备

认识自我，主要是创业者需要在创业之前做好自身认知方面的准备，比如一些外部的、硬性的准备——人员准备、能力准备、组织准备。情景故事中，李大力反思创业失败的原因中，很大一部分都属于自身认知方面准备不足。

一、人员准备

世上没有完美的个人，但有合作无间的团队。优秀的创业者依靠的不是单打独斗，而是依靠团队的力量去获得成功。因此，创业准备中首要的一环，就是人员准备。

（一）联合有经验的人

开始一份崭新的事业无疑是激动人心的，更不用说因为实现了"老板梦"而带来的喜悦。但是在激动过后，还是要以一个成熟冷静的心态，去寻找你在商业上的"另一半"①。

当我们请教那些成功的创业者关于合伙人所要具有的基本条件时，我们收到最多的回复就是技能互补。也就是说，如果你想要创业，最好能在你不擅长的领域找几个可以跟你优势互补的人。

Local Response 的联合创始人及首席执行官 Nihal Mehta 表示："要去找那些在你较弱的领域表现出色的人，这样可以使你的团队更完美。"团队成

---

① 依文：《寻找合伙人的五个条件》，《现代企业文化》2016 年第 19 期。

员之间拥有不同的擅长领域可以帮助大家更快进入属于自己的角色中，使团队分工明确又高效，能让创业公司更快步入正轨。值得一提的是，你的合伙人的家庭、教育背景可能与你有所不同，但是你们得志同道合，且对你们即将开始的这份事业有同样的激情。

（二）联合新退役军人

创业是艰辛的，创业团队的成员要具备吃苦耐劳的品格。从这个角度来看，刚退役的军人是很好的选择，大家都曾是军人，战友之间的情谊让大家之间的信任度更高，能更快地融入创业团队，而且退役军人受部队文化熏陶，职业忠诚度、执行力和自律性通常也更强——这都是创业团队需要的良好品质。

2002年底，从军24年的杨建桥，从原二炮指挥学院训练部政治处主任的岗位上退役，回到老家武汉市东西湖区走马岭村自主择业。回老家第一天，杨建桥就听说邻村一个大爷为进城卖菜赶夜路，在高速路上出车祸不幸身亡。那一刻，他下定决心为家乡的农民们解决"卖菜难"的问题。杨建桥联系了8名退役军人，凑齐了启动资金，2003年10月，"战友放心菜商行"开张。他们从一个蔬菜配送小店做起，公司经过十几年的发展，逐步发展为一家拥有绿色农业、教育培训、生物科技等37个子公司的大型多元化集团——战友集团。

创业之初，杨建桥邀请的退役军人，很快就成为企业的骨干力量。"退役军人受党教育培养多年，不仅有忠诚可靠的思想政治基础，军旅风雨的摔打磨炼也养成了他们吃苦耐劳、坚韧不拔的顽强作风。如果能帮他们搭起再就业的平台，让他们少走或不走弯路，他们将是经济社会发展的人才'富矿'。"从那时起，杨建桥就致力于一项事业——对退役军人进行创业就业培训。

战友集团于2006年投入近千万元创办了武汉战友创业培训中心，对全国退役军人进行创业就业培训，退役军人在这里可以免费接受创业培训，既有量身订制的培训方案，又可获得各种实践机会。培训中心如今已发展成为战友商学院，教学团队由集团管理经验丰富的高管和特约的大专院校专家教授以及各行各业的创业精英组成。杨建桥也会亲自授课，用自己多年创业经历的成败得失，帮助自主择业干部树立自信。今天，战友集团已经打造出一个以自主择业军转干部为核心的管理团队，中层以上管理人员中退役军人达到七成以上，成为集团特有的人才优势。

资料来源：张汉军、黄予洲：《军转干部杨建桥用"战友"队伍打造退役军人创业金字招牌》，中国军网，http：//www. 81. cn/jwgz/2018－11/10/content_ 9340102. htm？from＝groupmessage。

（三）盘点团队，优势互补

从人力资源管理的角度衡量，建立优势互补、专业能力互相搭配的"异质性"团队是保持团队稳定和高效的关键。在创建一个团队的时候，最重要的是考虑成员之间的专业、资源、能力或技术上的互补性，充分发挥个人的知识和经验优势。

一般来说，优秀的创业团队，其核心成员中，至少有一位技术型成员和一位管理型成员。为什么呢？因为，如果创业团队是由纯粹的技术人员组成的，则公司容易出现技术为王、产品为导向的经营局面，产品的研发容易与市场脱节；而如果创业团队全部是技术型管理人员，则缺乏对技术的领悟力和敏感性，也容易让企业迷失方向。

不只是创业团队，公司其他执行团队，都需要成员之间的互补，这是团队成功的王道，是团队赖以生存的根基。

沈南鹏、梁建章、季琦、范敏4人组成的创业团队，在3年内造就了携程和如家这两家赴纳斯达克上市的企业，被誉为最佳创业组合。沈南鹏，1985年考入上海交通大学数学系，携程前任总裁兼CFO，现为如家股东；梁建章，复旦大学计算机系高才生，携程前任CEO，现为如家股东；季琦，1985年考入上海交通大学，携程创始人之一，如家前任CEO，现为如家投资方和股东；范敏，1983 年考入上海交通大学管理学院，携程前任 COO，携程现任 CEO。他们 4 人不是同学就是好友，相互之间的配合恰到好处。季琦想法一直很活跃，适于创业，而且很有冲劲；范敏是就就业业守业型的人才，携程交在他手中，也是最合适的，毕竟他在酒店和旅游业界做了很多年；梁建章也是很好的巩固业务型人才；沈南鹏就是标准的资本运作者了。这个管理团队在资源合作、管理技能、业务经验上的完美组合以及实际运作中紧密无缝的团队合作，保证了携程及如家公司从无到有、从小到大，获得了迅速稳健的发展。

资料来源：王辉耀：《海归创业成功因素之五：团队很重要》，中国管理资源网，https：//www. qg68. cn/news/detail/11279_ 1. html。

二、能力准备

创业者需要具备一定的专业知识和能力，而获得专业知识和能力的途径主要是参加培训或自学。另外，作为退役军人，也可以将部队里获得的管理能力运用到创业团队管理中。

（一）参与相关培训

为了具备创业所需的知识和能力，退役军人可以充分利用国家创业教育类支持政策，参与相关的培训。创业教育类支持政策是指政府针对创业者而展开的创业观念、技能的教育，使创业者获得企业家思维和提升创业能力而制定的相关措施和规范。这些政策内容不仅包括如何提升创业者的创业知识、技能，同时还包括规范教育部门如何开展创业教育。为支持退役军人创业，强化退役军人创业教育，国务院、中央军委和各级地方政府及部队都出台了相关文件。例如，国务院联合中央军委在 2010 年专门颁布了《关于加强退役士兵职业教育和技能培训工作的通知》（国发〔2010〕42 号），从教育培训制度、教育培训质量、就业指导服务、组织领导四个方面提出了具体要求。根据这一文件的要求，湖南省政府联合省军区制定了《湖南省退役士兵职业教育和技能培训办法》（长政办发〔2012〕第27号），湖南省退役士兵安置工作领导小组办公室专门出台了《退役士兵教育培训创业就业（2017-2019）》等相关政策规定。以上这些文件主要涉及加强退役士兵教育、技能培训的具体办法，明确提出由各市州统一组织实施，并对教育培训的组织机构、职责分工、教育培训对象、教育培训形式、报名方式、教育管理、经费保障和工作考评等内容作出了具体安排。因而长沙市也专门出台了《长沙市退役士兵职业教育和技能培训办法》，并规定教育培训对象为2011年及以后退出现役的自主就业士兵，并规定1年内他们可以参加一次免费的职业教育、技能培训，其中培训课程和内容就涉及退役军人创业的相关内容。

事实上，退役军人除了可以关注与退役军人创业教育直接相关的政策，还可以关注针对社会大众创业的相关政策，这些政策对退役军人同样有效。例如，根据长沙市"双带双促"活动领导小组2018年颁发的文件，长沙市近两年"累计培训退役军人1500人次，投入经费2000多万元，带动了广播电信、机械制造、房产物业、酒店餐饮、生态农业等20多个行业3000多人实现创业就业"①。

具体而言，相关政策主要涉及以下三个方面的内容：一是提出将创业教育纳入国民教育体系当中，并要求覆盖至教育的各个阶段，这对那些复员的学生退役士兵培育创业意识、提升创业能力毫无疑问具有十分重要的现实意义。二是提出要满足不同类型的创业主体接受创业教育的需求，实施职业教育的"双百工程"，提高创业培训的财政支持力度，并扩大免费的创业培训范围，这类免费的教育培训也是向退役军人敞开大门的。三是提出以初始创业、初创企业的创业教育为重点，建立全方位的创业辅导体系，主要涉及创

---

① 罗春亮、周威、周仁：《湖南省长沙市退役军人冲锋"第二战场"》，中国军网，http：//www.81.cn/201311lbjlb/2018-11/27/content_9357137.htm。

业教育内容、创业教育载体、创业教育课程、创业教育跟踪辅导等内容。

（二）进入相关行业学习或者自学

俗话说"活到老学到老"。随着社会的发展，知识的更新速度不断变快，要想保持自己的竞争力，我们就必须不断学习。对于创业团队而言，每个人既有的经验都是不够的，为了让团队更具竞争力，创业者需要从创业开始就不断学习。因为在高度竞争的时代，不断更新的能力就是竞争力。

从不会到会是一个学习的过程，能体现出一个人的学习能力，也是一项让我们一生受益无穷的能力。放到企业组织上看，持之以恒的学习文化，形成的就是企业的发展基因，这也是企业创新的动力和源泉。

一个企业能够走多远，取决于企业的学习能力。这个学习过程包含了企业组织在三个层面上的学习：

（1）把一个不成熟的想法变成未来事业发展的机遇，是学习；

（2）进入一个新的发展领域，形成一个新的发展方向，也是学习；

（3）在创新过程中必须学会如何把握这个学习过程，学会如何面对未来的不确定性，如何把小概率的事件做到成功，这也是学习。[①]

即使身为行业龙头企业的华为、腾讯、阿里巴巴也在不断地学习，不断地迭代，不断地创新。

马云的创业梦想是通过互联网实现的。他说，在互联网时代要具备持续学习能力，并且快速拥抱变化，"因为最终干掉你的不是你的竞争对手，而是面对未来依然故步自封"。

"过去18年，阿里巴巴至少做了18次重大改变。我们不是去年的阿里巴巴。每一年，我们都是不同的。你必须一直在改变。"马云这样说道。

很多人到了中年，处于企业中层一个普通管理岗位，处境就会比较尴

---

① 唐慧琼：《创业就要多读书，持续不断地学习》，https://www.sohu.com/a/342803851_120247838。

尬。他们已经无法适应公司的快速发展，却是公司最昂贵的人事资产。所以在行业下沉、公司业务收缩，或是发生重大变动的时候，很容易就会被当成包袱甩出去。①

所以持续学习的能力比经验更重要，我们要掌握书本理论知识，上一些专业课程，也可以和行业中的朋友们交流学习。

（三）参考军队管理模式②

企业和军队有许多相似之处。例如，都要求目标的高度统一，即争赢取胜；都需要全体成员的严密协作、团结如一，打造坚强过硬的团队；都要求运行的高速有效，因为无论是战场还是商场，机会稍纵即逝；都具有竞争的残酷性，战争中的失败者要付出鲜血与生命的代价，商战中的失败者必将面临被淘汰的风险。此外，企业还可以从以下四个方面参考军队管理模式：

1. 培养集体荣誉感与团结协作精神，打造一流团队

军队是最讲究集体荣誉感和团结协作精神的集体。在军队中有一句话叫作"荣誉是军人的生命"，为了集体的荣誉，个人利益要靠后。商海如战场，企业就像一个由若干零件组装而成的机器，每个部件有每个部件的功能和职责，每个部件都很关键。当今的年轻职员大多是"90后""00后"，他们身上既有敢于创新的勇气，又有强调自我发展、讲究个人利益的个性，这就有可能与企业所需要的集体荣誉感和团队精神发生矛盾。所以，如何培养员工在遵守共性的前提下发挥个性，在企业文化建设中显得至关重要，这就可以从军队管理中借鉴一些有益东西。比如，组织民主生活会等各种有益活动，加强思想沟通，了解职员的想法，并发现和培养人才；淡化等级的差别，加强上级对下级的人文关怀，尤其是帮助员工解决事业与生活方面的困

---

① 焱公子：《"30岁还在基层，但我并不慌"：活出节奏感，是普通人最大的成功》，中外管理传媒，https：//baijiahao.baidu.com/s？id＝1651503714942053424&wfr＝spider&for＝pc。

② 吴克学、肖冬：《现代企业应该如何借鉴军事化管理》，《新西部》2019年10月中旬刊，第79-80页。

难；对员工进行企业创业史的教育，增强员工对企业的认同感和自豪感；在物质奖励之外适当增加精神奖励，激发年轻人的上进心；组织涵盖面更广、健康向上的文化体育及旅游等活动；等等。在军队里，这些属于思想政治工作的范畴，是军队取胜的经验，如果现代企业能很好吸收的话，也一定会有所成效。

2. 培养严格的纪律与服从意识，打造过硬的作风

军人以服从命令为天职。军队在接到命令时，要无条件执行，不得寻找任何借口，而绝对服从和坚决执行则是战斗力的集中表现。企业也可以参照军队建立严格的管理制度，使企业获得像军队一样的战斗力和执行力。军令如山，军中无戏言。如果员工坚决服从领导指令，坚决执行企业的既定方针和策略，并且在执行中注重配合，讲究协作，那么这个企业就具有了超强的战斗力，就可能抓住更多的机会从而占领更多的市场份额。

3. 培养不畏困难挑战的习惯，打造钢铁意志

军队培养战士们铁血精神，让战士们面对困难永不言败，面对挑战迎头而上，面对硬仗敢打争胜。这种精神可以在最危急的关头用凝聚力、向心力引领企业渡过难关。当今的市场环境竞争激烈，新冠肺炎疫情对经济的影响使很多企业挣扎在生存线上，而现在的年轻员工大多数是独生子女，相对老一辈而言吃苦精神、拼搏精神、抗打击能力欠缺，遇到挫折容易退缩。因此，企业可以借鉴军队的做法，加强对员工意志力方面的磨炼，使他们能够与企业在面对困境时同进退。

4. 培养勇谋兼备的思维方式，制定优质战略战术

商场如战场，一些军事战略战术完全可以运用到商战实践中去。要想取得战争的胜利，必须勇谋兼备，缺一不可。商场中有勇无谋难成大事，还可能因为没有谋划被竞争对手挤占市场导致毁灭性的结局。在商业竞争中，运用军事上一些成熟的战略技术，对于企业经营会起到非常重要的作用。

三、组织准备

这里的组织准备，主要是指除组建团队和创业者自身能力之外的创业准备，如资金、产品和平台等方面。

（一）资金

前面我们已经介绍过，在创业之前，要考虑好投资规模、资产配置和资金筹集等问题。这里我们从操作层面具体来谈一下，在启动创业项目时如何处理资金方面的问题。

1. 核算创业启动资金

创业启动所需要的资金，根据用途可以划分为购置固定资产的资金和维持日常开支的资金。首先，创业者要考虑的是购买还是租赁办公场所，这就需要对所需购置的固定资产进行核算，根据自己的实力量力而行。其次，根据企业类型估算原材料、存货、租金、水电费、工商税费、员工工资等支出。例如，一个制造型企业需要在原材料、厂房、设备、运输等方面投入较多的资金；一个零售型企业则需要在租赁、装修、进货及广告宣传等方面投入较多的资金。这两类企业都离不开生产经营所必需的办公用品，如办公桌椅、电话、电脑等，都需要聘雇必要的员工，支付劳务费用。

（1）创业启动资金的测算。创业企业的启动资金总量可以按照以下公式进行测算：

启动资金＝流动性资金+偿债性资金+投资性资金

投资性资金＝固定投资资金+资本运营资金+投机资金

流动性资金：主要包括用于维持生产、扩大规模、增加流动资金的投入，以及支付费用开支、弥补收入的季节性差异及承接新合同、需要垫资或增加投入的资金。

偿债性资金：主要包括为保持信誉，需要归还的银行到期贷款、供应商货款和其他外部借款等资金。

固定投资资金：主要包括购买生产设备及其厂房和不动产构建的费用。

资本运营资金：主要包括办理银行承兑汇票的保证金，购买土地、办理土地证的费用，为获得某种资质或资格、扩大企业资本金以及收购企业等所需的资金。

投机资金：主要包括用于投资有价证券和股票、土地和房产及不良资产等所需的资金。

(2) 创业启动资金核算数据的来源。创业需要多少启动资金，可以从一些渠道获得可靠性的数据进行初步估算。

渠道一：同行业企业经营者。

创业者可以从同行业企业经营者那里获取创业成本的相关信息，从这个渠道获取的企业运营成本数据通常最接近创业者所需的启动资金。但也有可能未来的竞争对手可能不愿意为你提供帮助，因此可以考虑向你所处地区以外的同行业企业寻求帮助。

渠道二：供应商。

供应商是获取创业启动资金信息的另一个渠道。创业者可以直接打电话给供应商，告诉对方自己打算创业，想要了解一下相关的经营成本。通常来说，供应商是非常欢迎未来可能会成为他们客户的人的。但不要过度依赖供应商提供的信息，多做一些市场调研，对获取的不同信息进行比较，尽可能地获取接近自己实际情况的启动资金信息。

渠道三：特许经营加盟。

如果采取特许经营的方式创业，特许授权人会提供大量关于启动公司所需资金的数据。但是不要认为这些数字是绝对的，因为不同的地区成本也是不一样的。可以咨询同地区特许加盟者，询问他们的实际运营成本。综合两组数据，再测算所需的创业资金。

渠道四：商业咨询顾问。

合格的商业咨询顾问可以在创业启动资金上提供很好的咨询意见，甚至还可以出具适合创业者的调研报告。同时，咨询顾问们还可以将调研报告转化为有用的财务预测和假设。

2. 设立退出机制和底线

创业公司在发展的过程中可能会遇到核心人员的退出，特别是持有公司股权的合伙人退出团队，如何处理合伙人手里的股份，才能避免因合伙人股权问题影响公司正常经营呢？

首先，提前约定退出机制，管理好合伙人预期。提前设定好股权退出机制，约定好不同阶段合伙人退出后的股权处理办法。创业公司的股权价值是所有合伙人持续长期地服务于公司赚取的，当合伙人退出公司后，其所持的股权应该按照一定的形式退出。一方面对于继续在公司里做事的其他合伙人更公平，另一方面也便于公司的持续稳定发展。

其次，股东中途退出，股权溢价回购。按照提前约定的退出机制，股东中途退出时，公司可以按照当时公司的估值对合伙人手里的股权进行回购，回购的价格可以按照当时公司估值的价格适当溢价。

最后，设定高额违约金条款。为了防止合伙人退出公司但又不同意公司回购股权，可以在股东协议中设定高额的违约金条款。[①]

3. 退役军人创业扶持贷款

国家对于退役军人创业制定了相关的扶持政策，退役军人在申请创业贷款时，可以享受一些优惠。那么退役军人创业贷款怎么申请？需要哪些条件？

（1）退役军人创业优惠政策。

税收优惠：退役军人自谋职业所享受的税收优惠政策涉及营业税、所得

---

① 《合伙创业，股权退出机制该如何设定？如果合伙人离婚，股权又该如何处理？》，https：//www.sohu.com/a/241362748_ 100003666。

税等多方面。如果士兵退役后自谋职业，自领取税务登记之日起，可获得多至 3 年的免征营业税优惠，即第一年免征，免税期满后由相关税务机关就免税主体及范围按规定逐年审核，如符合条件的可继续免征 1~2 年。

贴息优惠：根据我国规定，对于退役后，需要从事个体经营申请小额贷款的退役军人，除享受以上税收优惠以外，退役军人还享受贴息优惠。根据规定，给予退役军人小额担保贷款扶持，从事微利项目的给予财政贴息。

（2）退役军人创业贷款申请条件。①

- 申请贷款时间为退役后三年之内。
- 申请的贷款额度通常不超过 5 万元。
- 女性年龄不超过 50 岁，男性不超过 60 岁。
- 具有完全的民事行为能力和还款能力。
- 信用良好。
- 有较好的经当地政府认可的创业项目，有营业执照。
- 具有一定的项目启动资金。

（3）退役军人创业贷款申请流程。

- 符合贷款申请条件的退役军人，可持部队核发的退伍人员证件，向创业所在地的社区劳动保障部门或乡镇劳动保障服务站提出申请，并填写贷款申请表。
- 经街道（乡镇）劳动保障服务站初审后，向县级以上担保机构推荐。
- 担保机构进行贷款资格审查，对符合条件的项目按规定办理贷款担保手续。
- 符合条件的贷款对象凭相关手续和资料到商业银行申请小额担保贷款。
- 商业银行负责对提交资料进行审查，对符合条件的及时发放贷款，不

---

① 《退伍军人创业贷款条件》，http：//www.64365.com/tuwen/iyytb/。

符合条件的及时反馈并说明原因。

● 借款人按时足额还款。

（二）产品

有了启动资金，接下来就要准备好你要提供给市场的产品或服务。确定产品，可以从以下三个方面入手：

1. 解构五类人的需求

如果问现在哪类人的生意最好做？很多人都会认为：第一好做的是小孩的生意，第二是女人的生意，第三是老人的生意，第四是宠物的生意，第五是男人的生意。想想生活中的实际情况，的确有几分道理。

（1）小孩的生意。毋庸多说，如今的小孩都是爸爸、妈妈、爷爷、奶奶、外公、外婆等关注、爱护的核心。创业者可围绕小孩衣、食、住、行、玩、乐、教、学等方方面面的产品和服务挖掘需求。

（2）女人的生意。大家普遍认为女人的钱好赚，那是因为女性天生爱美的特性催生了一系列的消费品和服务，而且女性相较男性消费更感性。正因为女性消费具有这些特性，商家才能在产品、服务、营销上大做文章。因此，围绕女性相关的产品和服务无疑也是创业者值得深度钻研的领域和方向。

（3）老人的生意。人一上了年纪，身体潜在的问题就开始增多。随着人们生活水平的提高，长寿和健康越来越成为广大老年人的渴望与需求，也催生了所谓"银发市场"。尽管老年人消费行为、动机相对保守，但市场的确不小，特别是中国已经开始步入老龄化社会，围绕老年人消费的产品和服务前景也不错。

（4）宠物的生意。随着社会的发展，人们的生活和工作压力也越来越大。因此，饲养宠物成了人们寻找安慰、释放压力的重要方式。随着养宠物的人越来越多，围绕宠物的吃、穿、卫生、美容、玩耍、保健、看病等需求也越来越旺盛，并逐渐形成大而全的市场。

（5）男人的生意。男人的生意之所以排在最后，那是因为男人消费通常更理性，但如果从消费金额、消费的品价、消费的影响来看，男性的消费能力也不差。

2. 挖掘需求的四大层面

有需求的地方就有市场，有市场的地方就存在机会。创业者选择要提供给市场的产品或服务，一定要能够满足人们在生活、工作、休闲、精神四大层面的需求。

（1）理一理人们生活所需的用品和产品。如涉及衣食住行等的产品与服务，在细分市场与领域通常更能让你发现问题与痛点，更能发挥自己优势与特征，找到应对与解决方案。

（2）梳一梳人们工作所需的工具或设备。比如办公工具中的网络、工具、设备等领域、环节，有没有哪些没人曾想到、做到，或者做得不到位的？或已经不适合要求与发展的？如果能梳理出头绪，发现创业机会其实不难。

（3）察一察人们休闲所需的方式与产品。随着社会的发展，工薪阶层压力大了，对休闲、娱乐的方式与产品需求也越来越大，形式也越来越多。创业时，能不能发现不一样的需求，提供不一样的服务与产品？如果能从中窥探到合适的商机，创业成功的可能性也就越大。

（4）挖一挖人们精神追求所需的载体与产品。现在的人们越来越追求有品质的服务与产品，尤其是精神层次比较高的东西，因此可以从细分领域着手，解决部分人群精神层面的产品和服务需求，也能发现很多创业机会。

3. 洞悉产业链中六大角色

除了市场的角度，创业者也可能从生产的角度来发现商机。供应商、生产商、中间商、零售商、服务商、媒介商这六种角色不仅构建起了商业的完整体系以及产业链的全链条，还可以从中洞见创业方向。

（1）供应商：在商业中成为下游或者下一个环节的原料或产品供应者。

在完整的商业生态圈里，分工与协作是永恒的话题，没人能包揽所有的环节，分工讲究术业有专攻。比如，汽车制造出来，就需要各种零配件，不同的零配件通常需要不同的供应商提供。

（2）生产商：通过生产自有产品或者帮助别人制造产品，来实现产品或品牌的价格与价值。例如，工业制造、农业产业种养殖等。

（3）中间商：只要稍微具有一定规模的行业，中间商的角色必不可少。离开了中间商，产品到消费者手中就不会那么通畅。

（4）零售商：以终端售卖形式直接面对消费者，零售商一般是指各类实体门店、各种网店。零售商在整个商业环节中的最末端也是数量最多的端点。

（5）服务商：凭专业技术或平台提供服务，获得相关服务费用。不管任何行业和产业，一条完整的产业链条中少不了服务商，他们可以提供各种技术服务、第三方服务、外包服务等。

（6）媒介商：媒介商就是通过自己的载体让商业信息快速抵达目标受众。比如各种网红、达人就是先选择一个平台、选准一个点，然后把自己某些特点、特长放大，吸引粉丝关注，然后变现。

（三）平台

创业平台顺应创业活动的兴起而兴起，伴随创业发展而勃发。创业平台一般是指为具有较强技术创新能力和发展潜力的初创企业提供办公场地、设备等设施与条件，以及创业辅导、法律、金融、政策申报、行政支持等服务和资源，帮助初创企业快速成长的资源、信息共享平台，是为促进创新创业而搭建的资源整合平台。在实践中，创新平台与创业平台紧密结合，你中有我，我中有你，尤其是科技园区、孵化器等最为显著，它们通过搭建创新创业基础设施，整合优秀的人才、资金、科技成果、法律政策等创业资源，促进信息交流与共享，深化各类创新创业资源的专业分工与协作，成为推进各类创新成果转化、孵化的加速器，对完善国家和区域创新体系、提升自主创新能力有着十分重要的作用。

"90 后"退役军人陆彦霖，成长于中医之家，曾在中医药学校学习中医。2016 年退役后，陆彦霖又在中医门诊进行了专业培训，掌握了较为娴熟的针灸理疗技艺。退役返乡报到时，肇庆有关部门向陆彦霖介绍了当地支持退役军人就业创业的一系列举措。

得知肇庆成立了广东首个专为退役军人就业创业服务的创业基地——肇庆军创创业孵化园，陆彦霖决定入驻创业孵化园，开设一间针灸理疗馆。"入驻孵化园后，享受了租金减免优惠。平时园区也举办创业讲堂，为我们提供指导。"陆彦霖说，"这些暖心举措，对刚创业的退役军人来说，起到了很大帮助。"如今，陆彦霖平均每月收治患者 300 多名，月收入达 2 万多元。

在园内，还有很多像陆彦霖一样选择创业的退役军人。2017 年 8 月，肇庆成立军创创业孵化园，为初创业退役士兵提供孵化服务、政策融资、市场推广和经营场地等服务，搭建一站式创新创业服务平台。

图 2-1　肇庆军创创业孵化园

孵化园成立至今，已为 150 多家企业提供服务，其中退役军人企业有 130 多家，行业包括先进制造、生物医药、电子商务、教育培训等领域。目前，园区已形成"项目孵化—企业孵化—产业孵化"全链条创业孵化体系，正全力打造成为粤西地区乃至华南地区的创新创业退役军人首选基地。

在优化退役军人就业创业服务上，肇庆市、县每年分别开展两场以上退役军人专场招聘会。2019 年，市、县共举办 23 场退役军人专场招聘会，吸引 2400 多家企业（单位）、6600 多名退役军人参加，1700 多名退役军人达成就业意向。

资料来源：汪祥波、叶婷婷：《把关怀送到退役军人心窝里　肇庆扎实深入推进退役军人就业创业、服务保障体系建设》，《南方日报》，http：//dva. gd. gov. cn/xw/mtbd/content/post_ 3003095. html。

第三节　防范风险

俗话说"天有不测风云"，创业中充满了不确定因素，如果对这些因素没有预先的认识和预防，很可能就会像前文提到的李大力养虾过程中遇到暴雨而没有预防措施一样，遭受严重损失，甚至导致创业失败。

一、常见风险

在创业过程中，创业内外部环境的不确定性，创业机会与创业企业的复杂性，创业者、创业团队与创业投资者的能力与实力的有限性，这些因素会带来创业风险，导致创业活动偏离预期目标。创业风险可以分为以下五种常见类别：

（一）技术风险

技术风险是指由于技术方面的因素及其变化的不确定性而导致创业失败的可能性。技术风险具体表现分为三类：①产品开发不能实现预期目标所带来的风险；②产品或服务开发与市场需求的匹配度不足所带来的销售风险；③产品生产技术（包括生产设备、工艺、流程等）因素带来的产量和质量不能实现预期目标所带来的风险。

技术风险的防范办法：在创新发展的前提下，加大对创业团队成员的技能培训力度，让团队成员能各自发挥其特长，更好地开发创新产品。同时对于没有技术开发能力的团队，还要慎重选择合作供应商，严格考量其人员技术储备，确保其技术水平能完成后续产品的开发和更新升级。

（二）市场风险

市场风险是指由于市场情况的不确定性导致创业者或其新创企业损失的可能性。如供求关系变化、竞争对手及国际贸易的影响等。

市场风险的防范办法：在创业前，对所选择创业行业的市场情况做详细的了解，并进行预测；设置众多销售渠道、不依赖局部市场；在掌握某种资源后，要借助资源发展企业规模，但不能长期依赖某一种资源。

（三）管理风险

管理风险是指由于创业者及其团队因缺乏相应管理知识和经验，在研发管理、生产管理、质量管理、客户管理、财务管理、信息资源管理、人力资源管理，特别是市场营销管理等方面的失误或错误导致的创业风险。

管理风险的防范办法：组建创业团队时，既要有管理人员，也要有技术人员、销售人员。一支好的创业团队，应该是职能互补、相得益彰的。创业者必须熟悉、知晓团队成员的个性和优缺点，避免矛盾、纠纷，提高团队的向心力和凝聚力。

（四）财务风险

财务风险是指在各项财务活动过程中，由于各种难以预料或难以控制的因素影响，使得财务状况具有不确定性，从而使企业有蒙受损失的可能性。企业财务风险主要包括流动性风险、信用风险、筹资风险、投资风险，其中又有可控风险和不可控风险之分。

财务风险的防范办法：在创业前做好成本预估，加强对生产经营流程的监督力度，降低产品开发中技术资源的浪费，提高财务决策的科学性和合理性；做好对财务的清查和结余分析，定期盘查团队自身的财务状况，对企业所应偿还的债务和坏账比率等进行核算分析，进而做出企业下一步的生产经营决策；强化现金流量管理，将企业生产经营过程中的库存现金转化为银行存款，从而更好地参与到企业资金运动中去，降低企业出现资金短缺的风险。

（五）政策与法规风险

政策与法规是在国家层面引导或禁止社会资源配置方向和规模的重要因素，同时对于企业有引导或约束投资方向或规模的作用。政策与法规风险，是指由于国家或区域政府部门根据其整体发展需要，对于原有相关政策法规的修改或修订，最终对企业经营绩效产生不利影响的风险。政策与法规风险常见情况：节能减排、绿色环保、卫生检疫等方面的政策法规，对企业产品、生产技术及生产过程的影响。

政策与法规风险的防范办法：在创业前应咨询当地政府或招商办，对政策的期限、连续性以及政策的保障措施等做详细的了解，避免因对政策的片面理解或了解不够而盲目投资，造成损失。可以咨询律师或权威人士，与相关部门签订合约，以法律形式来保障自己的合法权益。

二、常见诈骗风险

创业初期，创业者通常因为缺乏经验，所以很容易遭遇诈骗。为了避免这样的事情发生，创业者要了解常见的诈骗手段有哪些。

（一）融资诈骗风险

很多创业者认为，融资是别人给钱，因此不用担心会遇到骗子。其实不然，伎俩高明的诈骗者会利用某些创业者急于"找米下锅"的心态，让创业者觉得遇上了"贵人"。他们会虚构自己公司规模、专业程度以取得创业者的信任，然后对融资项目大加赞赏，最后借考察项目名义骗取考察费、公关费等，收费后就销声匿迹。因此，创业者尽量找正规的投资公司进行融资。在与投资公司接洽时，除了要对投资公司的背景进行全面调查，还需要保持警惕的心态，特别是对各种付款要求多问几个为什么，必要时可通过法律合同来保障自己的利益。

余先生投资开办了一家小企业，企业发展势头相当不错，但资金有限，想通过融资扩大业务。他先后找了多家风险投资公司和投资中介公司。有些投资商看该企业规模较小而一口回绝，有些收下了项目资料，但始终没有回音。当余先生快失去信心之时，终于有一家投资公司表示对其感兴趣。这家公司自称是某大型国有企业下属的风险投资公司，公司人员由项目专员、助理、副总、总监等组成，对余先生的项目询问得很详细，评价很好。投资部总监还表示"先做朋友，再做项目"。余先生非常感动，因此在投资公司提出要考察项目的真实性并按惯例由项目方先预付考察费时，他毫无防备之心。钱汇寄出去后不久，那家投资公司的电话、投资总监的手机号码全成了空号，再也联系不上了。

资料来源：嘉元：《商业诈骗陷阱案例点评》，《企业科技与发展》2010 年。

（二）合作诈骗风险

该类诈骗的被行骗对象以从事代理、中介、咨询等业务的创业者为主。如果遇到上下家接踵而来的"好事"，那就千万要小心了，因为"天下没有免费的午餐"。对付这种骗术，首先要保持良好的心态，其次冷静地考察上下家：一是对供货厂家实力、供货能力、产品质量等了解清楚，特别是要提出一些细小的专业问题，考察其是否对答如流；二是如果下家是下大单子而毫不犹豫的"爽快人"，那就更要小心谨慎了。

李先生开了一家专门从事代理业务的公司，原以为金钱交易全在上下家，他只在事成后收取代理费，因此经营风险不大。一天，李先生接到自称是湖北某实业总公司业务经理打来的"合作"电话，委托他为该公司"拳头产品"——高分子净化膜华南地区总代理，并随后寄来了详细资料（包括产品介绍说明书、可供产品目录、组织机构代码证复印件、高分子净化膜销售补充说明书等）。李先生看其手续齐全，便在专业网站上发布了相关信息，几天后便有了"回音"，广东某养殖户来电说急需 4000 米高分子净化膜，金额共计 27 万元。李先生估算这笔交易自己可赚取几万元的代理费，于是马上与上家联系。上家爽快地答应，但需立即支付货款。李先生通知下家后，对方立即派人送来了上万元的定金，表示实在太忙，需要李先生帮忙先提货，事后加付提货费。李先生不想放弃到手的"肥肉"，便帮忙提货并垫付了货款，可第二天事情全都变了：下家表示暂时不需要这批货了，而上家的"负责人"怎么也联系不上。

资料来源：嘉元：《商业诈骗陷阱案例点评》，《企业科技与发展》2010 年。

（三）网络诈骗风险

有一些不法分子会借用正规企业的名号在网上行骗。不少创业者由于不熟悉电子商务运作模式和特点而上当受骗。其实，网络只是交易的一种媒介，通过网络获得商业信息后，创业者应进行线下考察。特别是对方宣称的高利润的项目、业务量大的单子，实地调查是非常必要的。有条件的话，可以请投资、法律方面的专家把关。

王先生是在生意场上滚打了几十年的"老供销"，最近在某著名电子商务网站上开了个账户，开始网上创业。一次，王先生在网上看到一则信息：某位有着"高资信度"标志的客商低价批量提供优质黄沙。经验老到的王先生并未急于下手，而是通过工商部门了解供货商的情况。在确认供货商的"身份"后，王先生便从下家那里预收了30%的货款，按照网上提供的账号汇了过去，可黄沙却始终不见运到。下家反复催他交货，情急之下他只好亲自前去催货。可王先生经调查发现，与上家同名的企业确实存在，但只做钢铁贸易，不搞建材，而且从未涉足电子商务领域，至于网上的上家企业，是行骗者盗用了该公司的营业执照复印件后虚构的。最后，王先生无奈只能赔偿下家客户违约金。

资料来源：嘉元：《商业诈骗陷阱案例点评》，《企业科技与发展》2010年。

（四）加盟诈骗风险

一些不法之徒会利用虚构的品牌和虚构的总部，招商圈钱，实施诈骗。他们通过以加盟品牌公司名义，进行虚假广告宣传，夸大加盟产品的高利润和投资前景，吸引投资者加盟。待受害人联系加盟后，骗其签订加盟合同，然后以获取更大利益为诱饵骗取受害人缴纳推广费，一旦得手之后便失去联系。

王先生打算通过加盟的形式开一家服装店。偶然间，他看到了某服饰公司的宣传画册。之后，通过登录该公司网站、阅读宣传画册，王先生大致了

解了该公司的基本信息，决定加盟该服饰公司。于是，王先生与该服饰公司签订了加盟合作合同。合同内页"公司介绍"一栏载明：××服饰公司集设计、生产、销售于一体……注册资金280万美元，公司坐落在服装名镇××镇，占地面积25000多平方米，厂房面积15000多平方米……资信等级AAA级，并与美国、法国、西班牙等国际集团开展项目合作……

合同签订后，王先生向该服饰公司支付了包括品牌使用费、全套物资配置费、品牌及供货保证金等在内的加盟费用共计33.6万元。但经营不久，王先生就发现××服饰公司的大部分宣传信息都是虚假的。被欺骗的王先生一怒之下，将××服饰公司告至法院。法院查明，××服饰公司未履行信息披露义务，向王先生提供了虚假信息，对其经营产生了实质影响，因此王先生要求解除合同的诉讼请求法院予以支持。

综合考虑王先生实际损失、合同的履行情况、当事人的过错程度以及预期利益等因素，法院判令××服饰公司支付王先生货款、保证金、违约金、装修及开业配置费共计18万元。

资料来源：《识破"加盟连锁"骗局　创业者起诉获赔18万元》，http://www.texulvshi.com/lvshiwenji/314.html。

结 语 ●●·········

备则倍，准备充分，才能有备无患

创业的过程，无不是充满了艰辛与坎坷，只有做好全面、充足的准备，才能最大限度提高抵御风险的能力，提高成功的可能性。创业准备，为的是事半功倍，创业初期准备充分，创业过程中才能有备无患。

第三章

跨越创业战场的壕沟

创业辅导交流会上，拨云见日的一席话

养虾失败后，李大力经历了一个月的情绪低落期后，慢慢恢复了斗志，决定重整旗鼓，开始了第二次创业。他回到老家，重新开始寻找合适的创业机会。

一天，在退役军人的微信群里，大家聊起了创业的事，有战友说几天后市劳动大厦将会举办一场专门针对退役军人的创业辅导交流会，届时会有创业导师对参会者进行辅导。李大力觉得这是一个难得的机会，他可以向创业导师请教自己在创业路上的疑惑。于是，交流会当天一大早，李大力就来到了创业辅导会的现场。

早上十点整，创业辅导交流会正式开始了。首先是一个创业讲座，主讲人是创业导师莫指导员，他在讲座中对创业的一些重点和注意事项进行了讲解和说明，这位莫指导员40多岁，身材魁梧，从事退役军人创业辅导工作多年，对创业有丰富的经验和独到的见解。李大力听得非常认真，记了很多的笔记。接下来是与会者分享、交流的环节，大家踊跃分享自己的创业经历，并提出自己的疑惑，莫指导员一一进行了分析与指导。会上，李大力也分享了自己养虾失败的经历，但由于时间有限，他还没来得及提出自己的疑惑，创业交流会就到了结束的时间。

会后，李大力找到莫指导员，询问能否和他进一步交流，因为自己还有些疑惑想请他指导。看着李大力求知若渴的眼神，莫指导员欣然答应了。

两人搬来两把椅子，面对面坐下，李大力诚恳地说："莫指导员，我上次创业失败了，这次我又选择了几个创业方向，想请您指导一下。"

莫指导员说："好呀，你选了哪几个方向？"

李大力说："我选了三个方向，第一个是电商，因为最近疫情严重，很多线下门店都关门倒闭了，但电商却发展得很好，所以我想尝试一下电商行业；第二个是酒水生意，我想卖进口酒，因为现在年轻人都喜欢新鲜，进口酒的销量很好；第三个是服装生意，因为我有个朋友想开一家出口服装生产厂，他想让我入股，共同来做。"

莫指导员听完沉思了一会，说："你现在有这三个创业方向备选，对于这三个方向，如果我们需要判断哪个方向是最可行的，首先要做可行性分析，其次进行市场调研，最后还要做风险评估，这些你都做了吗？"

李大力一脸懵懂，摇了摇头，接着莫指导员帮李大力分析了这三个方向的市场机会与风险：由于新冠肺炎疫情的延续，进口酒面临进货难的问题，很多门店都因此倒闭了；出口服装生意同样受疫情的影响严重，订单的获取也存在较大风险；至于电商，现在的发展情况相对较好，关键是能否找到合适的产品，如何打开销路。

李大力听后很受启发，说："我也觉得电商是比较靠谱的，所以我初步筹划是去做潮汕的茶具生意。"

莫指导员接着问："卖茶具，你有想过你的茶具是卖给哪些人吗？这些人喜欢通过什么渠道买茶具？他们喜欢什么样的茶具？茶具满足他们什么需求？你只有明确了目标客户及客户需求才能找到客户，进而满足客户的需求，才能赚到钱。"

李大力听后连连点头。

接着莫指导员又问："你的这个想法是要成立公司吗？是自己干，还是和人合伙干？要不要招人？"

这些李大力还没想好，接着莫指导员又问："如果不只你一人做，合伙人要如何分工？如果要招聘员工，要如何进行管理？有没有规章制度？"

李大力又陷入了沉思，叹了口气，说："创业真是不容易呀，涉及的事太多了，不但要选行业、选产品、定位客户，还要管人、管事。"

　　莫指导员点了点头，说："创业前的这些问题你都要想清楚，才能降低创业的风险，最后还有一个最关键的问题你必须想清楚，在市场上做这个生意的人很多，你的竞争优势在哪里，你如何让自己的产品在市场上脱颖而出？"

　　接着莫指导员给李大力讲解了企业常用的三种竞争战略，包括成本领先战略、差异化战略和集中化战略，并举了很多成功企业的例子。

　　李大力一边听一边点头，心想今天的创业辅导交流会可没白来，莫指导员不但帮自己把创业思路梳理了一遍，而且还提出了很多创业前要深入思考的问题，对于这些问题，自己回去还要继续思考，这次创业自己一定要做好充分的准备，然后再全身心地投入其中。

 莫指导员提醒你

　　创业是艰难的，随时处于不断出现问题和解决问题的状态，如果你也像李大力一样，已经有创业的初步方向，那么在正式启动之前，需要做好清晰的公司经营规划，这样才能跨越创业战场的壕沟。具体步骤分为以下四个方面：

　　一是通过市场调研，充分评估创业项目的可行性和风险，锁定创业赛道；

　　二是明确企业、产品、市场的定位，确定创业的方向；

　　三是了解各种商业模式，选择适合的企业竞争战略；

　　四是明确经营管理目标，掌握对企业中人和事的管理方法。

第一节　选择赛道

所谓"男怕入错行"，干企业也怕入错行，选对赛道对创业而言至关重要。因此，在选择赛道时，要像情景故事中莫指导员说的那样，对创业项目进行可行性分析、市场调研和风险评估。

一、可行性分析

针对所选择的创业赛道和创业方向，你必须了解清楚自己将提供的产品或服务是否具有市场潜力，所在行业的发展状况是怎么样的；通过科学理性的市场以及行业定位，分析论证这个赛道是否值得你投入时间、精力和资金。

首先，明确该创业项目所属行业领域，了解行业的发展前景如何，分析行业所处的发展阶段是初始阶段、高速发展阶段、成熟阶段还是衰落阶段，是新兴行业还是传统行业。通过对行业优势、劣势的分析，从整体上分析确定创业项目是否具备一定的可行性。

其次，量化分析。通过量化创业项目的未来市场发展状况，得出所提供的产品或者服务有多大的市场开发潜力。例如，项目产品或者服务的市场需求，当前市场容量有多少，有什么样具体的发展趋势，产品或者服务投入市场后能够达到怎样的市场规模，等等。通过项目市场前景一系列的数据分析，能够让投资者准确地捕捉到产品优势在哪里、产品预期能够占有多大的市场等信息。

除了行业前景和市场开发潜力，项目运作需要考虑的外部因素还有以下两点：

第一，政策层面。当前，针对退役军人创业以及就业，国家在政策层面已经给予相当多的优惠政策，除此之外，针对具体的创业项目，必须了解自身产品和提供的服务所属行业的国家政策，如是否提供经营场地支持、优惠的创业政策以及税收政策等。这就要求创业者积极地与当地政府相关部门进行沟通和交流，最大限度地获得政府的支持。

第二，市场层面。具体来说，创业项目所提供的产品或者服务当前涉及的区域市场范围，以及这个区域市场范围内有哪些竞争产品和竞争对象，其发展优势有哪些，用户的反馈信息是什么等，都需要创业者进行详细的了解和分析。通过市场调研，认清自身创业项目产品和服务同级别的竞争对象的发展态势，明白自身产品的竞争力，本着"求异""求新"的发展策略，实行差异化的竞争手段，赢取更大的市场占有率。

同时，项目运作的内部因素分析也是可行性分析重要的内容之一，内部因素分析可以从以下三个方面进行：

第一，创业团队。创业团队是所有自主创业最核心的组成部分，它能够反映出创业项目的高度。具体来说，包括创业团队人数，各岗位人员数以及全职、兼职状况，员工的数量是否能够达到标准，员工的素养、团队文化以及创业团队人资未来发展规划等。通过创业团队信息的分析，能够清楚创业团队的人才配置是否合理，是否能够实现创业项目的正常运作，其中，创业团队的核心成员以及团队组织者的能力状况分析是最重要的。

第二，创业目标。创业目标主要包括创业的最终目标以及阶段性目标。在进行创业目标分析时，要看这两个目标的内容能不能被量化，有没有关键指标可以衡量创业项目发展状况，有没有其他系列性指标可以衡量相关活动成效，有没有进行数据的回收与反馈设置，以利于后续调整优化。

第三，资金投入。首先要做好投入产出比例分析，并且对其合理性进行考虑。其次要分析项目的启动资金是否充足，前期的投入成本是多少，当前可用资金能够维持多久，需要多长时间能够实现资金的周转，在这段时期内，有多少资金能够用来投入。在此基础上，还要考虑如果这段时间出现资金短缺，要不要进行融资，融资能否成功，融资时间、融资规模等问题。

总之，创业项目的可行性分析对于提高我们的创业认知，对创业形势的把握有很大益处。进行创业项目可行性评估分析也能够让创业团队以及投资者了解创业主体的创业资质，减少盲目的创业行为，最大限度规避投资风险，让创业团队做好创业前的充分准备工作，确保创业过程中人力、物力、财力能够合理有序地投入。与此同时，一份详细具有参考价值的创业项目可行性分析报告能够为达成最终的决策提供必要的参考，有了科学的理论构建，才能实现有效的创业实践，提高创业的成功率。

老杨退役后，在老家承包了 2000 多亩土地种植药材，短短 3 年就取得了成功。有很多战友很羡慕，就问他成功的秘诀，他告诉战友：第一，成本低廉，老家的土地大多撂荒，没人耕种，以每亩 900 元与农户签订租赁合同，农户很高兴；第二，这种农业开发项目，当地政府会作为亮点工程进行关注，当地林业部门按每亩 800 元进行补贴，下一步还准备申请省里的农业开发补贴，光靠补贴就已经弥补了大部分成本；第三，离老家不远，就是全国有名的药材集散市场，种什么药材赚钱信息非常清楚，生产出的药材不愁销路。各种有利的环境因素综合起来，就能很快取得成功。

二、市场调研

"凡事预则立，不预则废。"如果创业前不做市场调研，就好比开车不系安全带，下雨天不带伞出门。试想，你即将踏上一片未知的战场，那里有商场中的尔虞我诈，有意想不到的各种突发状况……如果不提前做好市场调研，大概率是会失败的。正如军队中的一句话，"用于侦察行动的时间从来都不会被浪费"。

那么，怎样做市场调研呢？调研的方法有很多，常见的有九大方法[①]：

（1）实地观察法。调查者通过实地观察，获得直接、生动的感性认识和真实可靠的第一手资料。不过，该法所观察到的往往是事物的表面现象或外部联系，带有一定的偶然性，且受调查者主观因素影响较大，因此不能进行大样本观察，需结合其他调查方法共同使用。通常适用于对那些调查对象不能够、不需要或不愿意进行语言交流的情况。

（2）访谈调查法。这是比实地观察法更深一层次的调查方法，它能获得更多、更有价值的信息，适用于调查的问题比较深入，调查的对象差别较大，调查的样本较小，或者调查的场所不易接近等情况。其中又包括个别访谈法、集体访谈法、电话访谈法等。但由于访谈标准不一，其结果难以进行定量研究，且访谈过程耗时长、成本较高、隐秘性差、受周围环境影响大，故难以大规模进行。

（3）会议调查法。这种方法是访谈调查法的扩展和延伸，因其简便易行，故在调查研究工作中比较常用。通过邀请若干调查对象以座谈会形式来搜集资料、分析和研究问题。最突出的优点是工作效率高，可以较快地了解到比较详细、可靠的信息，节省人力和时间。但由于这种做法不能完全排除被调查者之间的心理因素影响，调查结论往往难以全面反映真实的客观情况。且受时间条件的限制，很难做深入细致的交谈，调查的结论和质量在很大程度上受调查者自身因素影响。

（4）问卷调查法。即间接的书面访问，该方法的最大优点是能突破时空的限制，在广阔的范围内，对众多的调查对象同时进行调查，适用于对现时问题、较大样本、较短时期、相对简单的调查，被调查对象应有一定的文字理解能力和表达能力。但由于问卷调查法只能获得书面信息，不能了解到生动、具体的实际情况，因此该法不能代替实地考察，特别是对那些新事

[①] 《调查研究常用九大方法》，https://www.91wenmi.com/wenmi/zongjie/diaochabaogao/258811.html。

物、新情况、新问题的研究，应配合其他调查方法共同完成。

（5）专家调查法。这是一种预测方法，即以专家作为索取信息的对象，依靠其知识和经验，通过调查研究，对问题作出判断和评估。最大优点是简便直观，特别适用于缺少信息资料和历史数据，而又较多地受到社会的、政治的、人为的因素影响的调查项目。广泛应用于对某一方案作出评价，或对若干个备选方案评价出相对名次，选出最优者；对达到某一目标的条件、途径、手段及其相对重要程度做出估计等。

（6）抽样调查法。指按照一定方式，从调查总体中抽取部分样本进行调查，并用所得结果说明总体情况。它最大的优点是节约人力、物力和财力，能在较短的时间内取得相对准确的调查结果，具有较强的时效性。组织全面调查范围广、耗时长、难度大，常采用抽样调查的方法进行检查和验证。局限性在于抽样数目不足时会影响调查结果的准确性。

（7）典型调查法。指在特定范围内选出具有代表性的特定对象进行调查研究，借以认识同类事物的发展变化规律及本质的一种方法。在调查样本太大时，可以采用此种方法。但必须注意对象的选择，要准确地选择对总体情况比较了解、有代表性的对象。

（8）统计调查法。通过分析固定统计报表的形式，把下边的情况反映上来的一种调查方法。由于统计报表的内容比较固定，因此适用于分析某项事物的发展轨迹和未来走势。运用统计调查法，特别应注意统计口径要统一，以统计部门的数字为准，报表分析和实际调查相结合，不能就报表进行单纯分析。如对某一个数据大幅度上升或下降的原因，报表中难以反映出来，只有通过实际调查才能形成完整概念。

（9）文献调查法。通过对文献的搜集和摘取，以获得关于调查对象信息的方法。适用于研究调查对象在一段时期内的发展变化，研究角度往往是探寻一种趋势，或弄清一个演变过程。这种方法能突破时空的限制，进行大范围的调查，调查资料便于汇总整理和分析。同时，还具有资料可靠、用较小的人力物力收到较大效果等优点。但它往往是一种先行的调查方法，一般只能作为调查的先导，而不能作为调查结论的现实依据。

除了运用上述常规的方法进行调研，还可以通过以下几种手段了解目标行业的状况：

（1）兼职工作。如果你看好某行业但又不熟悉目标行业，在创业前最好先去那个行业工作一段时间，尤其是可以考虑去做兼职。例如，要做机器人培训，先去同行那里兼职当讲师，要开婚介所先去婚恋平台当红娘。

小李毕业于农学院，他的同学大多在农科所或科研单位就业，而他却选择在一家渔业养殖场打工，待遇不好，工作还十分辛苦。对此，很多同学嘲笑他，家人也很不理解。小李却有自己的职场规划，原来，他是在拜师深造。在打工两年时间里，他利用养殖场技术员的合理身份，遍访周边牛蛙、甲鱼、螃蟹等养殖场，向高级渔技师学艺，学成后辞工回家乡办了一家"渔大夫"诊所，为遍布市郊的养殖场"送医送药"，由于技术精湛，专业熟，本市又独此一家，那些患了"渔病"的养殖户都只会想到他，小李的生意也越做越好。

资料来源：《大学生创业招招鲜》，《河北工人报》（第2版：求职周刊），2009年5月4日。

（2）研究竞争对手。要尽可能深入地研究你的竞争对手：人家有什么优点，又有什么缺点？人家的优点我可以学吗？人家的缺点我可以避免吗？人家生意好的原因是什么？人家生意不好的原因又是什么？你要是能把这几个问题回答上来，基本上就可以开始创业了。例如，准备开民宿就把本地做得好的民宿都住一遍，多与民宿老板交流；准备做奢侈品护理，就把市内的竞品店都跑一遍，观察和记录这些店的服务质量和客流等情况；准备做短视频培训，就把市面上主流的几个短视频班都报一遍，看看人家是如何引流、如何营销、如何设置课程体系以及如何进行售后管理的。

（3）盈亏平衡点测算。比如你要想开奶茶店，但是心里没底，不知道开后了赚不赚钱，怎么办？首先你要计算出"盈亏平衡点"。"盈亏平衡点"可以简单理解为你每天卖出去多少杯奶茶才能回本。假设卖50杯能回本，你就可以观察一下同区域定位跟你差不多的奶茶店或者冷饮店一天的销售情况怎样。假设其他店生意都很一般，将将够本或稍有盈余，那你开奶茶店成功的可能性也低。

"盈亏平衡点"的计算其实很简单。先收集房租、设备、耗材、人工、水电气等数据，固定成本摊到每一天，再加上每天的运营费用，一天的大概成本就算出来了。一杯奶茶的利润也知道，两者一除就是盈亏平衡点。比如你开奶茶店一天的成本是500元，奶茶一杯的利润是10元，那你的盈亏平衡点就是50。

这个方法对于线下实体店很实用，不管你是要开奶茶店、儿童绘本馆还是开炸鸡店，盈亏平衡点的数值一算出来，再对标一下周边同行的店内流量，这生意靠不靠谱也就心里有底了。

（4）试销。很多人做生意不试销，为了要一个比较低的进货价折扣，一上来就大规模压货，结果卖不出去全砸手里了。最简单的方式就是购进小批量货品，放在渠道里先卖卖，看看销售情况如何。

三、风险评估

通过可行性分析和市场调研，你已经能判断出所选赛道是否值得投资，投资盈利的概率有多大。但这时，你还不能贸然启动，因为之前你只考虑了成功，没有考虑失败，即你还需要考虑自己能承受多大的风险，你所选赛道的风险来自何处，怎样评估和应对这些风险，等等。这是每个创业者在创业之前都必须考虑的问题。

创业者在对创业项目进行风险管理时，一般要遵循这样的原则：一是投资不要超过预期回报；二是投资不要超过你能够承担的损失。基于这两条原则，创业者可以从以下两个方面来对创业项目进行风险评估：

（一）创业者承担风险能力的评估

创业者在进行风险识别的过程中，不但要确定其决定接受的风险程度，还要对其实际能承受风险的程度进行评估，以采取合理的风险管理方法，减少创业过程中的不确定性。

创业者风险承担能力是指创业者所能承受的最大风险。这个概念有两层意思：第一，创业者能够承受的风险的大小。在层出不穷的创业风险面前，创业者能否不违背创业的初衷；第二，一旦创业风险变成实际的亏损，是否会极大影响创业者的情绪和生活水平。

创业者风险承担能力与创业者的个人能力、家庭情况、工作情况、收入情况等息息相关。对风险承担能力的评估可以从以下四个方面进行：

1. 计算特定时间段所要承担的风险

从创业到商业构思，再到创业企业的建立，不同阶段的创业风险大小会有所不同。一般来说，随着时间的推移和企业活动的深入，创业者面临的风险会逐渐增大。创业者首先要能够根据风险的来源及其对创业活动的影响程度，采用前述的层次分析法等方法估计出不同时间段可能要承受的总的风险。

2. 计算可能用于承受风险的资金

一般来说创业者的家庭状况会对创业者用于承担风险的资金有影响。刚退役的军人，一般是以有限的退役金作为创业资金，用于承担风险的资金不足；此外，家庭条件不是太好的退役军人，还要考虑家庭基本生活对资金的需求，以及较少的家庭支持等，其用于承担风险的资金一般也会较低。正常情况下，用于承担风险的资金数量和创业者的风险承担能力呈正相关关系。

3. 从其他渠道取得收入的能力

从其他渠道取得收入的能力越强，创业失败对创业者的情绪和生活水平的影响就越小，创业者能够用来偿还创业失败所引致的债务的能力也就越强（采用公司制作为企业法律形式的创业活动除外，因为公司制企业也是有限责任，只以创业者投入企业的资金为限对公司债务承担责任)，其风险承担能力也就越强。因此，从其他渠道取得收入的能力和创业者的风险承担能力也呈正相关关系。

4. 危机管理的经验

创业者的危机管理能力会影响到创业风险发生时采取的风险抑制措施的效果，从而影响到损失的大小。危机管理能力越强，风险因素导致风险事件发生并进而可能形成风险损失时，创业者越能及时采取有效的风险防范措施对损失状况进行抑制，避免损失的进一步扩大，减少损失可能产生的不良后果。所以，创业者的危机管理经验越丰富，其风险承担能力就越强，二者也呈正相关关系。

（二）基于风险估计的创业收益预测

按照风险报酬均衡的原则，创业者所冒的风险越大，其所获得的收益应该越高。创业者对自己的风险承担能力有所了解之后，还应该对创业的收益进行合理的预测，以便将其和所冒的风险相匹配，进行创业的风险收益决策。如果预计的创业收益能够弥补创业风险，并给创业者带来一定的报酬，则可以开始创业活动，通过建立适当的商业模式，将创业机会变成盈利的创业项目；否则，则放弃创业活动。进行创业收益预测，可以采用以下五种准则：[1]

1. 等可能性准则

这种方法假定各种风险状态发生的可能性是相同的，通过比较每个创业方案的收益平均值来进行创业方案的选择。在利润最大化目标下，选择平均利润最大的创业方案；在成本最小化目标下，选择平均成本最小的创业方案。

比如某新企业有三种产品待选，估计销路风险状况和收益情况如表 3-1

---

[1] 《管理学》，https：//wenku.baidu.com/view/5fba9fd4cc22bcd126ff0cae.html。

所示，用等可能性准则选择最优产品方案。

表 3-1 销路风险状况和收益情况

单位：万元

状态	甲产品	乙产品	丙产品
销路好	40	90	30
销路一般	20	40	20
销路差	−10	−50	−4

计算各产品在三种风险状态下的平均收益值：甲产品为 16.67 万元，乙产品为 26.67 万元，丙产品为 15.33 万元。可见，乙产品的平均收益值最大，所以选择乙产品为最优方案。

2. 乐观准则

如果创业者比较乐观，认为未来会出现最低的风险状况，所以不论采用何种方案均可能取得该方案的最好效果，那么决策时就可以首先找出各方案在各种风险状态下的最大收益值，即在最低风险状态下的收益值，然后进行比较，找出在最低风险状态下能够带来最大收益的方案作为决策实施方案。仍以上面的例子为例，由于甲产品最大收益为 40 万元，乙产品最大收益为 90 万元，丙产品最大收益为 30 万元，所以 90 万元对应的乙产品为最优方案。

3. 悲观准则

与乐观准则相反，创业者对未来比较悲观，认为未来会出现最高的风险状态，因此创业者不论采取何种方案，均只能取得该方案的最小收益值。所以在决策时首先计算和找出各方案在各风险状态下的最小收益值，即与最高风险状态相应的收益值，然后进行比较，选择在最高风险状态下仍能带来"最大收益"（或最小损失）的方案作为实施方案。仍以上个题目为例，由于甲产品最小收益为−10 万元，乙产品最小收益为−50 万元，丙产品最小收益为-4万元，所以-4万元对应的丙产品为最优方案。

4. 折中准则

这种方法认为应在两种极端中求得平衡。决策时，既不能把未来想象得如何光明，也不能描绘得如何黑暗，最低和最高的风险状态均有可能出现。因此，可以根据创业者的判断，给最低风险状态以一个乐观系数，给最高风险状态以一个悲观系数，两者之和为1，然后用各方案在最低风险状态下的收益值与乐观系数相乘所得的积，加上各方案在最高风险状态下的收益值与悲观系数的乘积，得出各方案的期望收益值，然后据此比较各方案的经济效果，做出选择。仍以上个题目为例，通过计算得到的期望收益值如表3-2所示。设销路好的系数为0.7，销路差的系数为0.3，由于乙产品的期望收益值最大，所以乙产品为最优方案。

表3-2　销路风险状况和期望收益

单位：万元

状态	甲产品	乙产品	丙产品
销路好	40	90	30
销路一般	-10	-50	-4
销路差	25	48	19.8

5. 后悔值准则

创业者在选定方案并组织实施后，如果遇到的风险状态表明采用另外的方案会取得更好的收益，创业者在无形中遭受了机会损失，那么创业者将为此而感到后悔。后悔值准则就是一种力求使后悔值尽量小的准则。根据这个准则，决策时应先算出各方案在各风险状态下的后悔值（用方案在某风险状态下的收益值去与该风险状态下的最大收益值相比较的差），然后找出每一种方案的最大后悔值，并据此对不同方案进行比较，选择最大后悔值中最小的方案作为实施方案。仍以上个题目为例，计算得到的后悔值如表3-3

所示。由于甲产品最大后悔值为 50 万元，乙通过产品最大后悔值为 46 万元，丙产品最大后悔值为 60 万元，取最小后悔值产品，所以 46 万元对应的乙产品为最优方案。

表 3-3　销路风险状况和后悔值

单位：万元

状态	甲产品	乙产品	丙产品
销路好	50	0	60
销路一般	20	0	20
销路差	6	46	0

选择赛道的时机错误导致创业失败

老赵是个电脑发烧友，对电脑知识、电脑应用的发展了如指掌。1998 年，国内互联网刚兴起的时候，他认为开网吧是赚钱的好机会，于是筹措了资金，租赁了营业场所，开起了当时还很时髦的网吧。但坚持了半年，就不得不关门，朋友问他为什么，他说成本高，客户少，无法维持。为什么会这样呢？一个原因是当时电脑不像今天这么普及，稍微好一点的电脑一台要一万多元，网络流量费也贵；另一个原因是那时互联网还不是非常普及，应用的人还不是很多，互联网平台上的内容也不多，不像今天各种即时聊天工具、各种网络游戏，所以只能关门大吉。但就在他关门约 5 年后，网吧就如雨后春笋一般满大街开起来，各个网吧人满为患，老板们赚得盆满钵满。这又是为什么呢？首先，电脑价格便宜了，比过去性能高很多倍的电脑连过去一半的价格都不到；其次，随着互联网知识的普及，客户群呈爆炸性地增长。老赵感叹时运不济，彷徨煎熬了几年后，他于 2010 年左右又动手开起了网吧，心想这次轻车熟路，一定能够成功，但事与愿违，坚持了半年左右，再次关门大吉。朋友问他为什么，他说，现在上网无比方便，手机功能强大，基本上可以完全取代电脑上网了，谁还来网吧上网呢，电脑设备虽是便宜了，无奈房租太高，所以还是成本利润两头受挤，挣不到钱。

第二节　企业画像

作为创业者，必须明确的一件事是你所创办的企业是做什么的，也就是说，要描绘出一个清晰的企业画像，即要给企业一个清晰的定位。企业定位是指企业通过其产品及其品牌，基于客户需求，将企业独特的个性、文化和良好形象，塑造于消费者心目中，并占据一定位置。企业定位是企业构建持续竞争优势、获得成功的源泉。准确定位目标客户、产品、服务可以帮助企业将有限的资源集中于关键领域，更容易在选定的市场领域中获得成功。下面，我们从企业定位、产品定位和市场定位三个方面来分析。

一、企业定位

企业的使命、愿景和价值观是企业的核心驱动力，是企业成长发展的核心之本。

1. 企业的使命

爱迪生在 100 多年前成立 GE（美国通用电气公司）时，公司的第一个使命就是"让世界亮起来"。那个时候的电灯泡，大概只能亮两三分钟，灯泡里的丝很容易被烧毁，因此加入这家公司的每个人，从老板到员工，甚至到管传达室的，都是一致地希望能将这两分钟的亮延长到二十分钟。到今天为止，GE 所做的一切也都围绕着电气展开，每一位员工都充满着荣耀感——"我的工作是让世界亮起来"。

企业的使命就是企业存在的目的，也就是企业能为谁解决哪些问题，企业成立并运行的意义。

2. 企业的愿景

企业的愿景就是企业将来希望发展成什么样子，企业未来在哪些领域希望有什么样的成就和地位，以及企业的未来梦想。

3. 企业的价值观

企业的核心价值观，是企业中每个人都需要遵守的、倡导的行为准则、底线和信条。

企业的使命、愿景和价值观很多时候都代表着创业者的情怀，很多人创业就是为了改变某个现状，这就可以理解成是创业者胸怀某种使命，这是第一步，即你想要改变什么，第二步就是想要达到什么样的"企业的愿景"，第三步就是为了达到"企业的愿景"需要遵循什么样的"核心价值观"，也就是说，先有"企业的使命"，再规划"企业的愿景"，最后提炼总结"企业核心价值观"。

中国的企业基本都有自己的使命、愿景及价值观，稍微有点规模的企业都会在自己的官网或公司的墙上写着各种标语，但真正能够让全体员工细化理解并遵照执行的企业并不多。

更有甚者，很多企业只是靠业绩推动，忽略了企业的价值观培育，员工工作只是为了挣一份工资，而不是因为认同企业的价值观，一旦员工有更好的选择，就会毫不犹豫地跳槽到其他企业。因此，创业者要重视企业的愿景、使命、价值观宣传，形成企业文化，通过实际奖励鼓励员工的日常行为与企业所宣传的文化价值保持一致。

企业对员工的考核可以根据企业自身情况的不同从多维度进行，但从大方向来看，主要从业绩和价值观两个维度，而且考核不能单向进行，一定要全面考核。

以海底捞为例，在餐饮这样从业人员学历普遍偏低的行业，它探寻到了成功的最大心法——始终坚持"用双手改变自己的命运"的核心价值观，而且这种价值观不仅仅是写在墙上这么简单，而是真正被落到考核实践中，与员工待遇进行挂钩。

在实践中，一个公司的使命、愿景及价值观等需要全体合伙人中高层管理人员，经过集体思考、讨论、凝练后形成的（见图3-1）。这就如同一个人的成长一样，成熟、正确三观的形成需要一定的历练，甚至是在遇到一次危机之后才会真正确立和巩固，企业每打完一场硬仗，都需要提炼总结经验教训，并把这些经验结合到下一次的行为中去。

图3-1　企业的使命、愿景、价值观等

总之，企业的使命、愿景、价值观确立之后，你才能延伸去制定和搭建企业的发展战略计划和组织架构，而组织架构决定了你会招募什么样的人才，人才招募决定了绩效考核评估和奖惩制度的设立。

概言之，什么样的价值观，决定了什么样的企业文化；什么样的企业文化，决定了你会和什么样的人在一起。

二、产品定位

众所周知，创业伊始找准产品定位，就好比寻找一把瞬间切入市场的"尖刀"，在数目繁杂的产品"大军"中杀出一条"血路"。过去的很多产品定位方法告诉我们，产品定位应该找到"自己产品有别于其他产品的特点"，事实上这真的有效吗？

产品定位不应从产品本身寻找，而是要从客户角度出发，挖掘真正的产品定位。

当然，在了解如何制定产品定位之前，应先回归本源，想一想为什么要对产品进行定位。产品定位绝对不纸上谈兵，也不是定位完成之后就不了了之，一个公司的产品定位是整个公司的前进目标和方向。公司的发展离不开持续性的积累，而持续性的积累则来源于对一个明确的目标进行持续性的投入与尝试，并在其中与竞争品牌不断博弈，最后获得消费者的认可。

既然产品定位如此重要，那该如何制定呢？可以从以下两个方面入手：

一是满足什么需求，即了解目标客户需求的过程。产品定位过程是细分目标市场并进行子市场选择的过程。对目标市场的需求确定，不是根据产品的类别进行，也不是根据消费者的表面特性来进行，而是根据客户的需求价值来确定。客户在购买产品时，总是为了获取某种产品的价值。产品价值组合是由产品功能组合实现的，不同的客户对产品有着不同的价值诉求，这就要求提供与诉求点相同或者类似的产品。

二是针对什么群体。"没有用户，再好的产品都是徒劳。"所以，在确认好产品的主要目标客户后，在以用户为中心的产品开发模式中，了解产品的目标客户群体是公司产品市场定位目标中的首要子目标。

"以客户为中心"绝不是一句口号，从了解客户需求，到寻找适合的客户，再到客户需求的变更管理和落实都是跟具体客户群体的需求紧密连接在一起的。为了精准响应客户群体的具体需求，还必须认清自己的产品是否能真正解决客户的痛点。痛点就是客户想解决而无法解决的难题。

总之，产品定位是企业未来能否生存下来的必要条件。在满足客户现有需求的前提下，创造新的客户需求，以需求引导客户的新体验，才能不断让那些愿意一直买你的产品或使用你的服务的客户始终得到满意。要记住，客户想买到的永远不只是某个产品本身，还有解决方案。

三、市场定位

通过市场定位，我们可以明确实现两个目的：

一是我们的目标市场当前是否足够大。或者说未来几年的发展状况是否能够达到公司的预期目标，如果不能，那么这个目标市场和人群不值得公司去投入。

二是我们的目标客户是较为集中的还是较为分散的。通过对目标客户的了解，制定产品设计开发的最低阈值，也就是设定产品的极端情况和极端客户人群作为底线。

那么，我们的目标客户在哪里？

寻找目标客户时，可以先勾画详细的客户画像（见图3-2）。

图 3-2　客户画像

客户画像，即客户信息标签化，通过收集与分析消费者社会属性、生活习惯、消费行为等主要信息的数据，抽象出商业全貌。建立客户画像有助于企业实现精准营销，因为客户画像的所有数据都要建立在真实、准确、实时的基础之上，通过这些数据，我们可以了解和掌握客户的需求，从而指导下一阶段的业务。

客户画像最初的应用场景是希望团队在进行产品设计时，能够摒弃个人喜好，将注意力聚焦到目标客户真正的动机和行为上。

客户画像的建立是需要不断迭代和修正的，标签动态要随着客户需求、客户数据的变化而变化，并非一劳永逸的。客户画像终其根源是人的画像、人的属性。人是复杂的，是动态变化的，因而在真实的业务环境中，一个客户的等级可以逐渐攀升，行为是多变的，所以我们建立画像的规则也需要适应这种动态变化。

当前，客户画像、客户分层、客户分群各种概念纷繁复杂，但无论概念多热，营销口径怎么变，创业者都要学会去繁就简，真正了解客户，关注业务的核心本质，为开拓新市场做好准备。

当你准备创业时，不管你选择哪个赛道、如何描绘企业画像，最好先制定一个创业计划书（见表3-4），更好地帮助你理清创业思路。

表3-4　创业计划书模板

一、执行总结	
二、公司概述	企业的文化：
	企业的组织结构：
	管理人员及职责：
三、市场分析	市场现状分析：
	市场定位分析：
	竞争者分析：

续表

四、产品与服务	服务产品：
	服务特色：
	服务优势：
	服务品牌：
五、市场营销	营销策略：
	营销手段：
	价格定位：
六、人力资源管理	员工招聘：
	员工管理：

第三节　企业战略

在情景故事中，莫指导员问李大力"你的竞争优势在哪里？"这个问题每个创业者都应该想清楚，也就是要清晰自己在市场中的制胜法宝——竞争战略。

企业的发展路径往往有多种选择，发展路径的选择决定着企业走的是捷径还是迷途。企业发展路径的选择，成为落实战略发展的关键部分和重要的实践内容。在一个产业中，竞争市场中的每一个公司都有自己的企业战略。制定企业战略的目的就是用战略指导组织能力提升，进而获取市场竞争实力和竞争优势，在战胜对手的同时获得更多的市场和顾客，以保证企业的可持续发展。

企业战略是一个体系。在这个体系中，有竞争战略和蓝海战略，其中竞争战略又分为成本领先战略、差异化战略、集中化战略等，企业在不同的发展阶段适用不同的发展战略。

一、竞争战略

在竞争战略领域，不得不提到"竞争战略之父"迈克尔·波特（Michael E. Porter）。他的著作《竞争战略》享誉全球，可以在很多商学院学生、大学教授、公司的首席执行官甚至国家领导人的书架上找到；他的竞争战略理论被全球大部分的国家和企业深入研究；他的学术成果被美国国内的经济会议以及众多世界性的经济学术论坛列为正式的、重要的讨论议题。[①] 波特的竞争战略模型如图3-3所示。

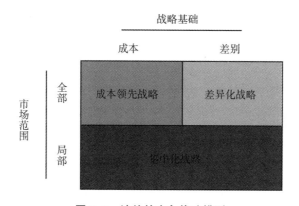

图3-3 波特的竞争战略模型

迈克尔·波特提出的竞争战略模型包含三种基本竞争战略：成本领先战略、差异化战略和集中化战略。

（一）成本领先战略

成本领先战略又叫低成本战略，是指企业在提供相同的产品或服务时，

---

① https：//wiki. mbalib. com/wiki/%E7%AB%9E%E4%BA%89%E6%88%98%E7%95%A5.

通过在内部加强成本控制，在研究、开发、生产、销售、服务和广告等领域内把成本降到最低限度，使成本或费用明显低于行业平均水平或主要竞争对手，从而赢得更高的市场占有率或更高的利润，成为行业中的成本领先者的一种竞争战略。

低成本战略的理论基石是规模效益（即单位产品成本随生产规模增大而下降）和经验效益（即单位产品成本随累积产量增加而下降）。实施低成本战略成功的关键在于：在满足顾客认为至关重要的产品特征和服务的前提下，实现相对于竞争对手的可持续性成本优势。

我们都知道，只要在非垄断型市场或寡头市场，企业就会面临竞争激烈、产品同质化严重、消费者议价能力强等问题。企业实施成本领先战略的目的既是为了提升企业实力，也是一种先发制人的战略，它对企业的要求是必须要有持续的资本投入和融资能力，且在生产技能方面处于本行业的领先地位。成本领先战略可以分为简化产品型低成本战略、改进设计型低成本战略、材料节约型低成本战略、人工费用降低型低成本战略和生产创新及自动化型低成本战略五种类型。

其优势体现在：

（1）当企业处于低成本地位上，可以抵挡住现有竞争对手的对抗，即在竞争对手在竞争中不能获得利润、只能保本的情况下，企业仍能获利；

（2）面对强有力的购买商要求降低产品价格的压力，处于低成本地位的企业在进行交易时握有更大的主动权，可以抵御购买商讨价还价的能力；

（3）当强有力的供应商抬高企业所需资源的价格时，处于低成本地位的企业更能灵活地解决困难，提高与供应商的讨价还价能力；

（4）企业已经建立起的巨大的生产规模和成本优势，可以使欲加入该行业的新进入者望而却步，形成进入障碍；

（5）在与替代品竞争时，低成本的企业处于更有利的地位。

其风险可能体现在：

（1）生产技术的变化或新技术的出现可能使过去的设备投资或产品学习经验变得低效或无效；

（2）行业中新加入者通过模仿、总结前人经验或购买更先进的生产设备来降低成本，原有企业就会丧失成本领先地位；

（3）低成本战略下的低定价策略可能会失去部分高端客户；

（4）受通货膨胀的影响，生产投入成本升高，降低了产品成本—价格优势，从而不能与采用其他竞争战略的企业相竞争；

（5）为了压缩生产成本，可能导致原材料质量下降并最终导致产品质量下降，从而引发产品质量风险；

（6）容易受到上游企业和市场不景气等外部事件的冲击，应对外部冲击能力较弱。

总之，要想有效地实施成本领先战略，必须进行成本控制，而成本控制主要采取哪种途径是由企业的产品结构决定的。当成本控制成为成本优势，就会在企业的经营中起到事半功倍的效果。但是，创业者不能盲目地降低成本，否则当产品出现质量问题时，企业会很快陷入困境。

丰田的"低成本"管理理念

一、彻底杜绝浪费

"彻底杜绝浪费"是丰田现场管理方式的基本原则。第一，一切不为顾客创造价值的活动都是浪费，那些不增加价值的活动都要消除；第二，即使是创造价值的活动，所消耗的资源如果超过了"绝对最少"的界限，也是浪费。

二、合理性生产

"合理性生产"是丰田现场管理方式的另一个基本原则。它要求企业以合理配置和长期利用企业生产要素消除生产过程中一切不产生附加值的劳动和资源，实现整体优化，追求尽善尽美，增强企业适应市场需求的应变能力，获得更高的生产效率和更大的经济效益。

三、准时化生产

准时化生产，即以市场为导向，在合适的时间生产合适的数量和高质量的产品。准时化生产的前提是均衡生产。均衡生产是指工件被拉到生产系统之前，要按照时间、数量、品种进行合理的搭配和排序，使之具有加工工时上的平稳性，起到对市场多品种、小批量需要的快速反应和满足功能。

四、智能自动化

智能自动化与质量管理有着直接的关系，因为生产过程中一旦出现不合格制品，生产线或者机器就会立刻自动地停下来，这就迫使现场作业人员和管理人员不得不迅速查找故障原因，并及时采取改善措施，防止同类事件发生。

五、看板管理

看板管理是丰田现场管理的重要管理工具。看板最常用的形式是装在长方形塑胶套中的一枚纸卡，纸卡大致分为两类：一类为取货指令或搬运指令，另一类为生产指令。现场生产以看板为中心，统一整个生产流程（丰田公司内部以及协作企业之间）物的流动，起到传递情报和指令的作用：以生产工序的最后一道工序为起点，提前给装配线提出生产计划，后一道工序到前一道工序去领取生产物资，而前一道工序则只生产后一道工序所需领取生产物资的数量。在运往生产线的零部件箱上会贴有象征丰田现场管理方式的看板，它可以预先防止生产现场可能出现的失误——过量生产，同时让生产出不合格品的工序及时被发现。

六、持续改进

这里的改善有三层含义：一是从局部到整体，永远存在着改进与提高的余地，在工作环境、操作方法、质量管控、生产结构和管理方式上要不断地改进与提高；二是消除一切浪费，不能提高附加价值的一切工作（包括生产过剩、库存、等待、搬运、加工中的某些活动，多余的动作，不良品的返工等）都是浪费，必须经过全员努力不断消除；三是持续改进，对生产与管理中的问题，采用由易到难的原则，不断地改善、巩固、提高，经过不懈的努力和长期的积累，获得显著效果。

但是，低成本战略也让丰田栽过跟头。2000 年，丰田曾雄心勃勃地推出了 21 世纪成本竞争力建造计划（CCC21），其目标是将 180 个主要零部件的价格砍低 30%。通过这项计划，丰田节约了将近 100 亿美元的资金，成本大量缩减。但此举导致零部件出现质量问题，导致产品被频频召回。

资料来源：《连锁干货》，https：//wenku.baidu.com/view/60693feaa68da0116c175f0e7cd184254b351b27.html。

（二）差异化战略

差异化战略也称特色优势战略，是指企业选择许多用户重视的一种或多种产品特质，赋予其独特的地位以满足顾客的要求。它既可以是先发制人战略，也可以是后发制人战略。

差异化战略的类型包括：产品差异化战略、服务差异化战略、人事差异化战略和形象差异化战略。其可以通过使用具有独特性能的原材料和其他投入要素、开展技术开发活动、严格的生产作业活动、特别的营销活动、扩大经营范围来实现。

实施差异化竞争战略能够建立客户对企业的忠诚，形成强有力的产业进入障碍。成功地实施差异化战略的企业具有以下特征：首先是外部条件，需求有差异，产品能够做出差异，客户认可这种差异；其次是内部条件，公司的研发能力、营销能力等以及研发、营销体系完善，且各个部门配合默契；最后是管理层要有强大定力贯彻实施差异化战略，且能够不断精进，跨越差异化战略中存在的风险。

企业要形成真正的核心竞争力，就必须培养自己的差异化竞争优势。但这种差异化的竞争优势带来的必然是成本的上升，这种成本上升的幅度必须低于差异化所增长的溢价，不然厂商就会失去对差异化的追求。

如何形成差异化的竞争优势呢？在整个行业的价值链中，每一个环节都可以产生差异化的能力，不同企业在不同环节的差异化能力是不同的，关键是这个与众不同是否能够让人接受。企业的差异化如果不能让顾客认同，则失去差异化的意义。因此，差异化战略必须能够给顾客带来价值，没有价值的差异化纯粹是画蛇添足。其中，产品附加值是顾客最需要的差异化。现代社会，顾客购买产品已经不仅仅是停留在产品功能本身，往往产品所带来的附加值才是顾客所真正需要的产品。例如，购置奢侈品牌汽车的人，其最大的购买动力并不仅仅是汽车本身的性能，而是汽车品牌所能带来的社会身位的象征，这就是产品的附加值。因此，产品同质化时代，能否差异化并因此创造高附加值的产品，是企业实施竞争战略时优先要考虑的问题。

作为创业者，你要把资源、努力和团队都集中在差异化上，要想清楚自己真正的差异化在哪里。

万变不离其宗，只要你有差异化的产品或服务，即使没有高明的营销创意和品牌策划，可能你依然能够收获一定的市场。你有差异化的价值，坚持在这个原点上经营，你的经营成果、经营难度都会有质的变化，经营成果会变得越来越大，经营难度也会变得越来越低。

(三) 集中化战略

集中化战略，即主攻某一特殊客户群体、某一产品线的细分区段以及某一地区市场。与成本领先战略和差异化战略不同，集中化战略具有为某一特殊目标客户服务的特点。集中化战略的整体是围绕着为某一特殊目标服务这一中心而建立的，它所开发推行的每一项职能化方针都要围绕这一中心。

集中化战略的核心是取得某种对特定顾客有价值的专一性服务，侧重于从企业内部建立竞争优势。集中化战略的实施必须做到人无我有、人有我精、人精我专，掌握主动权。例如，专为石油开采油井提供钢棒扳手的企业，就是通过钢棒的充足库存、广泛分布服务网点而成功地实行了集中化战略。

集中化战略往往利用地点、时间、对象等多种特殊性来形成企业的专门服务范围，以更高的专业化程度构成强于竞争对手的优势。例如，口腔医院因其专门的口腔医疗保健服务而比普通医院更吸引口腔病特别是牙病患者。

格力空调是唯一一家坚持集中化经营战略的大型家电企业，作为我国空调行业的领跑企业，其业务遍及全球 160 多个国家和地区。家用空调年产能超过 6000 万台（套），商用空调年产能 550 万台（套）。

格力的集中化战略并不是"一篮子鸡蛋"的战略。2013 年，当不少厂家都在为产品的出路犯难，甚至为吸引消费者的眼球不惜大幅降价时，格力向北京、广州、上海、重庆等大中城市投放了一款高档豪华的空调新品——"数码2000"，它以其智能化的人体感应功能、安全环保的一氧化碳监测功能和独具匠心的外观设计，受到了各地消费者特别是中高收入阶层的空前欢迎，掀起了一轮淡季空调市场少有的抢购热潮。

二、蓝海战略

W. 钱·金（W. Chan Kim）和勒妮·莫博涅（Renée Mauborgne）在《蓝海战略》一书中首次提出"蓝海战略"这一概念。作者基于对跨度达 100 多年、涉及 30 多个产业的 150 个战略行动的研究提出：要赢得明天，企业不能靠与对手竞争，而是要开创"蓝海"，即蕴含庞大需求的新市场空间，以走上增长之路。这种被称为"价值创新"的战略行动能够为企业和买方都创造价值的飞跃，使企业彻底甩脱竞争对手，并将新的需求释放出来。

"蓝海战略"的主旨是将整个市场想象成海洋，并由红海和蓝海组成，红海指产业边界明晰、竞争规则已知，且竞争激烈、利润日益微薄的传统市场；蓝海指商业竞争中尚未开垦的未知市场空间，代表着创造新需求，以及利润高速增长的机会。蓝海战略其实就是企业超越传统产业竞争、开创全新市场的企业战略。蓝海战略由六项原则支撑，分别是重建市场边界、注重全局、超越现有需求、遵循合理的战略顺序、克服关键组织障碍、将战略执行建成战略的一部分。

通常情况下，企业发展战略的制定流程主要分为以下几个步骤：环境分析及预测、制定发展目标并进行量化、制定战略规划并明确战略举措。在此过程中，"蓝海战略"代表着一种新的竞争战略思想，它不同于以往企业最推崇的竞争理论——迈克尔·波特的竞争战略理论，通过改变或者创造关注点，把消费者从关注市场一方转向需求一方，重建市场和产业边界，创造市场需求，通过改变人类的生活方式及消费习惯，开辟新的市场空间。"蓝海战略"代表着企业战略模式的转变，即从既定结构下的被动的定位选择转变为主动地改变市场结构本身，是基于对现有市场现实的重新排序和构建，而不是对未来市场的猜想和预测。"蓝海"既可以出现在现有产业疆域之外，涉及跨界竞争，也可以萌生在产业现有的"红海"之外。蓝海战略要求企业把价格、效用、成本整合为一体，实现真正的价值创新。从战略要素上，蓝海战略要求拓展非竞争市场，规避竞争，创造新的需求，打破价格成本互替定律，同时要兼顾追求差异化和低成本，这和红海战略有天壤之别。从已经结构化的市场，开拓出新的边界，重建新的规则和商业模式，是蓝海战略的最大亮点。

毫无疑问，如今的市场经济和企业竞争，已经成为了一片随时可能搁浅的"红海"，企业和市场亟待新鲜的血液和活力。唯有运用蓝海战略，才能为市场经济注入新的源泉。

一要转变营销思维和态度。"红海战略"面对的是当下的竞争，而"蓝海战略"把企业的目光投向更广阔的市场，要求企业转变思维和态度，跨越当下市场竞争的局限，用发展的眼光，长远地去看待市场竞争。

二要扩大企业的视野与需求。通常，在"红海战略"中，企业为增加自己的市场份额努力留住现有顾客，然而，在"蓝海战略"中，为使蓝海规模最大化，企业需要反其道而行，不应只将视线集中于既有顾客，还需要关注重视那些潜在顾客，他们在"蓝海"市场中具有巨大潜力。

三要注重产品创新。"蓝海战略"主张避开当下的竞争，转而把重点放在研究新产品来满足客户需求上来，因此这也告诉我们，未来的市场竞争，离不开创新。创新，不是物质的创新，而是价值的创新。创新不是为了发明稀奇的物品，而是真正面对客户，研发出客户需要的产品。同时，企业还应认识到，"蓝海战略"要求协调全系统的活动，价值创新不仅仅是在产品的层面上，而应该贯穿于产品、流程、人员等各环节中。红海战略与蓝海战略对比情况如图3-4所示。

红海战略	蓝海战略
努力留住现有市场	追求差异化，创造出"无人竞争"的市场
利用现有需求	开创和掌握新的需求
过度依赖技术创新或科技研发	强调价值的重新塑造和包装，化腐朽为神奇
在现有市场空间中竞争	避开当下的竞争
致力于解决竞争	把竞争变得毫无意义
只能满足客户现在的需要	不断探索客户潜在的需求
"红海战略"和"蓝海战略"六个区别	

图3-4　红海战略与蓝海战略对比

如果你是上海瑞吉红塔大酒店的客人，很可能会在大堂或者餐厅里碰到其总经理安奕德，因为他每天都会花一个半到两个半小时在酒店里与客人聊天，以获得第一手的反馈信息。其实，瑞吉红塔请了第三方公司对入住的客人进行满意度调查，但安奕德还是觉得自己获得的第一手资料更有价值，因此他不仅要求自己，而且要求酒店的管理层主动与客人聊天。入住瑞吉红塔的客人90%以上为商务人士，40%~45%来自大中华地区（包括中国大陆、中国香港、中国台湾和新加坡等地），20%～25% 来自美国，来自日本和欧洲的分别为 10% 和 15%，还有 10% 的客人来自澳大利亚、中东等地。瑞吉红塔大酒店最大的特色在于管家服务，即每一个入住的客人都会有一个管家，相当于个人助理全程为其提供个性化服务。在一般的酒店，客人如果需要帮助或者一些资料，往往要打电话给酒店不同的部门，如客房服务、餐厅或者商务中心等，而在瑞吉红塔，你只要找你的管家就可以办到，管家可以为你预订餐厅、联系客房部，甚至帮客人打包行李。许多豪华酒店对客人进行区别对待，有行政楼层的概念，即有专门给行政楼层的客人开辟的区域，普通的客人不能使用；而所有瑞吉红塔的客人都享受行政楼层的待遇，可以享用酒店的全部公共设施。作为商务酒店，瑞吉红塔还提供很多 24 小时服务的项目，酒店有很多外国的客人因为时差关系晚上睡不着觉，就可以享用这些服务。

资料来源：《蓝海战略系列（4）：最佳商务酒店》，http：//www. 360doc. com/content/13/0225/00/278748_ 267702620. shtml。

第四节　经营管理

领导者的定位是企业经营的灵魂。作为创业者，当你想清楚了企业未来的竞争战略，接下来就必须对企业整个生产经营活动进行科学决策，着手计划、组织、控制和协调，对企业的成员进行激励，从而实现经营管理的任务目标。

企业经营管理究竟管什么？就是管理进度、成本、质量等各要素，以实现经营目标。

一、经营管理目标

企业经营管理目标的设定是为了明确企业在一定时期内实际运行中所追求的成果。一般情况下，企业的经营管理目标可以分为以下两种：

（一）企业形象

在市场经济条件下，良好的企业形象和较高的企业知名度是企业宝贵的无形资源，有利于赢得用户，打开产品销路，增强竞争能力，也有利于企业筹集资金。树立企业正面形象、提高企业的知名度，需要企业付出不懈的努力。例如，通过各种传播媒介主动宣传和介绍本企业品牌及品牌背后的故事，靠企业的产品质量、办事效率和服务水平去赢得人们对企业的信任，这些也是社会和广大消费者评价一个企业的关键因素。

（二）绩效目标

（1）企业的总绩效目标主要包括：营利性，它用资金利润率、投资收益率等表示；出产量和增长率，出产量是指能提供的商品或劳务的总量，增长率是指一定时期内的销售额、利润率的增长幅度。

（2）企业的子系统活动目标主要包括以下几方面内容：

1）市场目标，包括市场占有率、投入市场的新产品以及预期销售额等，这些目标主要由销售和广告等部门负责。

2）生产资源目标，包括筹集资金和寻找原材料。这些目标一般由采购和财务部门负责。

3）人力资源目标，主要包括聘用一定数量的高素质职工，职工的培训、晋升，职工素质的提高及提高方向等。这些目标一般由人事部门负责。

4）创新目标，包括新产品、新技术、新服务，以及生产过程、生产手段的开发等。这些目标往往由工程研究和技术开发部门来负责。

5）质量目标，包括质量标准、正品率、废品率等，产品质量通常可从适用性、可靠性、经济性三个方面来考察。

6）生产率目标，生产率主要是指利用现有资源所完成的产品产出量，或者是达到预期的产出量所必须投入的资源量，如劳动生产率及单位产品的成本等。

企业经营管理目标对计划和引导企业进行生产经营活动是至关重要的，企业的生产经营活动的开展依托于企业的总目标和各项子目标，子系统的管理目标对企业总任务和总目标的完成起支持和保证作用。必要时，企业还可根据实际情况，制定关系到企业经营全局的重点管理目标。尽管企业管理目标是多方面和多层次的，但企业管理目标体系的核心是提高企业经济效益。

二、管理能力

所谓管理，就是通过管人达到理事的目的，是通过调动团队的力量去完成企业的经营目标。不论管理内容如何纷繁复杂，其核心就是人和事。因此，创业者在经营企业的过程中，需要提高管人、理事和驭心的能力。

（一）管人

管人是管理的重中之重。人是生产力诸要素中最活跃、变数最大的一个因素，物、财、事都要通过人来管理，所以，只有管好人，才能管好企业的一切。

1. 基础人事管理

基础人事管理包括人事信息和劳动关系两部分内容。人事信息具体指公司人事档案收集整理、人事信息系统的建立健全、员工离职时各种证明文件和手续的办理。劳动关系指公司与员工劳动关系的建立、履行、变更、终止。

企业应制定明确的基本人事管理规则，使人事工作规范、有序、无遗漏。明确的人事管理规则可使员工了解企业的管理基础和基本要求，良好的基础人事管理规则也是员工工作信心的保障。

现行人事管理制度主要包括录用、调配、任免、考核四个环节，涵盖以下 7 个要点①：

（1）劳动合同：企业的劳动合同应符合国家及地方的法律规定，劳动合同的内容应同时考虑双方利益和要求。无论是集体合同还是个人合同，劳动合同应覆盖企业的所有人员，企业劳动合同文本管理应有明确的规定。

（2）人事档案：企业应为员工建立档案，包括基本的人事资料，如简历、劳动合同、证件复印件、个人其他档案文件。个人在企业工作中获得表彰奖励、培训记录、证书及违纪处分等信息，都需作为档案进行管理。档案管理应确保完整、易于查阅检索，企业对个人信息应保密。

（3）工作调动：企业对员工的调动，包括调出、录用、内部调换，如需调动个人档案，包括户口迁进等，应按照国家有关规定制定出明确的企业管理标准，对调动中的档案流转、户口、工作关系迁动等，也应做出明确规定。

（4）政府沟通：员工工作安排若涉及政府部门如劳动保护、人事关系、户口、生产安全监督等，都应安排专门岗位进行。政府沟通内容包括政府监督管理事项、企业报告事项和事务办理等。

（5）工作评价：员工试用期满、离职或者达到规定的工作周期，应对其进行必要的工作评价。工作评价作为员工在企业行为状况的记录，人力资源部门应制定不同岗位的工作评价项目、范围、标准和方法。工作评价的部分内容可以和工作考核、绩效评估等工作结合起来进行，但记录应作为档案信息加以保管。

（6）员工关系和流动：企业无法完全避免人事纠纷，对内部处理的人事纠纷、劳动纠纷仲裁、与员工有关的法律诉讼等，企业应做出纠纷处理的

---

① 《企业人力资源管理之二：基础人事管理》，http://www.360doc.com/content/13/0502/00/202378_282320340.shtml。

明确流程和规则。各类纠纷处理，需准备的资料和应对方式也应明确规定。人事纠纷或员工关系恶化，将导致员工的不合理流动，为此企业应制定有效规则，分析和管理员工流动，避免非正常流动引起工作质量的波动，进而影响企业的工作效率和成本变化。

（7）员工结构分析：基础人事工作应定期做检讨和评判，使企业对基础人事工作的执行和管理更好地支持其他人力资源管理工作。基础人事工作所造成的失误或偏差，应作为管理改善的重要信息来源之一。员工结构状态的变化，应是检讨、评判的关键输入信息，以通过持续改善员工结构，提高基础管理工作。

2. 员工辅导

企业提供的员工辅导对员工的发展与稳定至关重要。企业提供的员工辅导包括员工职业技能辅导和心理辅导。被辅导者能够获得实用的指导意见，提高职业技能和管理能力，增加知识储备，提升专业领悟力。

员工辅导应该是随时、随地、随人、随事的，要即时地掌握员工信息，发现异常，与员工沟通，说明重要性并提出改善意见或示范演练，最后让员工按要求去做，并养成良好的工作习惯。

（1）掌握员工信息。管理者一定要掌握员工的一手信息，这样才会及时发现问题，作出相应的应急或改善措施。管理者只有做到心中有数，才能不被蒙蔽，导致失去自己的判断，做出错误的决策。

（2）发现异常。管理者一定要有对异常的敏感性，要能及时地发现员工、工作流程及产品的异常，寻找异常的原因是什么，搞清楚是员工自身的问题还是工作流程有问题或是其他外部原因。找到原因后，要深入地去分析，为什么会出现这样的状况，怎样做才能避免再次出现这样的情况。

例如，生产线的组长如果不能看出员工作业中的问题，那他就不是一个称职的组长。质检员如果不能及时发现产品的差异，就可能会导致大批不良品的产生。同理，管理者如果不能看出下属的工作表现跟绩效要求的差异，就无法帮助下属成长，也不可能促进员工工作绩效的提升。

（3）与员工对话。出现差异后，管理者一定要跟员工做充分、深入的沟通，了解员工的真实想法，了解事情的真相。人因为站的角度不同，对同一件事的看法会不一样，理解也会不一样，行为也会有不同。因此，经常会出现同一个指令，不同的人去执行会有不同的做法，导致不同的结果。之所以出现这种情况，就是因为发指令的人跟执行的人没有沟通到位，在认识上没有达成一致。与员工对话，就是要解决这个问题。

管理者与员工对话，体现出对员工个体的尊重，这一点很重要。如果只是以命令的方式让员工改变其习惯的做事方式，员工会有抵触情绪，执行的效果会差很多。

（4）说明重要性。强迫一个人改变其行为的难度十倍于他自己想改变的难度。管理者要让员工认识到不同做法的差异，并说明这些差异可能导致的后果以及改变的必要性。员工有了这样的认识，自己会产生想改变的动机，接下来的行为改变就是很自然的事情了。

（5）提出改善意见。当你跟员工说明不良工作习惯或不规范的工作流程的利害关系后，就要告诉他应该怎么做，提出你的改善意见。管理者容易犯的一个错误就是，当员工出现问题的时候，仅仅是进行批评或惩罚，然后告诉员工："你自己出的状况，你自己搞定。"这样做，不仅无法帮助员工改善工作，反而只会让员工产生反感的情绪。因此，在向员工说明改变的重要性后，一定要提出你的改善意见，让他明白你的要求，知道整改行动的方向。

（6）示范演练。人常说"喊破嗓子，不如做出样子"，榜样的力量是无穷的，如果你在提出改善意见后，相应地做出示范，那员工的印象就会很深刻。例如，餐厅的大堂经理教新员工如何上菜，最直接的做法就是亲自示范给员工看，这样员工学得更快，效果也更好。

其实企业的行为方式也是这样慢慢形成的，老板把自己的理念不断地通过自己的言行灌输给核心层，核心层再依法炮制，传给中间管理层，管理层再传递给员工，就形成了企业文化最重要的一部分。

3. 团队激励

激励是指激发人的行为动机的心理过程，是一个不断朝着期望的目标前进的循环动态过程。团队激励其实就是在工作中调动人的积极性的过程。在企业中，团队激励的目的在于将组织的目标变为个人的行为目标，促进团队合作的动力，使企业更高效地达成既定目标。

团队激励有以下几种方法[①]：

（1）为团队成员设立共同的奋斗目标。共同的奋斗目标是调动全体团队成员积极性的利器，这个目标必须是可衡量的和可实现的。人的动机与行为都有一定的目的性，而建立明确的目标，就能有效地激发和引导人们的动机，鼓舞和激励人们采取积极的方法去努力奋斗，实现目标。

激励作用＝目标意义×实现可能性

从这一公式中可以明确地看出，目标意义和实现的可能性越大，激励作用也越大，反之亦然。目标的设置必须具有可行性，这不仅可以使目标发挥最大的激励作用，还有利于具体目标与长远目标的实现，以及个人目标与团队目标的有机结合。

（2）集体荣誉激励法。集体荣誉激励法是指团队各级领导者在实际工作中，通过多表扬、奖励集体来激发下属的集体意识，使每个团队成员产生一种强烈的荣誉感、责任感和归属感，从而形成一种自觉维护集体荣誉的向心力的办法。

---

① 《团队激励的八大方法，让你的团队成员更加高效地达成目标!》，http：//www. 360doc. com/content/19/0326/16/44768622_ 824293464. shtml。

（3）情感激励法。每个人都需要关怀与体贴。一句亲切的问候，一番安慰的话语，都会成为激励人们行为的动力。通常来说，团队成员工作热情的高低，同领导与员工感情的亲疏成正比。所以，团队领导应该和员工经常沟通，内容可以是家庭、生活、婚姻、生产、娱乐、工作等，相互交流感情，使团队内部形成一种和谐与欢乐的气氛。

（4）公平激励法。一个人在产生公平感时，会心情舒畅，努力工作；而在产生不公平感时就会怨气冲天，大发牢骚，影响工作的积极性。所以在团队管理中，对员工分配、晋级、奖励、使用等方面要力求做到公平、合理。

（5）竞赛激励法。人都有力争上游的好胜心，在工作中，则体现为上进心和竞争意识。团队领导者可以通过经常性的检查评比和多种形式的竞赛活动，来激发下属的上进心和竞争意识，促使其努力使自己的工作走在他人前面。

（6）褒奖激励法。表扬和奖励能够引起人们愉快的感受，这是因为渴望得到他人或社会的赞赏，是一种心理需要。在工作中，表扬和奖励是对员工良好行为的肯定，它包括物质和精神两方面。及时、合理的褒奖，可以激励并强化员工的良好行为，促使其将偶然的良好行为培养成习惯。

（7）榜样激励法。榜样激励法是指领导者通过树立生动、鲜明、具体、形象的学习榜样，来激发下属的上进心和荣誉感的方法。团队领导树立那些多方面或某一方面表现突出、有重要贡献的先进模范人物为榜样，引导和号召其他人向他们学习，并努力去仿效和超越他们，从而使下属的工作积极性和创造性可以充分地发挥出来。

（8）数据激励法。数据激励法是指领导者在详细登记、统计下属的各种工作情况数据的基础上，通过大会讲评、公开张榜和填写评比表等形式予以公布，使下属对自己和团队全局的情况有所掌握，从而明确以后的努力方向，进一步鼓舞信心和斗志。

海尔的员工管理之道

海尔集团创业伊始，其管理模式也是粗线条的。后来他们借鉴国外先进企业的管理方法，提出了 OEC（Overall Every Control and Clear）管理模式，这种模式由目标系统、日清系统和激励机制所组成。在车间，产品的目标层层分析，量化到人。每人对每天做的每件事进行清理控制，做到人人都管事，事事有人管。从岗位环节到车间的每一块玻璃、每一个地段，都标有责任者的名字。当日工作必须当日完成，同时要找出差距、问题，提出改进措施。而这一切又与个人的工资收入挂钩。海尔的每个车间，都有一块印有两只脚印的地板，叫做"6S"大脚印，其内容是：整理、整顿、清扫、清洁、素养、安全。每天班前班后，班长站在"6S"大脚印上，对着大家进行讲评。以前是工作差的员工，站在"6S"大脚印上反思工作，在员工素质普遍提高后，从 1998 年开始改为每天由当日优秀员工站在"6S"大脚印上介绍体会。进入企业的新员工，要接受全员培训，符合海尔规定的才能上岗。

为达到人人做正确事的目标，从 1999 年开始，海尔再次进行"管理革命"，采用市场链模式，即 SST（索酬、索赔和跳闸）。市场链的核心是将外部竞争环境转移到内部来，每个人不再对他的上级负责，而是对他的市场负责。所有人之间的关系是一种市场关系，人人都是一个市场。其机制是我给你提供更好的服务，你应该给我相应的报酬。

海尔建立了公开、公平、公正的"三公"竞争机制，叫"赛马不相马"。在具体操作上，海尔按照普通员工和管理人员分别实施，给员工搞了三种职业生涯设计：管理人员、专业人员和工人，每一种都有升迁的方向。全员实行"三工并存，动态转换"，即在全员合同制的基础上，将所有员工分为优秀员工、合格员工和试用员工，根据工作绩效，"三工"之间进行动态转换。对管理人员，海尔则实行"在位要受控、升迁靠竞争、届满要转

换、末位要淘汰"。许多人在这种机制下脱颖而出。

海尔还实施了筑巢引凤聚才，以资本和经济利益为纽带借才和多种方式育才，即"三才"工程。建立了国家级科研机构，博士后流动工作站、博士工作网络，与全国25所高校的120名教授建立了联合性质的开发网络、信息网络。对员工热心、诚心和知心，则是海尔创立的"三心"工程，积极为员工排忧解难，"让员工上班满负荷，下班减负荷"，这个坚持多年的工程温暖着员工的心，使海尔员工个人的价值与企业的命运紧紧联系在一起，不断迸发着自己的创业热情。

海尔集团重视员工技术创新，1998~2012年，海尔集团收到合理化建议

13.6 万条，采用 7.8 万条，创造效益 4.1 亿元。青年女工杨晓玲用业余时间发明了一种扳手从而大幅度提高了产品质量合格率，企业为此将其命名为"晓玲扳手"，从而进一步激发了员工的创新发明的积极性，之后"云燕镜子""启明焊轮""申强挂钩"等一大批员工发明和革新涌现出来，员工技术创新和发明成为海尔一道亮丽的风景。

资料来源：《员工招聘与甄选》，https：//wenku. baidu. com/view/4c066b6a67 ce0508763231126edb6f1afe00710d. html。

（二）理事

企业的事情千头万绪，每一件都需要管理清楚。把事情管理清楚，企业才可能有执行力。理事的工作不是毕其功于一役的，而是一个长期的、动态的、不断优化改善的过程。

1. 计划

计划是企业管理能力特别是管事的基础，企业发展得好不好，计划是其中的一个关键。什么是计划？计划就是为实现目标而寻找资源的一系列行动。

（1）设定合理的目标。设定目标的时候，要根据企业的实际情况、市场发展状况以及国家政策支持情况等设定合理的企业目标，如果目标设定过高企业实现的难道太大，容易打击员工的积极性，如果目标设定过低，则对员工失去激励作用。因此，企业设定合理的目标很关键。

（2）实现目标的行动必须合理。计划最真实的含义是什么？就是确保行动方向正确、方法合理。好的管理者，一定是能够制定合理的企业目标并随时掌控目标情况者，能够根据目标实现进度及时、合理地调整员工工作。及时调整计划以适应变化，才能保证计划的有效性。在如今高速变化的市场环境当中，企业面临的最大挑战就是计划没有变化快。如果遇到市场变化是真实的情形，企业就必须及时做出调整，以适应变化。

从设定目标到实现目标需要经历三个步骤（见图 3-5）：

图 3-5　制订计划的三个步骤

一是找策略的差距。设定目标的关键在于找策略的差距，也就是寻找未来目标和既有目标之间策略的差距。管理者一般会对既有目标进行分解，但分解目标也是为了寻找策略的差距以设定更加合理的未来目标。

策略性的差距到底从哪里来？其实就是你要对未来有一个构想，因为你只有对未来有一定构想的时候，你才会知道怎么不断地让这个策略的差距变成现实。

二是任何公司的目标设定都应该有明确风险应对策略。

三是选择行动方向。很多公司在年底会花大量时间跟中层以上员工讨论下一年的工作安排，进而设定企业总目标和各个子目标并选择行动的方向。

2. 组织

组织能力是指开展组织工作的能力，是公司在与竞争对手投入相同的情况下，具有以更高的生产效率或更高质量将各种要素投入转化为产品或服务的能力。对于企业来说，组织能力包括企业所拥有的一组反映效率和效果的能力，这些能力可以体现在公司从产品开发到营销再到生产的任何活动中。企业组织能力的提升可以促进企业竞争优势的提升。

建构企业的组织能力，需要同时调整以下三个方面（见图3-6）：

一是员工的心态：涉及员工愿不愿做、如何调整他们的态度、如何培养企业的文化等。

图 3-6 建构组织能力

二是员工的能力：有时员工即使有意愿配合，却可能并不具备足够的能力，这时企业就应该从提供员工培训、提升员工能力着手。

三是员工的管理：即使员工有实现企业目标的意愿也有能力，但企业的基础架构、流程及组织结构让员工的努力受到限制，最后也会让他们失去动力。

建构企业的组织能力，要靠上述三方面的相互配合、缺一不可，少了任何一个构面，都有可能使所有的努力功败垂成。

要配合创新的经营模式，企业必须具备独特的组织能力。

竞争优势来自内部：过去的策略规划多集中在思考、分析外部的环境，但现在强调成功来自从内部建立竞争优势，通过优异的组织能力，来整合企业的科技、财务及策略实力。

灵活胜于定位：过去强调企业要有明确的定位，现在则是注重"灵活"，强调如何将公司的资源有效地整合，以提供给顾客更快速、更佳的服务。

3. 控制

加强企业的控制能力是促进企业健康、有序发展的重要途径。企业控制的目标是：确保企业经营管理合法合规；确保企业资产安全，合理保证企业财务报告及相关信息真实完整；提高经营效率和效果；促进企业实现发展战略。企业建立和完善内部控制的有效措施如下：

（1）不相容职务分离控制。一般包括授权批准与业务经办、业务经办与会计记录、会计记录与财产保管、业务经办与稽核检查等，只有明确机构和岗位的职责权限，使不相容岗位和职务之间相互监督、相互制约，才能形成有效的制衡机制。

（2）授权审批控制。授权批准是指公司在办理各项经济业务时，必须经过规定程序的授权批准。企业必须建立授权批准体系，明确授权批准的范围、授权批准的层次、授权批准的程序、授权批准的责任。对于重大业务和事项，应当实行集体决算审批或者联签制度，任何人不得单独进行决策或者擅自改变集体意见。

（3）会计系统控制。会计作为一个信息系统，对内能够向管理层提供经营管理的诸多信息，对外可以向投资者、债权人等提供投资决策信息。要建立健全凭证的取得审核制度、账账核对制度、账簿控制、报表控制等措施。同时，一个企业的会计机构实行会计记录控制，建立会计人员岗位责任制，对会计人员进行科学分工，使之形成相互分离和制约的关系。

（4）财产保护控制。主要包括以下三点：

一是财产记录和实物保管。对于企业重要的文件资料，应当留有备份，以便遭受意外损失或损坏时重新恢复，这在计算机处理条件下尤为重要。

二是定期盘点和账实核对。定期对实物资产进行盘点，并将盘点结果与会计记录进行比较，如不一致可能说明资产管理上出现了错误、浪费、损失或其他不正常现象，应当分析原因、查明责任、完善管理制度。

三是限制接近。它是指严格限制未经授权的人员对资产的直接接触，只有经过授权批准的人员才能接触该资产。一般情况下，对资金、有价证券、存货等变现能力强的资产必须限制无关人员的接触。

（5）预算控制。预算管理是以提高企业效益为目标，以资金流量为纽带，以成本费用控制为重点，以责任报告信息为基础，以经营、财务预算指标为依据，是一种全新的现代企业管理模式，是企业管理的核心之一。企业通过预算的编制和检查预算的执行情况，比较、分析内部各单位未完成预算的原因，对未完成预算的不良后果采取改进措施，确保各项预算的执行。

（6）营运分析控制。营运分析控制要求企业建立运营情况分析制度，通过对比分析、因素分析、趋势分析等方法，定期开展运营情况分析，发现存在的问题，及时查明原因并加以改进。

（7）绩效考评控制。企业对各职能部门和全体员工的业绩进行定期考核和客观评价，并将考评结果作为确定员工薪酬以及职务晋升、评优、降级和辞退等的依据。

此外，常用的控制措施还有内部报告控制、复核控制、人员素质控制等。①

4. 绩效

科学的绩效管理能够提升员工的工作积极性，促进企业提高管理效率，对于企业发展和持续优化起到了至关重要的作用。

什么是绩效能力？绩效能力指的是通过明确目标、改进流程及激励等管理措施促成组织或个人达成绩效目标的能力。

如何培养绩效能力？对于管理者而言，主要需要培养的是绩效目标能力、绩效改进能力和绩效激励能力三方面。

（1）绩效目标能力。具体包括理解并清晰描述组织战略目标的能力、将目标分解成关键任务的能力、分派指标落地执行的能力等。具备了目标能力，中层管理者就可以将战略目标分解为团队的指标和任务，制定落实目标的计划、预算等，将绩效管理、目标管理、计划管理和预算管理有机地整合

---

① 《企业内部控制管理制度》，https：//wenku.baidu.com/view/14f9d0dab84cf7ec4afe04a1b0717fd5360cb2b8.html。

起来，促进战略目标的落地实现。

（2）绩效改进能力。绩效改进能力是组织绩效能力的核心，没有改进的绩效考核是没有意义的。绩效目标是分层级的，针对不同层级的目标，要有相对应的改进体系和流程，所以改进系统也是分层级的。

公司级和部门级的目标改进，属于团队任务，用到的工具一般有行动学习、团队复盘等；个人级的目标改进，需要在绩效计划实施、评估反馈和改进提升的过程中，融入教练技术和绩效咨询。另外，建立绩效改进的会议系统是非常重要的，当然刚开始只要做到有例会、有流程，让大家先形成习惯，后续再在能力层面升级也是可以的。

（3）绩效激励能力。员工在企业里工作，除了需要获得安全、生存等物质层面的满足感以外，更需要的是获得精神层面的满足感——这就是很多企业物质激励边际效益递减的原因所在。

从马斯洛需求层次理论来看，人们在满足基本生活需求的基础上，还会追寻存在感、重要感、价值感，即被认可的感觉。每一个人的工作都有独特的价值，有时候人们想要的，仅仅是被看见、被尊重。

在绩效管理的过程中，这种需求就会表现为管理层越是认可、激励员工，员工的工作表现就越是突出。激励方式与绩效管理相结合，是最低成本的激励方式。

（三）驭心

管理者的工作归根结底是管人。高明的管理者往往能够正确理解人性、充分认识员工的价值，激发员工为企业的发展做出最大的贡献。

1. 员工关怀

员工关怀是企业管理中的重要内容，其意义在于可以增进员工对于企业的认同感及归属感，增强凝聚力，降低离职率，让员工保持健康良好的工作心态，从而达到与企业共同发展的目的。具体可以从以下五个方面着手：

（1）一个中心："以人为本，尊重人性。"

什么是真正的以人为本？举个例子，现在提倡的人力资源共享中心，倡导就是"一站式服务"，让员工在服务中心轻松搞定人事相关所有事情，而不用东奔西跑。

海底捞创始人张勇曾表示，海底捞的管理很简单，因为他们的员工都很简单，只要把员工当人对待就行了。一句话就是：尊重人、理解人、关心人，满足人的需求、促进人的发展。

（2）两个基本点：

一是大处着眼，要有战略眼光。

万通集团董事长冯仑说，董事长要做的最重要的三件事情：一要看别人看不见的地方；二要算别人算不清的账；三要做别人不做的事。员工关怀，往上是人文关怀、人性管理，别有洞天，大有文章。

二是小处着手，把小事做好。

360公司董事长周鸿祎曾给新员工的讲话中提到："在公司做事，一定要争取把一件小事情做成大事，通过这件事获得成就感，同时建立自己的影响力。"

（3）三条路径：

一是金钱奖励：员工是来挣钱的，不是来花钱的。一切舍不得花钱的员工关爱都是空头支票。

二是时间奖励：如果公司实在给不了太多钱，可以适当增加员工的假期，这其实是很多员工梦寐以求的福利。

三是空间奖励：如果公司既给不了太多钱，又给不了额外的假期，那就提升员工的职务和管理权限。要不然员工凭什么给你卖命呢？

（4）四个礼物：

一是冬日送温暖：保暖设备、加湿设备、晾衣设施、热饮设备，预防呼吸病等。

二是夏日送清凉：为户外员工"送清凉"、室内员工做好通风、预防空调病等。

三是节日送祝福：员工的入职纪念日、生日、结婚纪念日、生儿育女祝福等。

四是紧急送问候：台风、暴雨、社会重大事件等预警问候，员工伤病探望、亲属离世慰问等。

（5）五种角色：

一是关心员工的伴侣：婚姻是头等大事，为单身员工组织联谊会等，帮助其完成婚姻大事。

二是关心员工的父母：关心员工父母，让他们了解员工的日常工作状况。

三是关心员工的子女：父母在子女身上倾注了很多的精力，社会责任从关心员工孩子开始。

四是关心员工的上下级关系：好的上下级关系能够让员工面对工作时的心情更愉悦、工作效率更高。

五是关心员工的成长：员工的个人成长与公司的成长密切相关，员工的总体成长才能促进公司的成长，而公司的成长反过来也能促使员工更好地成长。

2. 企业文化

企业文化是企业员工所普遍认同并自觉遵循的一系列理念和行为方式的总和，通常表现为企业价值观、行为准则、道德规范和沿袭的传统与习惯等。

这里介绍一个贴近公司实践的企业文化解读模型：Schein 的企业文化的

三个层次——基本假设、价值观、人为事物和创造物（见图 3-7）①：

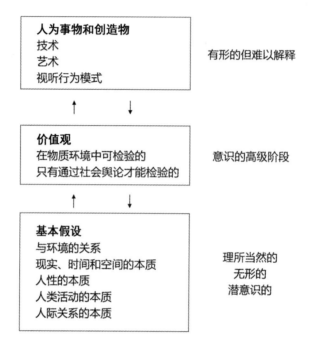

图 3-7　文化的层次与关系

Schein 认为，企业文化的本质其实是企业成员共同拥有的深层的基本假设和信念，它们其实是在无意识的情况下产生作用的，员工会认为这些东西"理所当然"。这些基本假设是通过学习获得的，在以往的过程中，为了解决公司内外部的问题，发现某些假设和信念能反复和有效地解决问题，于是自然而然地成为了大家的"深层假设"。

在 Schein 看来，企业的创建者和领导者对于企业文化有着至关重要的影响。创建者在创建企业之初，由于其自身的文化经历和个性，他们会对组织的设想有自己的见解，对于世界的本质、企业在社会中的地位、人性和人

———————————

① 《企业文化是什么》，https：//www.dachangrenshi.com/article-143848.html。

际关系的本质、时间和空间的本质都有自己深刻的假设，在后面的运行过程中，创建者和有能力的成员通过提出某种解决问题的方法来把自己的假设加在别人身上，之后若是成功，那么这种文化的学习就开始加强、开始形塑。

而管理者是如何塑造文化的呢？基本是通过以下五种手段：

（1）对于其重视的事物进行调节、控制和奖励。

（2）对重大事件和危机的反应。

（3）管理者角色示范、教育和培训方法。

（4）制定分配报酬和提升的标准。

（5）招聘、挑选、提升和解雇员工的标准。

一个企业要长期做下去，要保持竞争力，要基业长青，就一定要有自己的文化。产品可以模仿，而文化是不可以模仿的。企业做大了就一定要有适应其自身的行为准则，不断完善自己的管理制度，日积月累，沉淀为企业文化的内涵。

需要明确的是，企业文化是坚持宣传、不断实践和规范管理的结果。当企业发展到一定程度时，如果没有一个企业全体成员都能够把握的正确工作标准，就很容易犯错误。这是因为语言在传递的过程中很容易失真，另外，每个人的家庭背景、受教育的环境不同，形成了不同的价值观，有时候会跟企业文化起冲突。因此，企业文化要进行广泛宣传，反复灌输才能逐步被员工所接受。公司的员工都要了解、理解公司的企业文化，才能形成凝聚力，形成一股发展的力量。而消费者是通过产品来了解公司的品质文化，产品的质量、售后服务的好坏决定了消费者对公司的信赖程度。高质量的产品、良好的售后服务就是公司良好文化形象的体现。

如果把企业比作一个木桶，那企业文化就是木桶的底板，其他的如战略、结构、系统、网络、职员、技能就是桶身的板。不管桶身的板有多长，如果企业文化没做好，底板不牢，那这个木桶是不能装水的。相反，如果有深厚的企业文化底蕴，有哪块短板都可以及时补上。

管理不善致企业倒闭

日本八佰伴集团创始人和田加津的艰辛人生和艰苦创业历程发人深省。和田加津开创的家庭蔬菜水果小店，经过半个世纪的拼搏奋斗，一举成为亚洲驰名的"百货巨子"。八佰伴集团的掌门人和田一夫就是电视剧人物"阿信"现实原型的儿子。八佰伴集团鼎盛时期在世界各地拥有400家百货店和超市，员工总数28000人，年销售收入最高时突破了5000亿日元。1995年，上海浦东八佰伴新世纪店开业当天，顾客人数竟然达到107万人，堪称世界第一。和田一夫曾石破天惊地宣布：到2000年他将在中国内地建立1000家超级市场、3000家汉堡包快餐店！但令人遗憾的是，1997年9月18日，八佰伴破产倒闭了。从零到亿万，又从亿万到零！有专家指出，八佰伴的失败，很大一部分来源于其家族式管理导致的管理上的真空。

经过反省，和田一夫承认，家族式管理已经不利于八佰伴后期的发展。家族制企业是以家族血缘关系、亲缘关系为基础，内部结构简单，管理层次少、成本低，家族成员之间以亲情为基础，具有较高的信任和合作能力，在抵御外来影响和冲击方面具有一定优势。但这种管理模式也有其明显的弊端。在家族管理模式下，八佰伴经营机制缺少透明度。八佰伴运营体制是采用断层式独立框架，日本八佰伴既要经营日本国内的40余家百货店，又承担着集团在东南亚的各项投资事业；在中国内地和香港地区的事业，主要由在香港上市的八佰伴国际集团为主体而进行。掌门人主管八佰伴国际集团，统掌日本和东南亚全局的却是他那不能胜任的弟弟。

家大业大的八佰伴过于注重外部扩张，忽视内部管理，使管理出现真空。家族式管理，本应更注重成本，节俭支出，讲究资本运作效率，但八佰伴却不能做到。例如，八佰伴总部在香港沙田租用的写字楼，从租用到关门的五六年时间内，有1/3的地方一直空置，无人过问。在租金十分昂贵的香港，这是绝对不应该出现的。

八佰伴倒闭几年后，和田一夫才认识到：企业刚启动的时候，家族式管理可以迅速提升企业竞争力，家庭成员齐心协力、彼此充分信任，朝一个目标共同努力，对企业的起步发展是非常有帮助的。家族企业有清晰的产权，企业的经营者也是所有者，不容易出现委托代理制的风险问题。但是，随着企业规模的不断扩大，家族式管理已经远远不够，由于彼此都是家庭成员，因此很难过"人情"这道关，从而阻碍了企业管理制度的建立与执行。对于一个成熟的家族企业来说，必须建立现代企业制度，必须以现代管理架构取代传统的家族治理结构。

八佰伴破产倒闭，肯定受到了亚洲金融危机的影响，日本经济衰退对八佰伴的衰败也是一个重大导因，但人们普遍认为，八佰伴衰败的根本原因还是内部出了问题；是管理上的种种失误将八佰伴推上了不归之路。

资料来源：徐静波：《日本商业帝国八佰伴是如何破产的?》，http：//www. linkshop. com/news/2018409172. shtml。

结 语 ••········

困难就像壕沟，跨过去，才能真正进入战场

创业起始阶段的经营规划，其实就是创业战场的第一道壕沟，很多创业者就因为这一步没有跨过去，就注定了后面的失败结局。因此，正视这一阶段需要面对的困难，坚定而谨慎地跨过这道壕沟，才能进入真正的商业战场。

第四章

夺取创业战争的胜利

情景故事 ●●········

直面创业挑战，坚持就是胜利

参加完创业辅导交流会的李大力，根据莫指导员的建议，坚定了做电商行业的信心，他选定的产品是潮汕地区的茶具。鉴于上次创业失败的经历，这次李大力前期投入了大量的时间进行市场调研、客户需求分析、企业规划和人员招聘，一切准备就绪后公司于当年的11月正式开始运营。

转眼1年时间过去了，公司也慢慢步入了正轨，每个月都有不错的利润。但最近，李大力发现公司状况不佳，又不清楚到底是哪里出了问题，没有任何头绪。正在发愁时，李大力突然想到上次创业辅导交流会上的莫指导员，相信他一定有方法帮到自己。于是打电话给莫指导员，请他来公司指导一下。莫指导员欣然答应。

星期一的早上九点，莫指导员如约来到李大力的公司，两人经过短暂的沟通，莫指导员开始进行调研。

下午五点，莫指导员调研完毕，两人来到会议室，莫指导员跟李大力说："我在调研中发现你的公司有三个问题，分别是人员流失严重、资金链断裂、市场萎缩。"

李大力听后连连点头，说："关于人员流失是一个大问题呀，公司成立时我招了三个员工，分别是店铺美工、销售和客服，可才两个月销售就离职了，我又赶快去招销售，销售招到后客服又要离职，我又要招客服。招人又不好招，好不容易招到了人，又不断有人离职，我这一年招人就没间断过，耗了我很多时间和精力。"

莫指导员说："人员流动太大，肯定不利于公司的发展，你有没有想过怎么把合适的人才留在公司？"

李大力听后，想了想，说："这也是我正发愁的事呀！像我这种小公司，没什么名气，工作环境又很一般，薪水也不算高，员工很难死心塌地在这干呀！"

莫指导员说："没错，从实力上，你的公司规模很小，所以很难靠薪酬、体制留住人，但作为小公司，你可以打造一种家文化，建立一种和谐的工作氛围，让员工在这工作时感到家的温暖，从而提升员工的忠诚度。"

李大力说："打造家文化，这倒是一个好主意，但具体要怎么做呢？"

莫指导员说："你要像一个大家长一样，关心员工，倾听员工的声音，与员工建立共同的愿景，同时提倡员工之间的互相帮助、互相支持，彼此像兄弟姐妹一样，这样员工就会以公司为家，不会轻易离开了。"

李大力听后频频点头，接着莫指导员又指出公司资金链断裂的问题，提示李大力要有现金流的意识，要关注营销模式和回款管理，也要多关注政策，比如可申请一些小微企业的贷款，必要时也可寻求投资或进行融资。

李大力听后恍然大悟，连声说道："资金确实是困扰我的一个大问题，因为自己前期的投资有限，所以经常面临资金周转不过来的困难，原来还有这么多渠道可以利用呀。"

莫指导员说："确实，方法总比问题多，我在调研中还发现导致你经营困难的一个重要因素是市场萎缩，由于近几年来茶具的价格比较透明，利润不高，而且竞争异常激烈，所以整个市场的环境对刚创业的小公司并不是特别友好，而你的公司又没有明显的竞争优势，所以运营起来才困难重重。"

听到这李大力深深叹了口气说道："创业真是太不容易了，还不如找份工作来得省心。"

莫指导员看李大力的神情有些沮丧，语气中透露出想要放弃创业的意思，赶忙鼓励道："大力呀，创业确实是一件很艰难的事，很多人经历了失败都放弃了，无法坚持到成功，但创业对一个人的磨炼也是最大的，你需要做的就是坚持到底，不断提升自己的境界。"

李大力疑惑地说："坚持我理解，提升境界是提升哪些方面？"

莫指导员说："创业要提升的境界，我总结为三方面，分别是大毅力、大智慧、大格局。大毅力就是面对困难要坚持，领导者要带头奋斗；大智慧就是目标要长远，时刻以客户为中心；大格局就是看到时代的变化，紧跟时代的趋势。"

听完莫指导员的一番话，李大力突然感悟到，原来创业不只可以创造更多的财富，成就自我，还可以磨炼自我，提升自我的境界。他暗下决心，一定要坚持到底，自己曾是一名军人，军人的本质不能丢，即使创业九死一生，也一定要走下去。

莫指导员提醒你

创业步入正轨，并不意味着可以一帆风顺，反而会遭遇更多困难和挑战，就像李大力遇到的人员流失、资金链断裂、市场萎缩等问题，每一个都是一道难过的坎。但是，困难是暂时，坚持是必要的；有时候，成就自己和企业的，不是能力，不是技术，而是创业者的毅力、智慧和格局。到了这个阶段，对外，我们要直面挑战，各个击破；对内，我们要提升境界，"风物长宜放眼量"，创业者要拥有大毅力、大智慧、大格局，以更高的境界为武器，坚持不懈，夺取创业战争的最终胜利。

第一节　战胜挑战

即使创业者在创业前做了充足的准备，但是企业的内部和外部环境都在不断发生变化，因此，就像情景故事中的李大力一样，每一位创业者在创业中都不可避免地会遇到一些严峻的挑战。这些挑战如果没有得到很好的应对，就可能引发企业的致命问题，最终导致创业失败。

一、遏制人员流失

企业人员流动率高是中小型民营企业的一大特征，尤其是占据关键岗位、把握企业核心技术的核心员工的不断离职，不仅会造成客户资源流失、人心浮动，间接导致企业管理成本、机会成本增高，更糟糕的是可能会造成企业核心机密外泄，摘走企业赖以生存的命脉，给企业带来生死存亡的危机。创业者可以从以下三个方面来应对这一挑战：

（一）坚持人才是第一生产力

企业的两个最基本的要素是资金和人。其中，人才是企业的灵魂，是企业发展和企业财富的无穷动力源泉。

惠普公司创始人之一比尔·休莱特有两个著名的公式：

财富＝人才＝资本+知识

博士+汽车库＝公司

从这两个公式可见，惠普之所以成为优秀的跨国大企业，企业对人才的重视是其中很重要的一个原因。通用电气公司总裁杰克·韦尔奇说："我们能做的一切，就在于把宝押在我们选择的人身上。"很多长盛不衰的公司都声称"人是最重要的资产"。

迪士尼公司面对自己的优秀业绩，强调的是："我们真正的产品是管理人才。我们的一切所为都在于此，为了它，我们可谓'目不转睛'，没有人才，你什么也得不到。"未来世界是知识的世界，未来的竞争是人才的竞争，一家公司是否成功，在很大程度上取决于能否正确使用人才并最大限度地发挥他们的潜力。

在中关村这样的人才密集区，联想有自己的人才管理理论，其把人才形象地比喻为一颗颗珍珠，而管理的任务就是"制作项链"，如果没有一条线穿起来，再多再美的珍珠也只能是一盘散沙。

联想对管理者提出的口号是：你不会授权，你将不会被授权；你不会提拔人，你将不被提拔，从制度上保证年轻人的脱颖而出。从 1990 年起，联想就开始大量提拔和使用年轻人，几乎每年都有数十名年轻人受到提拔和重用。联想集团董事长兼 CEO 杨元庆、神州数码控股有限公司董事长兼总裁郭为、联想投资有限公司常务副总裁陈国栋等都在年轻时受到提拔和重用。

联想起用年轻人采取的策略是"在赛马中识别好马"。这包括三个方面的含义：一是要有"赛场"，即为人才提供合适的岗位；二是要有"跑道"划分，不能乱哄哄挤作一团，必须引导他们有秩序地竞争；三是要制定比赛规则，即建立一套较为科学的绩效考核和奖励评估系统。

联想非常注重借鉴世界大公司的先进管理经验，其从 IBM 和惠普那里都学到了很多。同时，还与国际上一些知名的顾问咨询公司合作，引入先进的管理方法与观念。例如，他们和 CRG 咨询公司合作，参照该公司的"国际职位评估体系"在联想集团开展了岗位评估，统一工薪项目，推行"适才适岗、适岗适酬"的管理方针。

资料来源：《把珍珠串成项链——联想集团的人力资源管理经验》，https：//max. book118. com/html/2012/0629/2294943. shtm。

古语云："得民心者得天下。"如今是"得人才者得市场"。美国管理学家德鲁克说："企业或事业唯一的真正资源是人，管理就是充分开发人力资源以做好工作。"现代企业所需要的一切无不是人对于自然资源的再加工、再利用。一个人的智慧是非常有限的，而能把众多人的智慧汇成一股合力，这才是真正的大智慧。即便创业者本身也是人才，但是，个人的思维在某种程度上难免片面和固化，在日新月异的发展中，很容易就会被淘汰，而要想使自己的企业保持持久蓬勃的生命力，唯一的出路就是广纳贤才，并合理使用人才、留住人才。

（二）重构人力资源模式

人员流失只是表象，说明企业的人力资源管理出了问题。企业的人力资源问题是系统问题，故必须采取系统的解决办法，可以从以下五个方面进行系统的变革。[①]

1. 做好人力资源战略规划

成长型中小企业由于发展迅速，在实现企业战略目标的过程中必须不断配备所需的各类人才。这就要求企业必须着眼于未来的经营和运作，预先准备所需的人力资源，通过动态分析企业发展对人力资源的需求，开发制定与企业长期效益相适应的人力资源管理政策。人力资源战略规划对成长型中小企业的可持续发展至关重要，必须紧紧围绕企业的战略进行规划。

2. 建立人员招聘与培训制度

不可否认，许多成长型中小企业快速灵活的招聘和培训方式在成本和效率方面的确有很大优势，但是该类企业需要将其特有的管理方式制度化，并逐渐规范化。

（1）招聘制度的建立。中小企业人员招聘制度的建立主要从以下五个

[①]《成长型中小企业人力资源管理制度建设探究》，https：//www. docin. com/p - 72876699. html。

方面入手：一是确定所要招聘员工的类型、数量和任职标准；二是发布招聘信息，选择合适的招聘渠道与应征来源；三是制定人员选拔与测评的流程；四是选择合适的甄选测评方法，并绘制相关表格；五是制定人员录用相关事项规定，如录用通知、协议、合同等规定。

（2）培训制度。培训制度的建立主要从以下六个方面入手：一是确定培训所要达到的目标；二是培训对象的选择及培训需求分析；三是培训者、培训时间、培训地点、培训内容和培训方法的选择；四是培训实施的具体规定；五是培训强化效果的实现途径；六是培训效果的评估。

3. 建立员工绩效考评制度

绩效考评是我国很多企业存在的管理难点。成长型中小企业建立绩效考评制度主要解决的问题有两个：①建立有效的绩效考评流程；②设立科学的考评指标体系。

有效的考评流程可以指导企业进行有序的绩效考评。考评指标的建立应该以岗位职责为基础，根据岗位职责描述设立对员工工作结果的定量考核与对员工工作行为的定性评价并重的科学考评指标体系，并确立定量指标与定性指标的衡量标准。同时，成长型中小企业必须确定各岗位的 KPI（关键业绩指标），尤其是生产、技术、销售类岗位。许多中小企业绩效考评指标的设立抛开了岗位职责，所以导致考评指标没有起到全面、重点考核与评价员工的作用，考评内容针对性不强。

4. 建立合理的薪酬制度

成长型中小企业的薪酬制度应该建立在岗位评价和绩效考评基础之上。首先通过岗位评价，确定每个岗位的相对价值，然后再确定同类岗位的薪酬等级和水平。确定岗位薪酬等级和水平后，就可以设计薪酬结构了。

员工薪酬一般由三部分组成：一是岗位工资，需要通过岗位评价确定；二是绩效工资，根据对员工的绩效考核结果确定；三是其他组成部分，如工龄工资、各种津贴、福利、奖金等，该部分一般随企业的不同而有所差异。

成长型中小企业的薪酬制度应注重公平性和一致性。公平性分为内部公平性和外部公平性。内部公平性是指员工得到的薪酬与同组织其他同等条件的员工相比，感到自己的薪酬是公平的；外部公平性是指员工所获得的薪酬与其他公司完成类似岗位工作的员工相比，感到所得是公平的。任何方面的不公平，都会对员工激励造成极大的伤害，最终损害企业的整体利益。一致性是指员工所获得的薪酬高低必须与其绩效高低成正比，达到对员工的有效激励。

企业的薪酬制度是一种非常有效的激励工具，一项有效的薪酬制度应该对外具有竞争力，对内具有激励性，建立的关键在于全面有效的岗位评价和绩效考评。薪酬制度建立之后，中小企业还需对薪酬制度进行评估，发现缺陷与不足，并及时调整改进。

5. 建立有效的激励机制

成长型中小企业在创业期和成长期，对员工的激励一般以薪酬激励为主要方式，但是随着企业向规范化管理阶段发展，需要从员工在不同发展时期的不同需求入手，建立多元化、有效的激励机制。依据员工不同的个性心理、不同的表现类型、不同的成熟度而采用相应的激励组合模式。除了薪酬激励以外，常见的还有晋升激励、荣誉激励、培训激励、授权激励、情感激励、工作环境激励等非物质性激励手段。

随着企业的发展和员工收入水平的提高，物质性激励的边际效用逐渐递减。因此，成长型中小民营企业必须建立物质激励和精神激励方式相结合的激励机制。

（三）打造家文化

成功的企业家往往都深谙一个道理：企业就是一个家，企业和员工之间不仅仅是简单的雇佣关系，员工就是家庭的成员。有了这种关心，员工就会以企业为家，双方为共同的目标使劲。因此，不少优秀企业都致力于打造家文化，通过家的温情，把企业和员工紧密地联系起来，让员工在企业中找到一种家的温馨感、归属感。

坚持"尊重人、善待人、培养人"的家文化氛围，是比亚迪企业文化建设的重心。

比亚迪从事的是制造业行业，其厂区通常设在郊外，厂区同时又是社区，工作与生活交织在一起。为了让员工能够安下心来工作，免除员工的后顾之忧，比亚迪在建设每一个工业园的时候，只要条件许可，工业园内就会同步建设住宿区、食堂、超市、娱乐设施、运动场所，甚至还有图书室。

为了满足员工进一步的住房需求，比亚迪投资兴建了现代化高档小区——亚迪村。小区里有幼儿园、健身房、超市、露天泳池，环境静谧清幽。

另外，比亚迪与深圳中学合作办学，创建了亚迪学校和亚迪幼儿园，可以提供从幼儿园、小学到中学的全套学校式服务。对于比亚迪员工来说，只要孩子满 3 岁，比亚迪就开始提供全套的教育服务，并只象征性地收取费用。

与房子和子女教育同样重要的是员工的出行问题。对此，比亚迪有两个政策：零首付购车政策和私家车补助政策。在这两个政策的影响下，公司员工拥有私家车的成本很低，员工出行很便利。

资料来源：廖亮：《比亚迪：家文化下的 HR 管理》，http：//www. 360doc. com/content/10/1231/08/5277407_ 82825942. shtml。

需要说明的是，家文化塑造并非可以完全不加选择地复制，而要根据行业特点、地理特点、产品特点等，还要尽可能挖掘出有别于其他企业的文化特征。企业在打造家文化时，要注意以下三个要点：①

1. 从任人唯亲向任人唯贤转变

企业塑造家文化，就是要从创业初期的任人唯亲向任人唯贤转变，形成以能力和业绩为导向的、以非家族成员为主的企业层级组织体系。通过文化塑造，使企业不仅能够吸引人才，而且还能使人才对企业具有归属感。

2. 建立一视同仁的平等文化

要尽可能在企业内部形成一视同仁、平等竞争的人才选拔机制，按照职业经理人的标准，给企业内外部人才提供公平的发展机会，并使之成为一种企业文化，人人凭能力按规则竞争。

3. 建立相互信任的仁爱文化

无论在个人关系还是工作关系中，最重要的信任特征就是仁爱。在工作环境中，仁爱的表现形式包括职业指引、对员工表示理解、对下属的过失或错误表示宽容，以及大公无私的态度。当然，仁爱不是建立信任的唯一条件，它还包含了其他特征，例如在集体文化背景下的授权及互让互惠、强调双方责任的重要性以及依赖团队成员来完成工作等。

二、谨防资金链断裂

资金链是企业进行经济活动的载体，如果资金链断裂，就会严重影响企业的运作，甚至导致企业破产。因此，资金链风险控制能力考验的是企业对

---

① 《论家族企业内部"大家"文化的构建》，https：//www. guayunfan. com/baike/189845. html。

于财务风险和现金流的控制能力。

（一）要有现金流意识

所谓现金流，指的是企业在一定会计期间按照现金收付实现制，通过经营活动、投资活动、筹资活动等经济活动而产生的现金流入、现金流出及其总量的波动。说得简单点，就是在一定时间里，企业的金钱流出和流入的量。这里的金钱也可以是与之相关的实物等。

有的管理者或许会认为金钱流动量代表的只是企业内部经济活动的活跃度，它并不能证明其他的事情。这种想法是错误的。

首先，现金流量很能体现出一个企业对现金的获取能力。而这部分的获取能力就可以吸引进更多的投资者和关注者，因为现金流的流通从侧面也表现出了企业"钱滚钱"的技能，而这个就是投资者最关注的事情。

其次，现金流的流通额可以对企业的偿债能力作出评价。一个企业的偿债能力能从现金流中得到很好的体现，通过对流出与流入量的分析比较，可以发现公司的各个现金流通环节是否通顺。经营活动的净现金流量与全部债务的比率、现金性流动资产与筹资性流动负债的比率，这两组数据经常被许多企业用来鉴定偿还全部债务与短期债务能力，值得许多管理者借鉴。

最后，现金流还能体现出企业和公司收益质量的优劣。现金流比利润更能说明企业存在的一些问题，现实生活中的企业经常会遇到这种事情，企业明明有盈利，但是却没有一分钱的进账，甚至有的企业还要靠贷款来缴纳企业所得税。现金流的指标可以剔除利润值中的一部分虚假，可以更真实全面地了解企业的坏账情况和经营状况（见图4-1）。因此，企业管理者通过现金流可以对企业本身进行把脉。企业管理者不要被单纯的盈利状况所欺骗，研究数据显示，85%的破产企业在破产的时候企业的盈利状况还是良好的。试想一下，一个明明还在每月盈利的企业却突然因为资不抵债而破产了，这在许多人眼里是不可能发生的事情，却真实地在商海沉浮中发生。

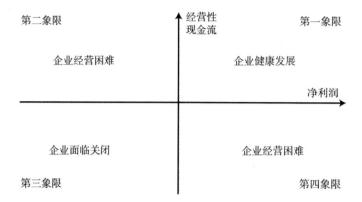

图 4-1　经营性现金流与企业经营状况

资料来源：郑永强：《世界 500 强 CFO 的财务管理笔记》，江西人民出版社 2015 年版。

1975 年，美国最大的商业企业之一 W. T. Grant 宣告破产，在破产前一年，其营业净利润近 1000 万美元，经营活动所提供的营运资金竟然高达 2000 多万美元，可是与此同样"出众"的是：银行贷款达 6 亿美元。许多管理者的收益肯定远远不及这个企业的一个零头。该企业破产的原因就在于公司早在破产前五年的现金流量净额已经出现了负数，虽然有高额的利润，但公司的现金不能支付巨额的生产性支出与债务费用，最后导致破产。

资料来源：《浅论现金流量管理在企业运营中的重要地位》，https：//www. taodocs. com/p-515092561. html。

所以，管理者要时刻关注企业的现金流情况。如果企业的现金流出现问题，企业很有可能会陷入破产的境地，只有正常的现金流，才能让企业做大做强。

（二）关注营销模式和回款管理

为避免资金链断裂，企业要注重营销模式的选择，同时也要设计合理的回款管理机制。

1. 关注营销模式

企业只有通过销售才能把成品资金转换成货币资金，销售是利润变现的通道。有人在定义商业模式时，简单地概括为"企业通过什么方式赚钱"，这种定义是片面的。评价一种营销模式是否优秀，要看其是否具有下述四个特点：

第一，清晰的营利途径。营销模式要能很清晰地反映营销环节的营利逻辑，即如何通过营销途径为企业获取利润，包括变现利润与创造利润。

第二，具有价格"维稳"能力。好的营销模式，不是把企业逼向"低价竞争"，或者说"价格战"，而是让企业具有良好的价格维护能力，以确保产品（或服务）具有足够的利润空间。当然，很多企业以"低价"为商业模式，诸如格兰仕、沃尔玛等企业，这需要另当别论。

第三，可持续营利能力。营销模式并不能保证企业一定能够盈利，但却可以为企业持续盈利创造可能。就拿家电制造企业来说，这些企业以往备受家电大卖场"折磨"，渠道成本高昂，对企业盈利造成很大影响，家电企业与大卖场冲突事件时有发生，格力空调同样有此遭遇。为此，格力空调在销售体系上，立足于"总公司—驻各地的销售公司—各地的专卖店及大卖场"的模式，全力拓展自有渠道模式——专卖店，其中专卖店是格力产生利润的最主要来源。

第四，顺畅的现金流。优秀的营销模式，不但要资金回笼快，而且要资金风险低，以确保企业资金流顺畅。不同的营销模式对资金流的影响很大。如很多企业与经销商合作时，往往会采取经销或代销模式。这两种模式在资金结算上以及资金风险上就有所不同：经销模式采取按进货额度结算，甚至可以实现"一手交钱一手交货"；代销模式则是在产品销售出去之后才予以结算，这需要一个较长的资金回笼周期。

2. 设计合适的回款机制

很多新创公司常常遇到这种情况：当公司需要回笼资金时，才想到向客户收账、催款，如果客户不能及时付款的话，公司就可能会面临资金链断裂的危险。所以，要想有效管理应收账款，提高销售回款率，企业应该采取全方位的监控和管理措施，具体可分为三个步骤，即事前管理、事中管理、事后管理。

（1）事前管理。首先，建立客户诚信档案，对客户的商业信誉做出评估。创业者在与客户展开合作之前，应事先收集该客户的相关档案和信息，在此基础上对这些信息进行细致的整理和分析。比如，客户的财务状况如何；销售能力怎么样；组织管理是否规范；该公司成立了多长时间；之前与哪些公司有过合作……在充分了解这些情况后，创业者就能避免因交易决策失误，而给自己的公司带来回款风险的隐患。其次，制定相应的优惠政策，鼓励客户积极回款。制定优惠政策，是企业进行客情关系维护的一种有效手段，同时也有利于促进客户及时回款。初创公司可以采取这样的措施：确定一个结算日期，如期交付货款的客户可以享受一定程度的奖励或优惠政策，也可以在产品价格方面作出一定的让步；如果客户没有及时付款，创业者可根据企业的财务状况确定一个回款日期，如果能在规定的日期内交付货款，可以给予客户实物奖励，或者向客户提供完善的售后服务优惠政策，从而刺激客户回款的积极性，缩短资金回笼周期。最后，完善回款流程，严格监控回款进度。在跟客户进行交易时，企业应当将回款事项纳入交易协议中，比如在什么时间付款，采取怎样的付款方式，采取现金交易还是支票交易，等等。通过完善回款流程，企业就能严格监控回款进度，为将来的回款提供有力的法律保障，从而降低回款风险率。

（2）事中管理。首先，建立动态的账款跟踪管理体系。初创公司在评估客户的商业信誉时，应当建立动态的账款跟踪管理体系，即根据与客户的交易次数，定期对客户的商业信誉进行重新评估，并根据评估结果相应地调整企业的销售策略和优惠政策。对于初创企业来说，需要对客户信用进行每月、每季、每年的追踪和审查，这样才能保证企业深入了解客户的信用状况，有效地辨别出信誉良好的优质客户，剔除信誉较差的低价值客户，从而将回款风险降到最低。其次，建立定期与客户对账制度。初创企业应当加强与客户之间的联系和沟通，定期向客户发出对账单，企业财务人员在对货款数额做出确认后，双方签字并加盖单位公章。初创企业最好根据实际情况形成一套规范的对账制度，从而有效地避免呆坏账的产生。最后，强化服务意识，建立良好的客户关系。初创企业要想提高资金周转率，缩短回款周期，就必须要为客户提供优质的产品或良好的服务，例如，保证产品质量，物流配送及时到位，在设备的运营管理和维护方面要给予客户细心的指导和服务，从而建立客户的忠诚度和满意度。通过强化服务意识，让客户找不出"拖欠货款"的理由，从而有效地规避回款风险。与客户保持良好的关系，建立彼此之间的信任，是确保应收账款顺利收回的有力保障。

（3）事后管理。一旦出现客户拖欠货款的现象，企业就需要向客户讨要账款。在回收货款之前，创业者首先要调整好自己的心态，然后全面搜集企业的账款信息，做到凭证齐全、账目清晰，并确认清欠的负责人。此外，创业者还应熟悉追讨欠款的常用方法，在与客户沟通的过程中态度端正，既要保证能够有效地说服对方尽早回款，同时又不能将彼此推向一个尴尬而僵硬的境地当中。一是协助客户销售产品。在很多时候，其实并不是客户故意拖欠货款，而是由于他们的销售现状并不乐观，产品销售不出去、库存积压，自然会影响到回款的进度。因此，企业的业务人员可以帮助客户分析目前的市场情况，制定相应的助销策略，联合客户策划一些促销活动等，尽快帮助客户把产品销售出去。二是让客户养成及时付款的习惯。对于回款不及时的客户，企业的业务人员就要定期地去催款。收款的难易程度取决于货款拖了多长时间，而不是货款的金额。一项调查研究表明，货款逾期时间和平均收款成功率成反比。因此，如果客户迟迟不能交付货款，那么创业者就要考虑是否要继续合作下去，或者公司可以采取一些措施，严格控制交易订单，逐渐减少应收账款，必要时可以停止向客户供应产品，以迫使对方尽快付清全部欠款。

（三）充分利用政策

除了关注现金流、营销模式和回款，退役军人创业时还可以充分利用国家的扶持政策申请贷款，以此来预防资金链出现问题。

1. 退役军人创业贷款申请方式

退役军人的创业贷款，可向个体工商户、公司具体运营地的人力资源和社会保障局申请。因为金融机构的借款是有利息的，而创业贷款是我国对于退役军人等特殊群体给予的优惠待遇，在固定时限内享有一定信用额度的本人免息贷款，其贷款利息由政府部门担负。

2. 退役军人免息贷款的信用额度和还贷期限

综合我国各省份出台的创业贷款信用额度来看，通常退役军人个人贷款额在 10 万~30 万元；合作经营创业贷款额在 50 万~100 万元；中小企业创业贷款担保一般不超过 200 万元。

借款期限一般为 2~3 年，期满一次性结清。因为全国各地现行政策有差别，实际信用额度、还贷限期，以本地有关部门审核为标准。

3. 贷款需要的资质证明

退役军人创业免息贷款针对的是从业个体经营者或创立人民团体的转业复转退役军人，需要具有相关资质证书，如企业营业执照。申请办理时，还必须出示身份证件、退役证。

4. 申请退役军人免息贷款的绿色通道

目前，多地已有退役军人免息贷款的绿色通道，但尚未全国普及。除退役军人免息贷款的专有绿色通道外，很多地区还设有创业孵化基地，通过基地也可以走创业贷款绿色通道政策，贷款效率同样很高。

截至 2021 年，吉林、浙江、广东等省的部分城市，已建有退役军人创业园（创业孵化器），本籍退役军人能够立即进驻，享有学生就业创业帮扶，如创业贷款的绿色通道政策。

（四）寻求融资

当资金链出现问题时，寻求融资也是一种常见的应对方式。在我国，创业融资的渠道主要有以下几种。

1. 常见的融资渠道

（1）私人资本融资。私人资本主要包括三类：

1）个人积蓄。个人资金成本最为低廉，个人积蓄是创业融资最根本的渠道，几乎所有的创业者在创业时都会投入个人积蓄。创业者还可以通过转让部分股权的方式从合伙人那里取得创业资金，将个人合伙人或个人股东纳入自己的创业团队，利用团队成员的个人积蓄是创业者最常用的筹资方式之一。

2）亲友资金。除了个人积蓄之外，身边亲朋好友的资金也是常见的资金来源。亲朋好友由于与创业者个人的关系而愿意向创业企业投入资金，但是，创业者通过这种方式融资时，最好以书面的形式约定好融资过程以及还款时间、形式等各项细节，以保障各方利益，减少不必要的纠纷。创业者在向亲友融资之前，还要仔细考虑这一行为对亲友日后关系的影响，要将未来可能产生的有利和不利方面告诉亲友，尤其是创业风险，以便亲友根据自己的抗风险能力决定是否投资，万一将来出现问题时亲友提前有心理准备。

3）天使投资。天使投资指个人出资协助具有专门技术或独特概念而缺少自有资金的创业者进行创业，并承担创业中的高风险和享受创业成功后的高收益；或者说是自由投资者或非正式风险投资机构对原创项目构思或小型初创企业进行的前期投资，是一种非组织化的创业投资。天使投资分为两类：一类是有行业背景的天使投资，另一类是没有行业背景的天使投资。这两类天使投资，从行为及预期到与创业团队的合作都非常不一样。从资本的角度来说，这两类投资人都是非常好的来源。倘若创业团队早期并非单纯缺乏资金，则寻找具有行业背景的天使投资会更好。

（2）机构融资。机构融资的途径有以下几种：

1）银行贷款。比较适合创业者的银行贷款形式主要有抵押贷款和担保贷款两种。抵押贷款指借款人以其所拥有的财产作为抵押，作为获得银行贷款的担保。在抵押期间，借款人可以继续使用其用于抵押的财产。抵押贷款又分为不动产抵押贷款、动产抵押贷款及无形资产抵押贷款三种，其中无形资产抵押贷款是一种创新的抵押贷款形式，适用于拥有专利技术、专利产品的创业者，创业者可以用专利权、著作权等无形资产向银行做抵押或质押获取贷款。

担保贷款指借款方向银行提供符合法定条件的第三方保证人作为还款保证的借款方式。其中较适合创业者的担保贷款形式有自然人担保贷款、专业担保公司担保贷款及政府无偿担保贷款。

2）非银行金融机构贷款。非银行金融机构指以发行股票和债券、接受信用委托、提供保险等形式筹集资金，并将所筹资金运用于长期性投资的金融机构。根据法律规定，非银行金融机构，包括经银保监会批准设立的信托公司、企业集团财务公司、金融租赁公司、汽车金融公司、货币经纪公司、境外非银行金融机构驻华代表处、农村和城市信用合作社、典当行、保险公司、小额贷款公司等机构。

3）交易信贷和租赁。交易信贷指企业在正常的经营活动和商品交易中由于延期付款或预收货款所形成的企业间常见的信贷关系。企业在筹办期以及生产经营过程中，均可以通过商业信用的方式筹集部分资金。如企业在购置设备或原材料、商品过程中，可以通过延期付款的方式，在一定期间内免费使用供应商提供的部分资金；在销售商品或服务时采用预收账款的方式，免费使用客户的资金等。

创业者也可以通过融资租赁的方式筹集购置设备等长期性资产所急需的资金。融资租赁是指实质上转移与资产所有权有关的全部或绝大部分风险和报酬的租赁。融资租赁是集融资与融物、贸易与技术更新于一体的新型金融业务。

4）从其他企业融资。一些从事公用事业业务的企业，或者已经发展到成熟期的企业，现金流一般会比较充足，甚至会有大量资金需要通过对外投资的方式实现较高收益。对于有闲置资金的企业，创业者既可以吸收其资金作为股权资本，也可以向这些企业借款，形成债权资本。

（3）风险投资。风险投资是指由专业机构提供的投资于极具增长潜力的创业企业并参与其管理的权益资本。一般来说，创业者寻求风险投资需要经过以下十个步骤：

1）创业者了解自身资金需求；

2）了解、分析创业投资市场和相应机构；

3）确定寻求创业投资的可能性，初步确定寻求融资的目标创业投资机构；

4）准备创业计划；

5）联系接洽创业投资机构，提交创业计划执行总结；

6）最终确定关键的创业投资机构；

7）接受创业投资机构的尽职调查；

8）就企业价值和投资的股权架构进行谈判；

9）确定最终投资协议；

10）获得创业投资、投资方参与企业发展。

创业者获得风险投资的渠道主要有以下几种：

1）给投资人发邮件。创业者想获得风险投资最简单的方法就是给投资人发邮件，一般的风险投资人都有自己的网站，上面公布有自己的邮箱，创业者可以将自己的创业想法或者商业计划书发到公开的邮箱中，期待能够得到投资者的关注，并最终获得投资。

2）参加相关行业的会议或者创业训练营。这些会议或训练营会有很多投资人，创业者可以利用茶歇或者休息的时间尽可能多地接触风险投资者，或者接触自己感兴趣的投资者。

3）请朋友帮忙介绍。如果你身边有朋友从事融资相关工作的，或者已经得到风险投资的，可以请他们帮忙介绍，这种方式较前两者成功的概率稍大，毕竟接受过风险投资并且经营成功的人会有更强的信服力，投资者可以借由介绍人的帮助来拿到融资。

4）聘用专业机构融资。通过聘用投行或融资中介寻找风险投资的成功率较高，首先，他们对中国活跃的投资人很了解，能够帮助创业者和投资者进行沟通；其次，信誉高的投行本身就为创业者的项目成功率增加了砝码；最后，投行会运用自己的经验帮助创业者挑选更合适的投资人。

（4）政府扶持基金。创业者还可以利用政府扶持政策，从政府方面获得融资支持。政府的资金支持是中小企业资金来源的一个重要组成部分。政府的资金支持一般能占到中小企业外来资金的 10% 左右，资金支持方式主要包括税收优惠、财政补贴、货款援助、风险投资和开辟直接融资渠道等。常见的政府扶持基金有以下几类：

1）再就业小额担保贷款。再就业小额担保贷款的适用范围包括：年龄在指定范围内（一般为 60 岁以内，地方政策会有所不同），有创业愿望和劳动能力，诚实守信，有《下岗证》或者《再就业优惠证》的国企、城镇企业下岗职工；退役军人；农民工；外出务工返乡创业人员；吸纳下岗失业人员达到地方规定的小企业、合伙经营实体或劳动密集型企业；大中（技）专毕业生；残疾人员；失地农民等符合条件的人员。

2）科技型中小企业技术创新基金。科技型中小企业技术创新基金是于 1999 年经国务院批准设立的，为扶持、促进科技型中小企业技术创新，用于支持科技型中小企业技术创新项目的政府专项基金，由科技部科技型中小企业技术创新基金管理中心实施。创新基金重点支持产业化初期（种子期和初创期）、技术含量高、市场前景好、风险较大、商业性资金进入尚不具备条件、最需要由政府支持的科技型中小企业项目，并将为其进入产业化扩张和商业性资本的介入起到铺垫和引导作用。根据中小企业和项目的不同特点，创新基金通过无偿拨款、贷款贴息和资本金投入等方式扶持和引导科技型中小企业的技术创新活动，促进科技成果的转化。

3）中小企业国际市场开拓资金。中小企业国际市场开拓资金是由中央财政和地方财政共同安排的专门用于支持中小企业开拓国际市场的专项资金。市场开拓资金用于支持中小企业和为中小企业服务的企业社会团体和事业单位组织中小企业开拓国际市场的活动。该资金的主要支持内容包括：举办或参加境外展览会；质量管理体系、环境管理体系、软件出口企业和各类产品的认证；国际市场宣传推介；开拓新兴市场；组织培训与研讨会境外投标等方面。市场开拓资金支持比例原则上不超过支持项目所需金额的50%，对西部地区的中小企业，以及符合条件的市场开拓活动，支持比例可提高到70%。

4）其他基金。科技部的863计划、火炬计划等，连同科技型中小企业技术创新基金一起，每年都有数十亿资金用于科技型中小企业的研发、技术创新和成果转化；财政部设有利用高新技术更新改造项目贴息基金，国家重点新产品补助基金；国家发展和改革委员会设有产业技术进步资金资助计划、节能产品贴息项目计划；工业和信息化部设有电子信息产业发展基金等。各省市等为支持当地创业型经济的发展，也纷纷出台政策，支持创业。主要有人力资源和社会保障部设立的开业贷款担保政策、小企业担保基金专项贷款、中小企业贷款信用担保、开业贷款担保、大学生科技创业基金等。

（5）知识产权融资。知识产权融资也是创业者值得关注的融资方式。知识产权融资可以采用知识产权作价入股、知识产权抵押贷款、知识产权信托、知识产权证券化等方式。

2. 商业计划书

商业计划书（Business Plan，BP），也称商业策划书，是公司或项目单位为了招商融资及其他发展目标，向投资人或相关利益者全面展示公司和项目目前状况及未来发展潜力的书面材料。商业计划书有相对固定的格式，它全面反映了投资商感兴趣的内容，包括企业成长经历、产品服务、市场状况、营销状况、管理团队、股权结构、组织人事、财务状况、运营状况、融资方案，从而说服投资商支持并参与合作。融资的时候，商业计划书的准备是必不可少的环节，如何撰写商业计划书呢？

（1）制定商业计划书前的准备工作。首先进行前景设计与构思。列出必要的提纲，内容包括：设想项目未来 1~5 年的前景，未来员工的人数，以什么样的产品或服务提供给什么样的对象，销售额、利润及资产规模等。其次进行市场调查与定位。确定项目前，要进行市场调查以了解市场的需求并定位，主要包括了解顾客的需求状况和满足顾客需求的方式，产品或服务及其是否有替代品，市场对这些产品或服务的需求是长期还是短期的，企业自身的市场定位。再次进行财务预测。预测未来 5 年内每月收支情况及年度收入额和支出额等，并以预测的结果为基础，编制预测的资产负债表、利润表和现金流量表。同时，对市场和企业运营的不确定性与风险要加以考虑，进行财务的敏感性分析。最后制订营销计划。营销计划的内容包括促销目的及怎样开展促销活动，对象客户群及采用什么方式让客户了解自己的产品，服务营销方式及营销渠道的设计与建设，价格政策与代理商管理等。

（2）商业计划书的基本结构和内容要求。商业计划书可分为前置部分和主体部分。前置部分包括保密协议及摘要。主体部分包括以下七项：

1）公司（项目）概述。创业公司（项目）的名称、技术领域、技术特点、创新要点、应用领域、产品市场等。

2）公司基本情况。公司的名称、性质、注册资本、总投资额、经营范围、地址等；公司股本结构、股东情况，公司组织结构；经营管理团队介绍。

3）技术、产品或服务。技术背景、知识产权情况；主要技术人员介绍（学历、专业、工作经历、主要成果及与公司的关系）；技术水平、技术创新点（在不泄露商业秘密的前提下，尽可能说明本项目的基本原理、技术创新点、创新程度、研发难点等）；产品或服务介绍；产品的生产制造方案、工艺路线及主要设备；环境保护和劳动安全情况。

4）市场竞争与市场营销。项目所属行业的特点、现状及发展趋势；竞争状况、主要竞争者、本项目竞争优势及其产品市场定位；市场营销策略、销售渠道、销售目标；产品服务。

5）公司发展战略。未来研发计划，如公司发展理念、思路步骤；公司激励与管理制度、公司总体发展目标与阶段目标。

6）财务计划与经济效益。至少三年的资金筹措与使用计划；至少三年的经营管理成本估算；至少三年的销售收入、利润总额、纳税总额预测；基本财务指标分析（投资回报率、内部收益率、现金流量等）。

7）创业风险分析。可能的风险因素（政策、管理技术、市场、人才、知识产权、财务、融资等）、风险控制（风险因素拟采取的对策）。

（3）商业计划书范本。

××项目商业计划书

第一章　公司基本情况

一、××项目公司介绍

公司名称：

法定代表人：

法人代码证：

国税登记证：

地税登记证：

成立时间：

注册资本：

经营范围：

前期主要产品：

公司基础：

二、主要股东及股份

三、公司部门设置

四、公司现有业务

五、职工状况

六、公司经营财务历史

七、公司未来3~5年目标

第二章　××项目公司管理层

一、公司管理层（董事会）主要成员

二、主要成员简介

第三章　产品/服务

一、目前产品发展阶段

二、投资的新产品

三、产品优势

四、目标市场

第四章　××项目研究与开发

一、公司现有知识产权

二、产品技术先进性

三、公司未来技术研发资金投入计划

第五章　××行业及市场情况

第六章　××项目营销策略

第七章　××产品制造

第八章　××项目公司管理

第九章　××项目融资说明

第十章　××项目财务计划

三、保持市场份额

随着世界经济朝着全球市场一体化、生产经营数字化、商业竞争国际化的方向发展，企业必须不断优化营销模式，开发新产品，进行品牌创新和服务创新，以现代营销方式来开拓市场，参与国际竞争，以应对市场营销环境变化带来的挑战。

（一）优化营销模式

传统的营销模式一般采用人员推销、营业推广、公共关系、广告等各种手段进行促销。这些促销模式、推广模式大多是普通粗放型活动，不能十分有效地扩大市场容量。市场需要新的操作模式来逐步代替传统模式，例如，网络营销、绿色营销、直复营销、知识营销、数据库营销等。以数据库营销为例，它的基本模式是将顾客的有效资料进行分类管理，以此进行分类宣传、分类促销，进行针对性的说服。随着产品导入期、成长期、成熟期及衰退期的过渡，产品在不断地更替，但顾客资源却是一种巨大的储备宝库。企业建立顾客数据库网络，可以按照顾客消费习惯、消费心理，有效地、有针对性地去推销产品。通过收集顾客及潜在顾客的有关信息（购买意向与实际购买情况等），选出真正的消费对象。通过针对性促销，摒弃无效传播损耗，降低促销成本，提高促销精确率。通过对购买信息的处理，深入了解购买行为的差异性，真正做到跟踪销售，极大提高服务满意度。数据库的建立对竞品市场发展趋势的了解精确而及时，选择性地规避了盲目性竞争。同时有利于市场重新分割，为发展新市场提供强有力的信息来源。数据库储存信息量极大，具有便于分类统计等操作性强的特点，可建立起消费群长期稳定的购销关系，把握销售增长的"命脉"。

（二）创新产品和服务

"产品常新，企业常青。"只有不断进行产品创新，企业才能永葆青春活力。产品创新应重点突出两个方面。

一是要进行产品品牌创新。当今市场已进入品牌时代，品牌全球化的来临，要求企业改变营销观念，学会通过市场细分扩容市场规模。在竞争中，企业一旦寻找出市场的空隙，便可以减少来自外界的阻力，这远强于与别人"争食夺羹"。每个公司都希望自己的产品能成为知名品牌，但我们必须明确，企业产品知名度与企业品牌的概念是不同的，知名度很高的企业，品牌力度不一定很大。因此，一个强力的品牌形象对于企业来说是非常重要的。品牌的塑造一般要经过知名度—满意度—美誉度—忠诚度的过程。品牌塑造的最终结果是要形成品牌的忠诚度。品牌是一个大的概念，不仅包括产品本身，还包括品牌概念和品牌服务。品牌的塑造和增值其实也是围绕这些要点展开的。

二是要进行产品服务创新。服务是有形产品的延伸，能够给消费者带来更大的利益和更好的满足，它是产品的重要组成部分。产品服务创新，就是强调企业不断改进和提高服务水平和服务质量，不断推出新的服务项目和服务措施，力图让消费者得到最大的满足或满意，为顾客创造更大的让渡价值，通过满意的顾客来培养顾客忠诚度。[①]

（三）借助平台力量跨界营销

在"互联网+"的全新时代，单一品牌单打独斗的营销思维明显已经过时了，想要达到更好的营销效果，就要用平台思维、跨界思维看问题，积极地搭建平台，与其他品牌、企业和 IP 合作，并交换或联合彼此的资源，合作开展营销活动，以创造竞争优势。这种联合营销也可以称为跨界营销，是

---

① 张冰：《品牌如何跨国界行销》，https：//www.qg68.cn/news/detail/27558_1.html。

跨出自己的领域寻找合作对象，然后借助对方的人气、资源、渠道等，以较少的成本获得较大的营销效果，达到单独营销无法实现的目标。

2015 年的七夕节，小米与必胜客联手组织了一次名为"以跑示爱"的跨界营销活动。在这次活动中，用户只要戴上小米手环去跑步，按照小米运动中显示的轨迹绘制出各种"爱心"图形，然后将这些爱的轨迹配合自己的爱情宣言，分享到新浪微博话题"必胜客以跑示爱"中，就有机会赢取必胜客送出的"滋滋幸福大奖"。

这个活动一经推出，就吸引了无数年轻用户的心，比起传统送花、送礼物等表白方式，小米和必胜客无疑又为大家创造了一种最新颖时尚的示爱方法，而且参加活动还有机会享受必胜客美食，自然能够吸引大量用户积极参与。有数据显示，活动中小米广告展示接近 6500 万次，获得了超过 600 万次的用户点击，活动总曝光超过 1.2 亿人次，取得了空前的成功。在这次营销活动中，无论是小米还是必胜客的品牌认知度都得到了较大提升，获得了"双赢"的理想结果。

资料来源：《TMA 金奖背后：小米如何与用户玩在一起》，https：//www. 163. com/mobile/article/B94GSRMG00112K95. html。

从小米的联合营销做法中，我们可以学到一些重要的原则，以提升联合营销的成功率。

1. 合作方应互利互惠

互利互惠是进行联合营销最基本的原则，只有合作各方都能得到好处，联合营销才能顺利进行。比如小米与必胜客的合作，一方面小米可以使自己的品牌借助必胜客提升更多的认知度，而且还能分享必胜客的用户群，有助于带来更多的新用户。另一方面必胜客也能借助小米的大数据和互联网营销能力，推广自己的新产品，烘托节日氛围，为自己带来更高的入店率。双方合作可以产生"双赢"的效果，因此合作时自然会协力同心。

2. 合作各方的目标群体具有一致性

选择联合营销的合作方时不能盲目，选择目标群体相同或相近的品牌和企业合作，才容易收到理想效果。比如小米与必胜客的受众都有年轻、追求时尚、喜欢新鲜事物的共同点，目标受众基本一致，因此可以放在一个平台上进行推广，这样就形成了联合营销的基础，之后各家企业根据目标受众的特点制定有针对性的营销策略就能够起到满意的效果。

3. 联合的对象有良好的、调性相似的品牌形象

选择联合对象还要考虑对方品牌形象的问题，由于品牌树立自己的市场形象并不容易，一旦选择合作伙伴不当，就可能损害甚至破坏自己的市场形象，得不偿失。如果选择联合的品牌曾受到消费者或广大网友的抵制，那么自身很可能也会受到联合品牌的牵连，可能会在用户心中造成不好的印象。

在联合营销的时候还要具有创意，只有触动甚至感动消费者，才能引发他们的参与行为，也才能让联合营销取得实效。此外，在联合营销的时候还需选择合适的宣传渠道，可借助大数据技术精准投放广告，从而实现更高的营销效益。

（四）利用社群等新型模式维系客户和开发新客户

社群营销就是基于相同或相似的兴趣爱好聚集人气，通过产品或服务满足群体需求而形成的商业形态。社群营销的载体有微信、论坛、微博、QQ群、线下的社区等。社群营销的优势体现在客户维系和新客户开发上，其优

势主要有以下六点：

1. 降低客户开发成本

由于信息不对称，市场上可能会出现优质的产品找不到客户，有需求的客户找不到合适的产品的现象。互联网营销可以很好地解决这一矛盾，让产品找到买家，让买家找到产品。而社群营销是很好的移动互联网品牌传播利器，是企业品牌传播有力的途径，具体体现在以下几个方面：

（1）社群营销能够触动消费者内心的世界；

（2）社群粉丝的每一次传播都为品牌做加法；

（3）社群营销是对品牌战略的深度挖掘。

2. 让企业的品牌遍布每个角落

移动互联网时代的到来，给企业品牌的传统推广传播途径带来一定的冲击，同时，也给企业品牌带来新的机遇，企业利用移动互联网可以实现大规模宣传推广，还能通过用户画像实现精准营销。社群营销作为蓬勃发展的营销新途径，有无限可能，能让企业的品牌遍布每个角落。

3. 精准受众

这里所说的精准是相对的，与以往的营销相比，社群营销的受众相对精准，如微信社群营销。微信本身是一个闭合性的社交平台，用户可以自己选择对品牌关注或者不关注。虽然在曝光量上不及电视广告和微博，但是依托品牌会员体系，微信的客户群体精准度却高了很多，有助于向实际的销售结果转化。

4. 社群用户信息可知

传统营销几乎都是单向输出，用户信息几乎不可得。但是社群营销的群体相对封闭，信息是双向的，大数据时代信息的获取对营销策略的营销远远大于单向的内容。

5. 向线下导流

社群营销体系中，"个人号+公众号+应用功能"可以给用户提供一个便捷的企业信息查询平台，如会员查询、商品查询、定位功能，企业可以通过社群营销体系精准、快速地让用户了解店面信息及品牌产品促销信息，能够起到向线下导流的作用。

6. 售前咨询和售后服务

社群营销的本质是要解决客户需求，社群营销依托于某个互联网工具或平台，如微信端，可以更好地帮助品牌实现售前咨询和售后服务，让客户更加容易地了解到品牌的信息，从而实现自助服务。

第二节　提升境界

许多人之所以会创业失败，除了各种各样的外部原因，往往还有一个共同的内部原因——思想境界不够。那些能够做大做强的企业，其创始人在创业过程中，必然也是不断学习、不断提升自身境界的过程，进而完成从创业者到企业家的蜕变。

一、大毅力

创业之路荆棘丛生，不可能一帆风顺。创业者如果没有坚强的毅力，就不可能屡败屡战，最终获得成功。有人说"伟大是熬出来的"，还有人说做企业最大的感受是"要硬撑下去"，说的就是这个道理。

（一）创业者的压力

在创业过程中，创业者不会每天面临破产倒闭的风险，但一定每时每刻都在面对各种各样的压力，这些压力不断给创业者打击，可能就会让创业者坚持不下去。具体来说，创业者的压力主要有以下几种：

1. 资金压力

创业面临的第一个问题就是资金。办公场地、基础办公设备、人员工资、产品研发、营销推广、客户开拓与维系……每一项都需要钱。可能有的创业者认为，没有钱也没关系，可以去融资。但是，如果没有核心的技术或一定的市场优势，融资过程中只会四处碰壁，即使拿到融资，此后也不能保证资金量足够公司一直运转下去。实际上，很多创业者最后都经历了变卖家产或四处借贷维系创业。

2. 经营压力

公司要持续经营下去，最终一定是要能够实现盈利。如果一个企业需要不断往里"输血"却一直无法盈利，总有一天会倒闭。如何经营能赚钱，如何获得客户，如何和客户谈判拿下客户，如何服务好客户，如何持续服务客户赚钱，等等，这些都是创业者不得不思考的事情，因为这些问题不解决，企业就无法持续经营。

3. 内部管理压力

很多创业者并不是管理出身，并不擅长管理。不会管理的结果就会使团队形如一盘散沙。一些创业者在创业开始前可能想着只要想清楚创业项目怎么做，之后招兵买马，安排好每个员工的工作，就可以使公司顺利运转。实际情况往往是团队里的人并不能完全按照创业者的设想把事情都做好，总会出现各种各样的问题。想重新招聘，也不知道怎么筛选合适的人才，即使招聘来了，可能也会因为管理不善而导致同样的问题。

4. 竞争对手压力

移动互联网时代，什么都讲究快，谁快一步，谁就能占得先机。可能一个好的点子，还没等团队做出来，就被别人抢先一步做出来了。因此，即使一开始有很大的市场空间，但是随着越来越多的竞争对手进入市场，而你的产品却迟迟出不来，你的优势荡然无存。

5. 员工压力

有些创业企业在小有规模后，会逐渐招募更多的员工，内部成员不再像刚开始创业那样基本上都是合伙人。在公司快速发展阶段，创业者无法保证每个员工都能像核心团队一样对企业不离不弃。一旦公司出现危机，直接面临的可能就是员工工资发不出来，员工就会采取法律手段维护自己的利益。

6. 投资人压力

企业融资有利也有弊，很多创业企业拿到融资后，反而快速倒闭了，其中可能有部分原因来自资本的压力。投资人投资的目的是想要得到回报，如果企业一直处于亏损状态或无法盈利，投资人不但无法赚到钱，可能连本金都无法拿回，那么投资人肯定会不断地给创业者施加压力。

7. 家庭压力

创业是把双刃剑，成功，回报很大，失败，可能会导致倾家荡产。如果创业项目在长时间内得不到回报，家庭成员可能也会开始抱怨，反对继续创业。这通常也是无形中压垮创业者的一根稻草。工作中的不如意、难受、苦闷得不到纾解，再加上家庭给予的压力，创业的艰难可想而知。

（二）当面临挫折的时候怎么办

创业中，当创业者遭遇难以克服或自认为无法克服的障碍或困扰时，就会产生的一种不良的情绪反应，这被称为创业挫折心理。

创业挫折心理包含各种不良情绪，在这些不良情绪的影响下，创业者往往信心会产生动摇，从而对创业前途悲观失望，最终放弃努力，导致创业失败。事实上，因为害怕再次遭受挫折，许多创业者在初次创业受挫后就选择放弃梦想。

从一定程度上说，是否具有足够的挫折承受力，能否正确应对创业挫折，直接关系到创业者的事业成败和人生幸福。所以，退役军人在创业过程中，一定要对创业挫折有正确的认识和心理准备，在此基础上，学习掌握应对挫折的原则和方法，通过锻炼，不断提高自己的创业挫折承受力。应对挫折的方法主要有以下四种：

1. 理性认知，正确归因

面对创业挫折的情境，不同的创业者有不同的认知，也就会产生不同的情绪，因此，当遭遇挫折时，合理归因，理性认知创业过程中产生的困境，是应对挫折的重要方法。

归因时要客观认知挫折情境，冷静分析挫折的原因。要先从自己内部找原因，主动承担相应的责任，但也不要过于自责；要尽量找可以通过努力改变的因素，不要只归因于现实的家庭条件、运气之类自身难以掌控的因素……如有些年轻的创业者就将原因归结于自己的家庭背景，认为创业比拼的是父辈的财富和权势，严重影响自身创业心态，不利于正确创业观的形成，一旦创业失败就会对社会产生诸多不满情绪。

2. 自我心理调节，化解不良情绪

（1）幽默法。当遭遇挫折时，可以使用比喻、夸张等手段，嘲笑挫折或者自我嘲笑，调整负面心态。

（2）宣泄法。释放内心真实的感受，具体方式可以是大哭一场、写日记、听音乐、运动、找人倾诉等，但是一定要注意应当是合适的宣泄，以不损害自己、他人或者社会的利益为前提。

（3）知足法。所谓知足常乐，面对创业挫折，可以多看看周围境遇不如自己的人，这样可以使自己恢复心理平衡，但要预防一种心态：放弃努力奋斗。

3. 重新评估形势，确立新的策略

（1）坚持目标，继续努力。创业受挫后，冷静思考目标设定是否合适，如果自我评估所设定目标是合适的、可以实现的，那就尽快找出解决问题的办法，再坚持不懈地努力，最终实现创业目标。

（2）调整目标，改变行为。当创业动机和创业目标经过多次反复尝试仍然不能成功，便应开始重新审视动机和目标，并适时调整目标。这并非半途而废或者畏惧困难，而是实事求是的表现。

（3）改变目标，重新追求。当创业动机和创业目标实在难以实现时，建立新的目标来满足内心的需要。

4. 主动寻求他人帮助

一个人独自面对挫折，是勇敢的表现，找寻帮助，同样是勇敢的表现。而且寻求家人、朋友、心理咨询机构等的帮助，是创业者应对创业挫折的重要途径。

上面列举的方法，没有最佳的方法，只有适合的方法，不同的人应根据各自实际情况，选择适合自己的应对方法。

（三）领导者更要带头奋斗

纵观商业史上众多企业巨头的发家史，我们不难发现其中很多人在创业初期都是靠寥寥数人、一间小屋，几个人同心协力，同甘共苦，最终成就一番大的事业。他们的成功靠的就是与部下同甘共苦、患难与共，上下一条心、力往一处使，还有什么困难克服不了呢？又有什么原因使他们不成功呢？

任何一个公司都有经营困难之时，任何一个领导也都可能有身处逆境之日，这时，企业领导应该带头奋斗，和所有部下共同努力，不畏艰难，同舟共济，共渡难关。

河南省冬夏枣茶总公司，其前身是内黄县酿酒总厂。过去，由于经营管理不善等因素，截至1990年底累计亏损84万元，工厂处于停产半停产状态，职工人心涣散。为了改变这种状况，公司选拔从工人干到副厂长的王富安同志担任厂长，组建成了新的厂领导班子。针对现状找差距，分析亏损的原因，总结经验教训，根据市场需求及时调整了经营战略，新的厂领导班子制定了一系列切合实际的规章管理制度，对全厂职工进行以厂为家、艰苦创业的思想教育，提高全员素质，树立主人翁思想，使全厂上下拧成了一股绳，心往一处想，劲往一处使，促进了各项工作开展。厂领导班子成员都有一个共同的想法：既然重任在肩，就要千方百计、想方设法早日扭转亏损局面。为此，他们相互团结，配合默契，不计个人得失，以身作则，任劳任怨，带领职工奋战在一线，为全厂职工做出了表率。在工厂创业阶段，资金较为紧张，为了使大家安心工作，乐于奉献，厂领导一班人早七点上班，晚十点下班，遇特殊情况甚至通宵不眠，坚守在生产第一线，而从没有领过加班费和补助。县委、县政府为表彰王富安同志成绩卓著，奖励他一万元，但他分文不取，而把奖金全部用于装修厂办公室、为职工制作工作服上。在公司扩建万吨枣茶工程中，总公司常务副经理袁木琦同志把个人的一切置之度外，舍小家顾大"家"，吃住在工地，严把工程质量，维护施工秩序……使万吨枣茶工程高标准、高质量、提前7个月竣工并投产使用。在厂领导的表率作用推动下，公司全体职工视公司为自己的"家"，各厂之间自觉开展劳动竞赛，职工学业务、练技术相互攀比，有时为安装调试工序，自愿工作至深夜。为节省资金，购销人员出差住便宜的旅馆，以最低的价格购回优质设备，还把某些单位给个人的好处费全部交到公司财务上……由于领导以身作则，身先士卒，奋力拼搏，使职工以领导为榜样，责任心增强，干劲倍增，因此，企业也获得好的经济效益，走出了低谷，最终扭亏为盈。

资料来源：《毛泽东兵法与商战韬略 五十二》，https：//www.docin.com/p-259733298.html。

可见，公司的发展壮大离不开领导与部下的共同努力与携手合作，而患难与共之中形成的上下关系才是最牢固的关系。身为领导，一定要做到与部下同甘共苦，带头奋斗，才能使事业蒸蒸日上，也才能让下属更加拥戴你。

（四）坚持就是胜利

很多时候，我们会认为那些在激烈的市场竞争中生存下来的企业非常幸运，殊不知，这些企业之所以能够坚持到最后，并不完完全全依靠运气，而在于这些企业的管理者比其他人更能坚持一些。事实上，如果你想要让你的企业生存得更久一些，就不应该有侥幸心理，不应该过分重视运气，更不要和别人比运气。如果你真的想比别人更加幸运一些，那么不妨咬牙坚持得更久一些。

至今仍然有很多人认为马云的成功是时势造英雄，他的成功是因为互联网的兴起为他创造了商机，所以很多人认为马云赶上了好时代，最终才成就了大业，而这些就是所谓的运气成分。可事实上，大家是否考虑过这样一个问题：为什么这个幸运降临到了马云身上，而不是你、我或者其他什么人身上呢？很可能不是因为你没有发现商机，不是因为你条件不够好，也并不是因为你没有认真去做，而是因为你没能坚持到底。

从马云身上，你能够发现一种非常宝贵的品质，那就是毅力，或许你不知道马云从12岁开始每天都跑到杭州宾馆外找老外练习口语，这一坚持就是九年；你或许不知道他连续九年每周坚持写两篇博客；你或许不知道马云成功的背后，曾经是一次次的失败，但每次他都能够咬牙坚持下来。比如1991年，他和朋友们成立了海博翻译社，结果第一个月的收入是700元，而房租就花去了2000多元，遭遇了资金短缺危机。这时很多人嘲笑他干了件傻事，可是他没有动摇，反而带头去义乌卖小礼品、卖衣服、卖花，然后用这笔钱来维持翻译社的日常运营。两年之后，马云获得了成功。

图片来源：360 图片。

其实，在创建阿里巴巴的时候，马云同样遭遇过各种各样的危机，包括信任危机、资金危机、市场危机、运营模式问题。而且互联网虽然在那个时候逐渐形成一种风潮，但是想要将相关的业务做好并不容易，加上中国起步较晚，无论是市场还是体制都不健全，这给创业者带来很多问题。有一个细节很能说明问题，在创业之初，曾经有 30 多家公司在做和马云一样的事，它们都是强劲的对手，可是现在它们都倒闭关门了。这并不是因为马云吉人自有天相，而是因为他是众人当中唯一不放弃梦想的人，是唯一坚持梦想的人，而且至今他还在坚持壮大自己的梦想。

资料来源：《关于坚持的名人励志故事及感悟：永远不要跟别人比幸运，要跟别人比毅力》，http：//www. lizhigushi. com/lizhixiaogushi/a62. html。

马云曾经说过："今天很残酷，明天很残酷，后天很美好，但是绝大多数人死在明天晚上，见不到后天的太阳。"在创业之初，在实践之初，理想总是很美好的，而现实又总是很残酷的，这种强烈的反差会让很多人失去前进的热情，而马云就是那个熬过了今天、明天并坚持到后天的人，这绝对不是运气上的比拼。

人生固然需要运气，但是更需要毅力。综观历史上的那些成功者，试问谁没有经历过失败？谁没有承受过巨大的压力和痛苦？有可能他们的竞争对手更加聪明、更加强壮、更加富有、更加有威望，但是他们更加懂得坚持，一次不行，就来第二次，第二次不行，就来第三次，一直坚持到成功为止。

人生有两杯必须饮下的水，一杯是苦水，一杯是甜水，没有人能例外，人与人之间的区别，也不过是喝两种水的顺序不同罢了。成功者总是先喝苦水，再喝甜水；而一般人总是先喝甜水，再喝苦水。在创业的过程中，持之以恒至关重要，每当遭遇挫折，要告诉自己：坚持下去，再来一遍。因为这一次失败已成过去式，下一次才是成功的开始。人生的过程也不过如此，跌倒了，再爬起来。只是成功者爬起来的次数比跌倒的次数多一次，而平庸者爬起来的次数比跌倒的次数少一次罢了。最后一次爬起来的人被称为成功者，而爬不起来或者不愿爬起来、失去坚持下去的毅力的人被称为失败者。世界上的事情经常很容易开始，但很难有圆满的结局。因为圆满意味着必须走完全程，意味着必须历经千难万险，意味着即便遍体鳞伤也决不放弃。因此，当面临危机和困境的时候，只有坚持到底，决不放弃，才能最终品尝到成功的喜悦。

长期坚守、不断拼搏的退役军人潘家俊

退役军人潘家俊：连续创业失败3次，第4次创业成功成为大老板。

为了追逐部队从军、保卫国家的梦想，读大二的时候，潘家俊毅然选择参军入伍，立志在军营建功立业。

退役后，他永葆军人本色，凭借自身过硬的素质和敢干敢拼的魄力和胆识，自谋职业，勇闯商海，艰苦创业并获得成功，成为拥有30名员工、年

销售额超 2000 万元的加良源食品公司总经理。

他就是退役军人潘家俊，在社会创业的"战场"上书写着精彩人生，为军旗添光彩树形象。

1. 毅然从军千锤百炼

潘家俊是茂名电白区观珠镇人，毕业于广东肇庆学院体育教育专业。"去部队历练，做热血男儿"，2008 年，正在读大二的潘家俊毅然报名参军，在中国武警北京总队服兵役。

"刚到部队的第一个月，训练强度很大，和大学生活简直天壤之别，感到非常不适应，但我很快调整自己，迅速融入到部队大熔炉里。军营生活使我增长了知识，磨炼了意志，增强了纪律性，在高强度的训练中造就了一身铁骨。"说起部队生活，潘家俊将其视为生命中极为珍贵的人生经历。正是因为部队生活，锻就了他敢想敢干、吃苦耐劳、不怕挫折的性格，为他今后越挫越勇的创业之路打下了坚实基础。

2009 年，潘家俊被挑选参加中华人民共和国成立 60 周年大阅兵，负责北京东城区长安街一线保卫工作。"参加阅兵前，每天都是高强度的预练，从深夜 12 点到早上 6 点，中途没有休息，尽管累，但是很兴奋。"提起部队往事，潘家俊眼里满满的自豪感。因为业务素质表现好，潘家俊连续两年被评为"优秀士兵"，获全军嘉奖一次。

铁打的营盘，流水的兵。2010 年，潘家俊恋恋不舍地告别了部队，退役回到大学继续完成学业。

2. 艰苦创业越挫越勇

2013 年，潘家俊开始第一次创业，和同学合伙加盟一家直销小店，由于经验不足和项目资源紧缺，创业失败。

广东人喜欢用药材煲汤养生，但极少用新鲜药材，看到战友有种植上规模的新鲜药材，潘家俊觉得这是一个商机。他开始了第二次创业，经营一家新鲜汤料店。由于物流成本高及保鲜技术不成熟，对市场需求和营销手段把握不够准确，创业又宣告失败。

创业失败之后，潘家俊曾一度感到迷茫，不知路在何方，但军人天生不服输、不怕苦的本色，激发了他不放弃干一番事业的决心。经过仔细考量、深刻反思后，他决定"创业先就业"，毅然走上打工仔道路，涉足食品行业。他在佛山一家贸易公司当过司机、采购、业务等，还认真学习了政府各项政策和食品专业知识及营销知识，不断提高自己的管理能力和业务水平，为日后创业做好充分准备。

2016 年，潘家俊在广州开始第三次创业，在社区开团购店，销售新鲜食材，建立新鲜食材从农户直达社区的销售模式。"当时我们整合了 50 个农场，涉及水果和蔬菜、干货花茶等土特产，并且还做了'爱米'电商手机小程序，助力新鲜食材销售。"原本一番雄心壮志，计划着美好的未来，不曾想被一件事情打消得无影无踪。2016 年，湛江菠萝出现滞销，潘家俊决定开展助农行动销售菠萝。"15 天时间我们接到了 5 万份订单，但随着农户上调菠萝价格，物流条件制约，菠萝品质无法把控，销售平台出现了近2000 份理赔和差评单，巨大的心理落差，让原本助农行动化为一个美丽的泡沫。"

经历了几次"栽跟头"后，潘家俊认真总结创业心得，并利用一切机会，积极参加各种企业经营培训，尽可能争取机会跟随一些企业家和成功的创业者开展市场调研，了解各行各业发展情况，拓展自己的创业思维，提升自己对企业经营发展的思路和熟悉企业运作流程。

2017 年，潘家俊在佛山创立加良源食品有限公司，主要生产加工销售龙眼肉和龙眼干。他事必躬亲，从资源采购、食品加工、推广销售到企业管理等，严抓各个环节，认真探索，从生产部、质检部、行政部、采购部、销售部，他与每个部门的基层员工打成一片，公司的每个流程都烂熟于心。

"品质就是生命力"，为了保证龙眼肉的品质，潘家俊从源头抓起，制定标准，为农户订购循环烘烤机，让其按照标准加工，从而保证了产品的品质。从细节入手，做到精益求精，短短几年间，公司从一开始的 4 个人团队、年销售 200 万元，做到 2020 年的 30 多人 2000 万元销售额。公司现已规范源头 GAP① 种植基地，完善品质控制体系，以生产、加工、科技研发的发展模式，真正做到种、产、销一体化。目前，公司产品覆盖 7 大类别（水果干制品、蔬菜干制品、代用茶、坚果炒货、养生汤料等）100 多个单品，服务于高端零售业、国际贸易和电商平台及 OEM② 生产，打造了 10 万级标准化生产车间和实验室、低温保鲜库、10 波段干燥间、全自动生产线以及多项发明专利。

从一开始自己主动找客户，到客户主动上门，潘家俊在食品行业闯下一片新天地。"目前，我们正在转变思路，主动找市场，积极进驻天猫、抖音、淘宝、阿里巴巴、拼多多等平台，做网红食品供应链，打造高颜值、高性价比、高点击产品。前段时间，我们的透明网红粽子卖得很好。"对于公司未来发展，潘家俊信心十足。

回首创业历程，潘家俊经常对自己说："军人的称号是我一生的荣耀，部队生活是我一辈子的财富，正是凭借军人'不抛弃、不放弃'的执念，我才坚持到底走上了事业大道，没有党和部队的培养，就没有我的今天，对于军人和军营，这份情怀将始终伴随我的一生。"

退役不褪色，凭着不言败不服输的热情和执着，潘家俊立足食品行业打下一片天地，并带动更多老兵就业创业，实现了一名退役军人的人生价值和社会价值。"往后，我将继续听党指挥、响应党的号召，力争把食品事业做大做强，打响一个属于退役军人的大型食品品牌，带动更多人实现就业、共同致富。"

资料来源：王霞、丘立贺：《越挫越勇"追梦人"，退役军人潘家俊在

---

① 良好农业规范（Good Agricultural Practices，GAP）。

② OEM（Original Entrusted Manufacture）为"原始委托生产"，即定牌生产合作，俗称"代工"。

创业"战场"上书写精彩人生》，粤西观察，https：//www. sohu. com/a/
408103201_ 533571，2020 年 7 月 17 日。

二、大智慧

很多人创业的初衷只是追求财富，或者说是个人的成功和个人价值的实
现。从这个角度来说，提升境界，就是要拥有一种大智慧，把创业的目的提
升为实现客户的价值、团队的价值，进而实现企业的价值。

（一）有舍才有得，分享才能共赢

商场是没有硝烟的战场，当今企业的发展，强调的便是企业间的公平竞
争，没有竞争便不可能有企业的发展。在这些思想的影响下，一些企业为了
寻求更大的利润空间，总是将同行视为竞争对手，潜意识中会对竞争对手充
满敌意，认为"企业的发展不是我吃掉你，就是你吃掉我"。事实上，同行
之间并非只有"你死我活"。过度的争夺只会让彼此两败俱伤，或者多败俱
伤。要知道，适度的市场竞争能促使企业保持竞争力不断发展壮大。因此，
企业在面对竞争对手时，不妨转变观念，对待竞争对手坚持共赢发展的策
略，分享市场利润，除此之外，企业与合作者之间也应坚持分享共赢的观
念，这或许才是企业最佳的生存策略。

世界航运业曾经在 1971 年出现了周期性的危机，这场危机让来自世界
各国的造船厂都遭受了沉重的打击，随之而来的是大批的造船厂倒闭，即便
有幸生存下来的船厂也只能是艰难度日。面对这样的危机，几乎每一家船厂
都无法拿到订单，即使有客户愿意订购也都是借机压价，各个造船厂十分无
奈。也正是在这个时候，曾经的老客户日本造船厂找到包玉刚，希望包玉刚
从他那订购几艘船只，甚至提出他们可以接受最低的价格。面对这样的好
事，包玉刚并没有丝毫的犹豫，一口答应下来。他当即向日本船厂订了六艘
总吨位达到了 150 吨的船只。令日本船厂没有想到的是，包玉刚拒绝了日本

客户提出的给他们最低的价格，而是按照原来的价格向其订购船只。对于包玉刚的这一举动，日本商人十分感激。

当危机过去之后，航运事业又开始变得繁荣起来。那家日本船厂接到大量的订单，由于船厂生产能力有限，无法全部接收，有一些订单只能拒绝。但凡是包玉刚的订单，这家日本船厂都会第一时间满足包玉刚的需求。

面对可以获得的眼前小利，包玉刚则选择放弃，而让利于合作者，帮助其从危机中脱离出来。因为得到包玉刚的帮助，从危机中脱离出来的日本船厂，在订单应接不暇的情况下，只要是包玉刚的订单，即使是不做其他订单，都会第一时间将包玉刚的船只造好。可见，包玉刚虽然失去了一些利益，但是却从中获得了长远利益。

可见，真正聪明的企业家往往能够做到让利于人，通过让利的手段令彼此实现共赢。因为只有当别人有钱可赚时，自己才有可能赚到更多的钱。因此，中小企业在面对市场竞争时，一定要善于让利于人，学会与其他企业分享利润、达到共赢，这样企业才能走得更远。

（二）目光长远，不计较一时得失

创业者在创业活动中会经历无数的交易，在这些交易过程中，要做到目光长远，不为一时的得失或悲或喜。目光长远会让你内心平和，遇事沉稳。

身处华尔街中心的纽约泛欧交易所集团 CEO 邓肯·尼德奥尔，对金融危机的感受尤为深刻。在他看来，在危机产生以及市场低迷的时候，虽然大多数企业更关注眼前或近期的市场，但真正成功的公司应具备长远眼光。因为资本市场总是起起伏伏，充满动荡，如果用长期观点看待它，情况就会有所不同。

作为纽约泛欧交易所集团的 CEO，邓肯·尼德奥尔习惯每月以电子邮件的方式给全体员工写一封信。他曾在邮件中特别提到了巴菲特说过的一句话："当身边所有人都非常担心的时候，你要注意寻找机会，往往这个时候机会它自己就会出来。"他在信中写道："虽然说短期来看市场仍然非常艰难，面临着很多挑战，但我们依然应该往前看，要具有长远的眼光。"

在全球的经济危机中，通常会有大量的出口加工型企业破产，这些企业输就输在缺乏长远眼光，他们习惯鸡蛋放在一个篮子里。而具有长远眼光的企业家，早已着手布局国内或其他市场，成功地把产能从外销转化成内需或其他需求市场，让企业抗风险能力更强。

目光长远，你就不会执着地追逐那些蝇头小利，就不会因为一时的经营困难而迟疑不前，也就不会错误地评估企业的实际能力而做一些无用功。

对任何企业来说，损失是交易中一个不可分割的部分，所以从容应对损失就显得十分重要。损失是交易过程中必要的成本，只有接受损失，我们才不会耿耿于怀。当我们相信某个挫折仅仅只是暂时的，就不会改变对自己的信心，始终保持乐观的心态，从而战胜困难。

只有失败者才惧怕损失，恐惧会使人更加惧怕损失，成功者则会坦然接受损失。当你总是想着"不要损失"时，可能真的会给你带来损失。因此，只有保持长远的目光，不陷入损失的可能性中而惶惶不可终日，才会避免更多的损失。

目光长远，可以使你乐观面对未来，对未来充满信心，坦然地分析、面对当前所处的境况。而对目前处境的清楚认识，则是做出正确决策的关键。

（三）时刻以客户为中心

华为创始人任正非曾经表示："华为的核心价值观只有一个，那就是'以客户为中心'。"

对想要成就一番事业的企业而言，"以客户为中心"的核心价值观应该是企业始终追求的目标。大部分企业在创业之初确实是这样做的，希望想客户之所想，急客户之所急，为客户生产出最需要的产品。然而，随着时间的推移和市场的变化，一些企业的目标和价值观都发生了变化，企业主们不知不觉间将"只为客户生产"变为了"只为利润生产"。有了这样的思想转变，企业自然无法走进客户的内心，赢得客户的认可。

在通信领域中，华为公司可谓是佼佼者。能够在竞争激烈的市场中始终屹立不倒，华为公司自然有其过人之处，而在诸多的"经营真经"中，任正非所说的"以客户为中心"绝对占据了重要的位置。

"华为之所以崇尚'以客户为中心'的核心价值观，就是因为只有客户在养活华为，在为华为提供发展、前进的基础，其他任何第三方都不可能为华为提供资金用于生存和发展。所以，也只有服务好客户，让客户把兜里的钱心甘情愿地拿给我们，华为才有可以发展下去的基础。"任正非说，"华为的价值和存在的意义，就是以客户为中心，满足客户的需求，而我们提出要长期艰苦奋斗，也同样是出于'以客户为中心'这样一个核心价值理念，坚持艰苦奋斗的员工也一定会获得他所应得的回报。"

任正非用核心价值观将华为的员工聚拢在一起，所有人通力合作，为客户生产出体验良好的产品。反过来，客户对华为的信任和支持，让华为走在通信行业的前列，拥有了更大的竞争优势和市场占有率。

资料来源：《以客户为中心，只为客户生产》，https：//www.jianshu.com/p/df8cd34f33d7，2021年1月21日。

华为的成功，源于华为对核心价值观的一贯坚持。从始至终将客户放在中心位置的做法，给客户带来了更加卓越的消费体验，赢得了客户更多的认可。

实际上，几乎所有的畅销产品都有一个共同点，那就是拥有始终如一的优良品质。而保证产品品质，首先要明确一点，那就是"为客户生产"。有了这样一个行为准则，企业才能在打造畅销品的整个过程中，始终站在客户的立场上设计、生产出让客户满意的产品。

也许有些人觉得"以客户为中心"只是一句口号，并不会对实际生产产生太大的影响，但是诸多事实已经证明，它是一种强大的理念，在企业生产、营销的过程中都会产生巨大的约束作用。任何一家想要打造畅销品的企业，都应该积极遵循这一原则。

（四）要拥抱比自己厉害的人

古语说："千里马常有，而伯乐不常有。"优秀的管理者都应是伯乐，伯乐的责任在于甄别"比自己更优秀的人才"。优秀的管理者总是善用比自己更优秀的人。

美国著名实业家、"钢铁之父"卡耐基曾说："即使将我所有工厂、设备、市场和资金全部夺去，但只要保留我的技术人员和组织人员，四年之后，我将仍然是'钢铁大王'。"尽管卡耐基是个对冶金技术一窍不通的门外汉，但其能如此自信，就是因为他能有效地发挥人才的价值。

人们常说"没有无能的兵，只有平庸的将"，优秀的管理者总能从身边发掘人才并充分发挥他们的潜能，而拙劣的管理者总是抱怨和慨叹无人可用；优秀的管理者带领身边优秀的人才不断走向成功，而拙劣的管理者却在慨叹中逐渐走向没落。

一个管理者若敢于把强者作为自己任用的对象，显然也有学习强者的潜意识，而在任用强者的过程中势必也会受到强者的正面影响。任用人才的奥妙不仅在于可以取人之长、补己之短，也是通过别人的强大来激励和鞭挞自己，让自己在压力的作用下不断奋进。

出身寒门的李嘉诚通过半个世纪不懈的努力和奋斗，从一个普通人成为商界名人并取得了令人瞩目的成就。有人问起他成功的秘诀，李嘉诚总是坦然告知，良好的处世哲学和用人之道是他成功的前提。

一个企业的发展在不同的阶段需要有不同的管理和专业人才，而白手起家的李嘉诚，在其长江实业集团发展到一定规模时，企业所面临的人才困境较为严重。他敏锐地意识到，企业要发展，人才是关键。于是，李嘉诚克服重重阻力，劝退了一批创业之初帮助他一起打江山的"难兄难弟"，果断起用了一批年轻有为的专业人员，为集团的发展注入了新鲜血液。

精于用人之道的李嘉诚深知，不仅要在企业发展的不同阶段大胆起用不同才能的人，而且要在企业发展的同一阶段注重发挥人才特长，恰当合理运用不同才能的人。因此，他的智囊团里既有朝气蓬勃、精明强干的年轻人，又有一批老谋深算的谋士。

在总结用人心得时，李嘉诚曾形象地说："大部分人都有长处和短处，需各尽所能、各得所需、以量材而用为原则。这就像一部机器，假如主要的机件需要用五百匹马力去发动，虽然半匹马力与五百匹相比小得多，但也能发挥其部分作用。"

资料来源：《李嘉诚：只有自己创造的未来，才是唯一能信任的命运》，http：//caiwei. yuedu. 163. com/book_ reader/e870a4ecd3a54866901a390ce1f17e31_ 4/0061fc5d78ad4726a0ae6863f276d21a_ 4。

李嘉诚这一番话极为透彻地点出了用人之道的关键。可以这么说，李嘉诚能取得如此巨大的成就，和他大胆起用优秀人才的智慧是分不开的。但有些管理者面对"比自己强的人"往往很犹豫，心生胆怯。

因此，退役军人在创业中想让自己的企业得到健康、快速的发展，也要大胆地任用比自己能力强的人，让他们尽情地发挥自己的才干。

三、大格局

胸怀大格局的人，才能有大作为。因此，对于创业者而言，也必须具备这种大格局，才能创业成功，成就一番大事业。

（一）适应变化，拥抱未来

变则通，不变则雍；变则兴，不变则衰；变则生，不变则亡。

任何事物都处于不断的变化中，人类的进化史如此，社会文明的发展史如此，国家兴衰史如此，企业的发展亦如此，只有适应时代的发展和周遭的环境变化才能实现可持续发展。

企业的任何优势都是暂时的，当企业在占有优势时，必须迎合趋势，主动出击，占据更多的优势，否则一旦优势不在，企业就有可能陷入被动局面甚至被淘汰。

曾经的搜狐风光无两，2008 年，搜狐拿下了北京奥运会赞助商资格，全北京城公交站、地铁遍布"看奥运，上搜狐"的广告。当时，搜狐的业绩和股价首次超过新浪，摆脱当年晚于新浪上市的阴影。但是，如今的搜狐，相较于腾讯、网易已经落后一大截。

互联网时代，搜狐抓住了先机，奠定了自己的基业。但是，当时代变化时，搜狐没能及时跟进，所以，搜狐落后了。与此同时，一些被归类为传统行业的企业，通过不断的创新与变革，通过新技术的运用，改变管理模式、生产模式和销售模式，逐渐发展成为行业翘楚，持续领跑行业。

所以，企业的发展一定不能停滞不前，要跟上时代的变化，变则通、则兴、则生。时代的变化波谲云诡，企业欲发展、欲壮大，就必须要变，在变化中前行。

（二）把握趋势，放眼未来

许多人都有这样一种心理：很想成功却又不敢冒险，不敢独辟蹊径地开拓一条成功之路，总是习惯于先看别人在做什么事，如果某个行业当前很赚钱，便马上加入这一行业中，但通常都收获不到想要的成功，有时甚至亏得很惨。

中国有句古话："三百六十行，行行出状元。"在一个行业中做得非常成功甚至引领行业发展的人，一定是能够把握趋势的人，而不是跟随流行的人，因为流行是短暂的，趋势才是长久的。当一个新的行业或一个新的领域出现时，最早抓住机遇的那一波人获得了很大的成功，然而许多人闻风踏入时，就会陷入过度竞争而蒙受巨大损失。因此，如果一个人不懂得掌握趋势，那他只能被市场规则牵着鼻子走，最终可能会因决策失误而深受其害。

比尔·盖茨曾说："我之所以能成为世界首富，除了知识、人脉、微软公司很会行销之外，还有一个关键，是大部分人没有发现的，这个关键叫做眼光好。"

比尔·盖茨创业之初，全世界最顶尖的计算机公司是IBM。而最早的电脑有一间房子这么大。但是，彼时的比尔·盖茨已经预见到未来人们桌子上的小型电脑，所以他的眼光跟别人是不一样的。

比尔·盖茨时常说："在信息时代，掌握信息、掌握资讯事实上不太重要，掌握未来的趋势才是更重要的！"很多人都在掌握信息，但像比尔·盖茨一样的那些企业家都在探寻行业趋势。

资料来源：《创业成功必须遵守的铁律》，https：//www.yjbys.com/chuangye/news/624496.html。

很多喜欢跟随流行的人常哀叹：为什么自己常常比别人慢半拍？其实不是因为你时运不济，而是你起跑得太晚了。起跑领先一步，成功就领先了一大步，所以一个人的成功不在于跟随流行，而要善于把握趋势，只有抓住了趋势，你才可能领跑别人，你才有钱可赚。

流行是短暂的，趋势才是长久的。一个人如果把握了某个行业的发展趋势，或者开辟了一种新的盈利模式，他通常会成为这个行业的引领者。而如果一个人只会盲目跟随流行，即使当时成功了，等流行一过，成功也会如昙花一现，瞬间成为过眼云烟。

（三）打破常规，立足未来

创业精神的核心实为创新，而创新的内涵并不抽象，就是创造新的市场。"创新理论"鼻祖、政治经济学家熊彼特称创新要有破坏性，事实上，这里的破坏并不是指破坏别人，而是打破自己的常规认知。

设想一下一门手艺的兴起与衰落。创造这门手艺的手艺人起初游走于民间，通过不断吸收民众需求和民间养分，手艺也越来越受欢迎，并逐渐形成了一套成熟营生模式。但是，如果手艺人从此安于现状，失去创新的动力，不愿打破常规，走出自己的舒适区，渐渐失去市场意识，那么，当新的手艺或新的模式出现之时，其原有的市场份额会迅速丢失，旧的手艺可能会从此一蹶不振，逐渐退出市场。要想在市场中长久地生存，就需要创业者敢于打破常规，不断挑战自我，夯实基础，这样才能建立起属于自己的屹立不倒的商业大厦。

1984年常被称为中国企业元年。因为在这一年，张瑞敏受命接手海尔，柳传志率领的中科院技术人员创办联想，王石在改革开放的前沿阵地深圳创办万科，这些企业后来都成为行业的代表性企业。但新希望比这些企业成立得还要早，它创立于1982年，没有政府背景，没有科技人员，创立城市也不是改革开放最前沿的城市，是名副其实的草根创业。从无到有，和大多数企业家一样，新希望集团董事长刘永好在这个阶段充分体现了草根创业时的开拓精神。

刘永好比较特别的地方在于创业成功后的创业精神。创业者初出茅庐时敢于突破，是因为无所顾忌，可失去的东西很少，而很多创业者在创业取得一定成功后开始变得畏手畏脚，不像以前那样敢闯敢干，追求一时安稳。2013年，刘永好开始打破常规思维，决定让出董事长的位置给年轻人，而他自己重新归零，创立草根集团，提供资源支持年轻人创业，以期能出现更多的"新希望"。

今天在市场上崭露头角的新希望乳业，能够顺利实现从"养殖端"到"养殖与食品"双驱动的战略转型，依靠的正是"敢破敢立"的创业精神。

资料来源：《创业要革自己的命》，https：//www.guayunfan.com/baike/308483.html。

适应变化是所有企业都懂得的道理，但为什么有的企业能够变革成功，而有些企业则在变革中消亡了呢？变革是需要勇气的，这种勇气来自于能否战胜对未知事物的恐惧，而且战胜的过程是需要付出代价的。

因此，要想做好一个企业的领导者，不能害怕变革，而要敢于变革，敢于在不断的变革之中提升自己的大局观，敢于通过改革来增强企业的活力和竞争力。

（四）不忘军人市质

退役军人在军队中经受住了严格的历练，他们军装虽脱下，但军魂仍在。不忘军人本质能让退役军人创业者在大浪淘沙的商战洪流中更好地站稳脚跟，拥有更开阔的眼界和大格局。我们生活中有很多退役军人一贯保持着军人作风，用行动和坚守诠释了一名军人的优秀品质和责任担当，不忘初心，永葆军人本色，绘就出彩人生。

在部队，林哲之是一名积极上进、屡次获奖的优秀士兵；在企业，他是一位吃苦耐劳、勤勤恳恳的优秀员工；在创业道路上，他兢兢业业、敢打敢拼，有力促进拥军社会化与退役军人自主创业工作深入开展。2017 年，在"军民融合情暖港城最美人物"评选活动中，林哲之被评为"最美退役军人"。

1. 大学时期实现军人梦

"虽然我已经离开军营 7 年了，但两年的军旅生涯给我带来的影响可以说是终生的。离开军营之后，我依然严格要求自己，保持军人风骨，无论从事什么行业，无论身处何时何地，都发扬军人能吃苦、能忍耐、能战斗、能奉献的优良作风，用智慧和汗水继续为退役军人增光添彩。"这是林哲之在荣获"最美退役军人"称号时说的话。

林哲之于 2009 年 11 月入伍，当时正在湖州师范学院读大三。正值青春年华的他，积极响应国家号召应征入伍，实现了自己的军人梦，成为了一名光荣的新兵。"我是在那年 6 月从家里知道这个征兵消息的，我记得当时是戚家山街道蔚斗社区正在进行征兵宣传，而且那年我的年龄是服兵役的最后年限了，如果不去的话，就永远失去了当一名军人的机会。"林哲之在谈及为什么会选在大三去服兵役时如是说道。

为了不让自己后悔，林哲之在跟父母谈了自己的想法后报了名，当时父母也很支持儿子的决定。林哲之身体素质各方面都行，但他有近视，为了能顺利通过入伍体检，他于当年 7 月去做了激光手术，并顺利通过了 8 月、9

月的体检，于11月28日到上海武警消防部队服兵役。

2. 在部队成为优秀士兵

大学期间，林哲之总是将学习和生活安排得满满当当，除了学习，他还加入了学生会。短短两年时间，他从担任系学生会组织干事到系学生会副主席，再被选为学院学生会副主席，成为班主任、学院老师的得力助手。

是金子到哪儿都会发光。服兵役期间，林哲之多次代表自己所属的基层消防中队，参加支队组织的各类消防专业知识竞赛、技能比赛等，并屡次获奖，为中队赢得荣誉，并在2010年荣获"优秀士兵"的称号。同时身为一名武警消防队员，他轻伤不下火线，积极参与各类技能训练，在数次火灾扑救和抢险救援行动中，毫不犹豫与战友一起冲进火场，在火海中抢救生命和财产。

遗憾的是，林哲之在一次训练中负伤，虽及时送医却还是留下了后遗症，无法再参与更多的爬楼梯、架拉梯等技能训练。"在新兵连训练的时候，右小腿就有点伤了，但当时没把这些小伤小痛当回事，一直也没提起过。没想到七八个月后，这腿伤一直没好反而更疼了，中队领导知道后建议我去医院检查。这一查才知道骨头有点问题，需要及时动手术。"林哲之告诉记者，当时骨头里穿进了5个钢针，外面用铁板固定住，就这样在医院里养了几个月。

出院后，林哲之将更多的精力花在了帮助领导管理建设中队的工作中，受到了中队领导的一致认可和称赞。

3. 军人品质赢得机遇

2011年11月，林哲之两年的军旅生涯结束了。"虽有些不舍，但好在没留下遗憾。"林哲之说，在办理完退伍手续后的当天，他便回到了学校。"课程落下两年了，学起来本就有些吃力，再不抓紧时间修学分，还真有点担心毕业的时候拿不到学位证书。"

退伍前不久，林哲之小腿刚做完第二次手术，他是拄着拐杖回到学校的。"当时，老师看到我还很吃惊，开玩笑地说：'怎么去部队的时候是两条腿，回来变成四条腿了！'"说起当年的这段经历，林哲之谈笑风生，在接下来的四五个月时间里，他都是拄着拐杖去上课，每次都收获了超高的回头率。

功夫不负有心人。林哲之完成了学业、拿到了学士学位证书，并和其他毕业生一样，奔走在各种招聘现场。他在工厂里当过学徒、在公司上过班、还在亲戚店里帮过忙……林哲之的就业生涯并不是一帆风顺的，其间经历了一番曲折和彷徨。

但机遇不会亏待努力的人。一直保持谦虚好学的态度、吃苦耐劳的精神的林哲之得到了一个就业机会——在中华联合财产保险股份有限公司当业务员。工作了一段时间后，他很喜欢这份工作，业绩也是名列前茅，2016 年他被该公司评为优秀员工。如今，他已经是该公司北仑支公司的业务经理了。"是军旅生涯赋予了我融入骨髓的锐气和坚韧，能完成从一名作风优良的好战士到就就业业好员工的转变。"林哲之感言道。

4. 创业后不忘回馈社会

在找工作过程中，林哲之时常回忆起自己在大学期间与同学一起成立的快递小组。"当时快递公司还很少的，记得只有圆通快递和天天快递，群众知晓率也很低，但我觉得这块领域以后会有更大的市场，便在大一下学期开始和同学合资组成了这个快递小组。"林哲之告诉记者，"扫楼"、跑业务……在大二一年的时间里，他几乎跑遍了学校的每一个角落，队伍也从刚开始的 3 人扩大到了后来的 20 多人，并迅速占领了大多数的学生快递业务。

大二下学期，林哲之有机会能做到湖州市吴兴区圆通快递的总代理，但因为他想去参军，便放弃了这次机会。随后便发生了"5·12"汶川大地震，他以集体的名义把当时几万元的营业额都给捐献了出来，一时间他们的快递小组风靡整个校园。此时，创业的想法也慢慢在他脑海中生根发芽。

创业需要启动资金，林哲之不想依靠父母，临近毕业的林哲之决定边工作边创业。当时他一边奔走在应聘路上，一边继续自己的创业构想。在进入保险公司做业务员后，不仅给他带来了创业的第一桶金，而且也锻炼了他的能力，结识了很多朋友。

林哲之在湖州师范学院计算机学院读的是电子信息工程，所以对互联网行业有所了解。"但不精通，经过3年的摸索与学习，在2016年，与朋友合作成立了一家互联网公司。"林哲之说，目前虽然处于初创阶段，有很多困难，但是，公司内部上下齐心，都很有信心将公司运行好。已经成功拿下了几个商家的广告业务投放，同时，还有几个新型的业务正在跟进研发。

北仑区民政局双拥安置科有关负责人表示，像林哲之这样年轻有干劲的人，不仅展示了退役军人发扬优良传统和担当社会责任、在新的岗位继续建功立业的先进事迹和精神风貌，还在一定程度上激发了青年献身国防、退役军人自主创业的精神动力，更好地营造全社会关心国防建设与支持退役军人创业的浓厚氛围。

资料来源：《他，大三时入伍，现在已经离开军营七年》，澎湃新闻，https：//www.thepaper.cn/newsDetail_ forward_ 2268858。

结 语 ●● ·········

创业九死一生，走到最后的人，总有属于他的精彩和不平凡

战争，既影响国家的存亡，也关乎每个战士的生命。创业，既影响社会的发展，也改变每一位创业者的生命轨迹。创业者在商战中历经磨炼，九死一生，能够坚持走到最后的人，无论成败，总有属于自己的精彩和不平凡。

第五章

创业"兵王"回忆录

军人总裁任正非

居安思危、眼光超前，这是军人总裁任正非身上众多标签中的两个。一个企业能够走多远，往往取决于老板的格局，而一个人的格局，往往受到其父母和成长经历的影响。

贫困童年：宝剑锋从磨砺出

任正非出生在贵州的一个偏远山区，是在极度贫寒中长大的。兄妹七人，全靠父母微薄的工资生活，而父母不过是当时处于社会底层的学校教员。他家到底有多穷呢？他在《我的父亲母亲》里写道，"直到高中毕业我没有穿过衬衣，有同学看到很热的天，我穿着厚厚的外衣，说让我向妈妈要一件衬衣，我不敢，因为我知道做不到。我上大学时妈妈一次送我两件衬衣，我真想哭，因为，我有了，弟妹们就会更难了。我家当时是2~3人合用一条被盖，而且破旧的被单下面铺的是稻草"。

年少时的任正非，吃不饱、穿不好，最大的理想是吃上一个白面馒头。

有一次，一个家境不错的同学送了他大半块白面馒头，他"如获至宝"，小心翼翼地放进口袋，每顿饭都吃上一口，大半块馒头，吃了整整两天！然而，即便家境如此贫寒，父母也没有让孩子们早早赚钱补贴家用，而是让7个孩子都读书，甚至借钱给孩子交学费。

任正非说，"我的不自私是从父母身上学来的。华为这么成功，与我不自私有一点关系"。

宝剑锋从磨砺出，梅花香自苦寒来。童年时的贫困，让任正非拥有了吃苦耐劳、坚韧不拔的品质；而父母在学业上的鼓励和支持，让任正非养成了淡泊名利、崇尚知识的性格。

14 年的军旅生涯：将军人精神深深刻进骨子里

大学毕业后，勤奋好学的任正非应征入伍，成为了部队的一名技术兵。

机会总是给有准备的人。即便在动荡中，他也坚持刻苦学习，在部队里进行了多项技术发明创造，其中两项发明填补了国家技术空白，得到了领导和战友的一致认可。这些也为他以后创立华为，奠定了坚实的基础。

14 年的军旅生涯，将军人的坚毅、果敢、自律、拼搏、爱国等精神，深深刻进了任正非的骨子里，也锻造了他低调务实、宠辱不惊的性格。此外，从部队继承的"攻无不克"的精神，化为了他的坚韧和果决，也成就了华为强大的执行力。而执行力，是一个企业成败的关键。

冲破重围：华为艰难崛起

1987 年，转业后的任正非，开始创办华为。

40 多岁才开始创业的任正非，已经有了丰富的经验和阅历，并把军队中学到的谋略很好地用到商场中。他深刻领悟毛泽东的军事思想，运用"农村包围城市，逐步占领城市"的市场策略，将华为的业务从农村拓展到城市，从新兴国家延伸至发达国家，业务范围迅速扩张。

任正非有一句名言："屁股对着老板，眼睛才能看着客户。"

他信奉狼性文化，鼓励员工把市场竞争当成战场，一切以客户为中心。

在管理华为时，任正非每年都会为华为定下目标，要求做的事情就要赶快做到。

在他看来，与其喊困难，不如去努力克服。

正是这种雷厉风行、行事果断的军人作风，让华为整体的工作效率高，在残酷的竞争中生存并壮大起来。

很多企业家在取得一定的成功后容易松懈，或不可一世，或止步不前。

而任正非一直有着军人浓厚的危机意识，经常拉警报来唤醒懈怠的员工。面对着诸多国内同行的竞争，还被思科、爱立信、诺基亚、摩托罗拉、西门子等国际巨头围困的华为，处境十分艰难。任正非清晰地意识到，此时此刻的华为，最重要的是"活下去"。

他说："我们所处的行业方向选择太多而且还处在巨大变化之中，我们一直存在生存危机也一直生存在危机中，华为的衰退和倒闭一定会到来，而只有时时警醒我们自己，我们才能进步，才能延迟或避免衰退和倒闭的到来。"

正是这种忧患意识，让任正非面对芯片和操作系统被西方垄断时，投入芯片和操作系统研发；也正是这种忧患意识，让华为人能够一直保持积极的工作状态，不断向世界更高峰迈进。

任正非用人："绝不让雷锋吃亏"

在我们身边，有太多的企业管理者为了鼓动员工加班，空谈艰苦奋斗、奉献精神，让员工当"活雷锋"，却不愿给出相应的激励和回报。

但华为，是个明显的例外。

任正非的用人之道是，"提倡学雷锋，但绝不让雷锋吃亏"。

父母的价值熏陶以及军队里养成的淡泊名利，让任正非克服了人性的弱点，更懂得分享和团结的意义。

为了激发员工强劲的内驱力，华为不仅给员工发高工资，还推行了全员持股的制度。对于做出了突出贡献的员工，在员工持股计划中更是收益颇丰，而任正非的股份占比仅有1.4%。全员持股制度的推行，让员工与企业由雇佣关系变成了合作关系，员工将自己视为企业真正的主人。

对于高科技的企业，人才和技术才是公司最重要的财富。一方面，华为培养了大量的科学家，其中至少有 700 多个数学家，800 多个物理学家，120 多个化学家，还有 6000 多位专门从事基础研究的专家，6 万多个工程师。另一方面，华为坚持每年将 10% 以上的销售收入投入研发。高额的研发投入，为华为带来了技术上可观的回报。

面对美国的层层封杀，任正非给整个中国上了一课，抵制永远不是最终出路，技术领先才是根本。

爱默生说，每一种挫折或不利的突变，是带着同样或较大的有利的种子。

相信经历过这次困难的华为，一定会变得更加坚不可摧，将中国的高科技带向全世界的舞台！

资料来源：《军人总裁、"狼性"团队……揭秘你不知道的任正非》，荔枝新闻，https：//baijiahao. baidu. com/s？id = 1634227287490743593&wfr = spider&for = pc，2019 年 5 月 22 日。

身家百亿的"卖菜"总裁梁昌霖

2021 年 6 月 29 日晚，叮咚买菜将正式登陆纽交所挂牌交易，发行价为 23.5 美元/ADS（美国存托股票），按照总股本 2.36 亿美元计算，叮咚买菜公司市值达 55.46 亿美元。按照 IPO 前，创始人兼 CEO 梁昌霖持股 30.3% 计算，其身价约为 16.8 亿美元（约 108.491 亿元人民币）。

4 年狂奔之后，叮咚买菜能够在激烈的竞争中走到今天，离不开它背后的领导者梁昌霖以及他的卖菜"哲学"，而这个到知天命年龄的中年男人在三次创业之后成功敲响赴美国 IPO 之钟。

创业要做"熟",从军12年的退伍老兵却偏做生行。

2002年8月的一天,正值而立之年的梁昌霖成为了一名退役军人,他穿着一身红色西装,打着雨伞,拎着行李离开老家安徽,来到上海。

在地铁2号线的线路图上,他在一个叫作"张江高科"的地铁站下了车,用他的话说,"高科"这个字眼就是指未来世界发展的风向标,而他就要在风向中创业。但是眼前的张江高科几百米开外,只有一家联华超市,其余的,几乎都是农田。

那个年代,网络上还没有出现视频剪辑合成的软件,梁昌霖靠着自己在部队多年积累的技术开发了全球第一款视频工具 Easy Video Joiner & Splitter,并在一个国外的软件共享平台上卖出50000多份,收入80万美元。第一桶金成为了梁昌霖创业的起点。但20年前这笔巨款却让梁昌霖感觉不得劲,心里总是空落落的。

在继续写软件还是创业的抉择中,梁昌霖选择了后者。翻来覆去思索后,他观察到"80后"女性成为母亲后的困惑,选择做互联网母婴社区。他的想法很简单,如果搭建这么一个平台,就可以让大家互相学习如何带孩子。

二次创业做母婴平台让不少人投来惊讶的目光,创业者都知道,创业要做"熟",但梁昌霖偏偏选择了一个生行。一个老爷们创业做母婴社区,直到 2010 年梁昌霖回军校做演讲，仍然引来了全场的惊诧。

梁昌霖坚信，自己的坚持没有问题，丫丫网成立 7 年已初具规模，他更是确认了自己的理念：民族的竞争归根结底是妈妈的竞争。但是创业鲜有一帆风顺，让梁昌霖没想到的是，二次创业"转型"之路在接下来的四年，开始举步维艰。

从 700 人裁员到 30 多人，二次创业"败"了，却走出了叮咚卖菜

2014 年，梁昌霖给丫丫网拉到了一笔投资，很快投入了一个基于丫丫网的社区项目，叫叮咚小区。梁昌霖的设想是，一个社区的邻里邻居，集中在一个互联网社区里，会像妈妈们交流讨论育儿经验那样，去讨论宠物、购物、买菜等各种生活琐事。

在正值微信等一批社交软件兴起的年头，用户所渴望的社区功能，仅仅只需要一个微信群。他开始意识到，叮咚小区是一种"伪需求"。等梁昌霖意识到这条路走错了时，为时已晚，叮咚小区在北京、上海铺设了大量的人力、物力，员工最多时达 700 余人。资金"烧"尽后，叮咚小区面临着不得不裁员的困境。

从 700 人到 100 人到最终只剩下 30 多人，梁昌霖发现裁员就像是打开了泄洪的闸口。裁员虽然降低了人力和运营成本，但最后也挫伤了一家创业公司的信心。

梁昌霖也曾拼命想留下来一名员工，他对这名员工说，"我们还是有机会的"。但对方依然毅然决然地走了，留下一句"我任职的上一个创业公司老板，也是这么说的，我跟他坚持了 1 年，最后公司还是关闭了"。

坐在张江微电子港 1000 平方米的办公室里，曾经的辉煌不再，公司已经"决堤"。当时，办公室里剩下的为数不多的员工里，不知道谁喊了一声"我们去跑步吧"，梁昌霖和员工一起出去边跑步边互相打气。这让梁昌霖重燃了创业的希望，也看到了团队的凝聚力，而那些陪伴跑步的员工，后来

也跟着梁昌霖跑向叮咚买菜的创业路。

死磕前置仓，把社区做透，他从生鲜电商闯出一条生路

2014 年的上海，O2O 正值风口。叮咚买菜的前身"叮咚小区"业务涉及范围十分广泛，甚至涵盖代取快递、二手交易等，发展一直不温不火。

在叮咚小区最困难的时候，曾有与梁昌霖同住一个小区的 PE 投资人劝他，差不多就行，别再折腾了。当他卖掉丫丫网的股份，把变现资金投入跑腿业务上时，外界很多人是不看好的。

最后，叮咚小区以失败告终，丫丫网被卖，梁昌霖也遭到了网络和媒体的各种质疑。但服输不是军人的风格，梁昌霖用 3 年时间总结失败教训，探索过邻里社交、各种社区和家庭生活服务方向，最后决定聚焦于家庭买菜服务，发展为"叮咚买菜"。

"很多上门服务都不是刚需，最终都会因为服务密度太低、利润不可持续而消失在创新业态的洪流中。但到家生鲜却是实实在在的蓝海。"梁昌霖注意到，跑腿服务的使用者不在少数，但其中一半以上的订单是"请帮我到菜场买个菜"，这或许才是社区里真正的需求所在。

2017 年 5 月，屡败屡战却越挫越勇的梁昌霖在 45 岁那年于上海浦东正式上线"叮咚买菜"，与他一起的，还有从丫丫帮时期就一直陪伴身边的老将——叮咚买菜的联合创始人兼 CSO 俞乐和公司董事兼副总裁丁懿。

同年，如日中天的易果生鲜、食行生鲜和每日优鲜作为生鲜电商头部玩家都已获得了亿元级后期轮融资，而叮咚买菜却只有 12 个小前置仓，仅布局在上海较大规模、年轻人业主较集中的社区。

最让梁昌霖为难的是，虽然买菜难是许多家庭生活中遇到的最大难题，但老百姓没有线上买菜的习惯，生鲜电商在上海生鲜类目的渗透率只有约 3%。

这是梁昌霖的第三次创业，他时不时会出现在上海的一些路演现场。45

岁再出发，对于互联网创业者来说，着实有些老了，但梁昌霖却很坦然，"任正非退伍后，43 岁才开始创业，不惑之年始见春，一手把一个小公司变成了让世界瞩目的科技巨头。我可以用自己的能力来证明：咱当兵的人在哪里都能做出一番事业来"。

图片来源：e 公司官方微博。

他的目标纯粹，要把每个社区做"透"，让里面绝大多数的业主能成为"叮咚买菜"的用户。在上海的小区门口或者地铁站旁，从来不缺叮咚买菜骑手的身影，身着绿色背心，身边的板子写着"注册就可以领鸡蛋大米食用油"。

甚至有朋友还吐槽梁昌霖，"你们的地推人员太疯狂了，去年国庆节台风天，居然到我们家敲门拉客"。从获客到配送，到家都是很难的一件事情，但梁昌霖觉得到家才是叮咚买菜的机会。"跟同行比，在很多事情的选择上，我们都做了难的事情，因为难所以更慢一点"。

转型生鲜电商领域后，梁昌霖这个完全"不懂农业"的人，却似乎让 2017 年上线的叮咚买菜找到了正确的发动机。每一天，穿梭在上海、杭州、深圳等一线城市大街小巷里，一辆辆写着"叮咚"二字的绿色小车，满载着数十万家庭的口腹之欲。

虽然市场从不缺对前置仓的质疑，甚至表示这就是个"伪命题"，但是梁昌霖不屑，"同样的事，有人看到了困难，有人看到了机会。有人做得好，有人做得不好"。他坚信，前置仓从源头直供能够保障蔬菜的新鲜和品质；此外，前置仓可以不依赖选址，并提供更好的渗透率。

梁昌霖的自信或许源于资本的加持。高榕资本作为叮咚买菜早期的投资者，对叮咚买菜更是多轮押注。在对叮咚买菜尽职调查时，梁昌霖的执行力和组织力让他们印象深刻。高榕曾在媒体采访时表示，如果有人能做成生鲜电商，梁昌霖非常大概率就是其中之一。

从 2014 年至今，资本朝叮咚买菜陆续投去橄榄枝。叮咚买菜共经历了10 轮融资，除高榕外，也不乏红杉资本、CMC、软银集团等明星机构站台。在近年来生鲜电商赛道上，不少老玩家已逝，而叮咚买菜仅用四年不到的时间就追成生鲜赛道的头部。

作为一名曾经的军人，梁昌霖信奉"指数思维"，认为"难的事情和对的事情往往是同一件事情，要坚持做难的事情，做时间的朋友"。一件事情如果踏对了机会，踏对了消费升级的红利，成长还是比较快的。梁昌霖相信，前置仓的模式是一条指数曲线，只要给予时间，虽然发展很慢，但只要有口碑、有复购，后面天花板会很高。

同时，在用户需求和竞争环境不断变化的当下，梁昌霖推崇"种子轮"，认为企业一定要向外生长，内心坚定，扎根深，往外长，最后实现从单量上的增长到用户复购带来的生长。

梁昌霖曾经算过一笔账：当前置仓"客单价 65 元，（单仓）日均订单量 1000 左右"时，就可以实现盈利。所以即使前期投入再大，他依然坚持前置仓的模式就是一条正确之路。"叮咚买菜从不断提升的服务密度开始，可以降低每一单的运输成本，做好用户黏性，增强服务效率。"

2020 年新冠肺炎疫情暴发，生鲜电商再次站上创投风口，用户疯狂涌入，资本疯狂加码，成为生鲜电商发展的超级加速器。最让梁昌霖能直观感受到的就是，连许多过去耽于跑菜场的老年人也用上了"叮咚买菜"。

在他看来，卖菜表面上看是消费互联网，其实是产业互联网，背后是庞大的农业产业。只有供应链足够强，供应体系才足够具有确定性。只有消费者觉得"靠谱"，行业才能走向"正循环"。

梁昌霖作为军人出身，在叮咚买菜的打法上就是"炮火猛，反应快"，专注于卖菜这一件事，押重注，拼命狂奔。但梁昌霖知道，市场一直都对生鲜电商造血能力有所怀疑，烧钱补贴买规模并非长远之计，叮咚撬动用户复购率的支点最终会落在"信任感"上。

"你只有让老百姓感受到，你卖的是'好东西'，人家才会一再光顾。"梁昌霖这么认为，也是这么做的。叮咚管理团队每周都要值班来做一个中差评学习班，将后台数据中用户差评比较多的生鲜品拿出来做一些分析讨论。生鲜品的品控非常难做，有不少用户也会表示理解，然而梁昌霖却不能接受。

为了在一线直接了解消费者，梁昌霖经常对身边朋友充当"金牌客服"的角色，"如果在叮咚买菜遇到不好的产品或者不好的体验，请随时向我投诉，我来解决。"偶尔在公司内部，也会听到梁昌霖为了更贴近了解用户的需求，骑上电动车，主动去前置仓送一天菜的各种传闻。

时至今日，这个赔过钱、卖掉过房子和公司的中年男人，终于在浦东张江创业的第 19 个年头，在骑着外卖小车的叮咚骑手走进千家万户的时刻，带着"死磕"前置仓的信念走到了纽约证交所。IPO 过后，这个退役军人的"卖菜"故事或将正式进入下一篇章。

资料来源：《连续创业三次 49 岁退伍军人靠"叮咚卖菜"IPO 身家百亿》，http：//www.redsh.com/ppnews/20210701/172603.shtml。

军休干部史光柱：拿起枪就是战士，放下枪也是功臣

　　史光柱 1963 年 10 月出生于云南省马龙县，1981 年应征入伍，1984 年 4 月，在对越自卫反击战中，他在 4 次负伤、8 处重伤、双目失明的情况下，带领全排出色完成战斗任务，荣立一等功，被中央军委授予"一级战斗英雄"的光荣称号。在部队期间，史光柱同志荣立过一等功一次、二等功两次、三等功两次。2005 年 10 月 1 日退休（副师级），2012 年 10 月 1 日安置在丰台区第一军休所。现为中国作家协会会员，中国音乐家协会会员，中国散文学会会员，中国诗歌学会会员，中国残疾人作家联谊会副会长，中国盲人文学联谊会会长，北京残疾人写作学会名誉会长，北京助残爱心公益促进会会长。

　　1990 年以来，史光柱先后被国家有关部门评选为全国自强模范、优秀作家，100 位最有影响的人民英雄，全国十佳卓越人物，全国十大新闻人物，全国十大影响力人物，全国十大最有创新力人物，全国十大艺术成就奖获得者。2009 年在中央 11 个部委联合举办的对新中国建立与建设有突出贡献的双百人物活动中，荣获感动中国人物称号，同年被评为北京十大军休榜样，推荐参评入围全国最美奋斗者。曾受到邓小平、江泽民、胡锦涛、习近平等几代国家领导人的接见和慰问。

边疆沙场舍生取义

　　史光柱 18 岁入伍，1984 年 4 月随部队参加边境作战时，他只有 20 岁。

他所在 2 排的任务是：配合 3 排攻占 57 号高地，等 3 排拿下阵地，会同一排，左右两把尖刀，直插敌军连部所在的 50 号高地。战斗中 2 排长刘朝顺被炮弹炸成重伤，3 排长、9 班长负伤，8 班长牺牲。于是，史光柱组织剩下的战士一起战斗。他们穿越山洼时，遇到敌人炮火疯狂拦阻。一发炮弹在离他头顶 4 米处的树冠上爆炸，另一发炮弹也撕扯着他右侧的地皮，他的钢盔飞了出去，头部左侧和左臂像针扎一样疼，身体被强大的气浪掀出两三米……不知过了多久，为他包扎的战友连连摇晃着史光柱："排长，排长!"他从昏迷中被战友们唤醒，只觉头重脚轻，伤口剧烈疼痛，双耳（两耳膜穿孔）嗡嗡作响，右耳什么也听不见……

第一次冲击受挫，史光柱当时想，全排等着他指挥，上级委托他的任务还没完成，他不能倒下。他咬着牙站起，立即组织第二次冲击。

攻击 50 号高地半山腰的阵地时，敌人居高临下，甩下手榴弹，其中一枚落在他右前方草丛里，冒着青烟，他想捡起手榴弹扔到敌阵爆炸，又担心被草绊住手，就在这一瞬间，他看见右侧机枪兵张田，也想伸手去捡手榴弹，他抬脚将战友踹翻，顺势向侧后一倒，身体还未落地，手榴弹爆炸了，这是他第三次负伤，喉咙、膝盖和肩膀中弹。史光柱来不及包扎伤口，向战友们下达冲击命令，由于前面潜崖交错，难以穿越，他当机立断，留下一个火力组掩护战斗。其余人员，向左侧包抄迂回，迂回过程中，遇上 1 排，李金平副连长见两个排会合，立即准备加强火力，梯次进攻。快钻出灌木林时，李金平踏响了地雷，地雷将李金平和史光柱同时掀起。

史光柱只觉万剑穿身，草木和飞起的泥沙堵住他的嘴，憋得喘不过气。扒开嘴巴里的泥土，喘了一口气，想看阵地，才发现眼睛看不到，感觉左脸颊上吊着个东西，一晃一晃的还以为是炸起的树叶沾在上面，伸手往下一摘，感觉痛了才明白是左眼球炸出来了，右眼也被弹片击中，血肉模糊。

史光柱忍着剧痛迅速将左眼球塞进眼眶，边爬边指挥战斗，在 4 次负伤、8 处重伤、双目失明的情况下，他带领全排出色完成任务，自己掉入深坑，昏迷不醒。

他再次醒来时，躺在昆明总医院的病床上，遍及全身的伤痛和无休止的手术伴随着黑暗中的他，但他依然心系连队、战友，要求重返前线与战友们并肩战斗。他请求医生一定要保住他的眼睛，哪怕只留下一只右眼也可以，这样他就可以继续在战场杀敌。但事与愿违，最终他的左眼被摘除，右眼也因眼球破碎失去光明。

战场回不去了，战友看不见了，就连生活都不知要怎样继续……每天清晨上厕所就是头等难事，横冲直撞、磕磕绊绊才能找到卫生间，往往内急的问题没解决，新伤又添了不少。口干舌燥时想自己倒杯水喝，不是把杯子打翻，就是把热水瓶撞倒，他残存的生的信念彻底崩溃……

他给家乡发去电报要父母来他所在医院探望，心中暗自盘算再见一次父母就去死。当父亲看到失去双眼的儿子后心脏病突发引起肾衰综合征，回家后 24 天便去世了，母亲经不住双重打击，精神分裂，留下一个 6 岁的弟弟无人照顾……史光柱突然变得冷静，"不能死！死了我母亲咋办？我弟弟咋办？"突然的变故让史光柱决心活下去。

投身文学重拾信心

命运关上史光柱重返战场的门，却打开了他通往文学艺术的窗。躺在病床上的他度日如年，他买来收音机，收听文学讲座，摸索着记下一坨坨分辨不清的笔记，战友有空的时候就读书给他听。

1994 年 12 月，他的第四本诗集《眼睛》出版，随后，中国作家协会专门召开了他的作品研讨会，并首次提出"史光柱诗歌现象"。2009 年 9 月，由中国散文学会、纪实文学联谊会和多家媒体刊物联合举办的"中华之魂"文学评选在北京揭晓，他的文学作品《藏地魂天》被评为特等奖。创作至今，他出版了 10 余部文学著作和音乐专辑，在国内外发表诗歌、散文 700 余篇，获鲁迅文学奖等国家级奖项 21 次，作品被 10 多个国家翻译、刊登。

他的诗集《寸爱》出版发行后被中国作家协会列入全国重点作品之一，在召开的作品讨论会上，再次提出"史光柱诗歌现象"。

投身公益诠释新生

在通过写作让自己重新得到生活信心、获得社会荣誉的同时，史光柱一直在思考，作为一个革命军人、一名共产党员，自己应该如何去回报党和军队对自己的培养，怎样去展现自己的人生价值？他曾经说过"英雄后文化是放下荣誉再出发，不断超越自己，为国家、为社会做出新的贡献。英雄后文化契合当下时代精神，具有普遍意义和普世价值。每个人都可以在自己的领域整装再出发，为社会、为国家作出新的贡献，成为自己的英雄。"2014年，他注册成立了北京助残爱心公益促进会，后又建立了中国大爱联盟网。几年来，史光柱带领身边的爱心人士四处奔波筹集善款，志愿帮助伤残退伍战士、英烈英属和社会弱势群体。其中一部分人通过观念扶贫，就业、再就业培训，走上工作岗位；而另一部分年岁已高或者重度病残的战残人员及烈属困难群体也得到经济帮扶。在资金缺乏的情况下累计直接帮扶特困人群1.7万多人，由他个人救助的人员多达 2000 余人，网上参与和关注的志愿者已达 14 万人。

在组织开展好北京助残爱心公益促进会和中国大爱联盟网工作的同时，史光柱个人也身体力行地投入到慈善救助活动中。北京市崇文区有个 16 岁的小姑娘不幸患了骨癌，整日哭闹，不肯接受治疗，万般无奈下家人写信向他求援。他当即给小姑娘写了一封"如何看待生命"的信并随信寄去一本他的诗集。不久，他带爱人乘车去她家，当听完他对悲欢离合的看法，小姑娘感动得流下眼泪。次日，勇敢走进了治疗室。半年后，小姑娘一条腿、一只手被截肢。小姑娘术后跟他通电话时，已经能够正确看待不幸，不再哭闹，反而乐观地安慰家人。直到离开人世前她都很坚强，留给别人的是她的歌声和笑语。去世前，小姑娘用一分钱纸币，精心制作了一个菠萝和一只虾送给史光柱:"谢谢叔叔,让我短暂的生命有了意义。"江西有位姓伍的伤残军人,部队转业分到某公司医务室卖药。由于胸部受过伤每天盯着窗口卖药吃不消,被调到厂办工作。没想到公司新任领导上任不久,便安排自己的小舅子抵了他的工作。他不服,跟领导吵了起来,这下激怒了对方,被指着鼻子骂道:"像你这种废物,最好死在战场算了,我们厂被你拖累不起。"他写信向有关部门申诉求援,但发出的信件石沉大海。由于悲愤交加,他想用自杀的方式一了百了。就在举瓶准备服毒时,突然想到一个熟悉的名字,于是眼里闪出希望的光芒。收到伍姓退役军人的求援信,史光柱一边回信安慰,一边给有关部门反映情况。经过努力,这位战残人员被安排了新的工作,补发了工资。他在信中动情地说:"为了这份难得的人间真情,我一定要好好活下去,干出个样子来,绝不让别人瞧不起。"

史光柱常说,不幸各有不同,关键在于态度,如果眼里只有伤口,生活只会充满悲哀。只要积极进取,从容面对,光着脚丫也能踩出一条路来。身残志坚的史光柱从一个高点走向另一个高点,始终保持战斗员的姿态,用心体会世界,用情讴歌英雄,用爱投身公益,用拼搏与努力树立了新中国钢铁战士的光辉形象。

资料来源:《拿起枪就是战士 放下枪也是功臣——北京市丰台区军队离休退休干部第一休养所军休干部史光柱》,退役军人事务部,http://www.mva.gov.cn/fengcai/tyjrfc/tyjr/202004/t20200409＿39310.html,2020 年 4 月 9 日。

韩小红：从军人到企业家 她的三段传奇人生

韩小红的骨子里，流淌着一股韧劲儿，那是军人特有的坚强信念。正是因为这股子劲儿，她扔掉"金饭碗"，不走寻常路，活出自己的传奇。

她身上有着丰富的标签：解放军总医院曾经的肿瘤医生、留德医学博士、北京市健康保障协会会长、慈铭健康体检管理集团总裁。韩小红的人生有三段传奇经历，饱含了她对梦想的追求以及创业的酸甜苦辣。"我把前面走过的路，划为三段人生。每一段都充满酸甜苦辣，每一段又都是一个全新的开始。"无论是哪段人生，韩小红始终以军人的标准要求自己。同时，在创业的过程中，她身边也聚集了越来越多志同道合的退役军人。"不是我在帮助他们就业，而是他们在帮助我，一起来成就中国的健康事业。"韩小红如是说。

第一段人生：毕业后成为军医，面对肿瘤患者心生不忍

韩小红出生在一个医学世家，她的父母都从事医学工作，她从小受到父母的熏陶，所以考大学时选择了医学专业。

韩小红的第一段人生是从 1990 年毕业后开始的。那时，她从北大医学硕士毕业后被分配到解放军总医院（301 医院）肿瘤内科工作，成为一名军医。

然而，作为一名肿瘤医生，韩小红看到，来这里的患者 99% 已经是晚期，而晚期发现的癌症几乎都不能治愈。日常工作中上演着一幕幕悲剧，让韩小红不由得心生酸楚和无奈。

　　为什么不提前预防疾病呢？“如果能早期发现早期诊断早期介入治疗，那将会大大提高生命质量。”1999年，她获得了去德国做三个月访问学者的机会，后来又很幸运地获得了去海德堡大学攻读医学博士的机会。在国外学习期间，她最大的感触是德国的商业医疗保险非常发达，人人都很习惯于做健康体检。

　　“我一定要把这种先进的健康体检的理念带回国内。”2001年从德国留学回来，韩小红回到了301医院。她清醒地认识到，如果不大胆放弃，未来的人生之路就会离理想越来越远。同年年底，她毅然决然地辞职，开始与丈夫共同创业。

　　韩小红坦言，这段人生是她在部队这个熔炉里磨炼的，让她形成了用心、执行、到位、努力拼搏的做事风格，为之后创业打下了良好的基础。

图片来源：《新海南》郑光平摄。

第二段人生：开办专业体检机构，吸纳1000多名退役军人就业

　　2002年3月，韩小红开办的第一家体检机构在北京开业。这是韩小红第二段人生的开始。一开始，这个独立于医院之外的专业健康体检中心着实让大家开了眼界。1000多平方米的大厅、如星级宾馆的装修、热情的服务人员，让人们无法相信这是一家健康体检机构。

作为健康体检的"第一个吃螃蟹者"，韩小红是国内最早开办专业体检理念的连锁医疗机构的，被称为"中国体检第一人"。

然而，命运并非如能所愿，一连串的磨难接踵而来。第二家店开业时，"非典"暴发，一夜之间，所有订单全部撤销，体检大厅内门可罗雀。2004年，慈铭第三家体检中心落成，然而一场大火突然袭击，将所有投入都化为灰烬。厄运并未结束，韩小红的父亲第一次到她的体检中心体检，查出了癌症晚期。而在父亲临终前三个月，她在体检中也被检查出患有胃癌，所幸是早期。这件事让韩小红再次认识到体检的重要性。"推己及人，我真心希望我的顾客不再承受我遭遇过的痛苦。"

此后，慈铭一路前行，在北京、上海、深圳、广州、武汉等国内主要城市拥有几十家体检中心，每年服务几千万人，是目前国内规模较大、覆盖范围较广、年体检量及累计体检量最多的专业体检机构之一。

创业过程中，作为曾经的一名军人，韩小红不忘战友情，她与同是退役军人的爱人一起，聚集一大批退役战友共同创业。从企业初创到现在，慈铭体检的骨干员工大多是从部队退役的老党员和退役军医，先后有1000多名军转干部到慈铭体检工作。

第三段人生：扎根海南自贸港，服务退役官兵彰显老兵担当

"在体检领域，我取得了一定的成就。同时，也发现了一个现象。"韩小红说，多年从事体检，在检后发现有大量的慢性病人群，包括高血压、高血脂、高血糖等。很多人都带着这些疾病负重前行，我想把慢性疾病控制住。

2016年，了解到海南博鳌乐城国际医疗旅游先行区将实现医疗技术、装备、药品与国际先进水平"三同步"，韩小红和爱人不顾一切地来到了海南，开办慈铭博鳌国际医院。她说在海南的创业过程是她的第三段人生。

在这里，韩小红以康养为中心，在辅助生殖、医美、抗衰、干细胞、慢性病治疗等方面，利用国际最先进的技术，先行先试。

扎根海南后，韩小红军人情怀不变，为海南退役军人进行医疗服务，成立退役军人健康体检中心和生育力保护中心，让广大军人及家属感受到"家"的温暖和关怀，彰显出作为一名老兵"为民铸忠诚，健康服务自贸港"的责任担当。

据悉，在她和爱人的共同努力下，2020 年 6 月，慈铭博鳌国际医院被授予"海南省退役军人医疗服务示范单位"，9 月正式揭牌。

"未来我们将发扬党建、军建的传统，进军营，进社区，进农村，为海南地区的老兵做一些服务。"韩小红认为，海南自由贸易港已经正式迎来历史性机遇，先行区的明天一定会更好，慈铭博鳌国际医院必将乘势而上，始终以红色信仰为引领，为海南省 20 万退役官兵服务。

资料来源：《最美退役军人 | 韩小红：从军人到企业家 她三段人生活出传奇》，海南省退役军人事务厅，http：//tyt. hainan. gov. cn/twjr/jrfc/202102/37b521a6d6054944beab80ba76c76033. shtml，2021 年 2 月 9 日。

"军人企业家"韩宏伟：从退役军人到企业家，从创始人到公益践行者

2019 年 7 月 30 日，在上海社会化拥军优属座谈会上，海银集团荣获"拥军优属支持单位"称号，海银集团董事长韩宏伟先生上台领取了这一表彰。

很多人不知道的是，韩宏伟曾有过一段从军经历。他曾表示："在部队最大的成就是历练成军地两用人才，到哪里都争做尖兵。"海银集团成立至今近 20 年，能成功跨越两轮经济周期，分享时代红利，贡献财富智慧，韩

宏伟是"定心石",是中流砥柱。

他说:"从军的日子吃了很多的苦,但也有很多快乐。离开部队至今,还是坚持着部队培养的生活习惯和作风。坚韧耐劳、乐于奉献、敢为人先的精神和刚正不阿、坚守正念正心的品格已经深深烙印在身上,这烙印又在我一手创立的海银集团里得到传承和发扬。"

从军经历,铸就钢铁意志

"哪里需要到哪里去,哪里艰苦哪安家。"

1983 年,年仅 18 岁的韩宏伟怀揣着军人梦,与胞弟一同被父母送到部队,支援国家建设,用生命担当使命,用青春书写荣光。

韩宏伟的家乡,河南省永城市曾在历史上出现一位有名的抗日民族英雄,名叫鲁雨亭。受英雄事迹的感召,以及在父母的爱国主义教育熏陶下,韩宏伟立志长大后要成为一名军人,报效祖国。

即便是今天,军旅生涯都是相当艰苦的,80 年代更是如此。当时韩宏伟在军队中的生活就像那首军歌里唱的:"哪里需要到哪里去,哪里艰苦哪安家",因为部队驻扎的基地通常都是人烟稀少的偏远之地。当兵的那段艰苦经历,令韩宏伟终生难忘。那是一段峥嵘岁月,军人精神深深影响了他的一生。以至于他之后每走一段路,每做出一个重要抉择,都始终以军人的坚毅品格和宝贵精神,指引自己的意念、决策和行动。

从部队复员后,韩宏伟被分配到一家国有企业工作,两年后,怀揣实业报国情怀和理想的他,毅然决然离开体制,开始了他"下海"创业生涯。

人生的二次入伍,从退役军人到企业家

"创立海银是人生的二次入伍,亦是能将军人精神发扬光大的地方。"

在韩宏伟看来,在部队最大的成就,莫过于历练成为军地两用人才,到

哪里都争做尖兵，创业是人生的二次入伍，亦是能将军人精神发扬光大的地方。

韩宏伟的创业之路，从实业起步，曾立足于汽车行业创立中国六大汽车市场之一，其一手创立的海银集团也正在为支持实体经济、助力国家产业优化和消费升级做着积极贡献。

今日的成就并非一蹴而就，创业伴随着艰难与困境，但无论环境怎样变化，军人身上的果敢、正直、善良、进取等优良品格，在他每一个人生阶段都能捕捉得到。

2000年后，随着中国加入WTO，国家金融市场繁荣发展，韩宏伟抓住了契机进军金融业，逐步创立了集实体投资、金融服务和商贸为一体的海银集团。经过近20年的发展，海银集团的业务已遍布全球，并在中国大陆70余座城市及欧洲和中国香港设有分支机构，员工达2000余人，为全球机构客户和高净值人群提供多元的金融服务和实业支持。

执掌海银以来，韩宏伟多管齐下，他先后发起和牵头诸多举措，践行回馈部队和社会的理念和初心。

铁汉也有柔情，从创始人到公益践行者

"是部队培养和塑造了我，我要将这份感恩之情化作实在的担当和行动。"

"穿着灰蓝色微微泛皱的普通衬衣，身上浸染着汗渍，酷暑中的一大清早，就出现在武警上海总队执勤大队驻地，外人绝对不会想到这就是海银集团的掌舵人。"这是一位内部员工眼中的韩宏伟。

作为一名军人企业家，韩宏伟说，是部队培养和塑造了我，我要将这份感恩之情化作实在的担当和行动，为部队和军人贡献力量，为国家发展再立新功。

韩宏伟创立了河南省在外成立的首家异地商会——上海市河南商会。商

会旨在"服务豫商，发展上海，振兴河南"，积极促进豫沪之间的经济交流合作，助力河南的招商引资。

多年来，商会共为河南省引进项目投资超过 6000 亿元，为上海及长三角地区招商引资突破 800 亿元，为豫沪两地经济发展做出了贡献，韩宏伟因此被河南省政府聘任为"河南省招商顾问"。

2016 年 12 月和 2017 年 5 月，在韩宏伟的推动下，海银集团先后发起设立总规模达 20 亿元的豫商发展基金和总规模达 300 亿元的豫商全球发展基金。该两只发展基金积极响应国家"大众创业、万众创新"的号召，大力支持全球范围内有潜力的优质豫商企业和相关项目，促进区域经济发展和产业升级，在助力河南经济腾飞和支持豫商企业发展方面发挥了重要作用。

2018 年 3 月，海银集团发起设立规模达 1000 万元的上海海银公益基金会退役军人专项基金，旨在为退役军人职业发展提供支持，协助国家相关政府部门做好退役军人安置及服务工作。

在企业发展的同时，韩宏伟深切关注财富背后的社会责任和价值。海银公益基金会持续展开"扶老、助学、拥军"行动，在全国范围建立了 13 所海银公益书屋，捐赠图书逾万册，圆了 8000 名山区学生的阅读梦；助老项目惠及全国 20 多个城市、100 多个社区，积极助力构建幸福社会。

作为一名军人企业家，创业路上，韩宏伟始终不忘回馈家乡、回馈乡亲、回馈战友。韩宏伟这样的赤胆忠心，也获得了上海市委市政府的高度认可，授予海银集团"拥军优属支持单位"荣誉称号。

资料来源：《"军人企业家"韩宏伟：从退役军人到企业家，从创始人到公益践行者》，北晚新视觉，https：//www.takefoto.cn/viewnews-1858160.html，2019 年 8 月 1 日。

优秀退役军人王军：一位民营企业家的
责任与担当

山东万通集团董事长王军是一名优秀退役军人，也是一位用责任和真情书写人生华章的民营企业家。他自主创业，从500元起家到拥有数亿资产的石油化工集团公司，历经风雨；他富而思源，倾心公益，关爱困难群体，支援新农村建设，每年向社会捐献上百万元；他情注部队，接收安置企业军转干部和困难退伍士兵，竭诚营造复转军人"幸福家园"。

军人市色——开启自主创业新天地

1983年10月王军入伍，度过了两年多的军旅生涯，虽然短暂，但军人顽强拼搏、愈挫愈勇的"绿色基因"深深植入了王军的人生血脉。

20世纪80年代末，出于偶然，王军发现常年生活在船上的渔民不缺鲜活海产品，却缺淡水和蔬菜。于是，他就从邻居家借来500元钱，尝试着做起了"以物换物"的交易。一年下来，他居然收入5万多元。5年下来，王军掘到了人生的"第一桶金"。

1992年，获悉国家将加快公路等基础设施建设，他毅然转行干起了运输建筑沥青的生意，但接连发生的几起交通事故，几乎让他血本无归。濒临绝境的王军，凭着在部队培养的愈挫愈勇的劲头，历经6年艰辛，创立了东营市最大的运输公司。

1998年，国家实行能源产业多元化经营改革。王军以军人特有的魄力和睿智，融资500万元，兴办了万通石油化工厂。在一无技术、二无厂房的条件下，他与 10 多个工人吃住在废弃的窑厂里，靠沾满泥巴的双手，奋战 100 多天，成功安装起第一台 15 万吨的制青装置，创造了当年投资当年生产的奇迹，成为山东省民营投资炼油行业的"第一人"。

部队情结——营造复转军人"幸福家园"

"我是一个没有什么特长的退伍兵，能有今天的发展，是部队给了我支点和力量，关心支持部队建设是我义不容辞的责任。"创业成功的王军时刻不忘部队的培育之恩。

公司成立之初，王军就宣布两项特殊招工政策：一是每年预留一些合适的岗位，专门安排下岗分流和生活困难的复转军人；二是与部队建立"成才于军营、回乡建新功"联系点，定期举办"军企两用人才"招聘会。万通公司先后招进 23 名企业下岗军转干部，安置近百名退伍兵。

王军不仅吸收接纳复转军人，还竭诚为他们营造"受人尊重、实现价值"的环境，公司在局域网上开设"退伍老兵风采"专栏；每到建军节，都要举行"老兵茶话会"。退役军人刘伟在一次茶话会上激动地说："我们这些退伍老兵在万通工作，感受到的是心灵上的慰藉、精神上的愉悦和部队大家庭的温暖。"

老兵胸怀——诠释民营企业家的大爱

多年来，王军始终以一个退伍老兵的炽热情怀回报社会，践行和谐新风。

2003 年，王军为东营市东营区史口镇北一村筹措 50 万元，在东营市第一个设立"敬老基金"，每月向村 65 岁以上老人发放 50 元生活费；资助史口镇敬老院 70 万元，将无依无靠的老人送进镇敬老院供养。

2004 年底，北一村 500 多名村民联名请求王军回村挂职支部书记。在乡亲们欢迎的鞭炮声中，全票当选的王军开始了他的"兴村之路"：筹措 80 万元，整修村容村貌，使北一村告别了"有路行不通、有水进不来、有电灯不亮"的历史；打造屠宰业、白铁加工业等村办企业"品牌"，振兴村庄经济。与此同时，他又从公司拿出 30 万元，新建了"农村文化大院"，丰富村民文化生活。2007 年，北一村人均收入由 3 年前的 1100 多元提高到 4100 多元。

2008 年 3 月，王军向史口镇党委政府递交了万通集团支援新农村建设计划：用 3~5 年时间帮扶 7 个贫困村，在东营市率先走出了"以企促农、以工哺农"的新农村建设新路子。

"作为民营石化企业，既要注重经济效益，更要关注生态效益，为子孙后代留下一个洁净的环境。"王军常常这样说。2006 年 3 月，公司投资上千万元的沥青脱蜡装置上马，王军提出同步兴建年 240 万吨的污水处理厂。有人认为建污水处理厂要耗资 3000 万元，还是等生产线投产后再说，可王军却坚持同步兴建。3 个月后污水处理厂建成使用。同年年底，万通公司被省环保局授予"环境友好企业"称号。

王军表示："作为民营石化企业，既要注重经济效益，更要关注生态效益，为子孙后代留下一个洁净的环境。"

资料来源：苏银成、卢军、高勇：《山东万通集团董事长王军：民营企业家的责任与担当》，经济参考报，http://jjckb. xinhuanet. com/rw/200902/23/content_ 145115. htm，2009 年 2 月 23 日。

曾庭民：不一样的"烈火英雄"

2019 年 9 月，在大型文化知识竞技类节目《见多识广》收官之际，曾庭民最终拿到总冠军。他的夺冠历程有些曲折，先是在晋级赛中败于对手，后凭借网络人气靠前进入复活赛突围而出。对于最终登顶，他感到很意外，"一开始编导找到我，我就说没太大信心，我以为节目中的题目都是很专业的，编导解释说问题只会限于广东知识，这个就好一些，觉得可以试一下，而且我是带着宣传消防安全的心态来参与的"。

他曾以一封"遗书"走红

曾庭民的故事比较传奇。"消防是十大高危行业之首。在没有发生天津那场爆炸之前，据统计，近 5 年，中国平均每 12 天就会牺牲掉一名消防队员。"在网络上，他曾因写下《一个消防战士的遗书》而走红，由于在《演说家》中的表演真情流露，展现了消防人鲜为人知的一面，他还被赞为"最帅消防员"。2003 年初，曾庭民入伍，在广州广园西消防中队服役，他遵照老兵的倡议写"遗书"，如果执行公务发生不测，家人可以收到他们留下的书信，为此他一共写下 12 封"遗书"。

由于火场形势复杂多变，温度极高，能见度低，更是伴有爆炸的危险，消防员工作极其危险，"我经历过无数次的火场和其他社会灾害，到底怎么救人？怎么自救？我想把自己所经历的、所学会的教给别人。这也是对消防员的一种保护"。为此，2015 年他退役后，便拉上几个战友利用音乐的形式开展"119 课堂"的消防公益巡演，深入社区、学校、商场和企业，在文艺中提高老百姓的消防安全意识。

三年间，他们的足迹走过了 18 个省、75 个城市，累计 87 场活动覆盖超过 10 万人，不过他们也因此亏损 200 多万元，不但花光了退役金，还欠下不少外债。彼时，34 岁的他始终一路坚持，更难得的是，身边人一直支持着，"我的父母非常开明，只要你要做的事是正确的，他们都会很宽容，当然战友们也都有自己的现实压力，但我们这个团队很难得，凝聚力太强了，所以我很感恩。或许未来我会做点别的，但这段经历对我是特别宝贵的财富"。

让民众降低损失比出名更有意义

获知"网红"曾庭民的事迹后，大部分网友都予以鼓励，却也免不了有杂音，认为他是在博出名，或者是为了未来有好处，对此，他一笑而过。微信名"曾小民"就可以让人看出他的谦卑，"我知道自己有几斤几两，出了名又能怎样？起码我目前做得很安心、开心，这样的人生很棒，更重要的是，我一点小小的力量能让普罗大众降低损失，这比出名还来得有意义，有功德"。

面对"最帅消防员"的称呼，他很清醒："这个称号不是给我个人的，是大家对整个群体的赞美，我觉得只要每个人把手上的事情做好了，就是真正有益社会，都会得到点赞，我们只是在做一件很平常很普通的事。"

想把"119 课堂"升级为文化节

尽管团队亏损未止，但曾庭民依然决定在未来将"119 课堂"升级成消防应急潮流文化节，向大家进一步注入安全理念，"我们要传承广东人敢为人先的精神，把消防文化与广府文化融合，发动更多市民来参与，推动消防安全教育"。

其实对这个计划，曾庭民自己心里也没底，"我们在尝试新的模式，抱着最坏的打算，如果撑不到明年，我们就解散了，毕竟大家都是而立之年，但我要继续坚守一年，想让自己活得纯粹一些"。

对于自己的执着，他这样解释："我的底色一定跟父母有关，后来的各种成长和历练让我去思考人生真正的价值是什么。"而其真正的座右铭早就被他写进了歌词，"嘲笑我的人谢谢你，不愿随波逐流，难免会失望难过"。

资料来源：《这位广东小伙好帅！倒贴几百万元传播消防安全》，https：//www.sohu.com/a/342038443_823803，2019年9月19日。

陈晓青：坚持做一个不讲故事的企业家

2007年，已是团级干部的陈晓青挥别了23年的军旅生涯，从部队转业。他毅然选择了自主创业，进入生态农业领域。从决定创业那时起他就告诉自己，一定要做一个不讲故事、不去表演的创业者。"我不讲故事，但我会成为别人的故事。"陈晓青选择的事业是珍禽养殖，而这个行业的进入门槛很低，因此，他深知，珍禽养殖这条路不容易走。

别人看到的是现状，而我看到了未来

2008年的一天，陈晓青正奔波在西安城北的草店村中，这已是他多次来到这里勘查土地，并和村民商谈租赁土地建设养殖场的事宜。令他没想到的是，绝大多数农民并不信任他。在村民眼中，建立大规模的养殖场只是一个美丽的泡沫，有的村民甚至毫不避讳地说，"你们最终会在租来的地里留下一地碎砖头烂瓦块，然后拍屁股走人！"

当时社会上进行大规模农业养殖投资的不少见，但有相当比例的企业目的并不纯粹，这些企业用极低的价格把村民的地租来进行"表演性"的投资建设，只要补贴款一到位，围起来的地就成了烂摊子。这种做法不仅影响了村民合作的积极性，更主要的是产生了极为不良的社会影响。人们之间的信任感缺失，这也成为陈晓青一开始就到处碰壁的原因。

陈晓青很理解村民的顾虑，他也深知自己要做的事情就是用行动逐渐消解人们之间的信任危机。他创业的时候，苏丹红和瘦肉精事件余波尚未消尽，特别是 2006 年上海的瘦肉精食物中毒波及 300 多人，这让大多数老百姓一提起食品安全问题就谈虎色变，这也直接导致了市场合作中缺乏有效的信任基础。食品健康和社会信用的双重危机让陈晓青从创业一开始就步履维艰。

陈晓青准备养殖的是环颈雉，又叫七彩雉鸡。我国的环颈雉鸡是 1881 年从美国引入的，经 100 多年的杂交选育而形成，在美国被称为中华环颈雉鸡。这是一种珍禽，历来就是皇家贡品，无论养殖技术难度还是投资规模都要比养殖普通家禽大得多。为了更好地掌握市场动态和养殖技巧，陈晓青跑遍了全国各地，请教专家、咨询养殖户、调查市场需求，尽可能从各个方面去了解这个行业。在这个过程中，他发现了一个奇怪的现象，不少养殖户专门开辟了一块"表演用地"，他们在这里用放养的方式养鸡，并专门带合作商户参观，但实际上，绝大多数供往市场的肉跟蛋都是环境恶劣的养殖场内快速出栏的产品。"这已是行业公开的秘密"，也就是从这时开始，陈晓青告诉自己，决不能做一个讲故事的企业家，而要扎实、认真地去做事情。

但不讲故事的原则让他一开始就有些不知所措，村民的不配合是一方面，亲戚朋友的不理解也成为他前行的阻碍。大家一致认为，做养殖回报周期长，更别说养殖的是野生动物，不好养又不好卖。"别人看的是现状，我却看到了未来。没有人认真去做农业，这也同样意味着市场没有竞争。社会矛盾复杂，谁解决了谁就是上帝。"正是秉持着这样的信念，陈晓青毅然决然投身到了这个一开始就需要解决大量矛盾的珍禽养殖事业中。

跑断腿、磨破嘴，在他一如既往的诚心和坚持下，终于有 5 户村民愿意把土地租赁给陈晓青了，这些土地连成片也不够 20 亩。在陈晓青原来的计划中，是要租赁 200 亩的土地来实现他不讲故事的科学养殖计划的。"或许，所有的完美都是从缺失开始的。"陈晓青这样告诉自己，并从这拼凑起来的 20 亩土地上开始了自己的养殖大计。

当不了将军，就做一个高精尖的养殖人

2007 年从西安卫星测控中心转业的时候，陈晓青已经在这里待了 23 年。他虽然舍不得这个大集体，但他心里很清楚，自己需要有一个更大的目标去实现。也正是因此，当年不少转业干部选择去了正在蓬勃发展的高科技企业，他却坚定地开始了自己农业养殖的创业道路。"我一直是一个积极上进的人。按部队的晋升标准和现状，我自己测算了一下，在这里当将军的可能性是 0.01%，所以我最终选择了去养鸡，但我必须做一个高精的养殖人。"陈晓青半开玩笑地这样解释。

在西安卫星测控中心的多年工作经历中，陈晓青除了在测控站和控制计算站待过，也在机关的政治部秘书处工作过。参加工作不久，他就被评为卫星测控中心的"十佳青年"，此后参加全军大比武也获得过技术三等功。要强、认真、爱钻研，是他与生俱来的性格，而部队的纪律性生活则让他这种性格磨炼成了一种难得的品质。"部队的经历成为我人生的财富，而这些财富中最重要的就是严谨。做了 10 年秘书处工作，把事情做好做精，不能留半点差错。"陈晓青这样评价自己。

也正是这种可贵的品质，让陈晓青早早就开始为自己创业做打算。早在 2002 年的时候，他就在西安交通大学自费上了 MBA 班。他不仅刻苦去研读管理经营方面的理论和案例，也不断地和老师、同学进行交流，从而获得更加实际的从商心得。"和大家的交流中，我发现其实做生意并没有想象中那

么难。大多数人看待分析问题停留在表面，而没有深入实质。如果你认为做生意难，那一定是你没有改变自己的思路和模式"。

通过 MBA 的学习，陈晓青获得了比以往更强大的自信，他把学习到的理论方法应用到实践中，一头扎进中国鸡蛋市场的研究，希望从这个司空见惯的食品中找到自己创业的方向。

陈晓青开始研究的课题很奇特，就是鸡蛋数量的问题。"小时候我们家养的鸡一年能产 100 多个蛋，到 20 世纪 90 年代则能产 200 多个蛋，而现在的年产量则能超过 300 个。"这个显然是和鸡的进化无关的数学问题，让陈晓青深深着迷。也就是从这个其他人看来微不足道的数字问题中，他总结出了自己的蛋鸡养殖市场模式理论。

"我们经历了三代养殖模式。改革开放前，蛋鸡是老百姓自己散养。这种养殖模式的特点是产量低，质量也不稳定，往往和周边的水土环境相关。改革开放后形成的第二代养殖模式是笼养，但人们过分追求效率，导致鸡的出栏周期大大缩短。虽然解决了食物短缺的状况，但同时也带来产品品质的急剧下降。我希望能有更科学合理的第三代养殖模式，通过更为科学的养殖方式和管理方法，提高蛋和鸡的品质，但这就需要产量降低和生产周期变长作为代价。"陈晓青说。

陈晓青的目标是，不仅要把自己提出的第三代养殖理论体系化，而且要实实在在地建立一个这样的第三代模式标准养殖场。为了这个目标，他不仅在创业前做足了准备，也在十多年的创业历程中时刻战斗着、坚持着，用行动来证明自己的理论。

到 2013 年时，陈晓青和他的集美生态农业已经声名远播，他的珍禽驯养繁育基地被命名为西安市农业科技示范园、灞桥区野生动植物保护管理站野鸡养殖示范基地、陕西省自主择业军转干部创业示范基地。让陈晓青至今提起来都颇为骄傲的是，十多年来他养的环颈雉从来没得过一场疫病，这在其他养殖户那里是不可思议的。问及其中奥秘，他淡淡一笑："你把鸡当人

265

看，用人的健康管理理念去养鸡，自然它们会给你好的回报。"

这个健康管理理念来源于人的"合理饮食、适量运动、心理平衡、戒烟限酒"。具体到环颈雉的养殖，就是坚持用粮食喂养做到吃得健康，养殖场地面硬化做到环境健康，防疫做到位保证机体健康，同时给鸡一定的活动空间做到心理健康。

创业和打游戏一样，需要集中资源战斗力

部队经历给予了陈晓青严谨、务实、认真的品质，让创业之路更像战斗一样攻坚克难。但有时候这些品质却和商人这个身份有些格格不入，成为不够变通、圆滑的代名词，这也让陈晓青着实摔了不少跟头。

创业初期，养殖场主要业务方向是发展养殖户，也就是给全国各地的养殖户提供鸡苗，这样就能更快地拓展市场。经过短短几年的努力，陈晓青养殖场出品的鸡苗被售卖到全国数百合作养殖户手中，范围遍及新疆、甘肃、河南、西宁、山西等多个地区。但由于没有处理好和相关主管部门的关系，2013 年，集美生态农业的检疫证没有给继续颁发，这让需要飞机运输的鸡苗业务遭受当头一棒，养殖户市场整体开始萎缩。痛定思痛，陈晓青不得不面临着经营思路和市场方向的调整。最终，他下定决心把业务重点方向放到终端消费市场。

陈晓青再一次用自己的理论指导了行动，他很快把大量资源投入到终端消费市场的开发中，并逐渐收缩此前给自己带来较高利润的养殖户市场。"不讲故事讲科学，不看概念看本质，好品质才是好产品。"集美生态农业时刻保有着这样的初心。为了保证产品的品质，公司坚持做产品安全标准的检测，进行无公害产品认证，同时加强产品营养成分的科学标准管理，进行营养成分分析，也就是国际上通用的谱尼测试。安全和营养的双重标准管理，不仅让集美生态农业的肉蛋产品获得市场的高度认可，也获得了权威专家的赞誉。

正是陈晓青一直坚持珍禽养殖要有健康管理和潜心营养的理念,这让公司的雉鸡肉和益智蛋经国家相关部门质量安全和营养成分监测,鉴定为不可多得的优良产品。"鸡一年能生300个蛋,肉鸡出栏周期不到两个月,市场上这些行为都是为了追求产量,人为地改变了鸡和蛋的生长周期规律,那怎么可能会有营养?"陈晓青用最初的鸡蛋数学题回答了这个问题。在集美生态农业的养殖场,保证鸡在四五个月的生长周期中营养健康地自然成熟,这就是尊重自然规律带给他们的回报。

如今,集美生态农业的年产值已经超过1000万元,存栏蛋鸡5000只,肉鸡近4万只。珍禽系列产品业务已经辐射国内十多个省,最远销到吉尔吉斯斯坦。而这一切,都是源于十几年前那个不完美的养殖场和陈小青带领的几个人的团队。

"用5到10年的时间把公司的产值做到1亿元。但更重要的是,我必须建设起一个第三代养殖模式的标准化养殖场。"陈晓青没有忘记自己的初心。

资料来源:《陈晓青 坚持做一个不讲故事的企业家 》,https://www.sohu.com/a/324112121_ 100150298,2019年7月1日。

李剑川的无人机事业

1966年4月出生的李剑川,是一名中共党员,博士,湖南中部创新集团董事长,国防科技大学(以下简称国防科大)自主择业军队转业干部(技术7级)。1987年李剑川从国防科大自动控制系毕业后,申请入伍到边远艰苦地区工作,四年间因表现突出获某兵器试验基地科技奖;1991年考入国防科大自动控制系读硕士学位，其间承担空军"八五"重点项目歼十铁鸟研制，为歼十铁鸟飞控的成功研制做出了突出贡献；2001年赴中国航天科技集团第九研究院攻读博士学位；2008年回国防科大组建GNC（制导导航与控制）芯片实验室，承担了近30多项国防预研、重点型号、"863"计划等科研项目。李剑川曾获得两项军队科技进步二等奖、在湖南1998年抗洪中荣立三等功一次。

"拼命三郎"赢了死神一把

李剑川离开军营踏足无人机领域，源于内心澎湃着军人的热血，想实现实业报国的理想。他2001年读博时，研究微电子与计算机系统结构，学成回到国防科大后，奉命组建了相关实验室进行科研攻关。退役后，李剑川成立湖南中部创新科技集团（以下简称"中部创新公司"）。通过市场调研，他把方向确定在无人机及微型控制装备上，带领团队研发生产消防无人机、水陆两栖救援无人机、单兵反恐察打一体无人机、拒止武器和微小型飞机。

科研道路上，从来没有坦途可走。几年来，李剑川一心扑在科研攻关上，几乎全年无休。2017年9月，为了验证一款消防无人机的性能，李剑川和他的团队随国家消防装备检测中心到西藏进行高原试验。当时，李剑川是公司唯一能飞无人机的人，却正好身患感冒。常识告诉我们，在高原上患感冒非常危险，易引发肺水肿。但试验不能耽搁，一年只有一次，最后他冒着生命危险上了高原。

在海拔5100米的地方，试验做到一半，有些人因受不了高原反应下山了，李剑川咬牙坚持着，可他很快出现血氧指数不足，情况危急。其他参试单位的人将氧气袋全给了李剑川，大家挤在一部车里一路狂奔下山。靠着6袋氧气，李剑川这位"拼命三郎"赢了死神一把。

试验证明，李剑川公司选送的这款消防无人机解决了电池低温、大电流遥控开关、整机安全性等问题，填补了大载重高原救护无人机、消防无人机、单兵反恐察打一体无人机等多项空白。

国外做不了的更要搞成功

李剑川出身于军人家庭，父亲参加过抗美援朝战争，回国后长期驻防海防前线。在父亲身上，李剑川读懂了家国情怀，他热爱解放军、向往军营生活，高考填志愿时毫不犹豫填报了国防科大。毕业后，他又主动申请到条件艰苦的某兵器试验基地工作。为了发展仿真技术，他刻苦钻研，成为该基地首个考上研究生的干部，回到国防科大自动控制系攻读硕士学位。

痴迷科研，加上实践经验丰富，国防科大选定李剑川参加重点科研项目。初生牛犊不怕虎，要做就做最难的，李剑川等研究生承担起课题中十分重要的全系统实时通信接口技术的攻关。这个攻关的核心技术是，把系统里从中型计算机到小型计算机再到微型计算机的12类接口，用汇编程序一一打通，设计非标驱动器。

当时，国外有专家预言，这个总线下的驱动项目中国做不了。李剑川不信这个邪，他说："国外做不了的，我们不一定做不了！"他把自己关在实验室3个月，啃下一人多高的外文资料，不停地调试接口，有时睡觉做梦都在调试接口。功夫不负有心人，他终于打通了所有接口，整个系统顺畅地运转起来。

因为在科研中的突出表现，李剑川研究生毕业后被国防科大留了下来，加入国家重点工程攻关团队。后来，他留校任教，承担近30项国防预研、重点型号任务以及"863"科研项目等，用军人的赤诚勇攀科技高峰。

"用心打造，让产品达到极致"

经过不懈努力，李剑川带领团队研发的消防、救援、警用反恐等无人机获得 5 项国内第一或领先成绩，中部创新公司申请专利 10 余项，成为无人机等领域的领跑者。

正是看中了中部创新公司强大的创新能力，多地多单位加强了与公司的合作。上海消防所、防化研究院等研究院所与他们建立了战略合作关系，国防大学、国防科大等高校同他们一起探索新型智能无人系统。岳阳市与公司进行战略合作，在芭蕉湖成立水陆两栖无人机、水上快速救援艇项目基地，目前已建好 3000 平方米厂房和码头。

"用心打造，让产品达到极致。"李剑川说，中部创新公司虽然拥有一流技术，但是绝不醉心于赚快钱，而是沉静沉淀。走向市场的产品，要经过十多版甚至数十版的改进，像单兵便携察打一体无人机，其旋翼做到了一键折叠，且用时仅 4 秒钟，便携性与勤务性能达到了极致。

资料来源：《脱下戎装　实业报国——李剑川同志先进事迹》，金台资讯，https：//baijiahao. baidu. com/s？ id = 1667913483700940220&wfr = spider&for = pc，2020 年 5 月 28 日。

"兵支书"张飞：让腊肉飞出大山

张飞，2003 年 12 月入伍，在武警四川省总队自贡市支队服役，2008 年 9 月，张飞考取四川警察学院后退出现役。

2020 年，有一段视频在网上流传：拍摄地点在四川省阿坝州小金县老营乡麻足寨，海拔 3200 米。画面里，整洁的餐桌上摆着美食，浮云飘在身后，青山蓝天尽收眼底，远处的雪山躲在云海后忽隐忽现。

网友给这个伸手就能摸到云的地方起名"云端餐厅"，而拍摄者张飞给它起了个更诗情画意的名字——"忘忧云庭"。

这里是张飞的家。2016年7月，30岁的张飞被四川省阿坝州小金县旅游发展局派到小金县老营乡甘家沟村任扶贫第一书记。

当时，当地老百姓主要靠打零工、养殖、种地获得收入，收入非常有限。安徽老家弟弟探亲时的提醒，让张飞第一次听说了可以通过网络平台向外界介绍当地的风土人情。他开始学习短视频的拍摄和剪辑技巧，"想拍拍村民的生活，让外面看看大山里的状况，试着帮他们找找赚钱的路子"。2016年11月，张飞上传了自己的第一个短视频作品。"话没说完，手一滑就发出去了，当时技术不行。"

2017年初，张飞"第一次在网上做直播，不到一分钟，没说话就关了"。分析当时的原因，张飞说"主要是不好意思"。

转机出现在2019年1月张飞拍摄的一段10秒的短视频，播放量竟高达1900多万次。视频内容是他和家人坐在飘飘的云雾间吃饭，那一次，他涨粉20多万。有细心的网友还打听起直播画面中频频入镜的腊肉。通过张飞的直播，村里的腊肉常常销售一空，为村民带来了收入。渐渐地，越来越多的网友喜欢张飞视频中的农村生活、美食，粉丝也从最早的几百人涨到现在的84万多人。在张飞发布的将近300条视频中，播放量达百万次的不在少数。

"从不支持到支持，有这么一个过程，"张飞说，"现在也在引导村民使用互联网，让他们有挣钱的能力吧。"如今，甘家沟村27户109人已全部脱贫。2019年，通过网络帮助甘家沟村村民销售苹果11000斤，增收55000多元；销售松茸300多斤，增收60000多元。张飞总结"直播是雪中送炭"。

脱贫后怎么能让村民有长久持续的收入？"除了把农产品卖出去，还要通过直播展示大山的美，把游客吸引进来。"现在，越来越多的网友被张飞直播中的美景吸引来到"忘忧云庭"。

而交通环境的改善也让张飞的想法成为现实。"之前下村不是骑摩托车就是徒步。2016 年，想在村里发视频是不可能的，要走一小时到山脚下的大公路才有信号。"通过国家的脱贫攻坚扶持政策，遇山打隧道、过河架桥，现在从成都到小金县的车程从 9 小时缩短至 4 小时。2017 年，村里的通信条件也得到了改善，张飞不用下山找信号，在村里就可以直播了。

张飞很感谢互联网："我在上面认识了很多在家里不可能认识的城市朋友。"如果没有互联网，认识人、拓宽销售渠道对于农民而言都是很难的。"比如我们养的土鸡，通过网络直播、短视频这些形式，网友可以直观地看到鸡的生长环境、繁衍方式，网络传播的速度太快了。"

说起时下流行的直播带货方式，张飞有自己的思考。"直播带货不是想象中那么简单，直播带货的模式比较脆弱。"他以扶贫举例，直播带货主要带的是当地的农土特产，特别是养殖类，这是有风险的。制作成品过程中，如果没有严格的把关和统一的技术，产品不是网友想象的样子或是质量不稳定，那买过一次的人可能就再也不会买了。

2020 年，张飞忙活着"星空民宿"和"云端瑜伽馆"的项目报规，他盘算着通过打造小金县的旅游名片，希望建成后的旅游度假山庄能给当地带来更多的就业岗位，游客来后可以边赏美景边品美食，"让文旅和农业能联合发展"。当年的五一假期，近 200 人来到麻足寨旅游。这更坚定了张飞的想法："搞旅游肯定没问题，网络直播是一个带入口，让城市里喜欢半高山生活的网友找到了好去处，也给大山带来了发展机遇。"张飞说，一路走来，网友给他支了很多招，"从直播带货到拉动旅游，是对脱贫攻坚成果的巩固和提升，也为当地老百姓拓宽增收渠道、建立长效保障机制提供了可能"。

目前，甘家沟村正在通过争取政府搭台、村集体土地流转和网友参与资源入股的形式，建造房车营地，星空房、阳光餐厅、瑜伽馆、健身房和恒温游泳池，努力把"忘忧云庭"打造成一个适合观光休闲的"度假山庄""网红打卡地""民宿村",让"忘忧云庭"成为一张亮丽的旅游名片。

资料来源:《"忘忧云庭"让腊肉飞出大山——四川"兵支书"张飞被表彰为"全国脱贫攻坚先进个人"》,于都县人民政府,http://www.yudu.gov.cn/ydxxxgk/c100458/202103/4ddb9bf353af4119898b9ef199790c3d.shtml,2021 年3 月 15 日。

附 录

退役军人创业应知应会 30 问

1. 退役军人创业有哪些税费减免政策？

答：（1）对自主就业退役士兵从事个体经营的，自办理个体工商户登记当月起，在3年（36个月，下同）内按每户每年14400元为限额依次扣减其当年实际应缴纳的增值税、城市维护建设税、教育费附加、地方教育附加和个人所得税。

从事个体经营的自主择业军队转业干部，自领取加载统一社会信用代码的营业执照之日起，其提供的应税服务3年内免征增值税。

（2）为安置自主择业的军队转业干部就业而新开办的企业，凡安置自主择业的军队转业干部占企业总人数60%（含）以上的，自领取加载统一社会信用代码的营业执照之日起，其提供的应税服务3年内免征增值税。

（3）退役士兵、军队转业干部和随军家属登记的增值税小规模纳税人发生增值税应税销售行为，合计月销售额未超过10万元（按季销售额未超过30万元）的，免征增值税。发生增值税应税销售行为，合计月销售额超过10万元（按季销售额未超过30万元），但扣除本期发生的销售不动产的销售额后未超过10万元（按季销售额未超过30万元）的，其销售货物、劳务、服务、无形资产取得的销售额免征增值税。

2. 退役军人创业有哪些贷款优惠政策？

答：主要有个人创业担保贷款及贴息和小微企业创业担保贷款及贴息两类。

第一类：个人创业担保贷款及贴息。有创业要求、具备一定创业条件但缺乏创业资金的退役军人初次创业的，经审核，可申请不超过30万元的贷款；合伙经营或创办企业的，可适当提高贷款额度。并可享受全额贴息，予以贴息的利率在基础利率的基础上可最高上浮3个百分点，期限不超过3年。

第二类：小微企业创业担保贷款及贴息。小微企业招用自主择业军转干部和自主就业退役士兵等重点人群达到企业现有在职职工总数20%以上

（超过 100 人的企业达到 10% 以上），与之签订 1 年以上劳动合同并依法缴纳社会保险费的，可按每人不超过 20 万元的标准申请创业担保贷款（总额不超过 300 万元）；对入驻科技孵化器、经人力社保部门认定的创业孵化基地的小微企业给予全额贴息，对其他企业贴息 50%，贴息标准按基础利率执行，期限不超过 3 年。

3. 退役军人创业有哪些补贴政策？

答：退役军人初次创业的，经认定可给予一次性创业补贴。退役军人初次创办个体工商户或企业带动 3 人就业，并依法缴纳社会保险费 1 年以上的，给予每年 2000 元的带动就业补贴；带动超过 3 人就业的，每增加 1 人再给予 1000 元补贴，每年总额不超过 2 万元，补贴期限不超过 3 年。

4. 退役军人如果名下有多家企业，是否只能享受退役军人个人创业贷款、小微企业初创期创业贷款、信用贷款和抵押贷款 4 类中其中 1 个类型的扶持政策？

答：均可以享受创业扶持政策。但是，为激励更多退役军人自主创业，避免重复补助，同为一个法人的借款人，不能在同一贷款期限内同时申请个人创业贷款、小微企业初创期创业贷款、信用贷款和抵押贷款。

5. 创业带动就业奖励政策是否适用于人力资源或劳务派遣公司？

答：退役军人与人力资源或劳务派遣公司签订劳动合同，具体有两种情形：一是实际用工单位是人力资源或劳务派遣公司，而不是向其他单位派遣用工，此种情形计入人力资源或劳务派遣公司吸纳退役军人就业范围，对符合条件的人力资源或劳务派遣公司进行奖励。二是实际用工单位不是人力资源或劳务派遣公司，只是人事代理，此类情形计入实际用工单位吸纳退役军人就业范围，对符合条件的实际用工单位进行奖励。

6. 小微企业创业贷款限定了注册登记三年内的初创期，那么个人自主创业是否有时间限制，是否个人自主创业多年后还可以申请享受创业扶持政策？

答：退役军人个人自主创业，创办小微企业的，在三年初创期内申请小微企业初创期创业贷款，后续发展还可以申请信用贷款和抵押贷款。发展种养殖等从事个体工商创业的，申请个人自主创业贷款，不受三年期限时间限制。

7. 退役军人个人自主创业贷款的认定是否必须为已注册企业？营业执照注册为个体工商户的（如个体养殖、种植、电商创业，以及贷款购买出租车创业或者其他特殊情况的创业项目等），是否可以享受个人自主创业贷款？

答：退役军人个人自主创业贷款是以退役军人个人为借款人的贷款服务，具体包括两类情况：一类是退役军人本人从事种养殖、电商等个体工商创业，须以个人名义申请贷款。另一类是退役军人本人创办小微企业创业，在初创期内，以个人名义申请贷款。营业执照注册为个体工商户的，属于第一种情形，可以按照《退役军人创业扶持操作规程（试行）》规定，申请个人自主创业贷款。

8. 企业不属于初创期，且有扩大生产规模的意愿，可以申请信用贷款、抵押贷款吗？

答：可以。信用贷款、抵押贷款是专门为退役军人创办的小微企业后续发展提供的贷款服务。按照经办商业银行发布的贷款条件、程序办理，直接向经办银行提出申请。

9. 退役军人创办的企业已申请贷款，并已享受贷款贴息，后企业变更法人代表，变更后新法人能否继续享受贷款贴息政策？

答：若变更后的企业仍符合"退役军人本人担任法定代表人，且实际出资额占公司资本总额50%以上或持有股份占公司股本总额的50%以上"条件，此种情况新企业仍可以享受贷款贴息政策。若变更后的企业法人代表不是退役军人，或虽为退役军人但不符合出资比例要求，那么新企业不再享受贷款贴息政策。

10. 申请小微企业初创期创业贷款需要申请人提供依法纳税、缴纳社会保险费记录，但因小微企业用工流动性、季节性大，固定工少，无法为工人全部缴纳社会保险。此种情况是否可以申请贷款？

答：依法纳税和缴纳社会保险是企业的法定义务，也是保护职工合法权益，应按照法律规定执行。除政策规定缓缴、免缴等情形外，若未依法纳税或未为职工全部缴纳社会保险，则不符合小微企业初创期创业贷款条件。

11. 已经申请了抵押贷款的能否办理自主创业贷款？

答：抵押贷款是退役军人创办的小微企业后续发展阶段的贷款服务，若已经办理了抵押贷款，说明企业已过初创期，不符合以个人名义申请个人自主创业贷款或以小微企业名义申请初创期创业贷款条件。

12. 按照公司注册章程，企业由多名退役军人合伙创办，且都是公司股东。如果其中 1 名退役军人股东（非法人）被追究过"党纪、政纪或法律责任"，是否就失去贷款资格？是否仅对受到刑事处罚的退役军人取消扶持资格？

答：诚实守信，无不良信用记录，无违法乱纪行为是申请贷款的条件之一。"因违纪违规被追究党纪、政纪或法律责任的"情形，主要针对企业法人。其他股东受到类似处分，不影响贷款资格，但股东有受到刑事处罚情形，造成恶劣影响的，应取消扶持资格。

13. 夫妻共同经营的小微企业如果申请贷款，但法定代表人不是退役军人本人，而是其妻子，能否具有申请贷款资格？

答：退役军人创办的小微企业必须由退役军人担任法定代表人，且实际出资占公司资本总额 50% 以上或者持有股份占公司股本总额的 50% 以上。由其妻子担任法定代表人不具备申请贷款资格。

14. 户籍所在地或安置地与创业所在地不在同一地市，在何地申请？

答：退役军人应向创业地乡镇（街道）退役军人服务站申请。

15. 小微企业的界定是参照人社部门标准还是工信部门标准或是其他标准？

答：小微企业认定标准，按照《统计上大中小微型企业划分办法（2017）》（国统字〔2017〕213号）执行（见下表）。

统计上大中小微型企业划分标准表

行业名称	指标名称	计量单位	大型	中型	小型	微型
农、林、牧、渔业	营业收入（Y）	万元	Y≥20000	500≤Y<20000	50≤Y<500	Y<50
工业	从业人员（X）	人	X≥1000	300≤X<1000	20≤X<300	X<20
	营业收入（Y）	万元	Y≥40000	2000≤Y<40000	300≤Y<2000	Y<300
建筑业	营业收入（Y）	万元	Y≥80000	6000≤Y<80000	300≤Y<6000	Y<300
	资产总额（Z）	万元	Z≥80000	5000≤Z<80000	300≤Z<5000	Z<300
批发业	从业人员（X）	人	X≥200	20≤X<200	5≤X<20	X<5
	营业收入（Y）	万元	Y≥40000	5000≤Y<40000	1000≤Y<5000	Y<1000
零售业	从业人员（X）	人	X≥300	50≤X<300	10≤X<50	X<10
	营业收入（Y）	万元	Y≥20000	500≤Y<20000	100≤Y<500	Y<100
交通运输业	从业人员（X）	人	X≥1000	300≤X<1000	20≤X<300	X<20
	营业收入（Y）	万元	Y≥30000	3000≤Y<30000	200≤Y<3000	Y<200
仓储业	从业人员（X）	人	X≥200	100≤X<200	20≤X<100	X<20
	营业收入（Y）	万元	Y≥30000	1000≤Y<30000	100≤Y<1000	Y<100
邮政业	从业人员（X）	人	X≥1000	300≤X<1000	20≤X<300	X<20
	营业收入（Y）	万元	Y≥30000	2000≤Y<30000	100≤Y<2000	Y<100
住宿业	从业人员（X）	人	X≥300	100≤X<300	10≤X<100	X<10
	营业收入（Y）	万元	Y≥10000	2000≤Y<10000	100≤Y<2000	Y<100
餐饮业	从业人员（X）	人	X≥300	100≤X<300	10≤X<100	X<10
	营业收入（Y）	万元	Y≥10000	2000≤Y<10000	100≤Y<2000	Y<100
信息传输业	从业人员（X）	人	X≥2000	100≤X<2000	10≤X<100	X<10
	营业收入（Y）	万元	Y≥100000	1000≤Y<100000	100≤Y<1000	Y<100

续表

行业名称	指标名称	计量单位	大型	中型	小型	微型
软件和信息技术服务业	从业人员（X）	人	X≥300	100≤X<300	10≤X<100	X<10
	营业收入（Y）	万元	Y≥10000	1000≤Y<10000	50≤Y<1000	Y<50
房地产开发经营	营业收入（Y）	万元	Y≥200000	1000≤Y<200000	100≤Y<1000	Y<100
	资产总额（Z）	万元	Z≥10000	5000≤Z<10000	2000≤Z<5000	Z<2000
物业管理	从业人员（X）	人	X≥1000	300≤X<1000	100≤X<300	X<100
	营业收入（Y）	万元	Y≥5000	1000≤Y<5000	500≤Y<1000	Y<500
租赁和商务服务业	从业人员（X）	人	X≥300	100≤X<300	10≤X<100	X<10
	资产总额（Z）	万元	Z≥120000	8000≤Z<120000	100≤Z<8000	Z<100
其他未列明行业	从业人员（X）	人	X≥300	100≤X<300	10≤X<100	X<10

16. 退役军人创办的小微企业，没有申请过创业贷款，能否直接申请后续发展的信用贷款、抵押贷款？已经享受过初创期创业贷款的，能否申请后续发展需要的信用贷款、抵押贷款？

答：均可以申请，但需要注意的是，同为一个法人的借款人，不能在同一贷款期限内同时申请个人创业贷款、小微企业初创期创业贷款、信用贷款和抵押贷款。

17. 退役军人贷款贴息周期为一个自然年。鉴于 35 号文件有效期为 2021 年 7 月 31 日，对于 2020 年 7 月 30 日后、文件有效期之内退役军人申请的各类贷款，是否还能享受贴息？

答：2020 年 7 月 30 日至 2021 年 7 月 31 日期间获批的创业贷款，至文件有效期后贴息没有完毕的，仍继续按文件规定予以贴息。

18. 文件规定的创业贷款贴息"对退役军人创办的小微企业后续发展申请的信用贷款、抵押贷款，按贷款利率的 50% 给予最长 2 年贴息"，其中是否包括个人自主创业？

答：退役军人个人自主创业创办小微企业的，适用此情形。个人从事种养殖、电商等个体工商创业的，不适用此情形。

19. 退役军人安置地在省外，在省内地市申请创业贷款，退役军人部门是否需要确认其在安置地是否享受公益岗待遇？

答：需要确认。政府安排工作且在岗的退役军人、专项公益性岗位在岗退役军人不在创业扶持对象范围。创业扶持对象是户籍地或安置地在本省并创业的退役军人。

20. 政策规定对初创小微企业吸纳退役军人就业实施奖励，若同一退役军人一年后变更工作到另一企业就业，那么新企业是否可以按吸纳该退役军人就业申请奖励。

答：新企业与该退役军人签订1年以上期限劳动合同、依法缴纳社会保险满1年，按吸纳退役军人就业计算。若首次申请奖励，以实际吸纳就业退役军人人数核发；以后年度申请，按实际吸纳退役军人就业净增人数核发。

21. 小微企业初创期创业贷款、创业带动就业奖励所规定的3年内，是以受理时间还是以审批时间为限？

答：以受理时间为限。

22. 企业招用自主就业退役士兵有哪些税收优惠政策？

答：企业招用自主就业退役士兵，与其签订1年以上期限劳动合同并依法缴纳社会保险费的，自签订劳动合同并缴纳社会保险当月起，在3年内按实际招用人数予以定额依次扣减增值税、城市维护建设税、教育费附加、地方教育附加和企业所得税。定额标准为每人每年9000元。政策执行期限到2021年12月31日。

23. 退役军人首次返乡创业有哪些补助？

答：退役军人首次返乡创业正常经营6个月以上的，带动3人以上就业且签订1年以上劳动合同的，由就业补助资金给予一次性5000元创业补贴；其中，对带动建档立卡贫困劳动者就业的，由就业补助资金按照每人2000～3000元再给予一次性补助。

24. 退役军人创业应该根据什么流程进行？

答：（1）充分进行市场调查；

（2）了解退役军人创业优惠政策，包括税收政策、补贴政策等；

（3）进行财务分析，明确资金来源和去向；

（4）撰写创业计划书；

（5）经过会计师事务所验资；

（6）营业执照的申请。

25. 退役军人创业常见的误区有哪些？

答：（1）年龄误区——认为已经过了创业的年龄；

（2）机会误区——感觉已经错过了创业的最佳时机；

（3）资金误区——没有钱，无法创业；

（4）单干误区——宁当鸡头不做凤尾，不愿意合作创业；

（5）诚信误区——为了生存不择手段。

26. 退役军人创业可能会遇到哪些陷阱？

答：（1）承诺的投资回报高；

（2）被拉着投资某种将要上市的原始股，忽视公司经营状况和盈利状况；

（3）看似隐秘实则虚假的"内部消息"；

（4）投资技术搞神秘，故弄玄虚；

（5）用文学、哲学包装投资手段；

（6）"不赚钱就退款"；

（7）只宣传生产不谈销售；

（8）夸大预算规划；

（9）忽视税款的存在。

27. 退役军人创业过程中有哪些防骗技巧？

答：（1）看资质证书。各类资质证书是企业发展水平的标志，绝大多数骗子没有或者不全，当然也有骗子的证书是全的，但有真有假，如果有必要的话应该去有关部门核实一下。

（2）看身份证。绝大多数骗子不敢出示真的身份证等有效证件，要注意识别真假证件。

（3）看产品。是不是和合同上订的样品一样，价值和价格是不是相等。

（4）想一想。想一想对方做生意的目的，有没有骗人的可能。

（5）查金融机构和汇款的真假。先查金融机构的真假，主要是通过对方的银行监管局、人民银行查，现在有的骗子用伪造的银行名称去电信部门登记电话号码，如果你通过电信部门直接查假银行和汇款，那么你就上当了。

（6）试探。不妨用语言试探对方，例如我同行的朋友是公安部门的经济警察，或者是某某方面的行家，骗子自然害怕。

（7）防调包。最好是自己运输，收货后人不能离开货物，特别要防止骗子在瞬间用相同或者相近的运输工具调包。

（8）陷阱合同。主要有承诺农副产品高价回收却不回收，只骗回扣；加工的工贸产品被苛刻回收，故意让活的变成死的、让好的变成坏的、及时的变成不及时的；等等。

（9）异地交货。骗子往往不在双方所在地交货，所以对选择异地交货的生意要少做或者不做。

28. 退役军人创业初期怎么进行可行性研究和风险评估？

答：可行性研究必须从系统总体出发，对技术、经济、财务、商业、环境保护、法律等多个方面进行分析和论证，以确定建设项目是否可行，为正确进行投资决策提供科学依据。各类投资项目可行性研究的内容及侧重点因行业特点不同而差异较大，但一般应包括以下内容：

（1）投资必要性。主要根据市场调查及预测的结果，以及有关的产业政策等因素，论证项目投资建设的必要性。在投资必要性的论证上，一是要做好投资环境的分析，对构成投资环境的各种要素进行全面的分析论证；二是要做好市场研究，包括市场供求预测、竞争力分析、价格分析、市场细分、定位及营销策略论证。

（2）技术可行性。主要从项目实施的技术角度，合理设计技术方案，并进行比选和评价。各行业不同项目技术可行性的研究内容及深度差别很大。对于工业项目，可行性研究的技术论证应达到能够比较明确地提出设备清单的深度。对于各种非工业项目，技术方案的论证也应达到目前工程方案初步设计的深度，以便与国际惯例接轨。

（3）财务可行性。主要从项目及投资者的角度，设计合理财务方案，从企业理财的角度进行资本预算，评价项目的财务盈利能力，进行投资决策，并从融资主体（企业）的角度评价股东投资收益、现金流量计划及债务清偿能力。

（4）组织可行性。制定合理的项目实施进度计划、设计合理的组织机构、选择经验丰富的管理人员、建立良好的协作关系、制定合适的培训计划等，保证项目顺利执行。

（5）经济可行性。主要从资源配置的角度衡量项目的价值，评价项目在实现区域经济发展目标、有效配置经济资源、增加供应、创造就业、改善环境、提高人民生活等方面的效益。

（6）社会可行性。主要分析项目对社会的影响，包括政治体制、方针政策、经济结构、法律道德、宗教民族、妇女儿童及社会稳定性等。

（7）风险因素及对策。主要对项目的市场风险、技术风险、财务风险、组织风险、法律风险、经济及社会风险等风险因素进行评价，制定规避风险的对策，为项目全过程的风险管理提供依据。

29. 退役军人创业前如何做好便捷有效的预算？

答：创业需要多少资金，如何预算？这个问题主要依据项目的种类、规模大小、经营地点等情况而定。以小本投资项目为例，所需的资金主要有以下几个方面：

（1）项目本身的费用。这里的费用是支付给所选定项目的直接费用。比如，购买某种机器设备的费用、某一个项目费用。如果是直接到项目方考察，还需要算上差旅费用。

（2）经营设备、工具等购置费用。这里所说的设备、工具主要是指项目在经营过程中所需要的辅助设备和工具。

（3）房租、房屋装修费用及流动资金。在预算这些费用时，要根据当地市场行情计算，房租一般至少要算入三个月的费用，因为现在租房至少也是一季度付一次，有的是半年或者一年付一次。房屋装修费用视其项目而定。这里还需注意的是，如果是开餐馆，要按照当地卫生防疫部门的规定装修，否则不被通过，领取营业执照就比较困难。流动资金根据具体情况计算。

（4）营业执照及其他类似的费用。个体营业执照对注册资金没有要求，工本费在 25~50 元。如果申办公司，按《中华人民共和国公司法》规定需要注册资金（公司注册后，资金可以自由支配）。此外，还有税务登记工本费、工商行政管理费等。

（5）经营周转所需要的资金。运行一个项目，至少要准备能支付 3~4 个月的经营周转资金，包括人员工资、水电费、电话费、材料费、广告费、维修费等。一个项目在最初运行时，需要经过至少三个月的市场培育期，这三个月内，也许盈利很少，也许根本就没有盈利甚至亏本，因此，事先必须要有足够的资金准备。

30. 企业发展一般分为几个阶段？

答：对于企业发展而言，有四个阶段。第一个阶段是技术推动阶段；第二个阶段是品牌推动阶段；第三个阶段是管理推动阶段；第四个阶段是并购推动阶段，企业在每个发展阶段的市场特点有所不同，经营策略也不相同。根据不同阶段的特点适时制定企业发展战略，有利于企业发展。

（1）技术推动阶段。这个阶段的特点表现为技术是主要的市场壁垒。技术比较好、价格比较便宜，效率比较高的，比较容易占领市场。这个阶段整个市场相对比较不成熟，竞争比较激烈但强势对手不多，需要靠技术和价格建立壁垒，确立自己的竞争优势，以占领市场。

（2）品牌推动阶段。品牌推动阶段，市场已经相对成熟，开始出现大企业、大品牌。这个时候，品牌将成为推动企业发展的重要推动力量。而更多的毛利率，则来自于品牌的溢价（溢价就是升值、升水、高出标准价格、标准利率的部分）。因为一个竞争充分的市场，是很少有信息不对称的，价格也相对透明。品牌的产品自然要贵一些，毛利率也高一些，而且市场占有率也会比较高。

（3）管理推动阶段。这个阶段，大企业的领先优势比较明显，行业利润率趋于稳定，在不开展新业务的情况下，管理水平提高和管理费用下降，都将成为主要的利润增长点。而管理的提高，也为企业更高层次的发展铺平了道路。这个时候可能就会有上市之类的选择。

（4）并购推动阶段。在并购阶段，整个企业已经形成规模，组织开始逐步僵化，保持市场地位比开拓市场新份额更重要，整个公司的发展也趋向保守。在自己做还是并购竞争对手的选择中，企业往往选择后者，通过不断地并购优势企业，来扩大企业的领先地位，增加新的市场份额。

就业记

卸甲归来　赢在职场

符蓉　曹琪　柯有雄◎著

经济管理出版社

ECONOMY & MANAGEMENT PUBLISHING HOUSE

图书在版编目（CIP）数据

就业记／符蓉，曹琪，柯有雄著. —北京：经济管理出版社，2022.12
（职场）
ISBN 978-7-5096-8928-8

I. ①就… Ⅱ. ①符…②曹…③柯… Ⅲ. ①职业选择—通俗读物 Ⅳ. ①C913.2-49

中国国家版本馆 CIP 数据核字（2023）第 007753 号

组稿编辑：张莉琼
责任编辑：张莉琼
责任印制：黄章平
责任校对：王淑卿

出版发行：经济管理出版社
　　　　　（北京市海淀区北蜂窝 8 号中雅大厦 A 座 11 层　100038）
网　　址：www. E-mp. com. cn
电　　话：（010）51915602
印　　刷：唐山昊达印刷有限公司
经　　销：新华书店
开　　本：720mm×1000mm /16
印　　张：15.5
字　　数：202 千字
版　　次：2023 年 8 月第 1 版　　2023 年 8 月第 1 次印刷
书　　号：ISBN 978-7-5096-8928-8
定　　价：118.00 元（共二册）

谨以此书，献给最可爱的人！

谢谢你们，为中华民族的振兴崛起和繁荣昌盛，保驾护航！

谢谢你们，为中国人民的和平安定和岁月静好，负重前行！

脱下军装，进入社会，

我们陪你一起，退役不迷茫，退伍不褪色，再建新功在职场！

本书编委会

编委会主任

贺　臻

编委会副主任

郭新宇

编委会成员

徐　华　马同勇　安家伟　陆嘉淇　汪学聪　赵丽芳

推荐序
——功之所在 唯有用心

对军人，我时刻都保持着一份敬重、一份向往和一份感激。

他们是一群最可爱的人，是党和国家的宝贵财富，值得倍加关心、倍加爱护。

当他们脱下了军装进入社会，党和国家在力所能及地做一些事情，全社会也在努力，以期他们在融入新环境的过程中能够更轻松、更便利，更有幸福感和获得感。

力合科创这些年引进了不少退役军人，他们在不同的岗位上发光发热，普遍做得不错，比如当初负责我行程的同事，目前已经是国防科技创新快速响应小组（深圳）（简称深圳快响小组）的组长，非常优秀。

在我看来，我们的军人是世界上最优秀的一群人。他们踏实、肯干、聪明、有冲劲，而且具有非常好的合作、奉献精神，只要指导得当、方法有效，他们在任何一个领域都能够发光发热。

但同时，源于一些客观的原因和条件，部分退役军人在建设新时代的浪潮中，往往因为自身的局限和不足，不清楚自己擅长、适合什么工作，有没有更好的选择和方向，也不懂得如何包装自己，去哪里寻找工作机会，更不懂得怎样应对面试获得工作，以及进入职场后又该如何适应环境，从而在职场上建功立业。

这些年，我们的子公司力合教育一直在关注退役军人的发展和成长，也获得了深圳市宝安区退役军人事务局双拥办颁发的"拥军企业"称号。所以，当知道力合教育针对退役军人就业问题而专门编写了一本书籍的时候，我非常高兴。

因为能有一个团队、一群人，本着一片真心，去真正关注和帮助那些从军队离开的军人，关注他们后续的工作，帮助他们持续地成长，这是一件非常有价值、也非常有意义的事情。

这本书编写得很全面。从就业形势的分析到就业前的自我修炼、求职准备、面试技巧、职场适应方式再到职场的自我提升，几乎将一名退役军人从离开军营到重新在职场站稳脚跟的全过程描述得清清楚楚。

这本书编写得很实用。不是枯燥无味的长篇大论，也不是通篇的说教，而是真正从实用的角度出发，通过具体案例、实际数据、政策流程和参考模板，让读者更好、更深入地理解本书的内容和精髓，而且用语平实、用词精准，对退役军人而言，是真正可以人手一本的实用工具手册。

这本书编写得很用心。很多案例就发生在我们身边，很多问题和痛点都能使读者感同身受，很多解决方案都扎实可靠，是真正站在退役军人的视角和身份上着笔的，是下了大功夫的。

面对日益激烈的市场竞争和日趋沉重的就业压力，自谋职业为退役军人敞开了一扇新的就业大门。而且，我坚信，军人骨子里的坚强、刻苦、正义和上进，他们所具有的团结精神、团队思维，以及他们在军营中掌握的知识和技能，是当前社会上不可多得的强大竞争力来源。有了这本书的加持，他们更将如虎添翼。

沙场归来再出发。

我们期待，在社会各界有心人士和有识之士的支持下，有更多的退役战友能勇敢地走上自谋职业之路，成为市场经济大潮中的开拓者和弄潮儿！

借用本书的一句标题，祝愿可爱的战友们"卸甲归来，赢在职场"！

贺 臻

深圳力合科创股份有限公司

党委书记、总经理

前　言

本书的初心

昔日军营挥汗水，今朝立业在地方。

想当年，热血的你穿上军装，去到了祖国最需要的地方，挥洒着汗水与鲜血，保卫着身后人民群众的幸福生活。

现如今，你脱下军装，又将奔赴没有硝烟的战场，在建设新时代的浪潮中，为社会的发展、为自我的成就，继续贡献着自己的力量。

每一个退役军人，都是党和国家的宝贵财富，值得倍加关心、倍加爱护。

多年来，习近平总书记高度重视退役军人工作，多次发表重要讲话，作出重要指示。

2017 年 10 月 18 日，习近平总书记在党的十九大报告中明确提出：组建退役军人管理保障机构，维护军人军属合法权益，让军人成为全社会尊崇的职业。

2018 年 3 月 12 日，习近平总书记在出席十三届全国人大一次会议解放军和武警部队代表团全体会议时指出：组建退役军人管理保障机构对于更好为退役军人服务、让军人成为全社会尊崇的职业具有重要意义，要把好事办好办实。

2018 年 12 月 31 日，习近平总书记发表 2019 年新年贺词时提出："要关爱退役军人，他们为保家卫国作出了贡献。"

党和政府，时刻牵挂着这群"最可爱的人"，努力为他们创造更好的条件和机会，提供更齐全的政策、法律和机制保障。

政治信念坚定、听指挥守纪律、团结协作精神强、勤奋踏实肯吃苦，不曾褪色的军人本色，不但是各级领导在各种场合反复表扬的特质，也是大家引以为傲的就业实力。

同时，社会的发展，一往无前；市场的发展，日新月异。

刚刚脱去军装，从一个封闭环境中走出来的退役军人，他们的就业情况并不乐观。

我们结合多年和退役军人的接触，以及对当前企业用工的调研，发现退役军人就业通常面临以下问题：

（1）对军营以外的一切感到陌生。

（2）离开部队后，不知道自己要做什么。

（3）离开部队后，不知道自己能做什么。

（4）离开部队后，不知道如何实现并达成职业目标。

如何让我们"最可爱的人"在就业的过程中，能够清晰地认识就业环境，梳理自身的优势和就业方向，掌握就业的方式、路径和技能，是我们撰写本书的初心！

用一片真心，换你一路顺利！

本书的特色

1. 内容实用实在，详略相宜

本书的内容涵盖了退役军人就业的各个方面，比如就业市场情况，就业选择的方向和领域，就业前的个人准备和调适，就业过程中的简历撰写、面试应对、职场成长等。

本书结构简洁明了，符合军人阅读习惯；在内容上，注重知识的实用性和可操作性，将复杂的知识简单化、简单的内容形象化。

本书基于退役军人就业的实际难点和痛点，将更多篇幅集中在退役军人关注的、实用的内容上，由浅入深，循序渐进。

2. 行文图文结合，情景故事有效串联

本书采用图文结合的方式进行编写，不仅有示例图片，还有实景照片、插画/漫画，让读者轻松阅读，获得良好的阅读体验。

在行文结构上，本书将"兵王"石头退役后的就业经历放在每章开头，反映退役军人求职路上的普遍问题，由多年从事军转工作的"小郭政委"和从事退役军人求职辅导工作的专家"宝儿姐姐"给予方向上的指导，并在行文中以大量案例进行佐证，让内容更加丰富、生动、可读！

3. 科学实用，直指根本

本书在创作过程中，采访和调研了大量刚退役的军人和已就业的退役军人，了解了他们的所思所想和各种经历，通过不断的拆解和研究，提供更具针对性的解决方案和建议。

同时，本书的编辑团队中有多位职业发展、职场应对领域的专家和顾问，他们给本书提供了专业的建议，保证了本书内容的科学性和正确性，也使得本书更具就业指导价值。

本书的读者对象

（1）负责退役军人服务、保障的有关单位领导和相关人员。

（2）军队退伍退役军人服务部门相关人员。

（3）退役准备期军人。

（4）已退役待就业的军人。

（5）其他有就业需求的退役军人。

目　录

导　论

年轻的战友，当你面临退役，将要告别辉煌的军旅生活，踏入既熟悉又陌生的社会职场，去谋求个人的生存和发展时，你准备好了吗？

军人是国家的脊梁，是为人民的和平安定保驾护航的最可爱的人，当你卸下军装，卸下曾经荣耀，重新走入社会，你也应该用自己的坚强意志，拼出一个自己的未来。

对于退役在即的军人，他们想得最多的还是未来。有的担心自己家庭困难，退役后生活没有着落；有的担心当下就业形势越来越严峻，因为没有一技之长，找不到适合自己的工作；有的担心面对激烈的竞争环境，不能适应地方复杂多变的人际关系，对将来的生活感到忧虑。这一切的困扰蜂拥而至，种种焦虑接踵而来。[①]

那么，退役军人应该如何摆脱这些困惑和焦虑，以正确的姿态进入社会呢？

对内，我们应该先树立良好的自信心，提升自我认知能力。通常人离开一个熟悉的环境，进入一个新的环境，难免会产生焦虑心理。人的一生总是处在不断的选择和改变当中，而建立良好的自信心，则是我们克服焦虑心理、成就事业的必备素质，要时刻暗示自己"我能行""我可以"。要善于、敢于接受环境改变带来的挑战，在挑战中提升自我，把握机遇。但同时，也不能盲目自信，要对自身做出一个清醒的认识，做到心中有数，科学有效地为下一步发展做好规划。[②]

对外，我们应该主动了解社会，了解当前的社会发展趋势和就业环境。应该说，在当前社会形势下，退役军人走在自谋职业的道路上存在着无数机会。目前，我国国民经济发展继续保持良好态势，对于退役军人来说就

---

① 《临近退伍，老兵如何保持良好心态》，https：//baijiahao. baidu. com/s？id＝1641398743674996365&wfr＝spider&for＝pc。

② 《一份给退伍老兵的"心灵鸡汤"》，http：//mt. sohu. com/20160926/n469197156. shtml。

是一个很好的机会。可以相信，随着地方人事制度改革的不断深入，退役军人在就业时参与平等竞争的机会会越来越多。

每年都会有一大批士官、义务兵告别军旅生涯、回到社会，面对日益激烈的市场竞争和日趋沉重的就业压力，自谋职业为退役军人敞开了一扇新的就业大门，从长远看，这将是市场经济体制下部队退役军人就业的趋势所在。随着国家及地方对退役军人自谋职业优惠政策的不断放宽，我们期待更多的退役战友能勇敢地走上自谋职业之路，成为市场经济大潮中的开拓者和弄潮儿。

第一章

沙场归来再出发

从退伍前宿舍的一次卧谈会说起

2020年6月下旬的一天晚上，军营熄灯前，某单位宿舍内，战士们结束了白天一天的训练，洗漱完毕后躺在床上享受难得的放松时间。

"兵王"石头瞪大眼睛盯着上铺的床板，陷入了沉思，心里百感交集。还有两个月就要退伍了，石头真是舍不得这个待了5年的军营，这里的每一个地方都留下了他的足迹，他作为"兵王"在这个队伍中获得了无数的荣誉。想到两个月后即将离开熟悉的部队和战友，重新进入社会的熔炉中，石头对未来的生活充满了期待，期待之余又忍不住担心，不知自己的未来在何方。正当石头沉思之际，突然听到上铺传来了一声长长的叹息。

"唉，还有几天就退役了，离了军营，真不知该找什么事儿干！"上铺的李明一边叹气一边喃喃自语，李明是南方人，高中毕业就参了军。

"担心个啥，托家里人找找关系，介绍个单位呗！"对面床的赵江轻描淡写地说，原来，他父亲已经帮他托人找好了工作，退役了就可以去上班。

"我家可没有你家那么有门路！"李明还是一脸发愁。

"唉！只能靠自己找工作了！可是我学历不高，又没什么特长，能找什么工作呢？"李明沮丧地说。

"自己也好找吧！送个快递、送个外卖啥的，应该没什么门槛。或者当个滴滴司机、小区保安什么的也行吧。"赵江说。

"可是这种工作，估计也学不到什么东西，没什么前途吧。"李明想了想，答道。

这时，宿舍里陷入一阵令人窒息的沉默，只听到外面的蛐蛐不停地鸣叫，让人心烦，大家似乎都被一种无助的氛围笼罩着。很多战士觉得自己学历低，又没什么核心技能，也不懂如何面试，不知道能不能找到合适的工作，还有些战士担心进入职场后，职场文化和军队文化有很大差异，人际关系复杂，不知道自己能不能适应。

石头作为大家公认的"兵王"，在日常训练中，经常是大家的楷模和榜样，他觉得自己有必要打破这种沉默，激励一下大家，于是仔细在心中搜寻，看看有没有什么事可以让大家重燃希望，终于他想到了前几天遇见师兄张亮的事，于是开口道："我前几天见到了两年前退伍的师兄张亮，他现在在广州一家机电安装公司当工程师，每个月工资有15000元。"

"15000元？真不错呀，要是我退伍后每个月有八千元的工资就心满意足了，他怎么找到这么好的工作的？"李明突然又有了希望，饶有兴趣地问。

"我和他聊了很多，他和咱们一样都没啥背景，就是通过人才市场找到工作的。"石头说。

"什么是人才市场呀？"李明越发感兴趣了。

"这个我还真问过他，他说就在咱们这个市区有好几个人才市场，他休息时经常带着简历去寻找合适的工作，同时网上也有很多的招聘网站，比如前程无忧、智联招聘、中国人才热线等，他在退役前利用空闲时间把这些招聘网站都注册了一遍，然后填写了简历，每天都会关注招聘动态，有合适的职位就会投简历，投了很多简历后，就会有一些企业让他去面试，他就是通过这种方式找到的工作，所以他也干了好几份工作，比如汽车销售、房产销售、顺丰快递员、保安，折腾了两年才找到现在这份工程师的工作。"石头娓娓道来。

"通过网上找，要注册、要写简历、要投简历，还要面试，好麻烦呀，我可没这耐心，还有啥更快的途径不？"李明说。

"咱可不能光图快，否则容易被骗，你忘了老政委给咱们讲过的张老板的事吗？"石头善意地提醒道。

关于这个张老板，很多战士不光知道他，而且恨他恨得牙痒痒。3年前张老板在军营附近开了一家就业中介公司，声称可以帮退伍军人找工作，而且找的还是"钱多、事少、离家近"的工作。这个张老板为人圆滑，经常跟战友们打成一片，在战友们面前说得天花乱坠，吹嘘自己人脉很广，认识很多大企业的老板，只要他打个招呼，就能保证让各位战友进大企业工作，月薪过万。很多退役军人相信了他，去找他咨询就业信息，结果每次咨询完以后张老板都说要先通过岗前培训才能正式上岗，培训费加起来要两万多元。不少退役军人想着为了一份好的工作，花这些钱也是值得的，纷纷报名参与了培训，谁知这是一个精心设计的圈套。培训的内容都是一些特别简单的职场知识和技能，并且培训完以后大家也并没有像张老板一开始说的那样能直接进入大企业上班，反而是让大家去参加他推荐的一些小公司面试。当战友们陆陆续续发现上当时，才发现张老板早就跑路了。

大家七嘴八舌地骂着张老板，石头又陷入了沉思，他在思考有哪些快速找工作的方法，突然，他想到了，于是开口说道："找工作的捷径其实也还是有，老政委不是说咱们可以多请战友帮忙吗？咱们可以主动跟咱们的战友联系，问问他们的单位是不是在招人，如果有合适的岗位请他们帮忙介绍。"

"这倒是一个好主意，毕竟咱们战友都是生死之交，大家肯定会相互帮忙的。"李明有点开心地回应。

"其实咱们找工作除了找战友帮忙，政府对退役军人应该也有一些支持政策，只是我还不太清楚具体内容，咱们明天问一下老政委吧。"石头满怀信心地说。

说到退伍后的就业，虽然石头一直表现得信心满满，但其实他心里也是充满了忐忑和担忧，不知道离开军营之后自己能否找到满意的工作，一想到仍在农村辛勤劳作的父母，他们对自己一直寄予厚望，石头顿时觉得无比沉重。这其实也是当前所有战士共同的心事。

这时熄灯号响起，数百盏灯同时关灭，热闹了一天的连队归于沉寂，楼道里只有执勤哨兵偶尔发出的咳嗽声。

📢 小郭政委开讲啦

随着退役的临近，年轻的战友们即将离开熟悉的军营，面对陌生的社会，可能还没有做好心理准备，就像上面故事中的石头一样，对未来感到非常迷茫。迷茫不可怕，就怕因为迷茫而盲目随大溜，更怕因为迷茫就什么也不干。

退役不是解甲归田，可以一直放松自己，随意生活，而更像是沙场归来，稍作休息，又要抖擞精神再出发，踏上人生的新征程。

那么，我们应该如何为这段新的征程做好准备呢？

对此，我总结了三条建议：

一要科学看待社会变化；

二要明白作为退役军人的就业优势；

三要直面就业时面临的挑战。

第一节 科学看待社会变化

年轻的退役军人进入社会，心态上和大学生毕业后离开校园相似，都缺乏对社会环境的认识。因此，对于缺乏社会经验的年轻人来说，就业其实也是认识和适应社会的过程，学会科学地看待社会变化，是就业时最先要上的一课。

一、乌卡（VUCA）时代带来的陌生感

首先，请思考一个问题："10 年之后的你会在哪里生活？从事什么样的工作？成为一个什么样的人？"

能够答得出来吗？如果答不出来，不要紧，这是正常的。

今天，哪怕再伟大的人，也不敢说能看到 10 年后的未来。因为我们所处的时代早已不是一个能够看到未来 10 年或者 20 年的时代，它充斥着太多的不确定性。

那么，这到底是一个什么样的时代？为什么我们周遭的世界正变得越发难以理解？

有人提出，我们正处于一个颠覆性变革丛生的乌卡（VUCA）时代，这个时代的显著特点是：易变（Volatility），事情变化非常快；不确定（Uncertainty），不知道下一步的方向在哪儿；复杂（Complexity），每件事都会

影响到另外一些事；模糊（Ambiguity），各种条件和因果关系都模糊不清。[①]

那么，"乌卡"和我们的生活有什么关系呢？最直接的影响，就是因为环境的快速变化和不确定，让我们容易紧张、焦虑、不知所措，甚至失去方向、失去动力，遇到事情非常容易做出错误的决定。就像崔健的那句歌词："不是我不明白，这世界变化快。"过去，人们对于"乌卡"的态度往往是消极的，只能被动地去应付。

当今，"乌卡"已经成为一种新常态，也就是人们常说的"一切都在变化，唯有变化不变"。人们逐渐意识到，乌卡不仅带来挑战，也会提供机会，前提是自己比竞争对手准备得更充分。因此，越来越多的人逐渐不把环境的变化当成消极的因素，而是积极适应乌卡新常态，主动打造自身能力，提高战斗力和竞争力。

乌卡的环境对个体的影响集中体现在生涯的稳定性和个人技能要求的变化上。社会的高速发展，使传统稳定的机会变得越来越少。一方面，用工模式会发生变化。企业会减少固定员工的数量，把更多的工作外包出去，轻装上阵。另一方面，企业会加速对技术的改进，以提高组织的效能。如

---

① 顾建平、吴寒宵、单庚芝：《呼唤企业家灵性资本——VUCA 时代危机管理的核心》，《清华管理评论》2020 年第 6 期，第 37–43 页。

果此时个人的能力与心理没有跟上企业的发展变化，必将被淘汰。

尽管我们的世界处在不断的变化当中，但是我们还是经常依靠现有的知识去理解它，即使这些知识没那么有用也不尽准确。有时人们对事物的看法容易陷入固有的认知，而现实里它们往往已经发生了翻天覆地的改变。

在这样一个特别不确定的乌卡时代，不要过多考虑结果是什么，因为任何结果都不可控，应对这个时代的最好办法，就是拥抱变化、接受挑战。

二、社会发展的大潮势不可当

尽管社会的变化容易让人感到茫然和不知所措，但是在党的领导下，中国仍然在以稳健的步伐向着社会主义现代化国家的目标迈进。对于中国人民来说，无论环境怎样变化，国家发展的大方向始终清晰可见。换句话说，一个人的能力再大，也无法穿越平台的优势，平台的能量再大，也无法抵挡趋势的力量。

（一）国家发展路径清晰可见

2021 年 3 月 11 日，十三届全国人大四次会议表决通过了《中华人民共和国国民经济和社会发展第十四个五年规划和 2035 年远景目标纲要》（以下简称《纲要》）。《纲要》详细描绘了我国未来 5 年、10 年乃至 15 年的经济社会发展。

2035 年，我们将建成怎样的国家呢？《纲要》提出了五大发展指标：国家经济发展、创新驱动、民生福祉、绿色生态、安全保障。经济发展是主要指标之一，这意味着中国正在从数量时代迈向质量时代。

那么，如何实现经济高质量发展呢？

1. 强大人才基础

国家计划在 2025 年将高等教育毛入学率提高到 60%，这意味着我们将培养出一大批年轻的、具有更强素质和创新能力的人才大军。

2. 聚焦关键领域的科研发展

关键领域包括人工智能、量子信息、集成电路、脑科学和基因技术、临床医学、深空深地、深海极地。国家计划到 2025 年，新兴产业增加值占 GDP 比重要超过 17%，这里面就包含新一代信息技术、生物技术、新能源、新材料、高端装备、新能源汽车、绿色环保、航空航天、海洋装备。

补齐制造业基础短板。中国制造正在掀起攻克基础零部件、元器件、技术软件、基础材料、基础工艺的大浪潮。这股浪潮又会出现至少八大核心升级领域，分别是高端新材料、重大技术装备、智能制造与机器人技术、航空发动机及燃气轮机、北斗产业化应用、新能源汽车和智能汽车、高端医疗装备和创新药、农业机械装备。相信未来几年，这八个领域将会创造大量的工程研究类岗位。

3. 迎接数字中国的到来

中国正在掀起数字经济、数字社会和数字政府浪潮，数字技术和实体经济将深度融合，催生出大量的新产业和新模式。《纲要》里列出了七大数字经济产业，分别是云计算、大数据、互联网、工业互联网、区块链、人工智能、虚拟现实和增强现实。

到 2025 年，5G 用户普及率将提高到 56%，它将会和云计算、AI 物联网、工业互联网、车联网等多个产业大融合，催生出十大数字应用场景——智能交通、智慧能源、智能制造、智慧农业及水利、智慧教育、智慧医疗、智慧文旅、智慧社区、智慧家居和智慧政务。

4. 发展绿色经济

在绿色经济中，新能源是重中之重。到 2025 年，我国单位 GDP 能耗要降低 13.5%，二氧化碳排放要降低 18%，非化石能源占比要达到 20%。中国的新能源革命正在催生一条罕见的长达 40 年增长的超级赛道，类似风电、光伏发电、分布式能源、海上风电、西南水电、沿海核电都会迎来大机会。

（二）实施就业优先战略

在就业问题上，《纲要》明确指出，国家要实施就业优先战略，强化就业优先政策，完善高校毕业生、退役军人、农民工等重点群体就业支持体系。具体到退役军人就业问题上，政府也给予了高度重视。2021 年的政府工作报告指出："做好高校毕业生、退役军人、农民工等重点群体就业工作。"2021 年 3 月 11 日，李克强总理在十三届全国人大四次会议记者会上，回答记者提问时说，要保障退役军人就业。

了解了国家发展的大方向，下面我们再从人口这个角度，来看看我国就业形势的变化。

2021 年 5 月 11 日，第七次全国人口普查结果公布。普查内容主要包括人口性别、年龄、民族、受教育程度、职业、迁徙流动、婚姻生育、死亡和住房情况等。从公布结果来看，跟就业相关的数据有两组：①流动人口增长 69.73%；②全国超 2.18 亿人具有大学文化程度。

这两组数据说明了我国就业情况的两大特点：

一是流动人口增加，导致各地就业机会差异较大。有的地方就业竞争激烈，有的地方却找不到合适的就业人群，形成劳动力缺口。

二是就业人群文化水平普遍提高。就业人群文化水平的提高，在一定程度上使流动人口增加。城市里聚集的年轻人越来越多，农村人口越来越少，这也是城市容易招人、就业机会多的原因。解决就业问题主要从以下两方面入手：

1. 老人发挥余热

国务院有关领导曾表示，通过第七次人口普查，发现农村有很多老人有手艺，可以发挥余热。所以，可以在招工困难的农村地区为这部分老人提供就业机会，充实当地就业人口。

2. 调整劳动力的年龄和人口

在调整劳动力的年龄和人口方面，主要采用的方法是提高劳动力的受教育水平。目前，我国 15 岁以上人口受教育程度明显提高，针对我国劳动力人口分布不均匀、大部分地方劳动力需求与劳动力技能不匹配的情况，除了提高劳动力技能，国家还调整了相关政策。

根据第七次全国人口普查的结果，我国劳动年龄人口下降。可以看出我国人口结构正在发生转变，这为就业带来了挑战，也带来了机遇。而劳动力成本上升将对劳动力市场造成两方面的影响：

一是部分劳动密集型行业（如服装、玩具、家具等）向劳动力成本更低的国家和地区转移。事实上人口红利下降已经导致服装纺织产业链转向东南亚等国家和地区，未来的转移会加速。

二是外卖、快递、网约车、餐饮等服务业产生了大量劳动密集型就业岗位。这些行业在未来面临成本提高的风险。但是，劳动力成本上升将倒逼企业加快智能化、自动化转型，带动中国产业链进一步升级。

未来，工业机器人、工业物联网等的应用将是大势所趋。劳动力成本低并非我国制造业的唯一优势，完备的上下游产业链、稳定的营商环境、健全的基础设施以及超大规模的国内市场等优势将长期存在。此外，随着我国人口受教育程度的不断提升，尽管人口红利消退，但是人才红利仍然不断释放。这也提示我们：退役军人进入劳动力市场，如果想获得更好的就业机会，就应该不断提升自己的文化水平和职业技能，增强自己在就业市场上的核心竞争力。

总之，今天的中国，尽管体量如此巨大，却仍然充满了变动之力，而这股变动之力，正在和全球百年不遇的变局之势形成共振、相互成就。在军营中，我们是新时代的军人；离开军营进入社会，我们是新时代的青年，只有积极了解国家发展方向、了解社会环境变化，拥抱变化，提升自我，迎接挑战，才能顺应新时代的发展浪潮。

三、社会就业现状

结合国家发展和社会变化的大趋势、大环境，我们会发现个人在就业时面临的挑战还是很大的。但是，面对这一挑战的不仅仅是退役军人，而是全体年轻人。社会发展对年轻人就业提出更高要求的同时，也给予了更多的机遇和包容。

很多年轻战士退役时，年龄跟刚毕业的大学生差不多。我们就不妨来看看大学生就业的一种现象——慢就业。近些年，一些大学生毕业后不急着找工作，而是选择游历或支教，成为"慢就业"一族。《中国青年报》社会调查中心联合问卷网对 2009 名受访者进行的一项调查显示，72.9%的受访者周围有"慢就业"大学生，62.4%的受访者认为大学生选择"慢就业"是因为对未来还没规划好。在大学生就业问题上，73.9%的受访者建议大学生尽早树立职业理想，明确职业规划，57.8%的受访者期待学校为在校学生实习提供更多渠道。[①]

"慢就业"并非一些人所理解的"失业"，而是一些应届毕业生主动选择的"暂时性不就业"。理由各异：有的人想要在工作前游览各地，抓住人生最后的长假放松身心；有的人选择考研，期冀学业上有进一步提升；还有一部分人暂时没有好的工作机会，就继续等待转机。所以，"慢就业"并不是一个负面词语，只是一个成年人的普通选择。

5 年甚至 10 年以前，一个大学生毕业之后没有选择直接就业，会让周边的人不大理解。但对近些年成长起来的"95 后"或"00 后"而言，他们

---

① 《调查：你身边有没有"慢就业"的学生》，中国青年网，https：//baijiahao.baidu.com/s?id=1607648236122012799&wfr=spider&for=pc，2018 年 8 月 2 日。

的境遇已经有很大不同。一方面，随着近年中国经济快速发展，大学生家庭经济状况普遍已经大为改观。多数大学生可以摆脱反哺家庭的重担，通过就业获取经济收益的诉求没有那么强烈。另一方面，互联网与市场经济下成长起来的一代，摆脱了传统单一的价值观念，他们个性张扬，更注重自我情感需求与生活质量，不想一毕业就紧锣密鼓地进入求职—买房—结婚—生娃的人生轨道，所以暂缓就业。

应当承认，应届毕业生就业压力不小，大学生如果能在大学期间充分学习与训练，不难找到终身的职业旨趣，当然可以规避"慢就业"。但不是所有大学生都具备这样的觉悟与机缘，很多人只有在离开学校时才有明确的人生规划。尊重每个人的选择，也是一个包容社会的要义。[①]

战士们退役后进入社会，一定程度上面临的情况跟大学生毕业后差不多。如果对未来没有清晰的规划，也不妨把脚步放慢一些，给自己一点时间来认识社会，认清就业环境，同时提升自己，为进入职场做好准备。

如果不想"慢就业"，而是想尽快进入就业市场，尽早融入社会，也不必太担心找不到就业门路。在这万物互联的时代，新的事业在兴起，新的就业选择越来越多，就业方向看似不可确定，却又蕴含着无比丰富的可能性，改变着人们的生活。

2020年7月，国家发展改革委等13个部门联合印发《关于支持新业态新模式健康发展 激活消费市场带动扩大就业的意见》，鼓励新业态新模式健康发展。新业态释放了越来越大的就业吸纳潜力，改变着人们的就业方式。

在第十三届全国人民代表大会第四次会议记者会上，李克强总理提及，灵活就业已经涉及两亿多人。智联招聘发布研究报告指出，2020年，有超过七成白领对灵活就业表示期待与认可，32.5%的受访白领表示从事过灵活

---

① 王言虎：《允许"慢就业"体现社会包容性》，《光明日报》2018年8月10日第2版。

就业，体验了"斜杠"生活。灵活用工时代来临，也为退役军人就业带来了更多可能性。

凌晨5点，退役军人小刘从位于北京市通州区的家中开车出发，顺便接上前一晚预约的乘客。到达目的地首都机场后，他再接一单返回市区。伴随太阳升起，早高峰来临，订单陆续涌入手机。10小时后，下午三点左右，小刘收车回家。

"一天的流水在800~1000元，月均20000元。"专职从事网约车司机三年多来，小刘跑了8000多单。曾当过八年兵的他，虽只有30岁出头，却自嘲"过着老年人的生活"，习惯早睡早起，按时出车收车，疲劳不驾驶、喝酒不开车、业余要会友。

1978年出生的老翟退役20年了，老家在河南，为了给孩子更好的教育，举家到北京生活。相比单身的小刘，老翟有养家压力，同样干专车司机三年多，除了定时接送孩子，他每天出车十几个小时。"平台对司机有出车时长要求，我们这行是多劳多得，出车时间长、服务质量好，平台派单也有倾斜。"老翟说。

网约车司机不是小刘和老翟的第一份工作，却是他们打算长期从事的工作。滴滴出行为他们提供了时间灵活、可以兼顾生活的工作机会。

在滴滴出行平台，退役军人司机占比保持在12%左右。据统计，2020年6月，滴滴出行平台有1166万名网约车司机，以此推算，有130多万名退役军人在该平台灵活就业。[①] 如图1-1和图1-2所示，45.6%的退役军人司机认为开网约车能给他们带来职业归属感，超过1/3的人认为开网约车对时间的支配更灵活，工作和生活得以兼顾，因此，在滴滴平台就业的退役军人中，有72.9%的人对未来职业规划是继续开网约车。

---

① 《2021年春·退役军人就业状况调查》，http://www.mva.gov.cn/sy/zzxc/202105/t20210525_47570.html，2021年5月25日。

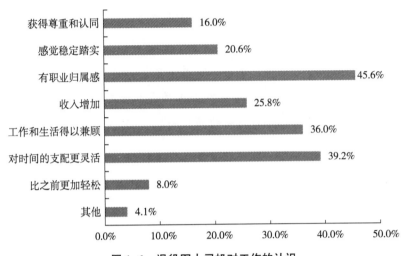

图1-1 退役军人司机对工作的认识

资料来源：滴滴出行。

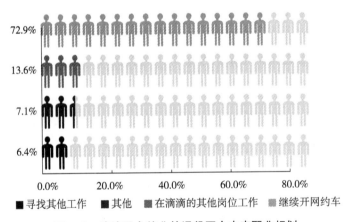

■寻找其他工作 ■其他 ■在滴滴的其他岗位工作 ■继续开网约车

图1-2 滴滴平台就业的退役军人未来职业规划

资料来源：滴滴出行。

新的电商平台、短视频平台、各类社会服务平台风起云涌。抖音、快手、拼多多、淘宝等平台比较成熟，门槛低、投入小，成为灵活就业创业的蓄水池。中国人民大学国家发展与战略研究院发布的研究报告指出，2019年8月至2020年8月，共有2097万人通过抖音直接获得收入；2020年7

月，淘宝数据显示，有超过 1 万名退役军人在平台创业，一年内新增 57 家年成交额百万以上的退役军人淘宝店。新平台的崛起，为退役军人、应届生、农民等各类人群带来大量就业机会。

石锅上的油"滋滋"响着，一整根鱼骨被放进去，"撒上椒盐、辣椒面，一定要炸熟"。话音刚落，拍视频的小伙子"嘎嘣嘎嘣"嚼起炸好的鱼骨，美味似从屏幕中溢出。这则短视频浏览量 9324.7 万，获得 233.8 万点赞，拍摄者小叶是一位退役军人。凭着有趣搞怪的"万物皆可炸"视频，这位"80 后"迅速成为抖音新晋美食主播，并开始帮助当地村民带货、推介美丽乡村（见图 1-3）。

图 1-3　小叶的短视频

图片来源：《中国退役军人》2021 年第 4 期。

"让航海、军旅、运动等潮流密码统统搞定的秋冬潮牌在这！"这是退役军人小王创办的时尚军旅服装品牌定位。小王是"90 后"，曾因参加过某卫视的军旅题材节目而为人熟知。退役后，他创立了自己的服装品牌，并在淘宝开了店铺，有 31 万余粉丝关注，年成交额超过百万元。

以新经济、新业态为代表的民营企业实力强、活力足，提供了大部分就业岗位，成为吸纳就业的主力军。全国工商联发布的《中国民营企业社会责任报告（2020）》指出："在稳就业保民生工作中，民营企业'主渠道'作用凸显，2019 年民营企业吸纳了 70% 以上的农村转移劳动力，提供了 80% 的城镇就业岗位、90% 的新增就业，是城镇就业的重要保障。"

广东省退役军人事务厅曾针对 3000 余名 2019 年度退役军人开展过就业抽样调查，有近一半退役军人在民营企业就业。江苏省南通市退役军人事务局提供的一组数据显示：2020 年，南通市接收自主就业退役士兵 2017 人，其中，到民营企业就业的 1202 人，灵活就业的 120 人，自主创业的 51 人，三项合计占比 68%。

武汉滴滴专车司机老杜曾服役 5 年，2003 年退役后，在商场做过安保、经营过小商铺、搞过销售、当过文员，经历过职场"潜规则"，也被老板拖欠过工资，最后，成为一名滴滴专车司机。

2020 年新冠肺炎疫情突袭，武汉封城。老杜加入了社区保障车队，为居民提供出行服务，接送医护人员，志愿服务了 80 多天。他记得，当年的正月十五，在物资紧张的情况下，一位老人把家里不多的元宵匀出来送给他们。更让他感动的是，疫情防控常态化后，6 岁的女儿一次放学后跟自己说，学校让孩子们说说关于疫情的感想，女儿提到了他的光荣事迹。"那时，我真的很自豪！"

小强也在孩子崇拜的目光中，感受到了不一样的职业价值。他出生于 1994 年，2014 年退役后，曾做过宠物美容师、当过饭店传菜生。2018 年，经朋友介绍加入河北唐山的民营企业"兵之初"集团，目前每月收入有八九千元。

"公司 1000 多名员工都是退役军人，主要业务是为幼儿园、中小学开展国防军事教育。"小强说，他们把革命战争历史、英雄故事融入体能训练项目中，带着孩子们一边做游戏，一边完成爱国主义教育。

"幼儿园缺少男性教师，一听说我们是退役军人，园长、老师都很尊重，家长们也都欢迎，想让孩子们从我们身上感受到更多'阳刚之气'。"每次上完课，孩子们都意犹未尽，围着叫"教官、教官"，稚嫩的声音和纯真的眼神，融化了小强他们这些小伙子的心。

退役军人的加入，给所在企业"赋能加分"，实现了"双赢"。

"退役军人司机整体综合素质较高，爱岗敬业、助人为乐、自律自强。在乘客给出的服务评价中，他们口碑很好。"滴滴退役军人就业服务中心办公室主任介绍，退役军人司机家国情怀重，责任感强，新冠肺炎疫情防控期间，他们中很多人加入了当地社区保障车队、医护保障车队、社区防控保障组织，成为一支重要的抗疫力量。

"退役军人组织纪律性强、有责任担当和高度的执行力，又甘于牺牲奉献，与我们的企业文化高度契合。我们非常欢迎他们到牧原来创造价值。"牧原集团常务副总裁说。

"这是个朝阳产业。全国共有幼儿园 29 万所，义务教育阶段学校 21 万所，如果每个学校配备 2 名国防教官，能解决 100 万名退役军人就业，还能拉动国防教育服装、器材生产。""兵之初"的总经理算了这样一笔账。近些年，他带领团队走出河北，在江苏、山东、河南、广东、湖南、海南都拓展了业务，不仅办国防教育基地，还开了配套的服装器材加工企业。

正因为尝到了"甜头"，越来越多的企业愿意招聘退役军人。2020 年 10 月，河南省退役军人事务厅联合牧原集团开展了退役军人专场招聘，又有 1600 余名退役军人就业。根据最新消息，滴滴出行将在未来三年招募 15 万名退役军人。

尽管对当前的就业状况都比较满意，但退役军人们不约而同都有类似的困扰：身边人的不解、自己的"包袱"。

"家里人总觉得这不是个正经工作，说我不务正业。"专车司机小刘原本有份朝九晚五的工作，家里人对他年纪轻轻辞职开专车，至今仍不太理解。

"村里人看我整天对着一块石头，还拿个摄像机拍拍拍，都指指点点的。"美食主播小叶曾经开过一个两层楼店面的婚纱摄影工作室，还做过淘宝的签约摄影师，因为看到了抖音平台的机遇，结束所有工作专心做短视频，也要面对村里人的质疑。

"这不就是去养猪吗？能有什么前途？又脏又累！"在牧原集团工作的小何说，自己也曾有心理"包袱"，因为很多人对这份工作有误解，还停留在20世纪家庭、小作坊养猪那种认识上。"我真的呼吁大家的观念能有所转变，养殖业也是高科技产业！"

除了传统观念影响，"体制外"就业也确实存在一些问题。比如，受到新冠肺炎疫情影响，很多企业停工停产，员工因此收入减少甚至失业。特殊经济形势下，体制内的一些优势凸显出来。但是，依托互联网发展起来的新业态企业改变了传统的用工模式。"平台"替代了"单位"概念，一个"平台"上可能有数以百万计的劳动者就业。

普通人对就业的认知也在发生改变。美食主播小叶走红后，生活圈子发生了巨大变化，政府部门、投资商、有需求的企业都找上门来。他新开了一个专门带货的号，销售家乡的有机水果蔬菜，还有来自全国各地的原生态产品。"现在，在村民眼里我能赚好多钱。很多人都找来问我怎么做，也想跟着做。"小叶说。

小叶将经验总结为：学习和坚持。他说，自己专门到杭州报班学习直播带货，在抖音上开通视频号半年，都没有什么人关注。但他坚持边做边在平台上学习，摸索内容定位、研究粉丝爱好、掌握提高流量的技巧，这才有了后面的爆款。

"之前我自己就参加了培训，成为一名幼儿感统训练师，后来顺利加入'兵支书'成为幼儿教官。"小强说，虽然公司开发了成体系的课程，但他还是有意识地不断创新教案。现在，他带领一支有20多名教官的队伍，每周要求自己必须给幼儿授课，"了解一线教学，才能更好地管理"。

有人说，这个时代已没有终身职业。学习的大门随时敞开，对于退役军人来说，无论从事何种职业，都有必要在学习培训中不断提升。退役军人事务部很早就提出"授人以鱼，不如授人以渔"的工作理念，通过加强教育培训，提升退役军人就业创业竞争力。2020年新冠肺炎疫情防控期间，退役军人事务系统提供了覆盖 100 个以上职业（工种）数字培训资源，为自主就业退役士兵赋能。很多地方退役军人事务部门联合民营企业，为退役军人提供培训机会。[①]

退役军人在川流不息的热闹都市，在粉丝围观的网络直播间，在山清水秀的现代化农村，在无数平凡的岗位上，忙碌地工作，努力地为生活打拼。他们勇敢接受现实的挑战，努力创出一片天地。只要我们正视社会变化，意识到变化既是机遇，也是挑战，无所畏惧，不断学习、提升自己，一定能够在日新月异的就业市场中，找到属于自己的位置。

第二节　退役军人就业优势

之前我们说年轻退役军人跟刚毕业的大学生年龄相仿，但是就像本章情景故事中所描述的那样，与同龄的毕业生相比，很多退役军人学历不高，难免担心自己在求职过程中缺乏竞争力。其实，与普通求职者相比，退役军人在就业上也有自己独特的优势。

一、正面的形象

面对复杂的社会变化，退役军人进入劳动力市场后，会有着天然的优势，那就是社会对于军人这一特殊群体的正面认知。初入职场，一个新人无法用资历证明自己作为职场人的价值，但是对于退役军人而言，曾经的

---

① 《2021 年春·退役军人就业状况调查》，http：//www.mva.gov.cn/sy/zzxc/202105/t20210525_47570.html，2021 年 5 月 25 日。

军旅经历在一定程度上能够说明其已具备一些军人独有的品质、品格、能力，可以来证明自己在职场上的未来价值（见图1-4至图1-6）。

军人的品质：体现为作风、性格、处事态度

不怕苦　　　　　　　　　不服输
忠诚度高　　　　　　　　执行力强
严守纪律　　　　　　　　恪守职责
目标明确　　　　　　　　热情主动
雷厉风行　　　　　　　　沉着冷静

图1-4　军人的品质

军人的品格：体现为思想、道德、价值观

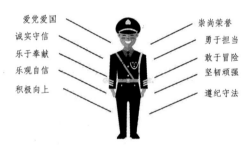

爱党爱国　　　　　　　　崇尚荣誉
诚实守信　　　　　　　　勇于担当
乐于奉献　　　　　　　　敢于冒险
乐观自信　　　　　　　　坚韧顽强
积极向上　　　　　　　　遵纪守法

图1-5　军人的品格

军人的能力：包括通用能力和专业能力

沟通力　　　　　　　　　　　文字处理（文书、勤务兵）
创新力　　　　　　　　　　　组织领导（班长、副班长）
合作力　　　　　　　　　　　排除安全隐患（武警）
学习力　　　　　　　　　　　烹饪（炊事员）
应变力　通用能力　专业能力　财务管理（财务）
观察力　　　　　　　　　　　车辆驾驶（驾驶员）
分析力　　　　　　　　　　　水电维修（水电班）
记忆力　　　　　　　　　　　信息传递（通信兵、话务兵）
适应力　　　　　　　　　　　体能训练（步兵战士）

图1-6　军人的能力

二、政策的支持

退役军人经过部队长期教育培养，经受了艰苦的意志磨炼和能力锻炼，具有较高的政治素质、较强的吃苦精神和较好的适应能力，是重要的人力资源，是建设中国特色社会主义的重要力量。习近平总书记高度重视退役军人就业创业工作，作出一系列重要论述，要求加强退役军人等重点群体就业创业工作，搞好职业技能培训，完善就业服务体系。党中央、国务院把稳就业摆在"六稳"之首，并将退役军人列为解决就业问题的重点群体。[①] 为进一步规范退役军人就业创业工作，加大退役军人就业创业政策支持力度，引导他们积极投身"大众创业、万众创新"实践，2018年8月，退役军人事务部等军地12个部门联合印发了《关于促进新时代退役军人就业创业工作的意见》（以下简称《意见》）。

《意见》主要适用于三类退役军人：一是自主就业退役士兵；二是自主择业军转干部；三是复员干部。在加强退役军人职业技能培训、提升就业创业能力方面，《意见》提出了六个方面的措施：一是完善多层次、多样化的教育培训体系。二是开展退役前技能储备培训。三是加强退役后职业技能培训。四是推行终身职业技能培训。五是鼓励参加学历教育。六是加强教育培训管理。[②] 围绕支持退役军人就业，《意见》从放宽招收条件、拓宽就业渠道、强化就业服务等方面，提出了具体措施。

以广东省为例，为深入贯彻习近平总书记关于退役军人工作的重要论述，建立健全退役军人就业创业政策体系，加大就业创业扶持力度，促进广东省退役军人（包括自主就业退役士兵、自主择业军队转业干部、复员

---

① 《〈深圳市促进退役军人高质量就业创业的若干措施〉政策解读材料》，http：//www.
szns. gov. cn/main/xxgk/zdlyxxgkml/jycy/wgjy/content/post_9117979. html，2021年9月9日。

② 《退役军人事务部有关负责同志就〈关于促进新时代退役军人就业创业工作的意见〉答记者问》，新华网，http：//www. xinhuanet. com/politics/2018-08/02/c_1123215408. htm，2018年8月2日。

干部）高质量充分就业和成功创业，2020 年 4 月 19 日，广东省人民政府办公厅印发《广东省促进退役军人就业创业的若干政策措施》，推出 26 项措施，加大对退役军人就业创业的扶持力度。

广东省在促进退役军人就业创业工作上，聚焦提高退役军人就业创业竞争力，构建具有广东特色的教育培训体系。在退役军人报到后一个月内，对其开展法律法规政策、就业创业指导等培训；实行免费技能培训，鼓励参加"广东技工""粤菜师傅"等培训；支持退役军人参加学历教育，从招录政策和学费资助等方面给予优待；率先提出建立省退役军人教育培训（实训）示范基地，并给予奖补。在退役军人稳就业方面，坚持减负、稳岗、扩就业并举。每年全省至少安排 400 个指标（与大学生村官等统筹设置职位），面向退役大学生士兵招录公务员，优先从退役军人党员中培养选拔村党组织书记。

广东省设立了吸纳退役军人就业专门补贴，补贴额度为全国最高。新招用退役军人且符合其他申请条件的小微企业，可申请创业担保贷款，并享受贷款贴息。另外，搭建退役军人就业创业服务平台，各市县每年至少组织 2 次退役军人专场招聘。

广东省大力实施就业优先政策，开展退役军人网络招聘，统筹推进疫情防控和退役军人就业创业工作，确保退役军人就业形势稳定。

广东省人社部门支持退役军人到事业单位和公益性岗位就业。事业单位聘用工作人员时，适当放宽退役军人的专业、年龄和学历等条件，同等条件下优先聘用退役军人。具有本科以上学历的退役士兵可报考粤东西北地区乡镇事业单位专项公开招聘中的免笔试岗位，不受岗位职称、职业资格、工作年限、户籍等条件限制。将就业困难的退役军人纳入公益性岗位安置范围。人社部门还为退役军人提供创业培训、入驻创业孵化基地、租金补贴、创业带动就业补贴等支持，成功创业并正常经营 6 个月以上的，可申请 1 万元一次性创业资助，符合条件的可申请最高 500 万元的创业担保贷款并享受政府贴息。

广东省财政厅对吸纳退役 1 年内的退役军人就业且相关人员稳定就业 1 年以上的用人单位（不包括机关事业单位），按每人 1 万元的标准给予补贴；对参加初创企业经营者素质提升培训班的退役军人给予 1 万元资助；对创办初创企业且正常营业 6 个月以上符合条件的退役军人，给予 1 万元的一次性创业资助；鼓励退役军人优秀创业项目申报省级优秀创业项目资助，评审通过的给予 5 万~20 万元资助。

广东省税务、财政、退役军人等部门高度重视，坚持"能优则优、能简则简、能快则快"，用足、用好相关政策。如果是自主就业退役士兵，从事个体经营的，从办理个体工商户登记当月起，在 3 年内以每户每年 14400 元为限额依次扣减当年实际应缴纳的多项税费。对于企业招用自主就业退役士兵，并与其签订 1 年以上劳动合同、依法缴纳社保费的，可在 3 年内按实际招用人数予以每人每年 9000 元定额依次扣减增值税、城市维护建设税、教育费附加、地方教育附加和企业所得税。上述扣减标准都坚持"能优则优"，在国家规定标准基础上按最大上浮幅度确定，即最大限度地给予退役士兵创业就业优惠。如果是自主择业的军队转业干部，从事个体经营的，从领取营业执照之日起，可享受 3 年内免征增值税和个人所得税的优惠。而为安置自主择业军队转业干部就业而新开办的企业，安置自主择业的军队转业干部占企业总人数 60% 及以上的，也可享受 3 年内免征增值税的优惠。

广东省教育厅在学籍管理、转专业、升学、学费、学分等方面，为退役复学的学生准备了一系列优惠政策。其中，在升学方面，退役军人参加普通高校本科插班生招生考试、研究生考试，符合条件的享受加分、免试、计划单列、单独划线等政策照顾。①

---

① 《广东多措并举促进退役军人充分就业和成功创业　支持退役军人参加学历教育》，http：//www.gd.gov.cn/zwgk/wjk/qbwj/yfb/content/post_2978656.html，2020 年 4 月 19 日。

此外，国家针对退役军人还出台了很多有利于退役军人就业的优待优惠政策，其中很多都是"免"字头的，如免费教育培训、免税政策、免费金融服务、免考免试等（见表1-1）。

表1-1 我国针对退役军人的部分优惠政策

优惠政策	文件	主要内容
免费教育培训	《国务院中央军委关于加强退役士兵职业教育和技能培训工作的通知》	2010年及以后退出现役的自主就业退役士兵，在退出现役1年内可以选择免费参加职业教育和技能培训，教育培训期限一般为2年，最短不少于3个月
	国务院办公厅《职业技能提升行动方案（2019—2021年）》	对贫困家庭子女、贫困劳动力、"两后生"、农村转移就业劳动者、下岗失业人员和转岗职工、退役军人、残疾人开展免费职业技能培训行动，对高校毕业生和企业职工按规定给予职业培训补贴
免税政策	《军队转业干部安置暂行办法》	自主择业的军队转业干部的退役金，免征个人所得税
	《财政部国家税务总局关于自主择业的军队转业干部有关税收政策问题的通知》	从事个体经营的军队转业干部，自领取税务登记证之日起，其提供的应税服务3年内免征增值税 为安置自主择业的军队转业干部就业而新开办的企业，凡安置自主择业的军队转业干部占企业总人数60%（含）以上的，自领取税务登记证之日起，其提供的应税服务3年内免征增值税 享受上述优惠政策的自主择业的军队转业干部必须持有师以上部队颁发的转业证件

续表

优惠政策	文件	主要内容
免费金融服务	《自主就业退役士兵一次性退役金发放管理暂行办法》	退役金专用卡应当满足退役金发放需要，免除相应的管理费和手续费（一般情况下，退役金专用卡免收工本费、挂失手续费和自开卡之日起1年的年费、小额账户管理费、发卡银行异地支取手续费）
	退役军人事务部与10家银行签署拥军优抚合作协议	优抚对象可以凭军官证、士兵证、退役证等有效证件，到上述银行（中国工商银行、中国农业银行、中国银行、招商银行等10家银行）网点申请办理专属银行卡；银行将在营业网点设立专门窗口，提供优先服务，还将免收卡工本费、卡年费、小额账户管理费、跨行转账费，并提供其他个性化专属金融优惠服务。此外，银行还将为在协议框架内开展拥军优抚活动提供必要的资金、人力等支持
免考免试	《高职扩招专项工作实施方案》	针对退役军人、下岗失业人员、农民工、新型职业农民等群体单列计划，一部分面向退役军人，一部分面向下岗失业人员、农民工和新型职业农民；对于退役军人、下岗失业人员、农民工和新型职业农民，可免予文化素质考试，由各校组织与报考专业相关的职业适应性测试或职业技能测试

可见，党中央与地方政府十分重视退役军人就业问题，不断推出相关政策，帮助、促进退役军人顺利就业。

第三节　退役军人就业挑战

虽说退役军人在就业时有良好的社会形象、有政府政策的支持、有各种新兴的就业形式和职业类型可供选择，然而，还是有不少战士在退役后觉得很难找到满意的工作。这是为什么呢？很大程度是其主观上的认知偏差、自信不足，也有客观上的技能单一、缺乏职场经验、学历偏低等原因。这些都是退役军人在就业时很可能要面临的挑战。

很多人认为，找不到工作主要还是因为就业环境不好。那么，我们不妨用一个典型的案例来说明，看看一位年轻的退伍战士是怎样战胜这些挑战的。

小杨出生于1995年，高中学历，2016年9月入伍，服役于战略支援部队某部，2018年9月退伍。退伍后，小杨用退役金与一位同年兵合伙开过理发店，后因经营不善关闭，退役金也全部用完了。此后，小杨待业在家，找过几次工作，但是都干不了多长时间就中途不干了。小杨没有参加过任何技能培训，他的朋友圈仅限于同乡的同年兵，他们隔一段时间就会出去聚餐，在这种喝酒聊天的氛围中，回忆在部队的往事，聊得开心了还会去唱歌，这是他最开心的时光。

小杨的母亲担心自己退役的儿子一直没个正经营生，就这么浑浑噩噩地过下去，想找人劝劝他，于是通过亲戚介绍，联系到一位曾经当过兵的社会工作者小李，请他来家里给小杨做做思想工作。

小李来到小杨家拜访。小杨没有接触过社会服务机构，本来不大愿意谈话，但听说小李也当过兵，感觉马上亲近了许多，主动和小李攀谈起来。

小李问他为什么不愿意找工作，小杨说："现在找个好工作太难了，我学历低，再说现在就是研究生也是一抓一大把，我能竞争过人家啊！"

不难看出，小杨处于消极待业状态。他经历了从部队退伍、创业失败、短暂就业等过程，后待业在家。从与小李的交谈中可以看出，小杨不是不想找工作，而是存在认知上的偏见，认为学历低就找不到好工作。那么，小杨心目中的好工作是什么呢？让我们继续往下看。

小李问："小杨，你能跟我说说退伍之后都干了些啥工作吗？"

小杨答道："刚退伍那会儿，我特别地想当个人民警察，感觉他们跟我们当兵工作性质有点一样，都是守护一方平安，而且穿的制服也是精气神儿十足，工作体面又风光。在部队的时候听一些战友说过，每个省每年都举行政法干警考试，专门针对退伍的高中生招录政法干警，就想着退伍后考一下，可是就在我退伍那年，政法干警全国都停招了，当时感觉挺失望的。我学的报务专业回来也用不上，当时真的不知道自己能干点什么，于是在家闲了一段时间，其间我们有个关系不错的战友，他准备开个理发店，说理发店现在都挺挣钱的，而且投资又少，当时想着反正暂时也没工作，不如投点资一起把理发店开起来，为了节省成本，就选了一家稍偏的店铺，起初搞了一些促销活动，生意还是挺不错的，后来发现位置对买卖的影响确实挺大的，客源还是少，眼看着几个人天天跟着耗着，最后只能解散，钱基本上都赔进去了，本来大家投资的这点钱都是国家给的一次性退役金。闲了一段时间后，公交公司招聘公交安全员，我和几个战友应聘上了这个岗位，于是，在公交公司干了挺长时间，工作虽然累，但就是一天熬时间，没啥发展前景，几个战友觉得累得不行，后来我们就都辞职了。"

小杨从之前对警察职业的渴望到目前对体面风光工作的憧憬，从创业失败到短暂就业，说明他的心理预期是比较高的，一旦从事的工作没有体现出上述优点，就会辞职。另外，小杨的交际圈仅限于战友，信息来源方面战友占了绝大部分，交际圈的狭窄对就业也是不利的。

小李又问："那你希望的工作是什么样子的？你有职业规划吗？"

小杨说："我当然希望到工作轻松、收入稳定、体面的行政事业单位上班了。唉！可是现在找工作都要高学历。没学历想找个好工作根本不可能，就是研究生也是一抓一大把。一年了一直也没个事干，看着别人都有工作，自己只能羡慕，更不敢想职业规划了。"

通过与小杨的这次交谈，小李对小杨就业问题产生的原因进行了比较全面的分析，主要可以总结为以下两个方面：

1. 认知方面

（1）就业心理预期不合理：小杨就业期望值高，希望到名声好、工作轻松、收入稳定的机关事业单位工作。

（2）对于就业环境存在偏见：小杨对就业形势过分悲观，认为高学历人才太多根本轮不上自己，不敢进行职业规划。

（3）不了解退役士兵就业政策：小杨文化程度较低，对政策敏感度不高，鲜少关心国家与退役军人就业息息相关的政策，从而与可能的机会擦肩而过。

2. 能力方面

（1）缺乏求职资本：小杨缺乏职业技能和必要的学历，他本身的知识结构和就业竞争力与市场的需求存在较大差距。

（2）交际圈局限：军队是一个相对封闭的环境，服役期间很少与外界交流，退役后的朋友圈也是局限于战友，就业信息获取的渠道太少。

认知方面的问题是小杨在就业时首先需要解决的问题。认知决定行为，只有正确的认知才能产生正确的行为。小杨过高的心理预期、对就业环境存在偏见、对就业政策知晓度低，都是需要解决的认知问题。其次是要提高社交能力，社交决定着一个人的生活纵向维度，社交能力高的人往往从外界获取的信息比较丰富，更易取得进步。最后也是很关键的一步，就是解决职业能力的不足，职业能力的高低与能否找到满意的工作有直接的因果关系。

看到这里，你是否从小杨身上，或多或少能看到自己的影子呢？如果你也存在小杨身上的这些问题，不妨接着看下去，看看小杨在小李的帮助下发生了哪些改变。

小李说服小杨准备好简历，带他去参加周末的综合人才招聘会。

在约定好的时间，小杨准时来到了当地人才市场门口。小杨第一次来人才市场，内心充满了好奇与兴奋，迫不及待地跟着小李走了进去。

从入口沿着展位走，小杨发现大部分招聘岗位要求大专及以上学历。走到一家企业展台前，看到这家企业招聘置业顾问，高中学历即可，小杨马上记到了手机上备选。他又走到一家企业展台前，看到招聘健身教练，也不要求学历，小杨也记了下来。他又走到了一家企业展台前，这家招的是销售顾问，不要求学历，但是要求必须有 C1 驾驶证。最后，小杨在一个招机电设备维修岗位的展台前停下来，看了看岗位需求——机电设备维修与管理，大专以上学历，他问了问招聘人员工资，每月有 6000～7000 元。能看得出来，小杨对机电设备维修这个岗位比较感兴趣。

小杨有些失落，说道："哥，现在工作要么要求学历，要么要求专业技能，可是我都缺乏呀，部队学的报务也用不上啊，我应该在部队学个驾驶证，本来还想着有好多岗位，没想到岗位这么少。"

小李说："是的，现在人才走向了市场，就业岗位有限，每年高校毕业生那么多，所以就业压力比较大。要想在职场上立足，学历和职业技能成了刚需。不过别灰心，咱们这不是刚开始嘛！通过咱们一起努力，我相信情况会改观的。我看你记了好几个岗位。"

小杨："是的，我记了两个岗位，一个是置业顾问，一个是健身教练，我觉得置业顾问是要靠嘴皮子才能挣钱，我这口才从小就不行啊。还有一个是健身教练，跟我在部队接受的军事训练挺对口的，我也喜欢运动。另外，我对动手操作一类的工作比较感兴趣，所以看了个机电设备维修岗位，但是人家要大专学历。"

小李："健身教练不错，你是经过部队锻炼出来的，有着强健的体魄和专业的训练技能，这是你的就业优势呀。况且现在人们生活质量高了，健身需求也会越来越大，这个行业前景应该不错，可以打电话联系一下。"

小杨："我倒是没想得那么长，目前倒是可以发挥我的优势来应聘这个健身教练，不过先等我回家考虑考虑。"

小杨到人才市场找工作，虽然暂时没有成功，但是他已经明白了自身的职业资本与社会实际需要的差距，同时也清楚了努力的方向——提升学历和多学职业技能。另外，在小李的帮助下，小杨还认识到自己之前一直忽略的就业优势，即强健的体魄和专业的训练技能，因此，小杨决定将健身教练岗位作为自己工作的备选项。在这个过程中，小杨的学历、职业技能等求职上的不足之处并没有得到提升，但是在自我认知和自信上，已经有了极大的改善和提高，为接下来的顺利就业，打下了良好的心理基础。

小李认为，小杨虽然改变了自我认知，但是对国家帮助退役军人就业的相关政策缺乏了解，于是专门准备了一些材料，讲给小杨听。

小李说："小杨，我找了一些国家就业相关的政策。第一个文件是《关于促进新时代退役军人就业创业工作的意见》，这是由退役军人事务部等部门联合下发的，其中两部分内容对你很有用。一是提升就业创业能力方面：完善多层次、多样化的教育培训体系；开展退役前技能储备培训；加强退役后职业技能培训；推行终身职业技能培训；鼓励参加学历教育。"

小杨吃惊地说："原来有这么好的政策，我之前都不知道！"

针对小杨职业资本的缺乏，小李介绍了国家关于提升退役士兵职业资本的政策，使小杨认识到原来国家有相关政策，只是自己没关心、没了解。《关于促进新时代退役军人就业创业工作的意见》中提到的加强军人退役后职业技能、终身职业技能培训以及鼓励参加学历教育等，对小杨来说是提升其职业能力的有效手段。

小李接着说："二是加大就业支持力度方面：适当放宽招录（聘）条件；加大公务员招录力度；拓展就业渠道；鼓励企业招用；强化就业服务。"

小杨点点头，说："怪不得上一次去人才市场，有很多退役军人优先的岗位。可是我觉得退役军人优先岗位，我的高中学历也足以胜任，就怕干不长久啊！"

小杨了解了部分就业支持政策后，提出了新问题，退役军人优先岗位设置不合自己的心意，担心干不长久。一方面表明了小杨相对合理的就业心理预期，另一方面表明了小杨担心就业之后又会面临隐性失业。隐性失业在自主就业退役士兵中表现得尤为突出，他们在从事新工作后，出于不合自己的心意等多方面原因，提出辞职，造成隐性失业。针对这一心理，有效解决办法就是在相对合理的就业心理预期下，让小杨明白有可利用的社会资源，从而提升他的职业资本。

小李接着说："第二个文件是《关于进一步扶持自主就业退役士兵创业就业有关税收政策的通知》，这是财政部、税务总局与退役军人事务部联合下发的，我摘选了其中比较实用的两部分：第一部分是关于退役士兵从事个体经营的。自主就业退役士兵从事个体经营的，自办理个体工商户登记当月起，在3年内按每户每年12000元为限额依次扣减其当年实际应缴纳的增值税、城市维护建设税、教育费附加、地方教育附加和个人所得税，限额标准最高可上浮20%。"

小杨一拍大腿，惊呼："呀！我怎么不知道。我们几个战友开理发店时，不知道减税政策，要是早知道这个政策，我们也能节省一笔开支，果然是不学习不行啊!"

小杨的需求主要是想稳定就业,小李提供创业信息,就是想让小杨扩大信息广度,知道政策知晓度低对他的实际影响,让他重视对政策的学习。

小李接着说:"第二部分是关于企业招用自主就业退役士兵的。企业招用自主就业退役士兵,与其签订1年以上期限劳动合同并依法缴纳社会保险费的,自签订劳动合同并缴纳社会保险当月起,在3年内按实际招用人数予以定额依次扣减增值税、城市维护建设税、教育费附加、地方教育附加和企业所得税优惠。定额标准为每人每年6000元,最高可上浮50%。"

小杨:"明白了,那就是说企业招用退役士兵,对企业也有好处。"

小杨在小李的帮助下,从自我、就业市场、国家政策这三个方面扭转了认知,清晰地认识到自己要想获得满意的工作,应该在拥有合理就业预期的前提下,借助相关政策,努力提升自己在职场上的竞争力。后来,他在小李的帮助下,了解到两个对提升自己有帮助的信息:一个是一家职业技术学院响应国家政策,可以免费招收高职学历的退役士兵,而且学习时间灵活;另一个是当地的退役军人事务局公布了免费的驾驶技术培训计划。小杨充分利用了这两个信息,他通过培训拿到了驾驶证,另外还报考了职业技术学院的机电设备与维修专业。

小杨的故事,到这里就结束了。当同样身为退役军人的你面对这些挑战时,相信你也能通过改变认知,提升自我,最终战胜挑战,获得满意的工作。

结 语 ●● ·········

沙场归来再出发

军人的天性就是迎难而上，退伍，只是"战场"的转移。在军营中，军人没有因为挫折而后退。离开军营，走进社会，退役军人同样不会后退。社会，其实就是一个"新兵营"，从军营到社会，新的人生篇章开启，退役军人要继续传承部队优良传统，保持军人本色！

第二章

重入社会"新兵营"

退役军人的抱怨

石头退役后，经战友介绍到一家物业公司当保安。可是仅仅工作了两个月，石头便毅然辞职，决定重新寻找理想的工作机会。一天，石头在微信群里听战友说几天后政府在本市的人才大厦11楼会举办一场针对退役军人的人才对接会，届时会有很多招聘单位来招人，他打算去现场看看，寻找就业机会。

那一天的早上9点整，石头进入人才对接会的大厅，发现已人潮涌动，里面都是和他一样来求职的退役军人。大厅里摆着很多桌子，每张桌子后都坐着用人单位负责招聘的人员，他们身后的电子屏上显示着单位的名称、简介、招聘的岗位及岗位要求。石头顺着电子屏一路看过去，发现很多公司在招快递员、司机、保安等职位，石头先后给几家用人单位投了简历。走着走着，他来到一张桌子前，突然看见一个熟悉的身影，这不是老政委吗？石头惊讶地说："老政委，您也来了？"

坐在桌子后的正是当年石头参军时所在团的政委，姓张，虽然已年近花甲，头发已花白，但身姿挺拔，精神矍铄。这位老政委对每一位士兵都关心有加，深受战友们的信任与爱戴。

老政委看见石头也很开心，微笑着说："是呀，石头，能在这里见到你很高兴呀，部队领导很关心咱们退役军人就业的现状，所以让我来到现场看看有没有什么可以帮到大家的，你现在怎么样？找到合适的工作了吗？"

石头眉头紧锁，长叹一口气，说："还没呢，没想到找个工作这么难，现在我的自信心都被打击没了。"

老政委关切地说："来，石头，坐下，跟我说说你这几个月的求职经历，看看我有没有什么可以帮到你的。"

石头坐在老政委的旁边，说："现在我真不知道自己能做些什么，社会上看似工作机会很多，什么司机、销售、保安、物业，但我自己也不清楚自己想干什么，能干什么，也不清楚哪些工作有发展前景。"

听了石头的话，老政委非常理解，这确实是很多退役军人的共同困境。退役军人长期在军营中生活，既缺乏对社会的了解，也缺乏对自己的认知，所以对于自己的优势、特长以及适合做什么工作的认识都是很模糊的，导致求职时没有方向，不知道该选择什么样的工作，也不了解每种工作的特点以及发展前景，所以往往会盲目尝试，结果工作一段时间后，才发现不是自己想要的工作。对于这个情况，老政委非常清楚，所以今天他也是有备而来。他拿出一张"就业倾向测评表"，放到石头面前，说："石头，你说的情况很普遍，很多退伍军人都有这样的困惑，不知道自己到底适合什么样的工作，我这里有一份"测评表"，可以帮你了解自己的职业倾向，以及适合你的工作。"

石头兴奋地说："还有这么好的东西，我这就填。"

老政委给石头介绍了测评填写的注意事项，石头就埋头填了起来，15分钟后，石头填写完毕，将测评表递给老政委，老政委拿出计分表开始统计，根据统计结果发现石头的就业倾向属于"企业型"，此种类型喜欢竞争、敢冒风险、有野心、有抱负，为人务实，具有领导才能，适合做的工作是能够发挥管理、监督和领导才能，高效达成目标的工作，如项目经理、销售人员、营销管理人员、企业领导等。老政委把结果给石头讲了后，石头连忙点头道："太对了，上一份工作很多人都说很好，他们做得也挺开心的，但我做得却很辛苦，原来它不符合我的职业倾向，早知道这个结果就好了。"

石头的上一份工作是保安，每天早上8点上班，下午4点下班，工作内容就是在小区门口的岗亭里站岗，给进入小区的人测体温，如果有外来人员就让他们登记。石头所在的小区是高档小区，业主素质比较高，所以这份工作干起来还算安逸。刚开始工作时，石头很开心，觉得自己能找到这样一份稳定安逸的工作真是幸运，但干了一个月后，他又觉得把自己的大好青春用来做这种简单、重复、没有挑战性的工作，实在是太浪费了，所以就打算辞职。可他转念一想：自己好不容易才找到这份工作，辞了职，又该找什么工作呢？就怕到时候连这样的工作都找不到。在这种纠结与挣扎的状态下，石头夜里辗转难眠，白天工作时也常常走神，结果在值班时犯了两次错，被值班队长严厉批评，扣除了当月的奖金。石头一气之下就辞职了。今天遇到老政委，石头才知道自己为什么不适合当保安。

老政委说："了解自己的职业倾向，可以帮助你认识到自己适合什么类型的工作，你再找工作时可以找一些更具挑战性的工作，比如营销类工作，当然你也要学会适应职场人际关系。"

石头连连点头，然后向老政委说了一番心里话，他说自己特别怀念以前军营的纯粹，在那里大家都像兄弟一样，推心置腹，而到了职场，感觉和同事之间总是隔着点什么，有时还会钩心斗角。他还很怀念部队的训练，在训练中可以不断超越自我，取得优异的成绩，不仅能获得荣誉，还能获得一种达成目标的满足感。但到了社会中，似乎要一切重来，面临很多新的挑战，这让石头倍感煎熬。

听完石头的话，老政委目光坚定地看着石头，语重心长地说："石头，从军营到社会，这是一个新的历程，每个战士都会面临各种挑战，而你作为曾经的"兵王"，这些挑战又算得了什么呢？"

听了老政委的话，石头顿时觉得恢复了军人的志气，坚定地答道："老政委，您说得没错，我作为一名军人就该不畏艰难，百折不挠，您就等我的好消息吧。"说完，石头迈着坚定的步伐，满怀信心地离开了。他坚信，凭着军人的执着和坚韧，自己一定能找到理想的工作。

📢 小郭政委开讲啦

新兵经过训练，克服了困难，磨炼了意志，掌握了技能，获得了荣誉，成为一名光荣的老兵。如今告别军营，进入社会，就像上面故事里的石头，曾经的"兵王"，又变成一名职场"新兵"。这时，就应该用"新兵"的状态和信念，重新界定自我、建构自我、淬炼自我，再走一遍社会的"新兵营"。在工作和生活中，要忘记自己是退伍军人，不能给自己搞特殊，应该以新兵的姿态学习、成长。但在困难面前，我们要时刻记住自己曾是军人，没有任何困难能难倒曾经"流血流汗不流泪、掉皮掉肉不掉队"的自己。

第一节　重新界定自我

兵法讲"知己知彼，百战不殆"，"知己"排在"知彼"前面，就是说，了解对手之前，先要了解自己。求职时也是如此，面对复杂的就业环境，首先要从自我出发，界定自己的需求，了解自己找工作时最看重什么。这样，才能避免像情景故事里的石头一样盲目择业，干一份不适合自己的工作。

心理学家亚伯拉罕·马斯洛将人的需求分为五个层次，参考这个理论，我们在找工作时的需求，根据个人情况不同，大体上也可以分为五种，构成一个金字塔（见图2-1）。

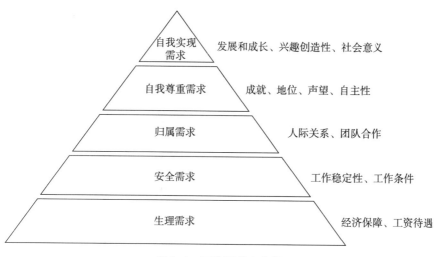

图2-1　工作需求金字塔

一、生理需求

生理需求，即人生存要满足的基本条件——吃、喝、穿、住。找工作时，这些需求实现的直接体现就是工资。很多战士退役后，并不知道自己想做什么、能做什么、适合做什么，这时去找工作，看重的往往就只有工资待遇。

小沈是广东佛山人，1997年出生。由于不爱读书，他中专毕业就辍学出来工作，做过汽修、送外卖之类的工作，但是时间都不长，几个月就换工作，然后就在帮家里忙，一直到2018年才准备入伍磨炼自己。

两年转眼过去，从陆军退役回家的小沈已经23岁，本来中专学历的他是能免费免试就读大专提升学历的，但他觉得自己年纪偏大，不想读书，决定直接找工作。

小沈先是在本地找了份销售的工作，干了不到两个月就辞职，理由是工资太低了，后来又陆续找了几份工作，都不满意。待业时间一长，退役金逐渐用完了。最后，迫于生活开支压力，小沈还是做起了送外卖的工作。

很明显，小沈在就业求职方面，既没有做过职业规划，也没有合理地利用退役金来提升自己，退役金花光后，他最迫切的需求就是生活开支，也就是生理需求。在生理需求的驱动下，求职往往就是慌不择路，先随便找个工作干着再说，自然也就谈不上是不是适合自己。

生理需求是人最基本的需求，我们找工作，自然不能不看重薪资待遇。但是，想找到一份适合自己的工作，仅仅考虑薪资待遇，是远远不够的。觉得只要工资高，干什么都可以，那最后可能就会像小沈一样，不仅找不到高薪工作，求职之路还会越走越难、越走越窄。

二、安全需求

前文我们提到现在是"乌卡"时代，社会环境充满了变化和不确定。

越是在这样的时代，我们越是希望能有一份稳定的工作，最好是一个"铁饭碗"，这就是找工作时身体和心理上的安全需求。安全需求就是希望可以放心地工作，包括生命安全、工作压力、工作环境、工作稳定性、工作保障等因素，这些都是择业时要考虑的问题。

小程于 2015 年入伍，2017 年退伍。退伍后，小程换了几份工作，都觉得不满意，但心里也没有明确的目标职业。换工作期间，他偶然在市人才网上看到消防队在招人，而且优先招退役士兵。小程虽然不清楚消防队的工作具体是啥样的，但看着觉得条件还可以，就想过去试试。普通人去应聘消防员，大多不能通过体能测试，小程在部队训练习惯了，感觉测试的强度比他当兵时的训练强度还要弱一点，很顺利就通过测试，被录用了。但是做了一段时间，小程觉得消防队的工作太危险，考虑再三，还是辞职了。

伴随着改革强军战略的深入，消防部队退出现役，并入国家应急管理部等部门，其人员的来源方式也发生了根本性变化，采取向社会公开招录的办法补充"新鲜血液"。退役军人是优先录取对象，而且待遇优厚，进入、退出机制完善。按理说，退役军人从事消防职业，是很有优势的，案例中的小程也很顺利就进入了消防队。但是小程在择业时，比较看重安全需求的满足，工作环境的危险让他觉得自己并不适合这份工作。

有的战士并不怕工作环境的危险，但看重工作的稳定性和完整的社会保障，那么可能就更适合进入国家机关、社会团体、企事业单位等公职单位。

三、归属需求

如果一份工作的工资待遇好、工作稳定性和工作环境也不错，那么在很多人看来，这应该就算是一份好工作了。不过，进入新的工作单位，就如同进入一个新的部队，周围有新的领导和同事，如果不能很快融入其中，就算可以胜任工作内容，这份工作干起来也不会轻松。希望能够尽快融入团队，获得和谐的职场人际关系，这就是归属需求。

对于小程来说，消防队的工作经历虽然时间不长，但教会了他很重要的一点：只有转变过去在部队里处理人际关系的方式，才能更好地融入职场。他说："在部队都是看眼色行事的，察言观色嘛，不过后来在消防队发现，有一样的地方，也有不一样的，比如管理的方式还是不一样的。当初我在部队当副班长的时候，让别人做点什么很快的，现在在消防队，跟同事相处也跟战友相处不一样，要从对方的角度考虑问题，商量着来，要不然事情不好办，刚开始吃了很大的亏，也是慢慢摸索过来的。还好消防队很多人都当过兵，也互相理解，大家也会告诉我哪些是不对的。"

企业和部队的文化不同，职场和军营里的人际关系不同，很少有战士在求职时会考虑到这一点。但是进入职场后，很多战士还保持着在部队里的状态，角色没有转变过来，就会遇到小程遇到的问题。如果你觉得自己很难一下就适应企业里的人际关系，希望能尽量保持部队里与战友的相处方式，那么选择辅警、巡特警、消防员等类军人职业，应该可以很快适应工作。

四、自我尊重需求

对于一般人来说，工作就是个谋生手段，如果能满足生理需求、安全需求、归属需求，那就已经是一份可以长久干下去的工作了。但是对于很多退役军人来说，内心可能还藏着一份对荣誉的追求，希望自己的工作能够得到认可，这就是自我尊重的需求。很多战士当初之所以选择参军，就是出于对这一份荣誉的渴望，现在退役进入社会，自我尊重的需求也会在无形中影响他们的择业。

小赵于2014年入伍，2016年退役，现在在巡特警大队工作。谈到自己为什么会选择这份工作，他说："巡特警大队的工作内容是防爆处突、巡逻防控、出城卡点管理等，训练强度不比当兵时少，早上八点半上班，训练到十一点半，下午就是五公里跑步、翻轮胎、扛假人，训练内容跟部队也差不多，巡特警保护百姓安全嘛，当然也需要巡逻，累是累的，但这种感觉挺不错的，怎么说呢，'为人民服务'吧，也是部队教会我的。"

自我尊重的需求，说起来比较"虚"，属于比较高级的一种精神追求，在生理需求、安全需求还没有得到满足的时候，一般人是不太容易优先考虑它的。但是一份工作如果可以让你感受到认可和尊重，感受到荣誉感和价值感，那或许是一份值得终身从事的职业。

五、自我实现需求

求职之前，我们最好给自己做一个职业生涯规划，想一想，自己在职业上最终要达到一个什么目标。这个目标，可能短期达不到，但长期有可能达到。要达到这个目标，有三个条件：一是做自己喜欢的工作；二是通过工作可以不断学习、提升自己；三是工作本身是有发展前景的。我们在找工作时要考虑这三个条件，满足这三个条件的工作就有可能让我们实现自己的目标，这就是自我实现的需求。

小聂是佛山人，2015年大学毕业后，他选择参军入伍。在部队期间，小聂一直勤奋好学，多次参加军事技能培训，购买了许多专业书籍，通过自学的方式，考取了相关的专业证书。在服役期间，他还担任过班长，领导班级取得一个又一个荣誉称号。他在2020年选择退出现役。

退役后，小聂没有第一时间选择就业，他通过互联网和亲戚朋友的讲述了解到现在社会计算机行业的发展前景很好，于是他先从网上了解到计算机行业的分类，最终选择从计算机语言（Java）入手，给自己制订详细的学习计划，利用退役金购买了一台配置相当不错的计算机和一些编程教学课本，学习里面的案例并一遍又一遍地进行尝试，经过半年时间的苦练，终于如愿考得了 SCJP 认证（Java 语言）。之后小聂又对自己的职业生涯制定规划，最后去国内排名前列的互联网企业面试并成功应聘到前端岗位。小聂在工作中依旧以部队的作风严格规范自己，在工作上勤奋上进，不断积累工作经验，用空闲的时间提升能力，阅读大量相关专业书籍，计划在 5 年的时间内晋升为技术总监。

自我实现的需求，说起来跟自我尊重的需求一样，是比较"虚"的需求，所以，很多初入职场的年轻人很少会考虑到它。但是小聂的例子告诉我们，如果在求职之前，就从自我实现的需求出发，明确自己的职业发展方向，并且按照这个方向来提升能力，反而能少走弯路，更快地找到适合自己的工作。

第二节　重新建构自我

了解了自己的工作需求，下一步就是进行自我分析，对自己的职业能力有清晰的认知。正如情景故事中的石头，通过了解自己的职业倾向，来判断自己适合做什么工作。这个过程，其实就是重新建构一个"社会人"的自我，完成从自然人向社会人的心态转变。

一、自我解构

所谓自我解构，就是全方位地深度分析自己，了解自己具备哪些能力，缺乏哪些能力，明确自己作为职场人的优势和不足，以此更好地规划自己的职业生涯。

（一）"三力"模型——心力①

心理社会能力，简称"心力"，属于心理学的范畴。"心力"是指个体有效地处理日常生活中的各种需要和挑战的能力，是个体保持良好的心理状态，并且在与己—己、人—己、人—人、人—事、人—物的相互关系中表现出适应和积极的行为能力。它由四个方面的内容组成：情绪管理能力、人际沟通能力、自我认知能力以及社会适应能力。

曾任阿里巴巴 CPO 的彭蕾是这样理解"心力"的："做 HR 这样一份工作，有情有义，有滋有味，但光有这个不够，还得要链接到更大的愿景和使命。如果今天阿里巴巴做的事情或者你所支持的业务部门做的事情不能跟你内心情感的那个点，就是那个七寸产生连接和产生化学反应的话，是不可能有这样的心力的……"换句话说，心力就是情绪管理能力、自我认知能力和社会适应能力的协调。

对"心力"更显性化的理解就是信念、影响力和感召力。例如：一个人是否有理想、有强烈的使命感；是否在诱惑下能坚持自己的原则；是否在压力下能执着坚持；是否能向团队描述令人激动的远景；是否有感染力和号召力带领大家一起积极行动；是否能够激发大家对于共同目标的热情，并提升团队整体绩效；是否能够看到更高的客户价值；等等。

（二）"三力"模型——脑力

脑力泛指由大脑产生的记忆、思维、情绪、精神等一切能力与能量。其与体力相对，包含智力、心理、经验、知识、技能等方面，对脑力的更高要求体现在个人是否具有广阔的视野、是否具有战略眼光等方面。

---

① 《阿里"三力"模型全解析，心力、脑力、体力结合运用》，https://www.sohu.com/a/239604848_820761，2018 年 7 月 6 日。

曾任阿里巴巴 CPO 的彭蕾认为："脑力非常重要，有心力没脑力，就像一只热情的苍蝇，没有方向感；有脑力没有心力，就像冷冰冰的工作机器，整个组织变得非常干，没有那种温润的感觉，没有激动人心的感觉，也没有那种彼此连接的感觉。"

脑力可以从三个维度来理解：

（1）经纬度——建立知识网。做事的逻辑、条理、流程、工具、方法，这些都属于脑力的部分。优秀的企业会多维度并行，构建出员工个人的或团队的知识网。

（2）专业度——术业有专攻。专业的人做专业的事，每个人擅长的专业不一样，只有在自己擅长的领域发挥作用才能更好地服务客户，从而在职场中游刃有余。

（3）条理性——完成目标。职场中个人的价值体现为能否完成企业制定的目标，而目标的完成需要个人有条理性地将目标分解，利用自己的知识网和专业度逐步完成目标。

（三）"三力"模型——体力

体力即人身体中的力量。从生理学上来讲，体力不是指你最大的力量，而是指你以最大力量可以连续对外做多少功，这涉及最大力量、最大耐力，指的是一个人的身体在最大力量连续做功的情况下，不断提供能量所能持续的量。

二、自我测评

在自我测评时，可以参考霍兰德职业兴趣自测（Self-Directed Search），这是一种由美国职业指导专家霍兰德根据他本人大量的职业咨询经验及其职业类型理论编制的测评工具。霍兰德认为，个人职业兴趣特性与职业之间应有一种内在的对应关系。根据霍兰德的研究成果和后人的分析论证，按照不同的职业特点和个性特征，一般可以将人分为六类：现实型（R）、探索型（I）、艺术型（A）、社会型（S）、管理型（E）和常规型（C）。这六种类型的人具有不同的典型特征，每种类型的人会对相应职业类型感兴趣。

霍兰德职业兴趣自测适用于高中毕业生、在读大中专生、应届大中专毕业生，以及已参加工作但渴望转行，须发现和确定自己的职业兴趣和能力特长的人士。

第三节　重新淬炼自我

认识了自己的需求和能力，也就能看到两者之间的差距，其中的差距就是对"职场新兵"的挑战，需要"职场新兵"从心态、思维、知识储备等方面主动做出改变，就像情景故事中的石头一样，勇敢迎接挑战，从而实现自我能力和需求的匹配。

一、淬炼心态

从军营步入社会，退役军人会发现自己有很多的不足。他们缺的不仅是经历，还有阅历；不仅是知识，还有见识。在增加阅历和见识之前，首先需要调整心态，重新定位自己，积极改变自己，才能踏上时代发展的"高铁"，顺利完成人生的又一次"转型"。

也许过去你曾完成诸多任务，个人也因此获得一些荣誉，受到过表彰奖励。但是，请把这些都埋藏在心底，因为骄傲和自豪都已经是过去时了，进入社会，企业更在意的是你未来能创造怎样的新的成绩和价值。所以，无论你曾经收获了多少荣誉，自己首先要学会放下，新入职场时，要像入伍之初那样，有一切从头开始的心理准备。

退役，是对生活进行重塑的过程，是一个"出生"的过程。从长期奋战、不断成长的军营走出来，退役军人有迷茫、恐惧、焦虑很正常。就像是婴儿脱离母体，新生往往伴随着阵痛，佛家形容人出生时的痛苦为"生龟脱壳"。因此，跨出军营大门，脱掉军装，有"由生"之痛也理所当然。退役军人需要以"更上一层楼"的追求与境界，超越避苦求乐的情感本能，以感恩之心回望过去、以勇敢之心远眺未来，淡定地走好当下的心路历程，平静地面对种种焦虑和纠结，沉稳地直面新征程上可能遇到的困难与挑战。

其实人的一生，就是一个不断学习的过程。输在起跑线不要紧，请一定不要输在终点线上。因为，终点才最终判定输赢。脱掉军装，回归地方，加上年龄和经历的限制，不管是换到另一个城市生活，还是换一个行业重启，学习都是在所难免的。部队几年的磨炼，使退役军人具有了一些竞争优势，但其同样也存在一些劣势短板，比如，工作经验不足、业务技能缺乏、人际关系处理方法欠缺等，成为就业的"短板"。退役军人需要发扬迎难而上、遇挫弥坚、只争朝夕的精气神，静下心来，沉住气，勤奋学习，迎头赶上，并超越引领。如果不补短板，不保优势，早晚会被时代和社会淘汰。

一名女兵退役后开了一家洗车房，口碑挺好。没过多久，她就扩大了经营范围，经营了两个快递配送点。有熟人问她："你过去在部队好歹算个领导，现在成了洗车工，还送快递，经常碰到老熟人，会不好意思吗？"

面对发问，她坦然道："在部队的专业，跟社会没交集，合适的工作不好找，不如从头开始，学着做点力所能及的事，不也是挺好？洗车送快递，有人嫌没面子，我还真不觉得。"

退役军人回归社会，要转变的不仅是角色，更是心态。有的人离开军营后，对未来"想做什么、能做什么、适合做什么"惆怅迷茫；有的人抱着过去的成绩不放，将"军功章"视为讲条件、要待遇的资本；有的人犯了"选择困难症"，这山望着那山高，犹豫不决错失良机；更有的人死要面子、端着架子就是放不下身段……

大家不妨学学身边那些看得淡过往、抛得掉虚名的退役战友，主动将心态"归零"，从最基础的做起。三百六十行，岗位虽不同，待遇有差距，发展前景各异，工作环境也许不那么美好，但迈不出第一步，就永远没有成为"状元"的那天。退役军人在部队培养出的忠诚可靠、雷厉风行、团结协作等品质，都是宝贵财富和独有优势。多些自信与坦然，多些务实与平和，脚踏实地去耕耘，不离不弃去追求，哪怕再不起眼的工作，一样能发光发热，实现人生价值。

二、淬炼思维

1. 思维的深度：3W1H 法

3W1H 法，源自 5W2H 分析法。5W2H 分析法又叫七何分析法，由"二战"中美国陆军兵器修理部首创。该方法简单、方便，易于理解、使用，富有启发意义，广泛用于企业管理和技术活动，对于决策和执行性的活动措施非常有帮助，也有助于弥补考虑问题的疏漏。

5W2H 指的是：

Why——为什么干这件事？（目的）

What——什么事情？（对象）

Where——在什么地方执行？（地点）

When——什么时间执行？什么时间完成？（时间）

Who——由谁执行？（人员）

How——怎样执行？采取哪些有效措施？（方法）

How Much——多少？做到什么程度？数量如何？质量如何？费用产出如何？

应用到一般的具体工作中，可以简化为 3W1H。根据工作性质的不同，需要侧重的点也有所不同，这里介绍一种常用的形式——分析工作任务时的 3W1H：Who、What、Why、How。

完成职场中的工作任务我们常常需要先对任务进行分析，了解目标，才能明确做法。这里的 3W1H 又分为两个层次，Who、What、Why 为首要层次，How 为次要层次。这样，就对应了两个层次的问题：

（1）Who、What、Why 解决的是"做正确的事"的问题；

（2）How 解决的是"正确做事"的问题。

显然，做正确的事是正确做事的前提条件，优先于正确做事，并对如何正确做事有决定性的指导意义。

"Who、What、Why"就是要在做每件事前首先问问：是谁？要干嘛？为什么干？

把 Who 放在第一位，是因为"谁是责任人"是工作中首先要明确的问题。对于同样的事，不同的人有不同的想法，做法就不同，最后达成的效果也会不同，所以，首先一定要搞清楚是"谁"要做这件事。如果这个"谁"是自己，那就要深刻理解并时刻牢记自己做这件事的最终目的。这一点，说起来容易，但在实际工作中，很多人往往陷在工作流程里，忙于应付千头万绪的突发状况，而忘记了最终的目的。另外，一项复杂的工作，往往需要多个部门或组织的人配合完成，如果与我们对接工作的人从属于其他部门或组织，工作卡在这个人那里，往往是因为这个人在这件事上只负责执行，没有决策权，一旦出现特殊情况（这在工作中是难免出现的），只能向上级请示。因此，不先搞清楚对接部门或组织的关键人物是谁，工作往往会事倍功半，甚至无法推进。

What 和 Why 要放在一起说，因为做什么事和为什么做紧密相连，做事前不仅要定义清楚事情的范畴，更要摸清楚所做事情背后的真正目的。既然说"真正"目的，就必然有个"表面"目的，也就是说表面目的和真正目的不一定完全一致，做事的人一定要注意判断。比如，老板说："你去把这份文件复印一下。"看似简单的一项任务，其真实目的可能是：需要你去复印这份文件；把你支走，有些事不方便你在场；暗示你去找增援，这里谈判需要增加人手；借你去复印之机拖延时间，所以你不要很快就回来；暗示这份文件很重要，让你赶快组织人手把文件好好过一遍；等等。

由此可见，做事的目的决定了做事所要采取的策略和办法，而事件发起人是谁也决定了目的的不同。还是以复印文件举例，如果是一个同事让你帮忙复印文件，很可能就只是单纯请你帮个忙。所以，Who、What、Why是三位一体，要综合在一起判断才能决定是否在做正确的事，同时，不要忽略了Who，牢记"人"才是决定做事目的的首要因素。

至于"How"就是技术上的问题了。"How"在实际工作中往往也会包含"When"和"Where"，即在什么时候、什么地点做事，不仅要根据实际情况引入人、财、物及关系等资源，更要针对目标采取合适的策略和办法，甚至包括对兵法谋略、组织行为学、社会心理学等背景知识的应用。总之，要发散思维，全面思考，灵活运用各种方法，以达成任务目标。①

2. 思维的长度：5So 思考法

So 的意思是"所以呢？""那又怎么样？""会产生什么影响呢？"5So 思考法是指对一个现象连续追问其产生的结果，以探求它对未来可能造成的深远影响。

探求事情的结果是人的本能，但如同追寻原因一样，我们本能的思维逻辑链条太短了，往往只能看到非常浅近的结果，而对深远的影响缺乏预见。而 5So 思考法，可以提升我们推演事物的能力。

---

① 《3W1H 与 5W1H》，https：//blog. csdn. net/weixin_34190136/article/details/86108705。

（1）绝对推论与概率推论。5So 思考法本质上就是一种推论方法。推论可以分为两种：绝对推论与概率推论。绝对推论的意思就像其字面意义那样，表示一定不会错的推论。比如数学中的推论多是绝对推论。如果 A≥B，B≥C，那么肯定有 A≥C。概率推论则表示，有可能是这样的，但并不一定。

（2）逻辑链条概率传导定律。当一个漫长的逻辑链条中有很多概率推论时，会发生逻辑损耗，其推论的准确度会逐渐降低。一个单一链条的传递，其概率的计算是应用乘法的。每推论一个概率性事件，每延展一级基于概率推论的链条，其稳定性和力度都乘以一个小于 1 的数字，经过几次累乘，概率会越变越小。

（3）思维逻辑链的边界。思维逻辑链条越长，代表你的思维越深刻。可是链条也不可能无限延长下去。

在边界的界定上，5So 思考法与 3W1H 思考法有所不同。3W1H 思考法是找到了根本原因就停止，而 5So 思考法却没法找到一个对应的"根本结果"，你总是可以不断推论下去。使用 5So 思考法进行推论时，建议在概率变得较低时停止推论。

三、淬炼知识

1. 保持终身学习

我们鼓励战士们退役后继续学习，努力提升自己的知识、技能，并不完全是因为人们的文化水平普遍提高，不学习就竞争不过别人，也不完全是因为我们的学历不如别人。根本的原因是我们所处的是一个需要终身学习的时代，任何人如果没有终身学习的习惯和心态，都将无法适合这个时代并最终被淘汰。

在联合国教科文组织和欧洲终身学习促进会的支持下，1994 年 11 月在罗马召开了"首届全球终身学习大会"。会上,欧洲终身学习促进会的报告提出:"终身学习是 21 世纪的生存概念。"一个人如果没有终身学习的概念,就将难以在 21 世纪很好地生存。会议将"终身学习"定义为:"终身学习是通过一个不断的支持过程来发挥人类的潜能,它激励并使人们有权力获得他们终身所需要的全部知识、价值、技能与理解,并在任何任务、情况和环境中有信心、有创造性地愉快地去应用它们。"①

终身学习应该是一种社会行为,甚至是 21 世纪的一种生活方式。终身学习强调人的"学习权力"和对学习的激励,它与终身教育不同,因为终身教育强调"教"的一面,前者是主动行为,后者是被动行为。

当前,人们将面临着知识急剧增加和知识迅速老化的双重压力,有人认为,从 21 世纪开始,知识的半衰期将缩短到 10 年,而电子科技知识的半衰期不超过 5 年。计算机以每秒几十万亿次的速率在运行,信息的传播速度越来越快,全世界平均每天有 800~900 件专利问世,平均不到 1 分钟就出版一种新书。过去全世界每隔 10~15 年人类知识要翻一番,而如今 3~5 年就要翻一番。一个大学毕业生,一生所用知识在校获得的只占 10%~15%,绝大部分要在工作实践中通过继续学习来获得。概率统计表明,一般科技人员一生工作时间按平均 40~45 年计算,其有用的知识 10%~20% 是在学校中学到的,其余 80%~90% 则靠在职工作中或再次进校学习培训才能获得。

据统计,人的知识陈旧率高得惊人,一个大学生所学知识毕业 10 年后可用的仅剩 20%。而且随着社会的进步和发展,劳动力流动的加速,一个人一生接受一次教育、在一个岗位上工作一辈子的情况越来越少,越来越多的劳动者需要接受持续的教育和培训,以提高自身适应职业变化的能力。因此,更新、补充和完善自己的知识,就成为伴随人生全过程的活动,这就是人们常说的"终身学习"。只有这样,才能使自己在激烈的职业竞争中

① 《终身学习是时代的需要》,https://www.guayunfan.com/lilun/540077.html,2021 年 2 月 6 日。

立于不败之地。

受教育不是"一阵子"的事，而是"一辈子"的事。随着科学技术的发展，20世纪60年代以来，人类进入了"知识爆炸"的时代，各种新发明、新发现层出不穷。据不完全统计，20世纪60~70年代全世界的科学发现和技术发明超过了以往2000年的总和，科学知识的增长率由20世纪60年代的9.5%增至80年代的12.5%，当今的增长速度更快。因此，终身学习和学习方法革命是每个人都要认真面对的现实，在职人员更是需要不断地补充新知识才能适应竞争的需要，才能不被时代淘汰。正如李岚清同志所说："大学教育不是终身教育，一般地说，大学只是为参加工作和进一步学习打下一个良好的基础，打下一个经过学习和继续学习成为专家的基础。"即便拥有大学学历，毕业后若不经过继续学习很可能如逆水行舟，不进则退。职场中的每一个人都必须不断地接受继续教育和学习，以储存更多的能量，补充新理论、新技术、新方法、新信息，这样才能适应社会的飞速发展。[①]

2. 拥有互联网学习新思维

互联网深刻影响着现代人的生活，给人们带来了互联网时代的学习新思维，使学习呈现网络化、碎片化、经济化、普及化和终身化特点，让学习更加方便、易得、自主、有效，成为终身教育的有力推手。借助互联网的学习，特别是自学，成为学习者突破传统教育制约，实现个人毕生成长与发展的有效途径。

互联网已经全面而深刻地影响到现代人的生活。据中国产业信息行业频道数据，截至2017年6月，我国网民规模达到7.51亿，半年共计新增网民1992万人。互联网普及率为54.3%，较2016年底提升1.1个百分点。我国手机网民规模达7.24亿，较2016年底增加2830万人，网民使用手机上

---

① 李笑月：《加入WTO对我国继续教育的影响》，《浙江社会科学》2000年第5期，第83-85页。

网的比例由 2016 年底的 95.1% 提升至 96.3%。现代教育就是在这样一个波澜壮阔的互联网背景下获得了新的特征，带来了互联网时代的学习新思维。[①]

（1）网络化学习。网络化学习是现代信息技术在教育中运用的必然趋势，是信息时代的主要学习方式之一。通过互联网平台，人们可以上网校、听网课，无论是已经制作好的精品课程，还是即时互动式的教学都能够借助网络进行。网络的辅助教学功能也使得传统的面对面课堂教学进一步完整、深化和便利。互联网上的海量信息使得人们在学习时更为自主，也更加容易获得自己想要了解的各项信息。

（2）碎片化学习。碎片化学习是通过对学习内容进行分割，从而让学习者能够进行更有灵活度、更有针对性、更有效的学习。在分割学习内容后，每个碎片的学习时间变得更可控，学习者可重点学习对自己更有帮助或启发的那部分内容。随着现代社会生活节奏加快，人们的时间更为紧张，因此利用好零碎时间、进行碎片化学习越来越成为趋势。

（3）经济化学习。由于网络的分享性，一个网络课程制作好之后可以让所有接触网络的人都有机会学习，受众面非常广，因此，网络课程的费用可以摊得很低，使互联网学习质优价廉，更容易获得。而从教育辅助工具来说，网络课程成为传统面授课的有力辅助和有效补充，可以作为一种福利免费提供给学习者。而网络上各种如"百度经验""秒懂百科""作业帮"等内容或者应用使得学习极为便利，且近乎零成本。

（4）细分化学习。网络学习的经济化进一步使得网络课程细分化，各类课程瞄准各细分教育市场，根据人们对学习产品的需求差异开发不同的产品。以英语学习为例，不同的人可以根据自己的英语短板选择发音课、听力课、阅读课或者写作课，既有专门记忆单词的课程，也有专门训练听

---

① 邵雪芬：《互联网时代的学习新思维》，《学周刊》2009 年第 9 期，第 191 页。

力的课程；不同年龄层次、不同英语水平的人可以选择难度不同的课程，有针对小学生的，也有针对考研的；不同兴趣爱好的人则可以选择旅游英语、小说英语或者美剧英语等。

互联网时代学习的网络化、碎片化、经济化和细分化特征，让自学成为极为有效和便利的学习方式，人们可以根据自己的需求、自己的水平，选择不同内容、不同难度的学习资源，灵活安排学习时间和地点，让学习更加方便、易得、自主、有效。借助互联网，学习得以突破传统教育制约，互联网学习成为实现个人成长与发展的有效途径。

3. 获得一技之长

著名学者周国平曾说："一切教育本质上都是自我教育，一切学习本质上都是自我学习。"自我教育能力，是指在自己的兴趣引导下自主学习的能力。决定一个人是否优秀的关键因素就是其是否具备较强的自我教育能力，是否具备在兴趣引导下的自主学习能力。

退役军人走向社会，面对着社会变化所带来的沉重的就业压力。一方面，很多退役军人可能在求职中频频碰壁，感叹"自己身无一技之长"；另一方面，用工单位出现用工荒，抱怨"找个懂点技术的工人越来越难"。让人费解的"用工荒"与"就业难"现象，成为大众关注的焦点话题。

其实这一问题的破解之道并不难，比如，对于退役军人而言，可以用手中的退役金来求学、报班，提升自己的知识和技能水平，从而提升职业竞争力。因为对于求职无门的退役军人来说，取得一技之长、提高就业技能是应对"就业难"的不二法门，有了"金刚钻"才敢揽那"瓷器活"。相反，如果自身没有过硬的"金刚钻"，自然不会也不敢接手复杂重要的工作。现在许多年轻人想法虽多却大都眼高手低，不愿意踏踏实实地学习技能，因无法达到用工单位的技能要求而被淘汰。

对于用工单位而言，重视对职工的培训，提升职工的职业技能是破解

"用工荒"的一种方法。进入新时代，企业只有依靠创新、依靠新技术才能立于不败之地，而创新要依靠人来实现，新技术要依靠人来掌握和使用，提高职工职业技能自然成为企业发展战略的一个重要方面。虽然对职工进行培训需要一定的投入，但"磨刀不误砍柴工"，从长远看，这种投入会给企业带来正向回馈。

习近平同志曾强调："我们要始终高度重视提高劳动者素质，培养宏大的高素质劳动者大军。"政府和各级工会组织在提高劳动者素质方面更应有所作为。

古人言："积财千万，不如薄技在身。"这句话放在今天仍旧适用。

当兵十二年后，重新迈入校门

图片来源：中国军网，照片由李源俊本人提供。

2019年12月2日，当李源俊打开封面印有"广西交通职业技术学院2019级录取通知书"字样的快递时，心情异常激动。李源俊是2019年转业的士官，他怎么也想不到当了 12 年兵，还能重返校园，想不到应考录取会这么顺利，一路绿灯，更想不到退役后还能免费读全日制大专！

2019 年初，服役满 12 年的李源俊选择了退役，留在广西阳朔生活。9 月，阳朔县人民武装部干部给他发来消息：退役军人可免费读全日制专科，请抓紧时间报名！

看到广西招生考试院发布的关于"2019 年高职扩招第二阶段招生（退役军人）报考指南"的信息，他眼前一亮。根据报考指南中的信息，退役军人（50 周岁以下）等群体单列计划招录，可免予文化素质考试入学；可采取"走读""半工半读"等弹性学习模式；退役军人每生每年最多给予 8000 元学费资助，同时按规定给予助学金资助；修完课程准予毕业的退役军人学生，与普通高校在校生享受同等全日制专科学历。

对于李源俊而言，他虽然选择以"由政府安排工作"方式退役，有一份在编的工作，但重返校园继续深造，对他的未来发展大有裨益。在这么"诱人"的消息面前，他按捺着激动的心情仔细查阅相关政策。李源俊了解到当年的政府工作报告提出："改革完善高职院校考试招生办法，鼓励更多应届高中毕业生和退役军人、下岗职工、农民工等报考，今年大规模扩招 100 万人。"同年 4 月 30 日，《高职扩招专项工作实施方案》经国务院常务会议讨论通过。广西以该方案为依据，为更好地服务退役军人，对退役军人群体单列招录，并根据不同情况给予学费资助。

政策好，"娘家人"更给力。报名后，阳朔县人民武装部积极协调当地教育局招生办、参与招录的高职院校等部门，在退役军人递交材料、申请体检等环节，秉着"便于退役军人报读"的理念，采取网络传递材料、多次压缩成一次、异地同步体检等方式，一路绿灯，让远在外乡务工的战友，顺利报名。

2019 年，广西高职扩招计划重点布局在优质高职院校中区域经济建设急需、社会民生领域紧缺和就业率高的专业，为此招生院公布的招生计划表中，有农林牧渔、能源动力与材料、土木建筑、交通运输、轻工纺织、新闻传播等20类100多门专业学科，参与招录的高职院校、部分本科学校高职专业遍布广西地级以上城市。令李源俊感动的是，为便于退役军人入学就读，相关招录院校在不同地级市专门开设教学点。以李源俊报读的广西交通职业技术学院为例，该学校本部在南宁市，但学校为方便退役军人就读，在桂林市的高（中）职学校开办教学点，大家只需就近到桂林的教学点上课即可。

当李源俊在朋友圈晒出"录取通知书"的照片后，很多战友和亲朋纷纷来电咨询、留言评论，获赞数百。他从中看出了大家对此事的关注和期盼。李源俊表示："说实话，离开部队后还能享受到这样的福利，有这样补足短板的机会，能培养提升社会发展所需的技能特长，实在是我们的幸事，我将格外珍惜这次全日制教育的学习机会。"

结 语 ●●········

重入社会"新兵营"

从军营到社会，是一段新的旅程，在旅程中，理想和现实的差距会让我们感到失落，认识到自己的不足。但是，就算离开军营，也要不忘军魂；就算脱下军装，也不能褪下军人的志气！面对社会的"新兵营"，我们不能认输，不管干什么，都要争做第一！

第三章

沙场茫茫路何方

情景故事 ●●··········

退役军人眼中的职业鄙视链

七月的某一天，中午 12 点，百合大酒店里正在举办一场盛大的婚礼，伴随着婚礼进行曲和亲朋好友的掌声，新郎和新娘出现在红毯上。新郎是刚退役的军人，此时正穿着黑色西装，手挽着身着雪白婚纱的新娘向台上走去。

新郎和石头曾经是一个班的好兄弟，婚礼前一周，新郎给石头及各个老战友发了婚礼的请柬，希望借此机会和战友们重聚。

兄弟结婚，石头当然要参加了。当天上午 11 点，石头来到婚礼现场。跟新郎寒暄过后，石头看到了好多熟悉的面孔，石头和几个老战友坐在了一桌。老政委也来了，坐在了石头旁边。

老政委见到石头就问："石头，最近怎么样？找到理想的工作了吗？"

石头愁眉不展，说自己还在待业。

此时，桌上的其他战友纷纷加入了谈话，曾经是石头上铺的李明说："我也一样，在待业，退役后，我干了一段时间保安，但感觉太没技术含量了，所以干了三个月就不干了。"

石头深以为然，因为石头也是干了两个月的小区保安就辞职了。其他战友也纷纷点头，认为保安每天的工作就是量一下体温，让来访者登记一下，每天像毛驴拉磨一样重复，学不到什么东西，收入也不高，这样的工作在大家看来是毫无意义的。

石头曾经的室友金刚说："保安这份工作虽然没技术含量，但至少稳定，不像销售，工资完全跟业绩挂钩，还得求人，太没尊严了。"

金刚退役后进入一家医疗器械公司做销售工作，每天的工作就是在网上查询当地经销商的电话进行联系、拜访，还要到当地医院调查医疗器械的使用情况。每个月有三分之二的时间都在出差，奔波在路上。但最让金刚无法忍受的是他给客户打电话，80%的电话都会被拒绝，在拜访客户时，也经常被拒之门外，遭到冷嘲热讽。这些遭遇，让金刚觉得难以接受，当兵的经历让他时刻把荣誉和尊严放在第一位，怎能忍受这样的屈辱呢？所以金刚干了两个月也毅然辞职了。

大家听了金刚的经历，纷纷表示理解和赞同："对啊，销售这个活儿太没尊严了，咱们军人可不能干。"

老政委这时一言不发，认真地听着大家的闲聊。

此时新郎新娘来到这桌敬酒，大家纷纷端起酒杯，打趣新郎说他爱情事业双丰收，祝愿他们夫妻百年好合。

说到新郎，他在部队时负责给领导开车，退役后当了一名网约车司机，每天在平台上接订单，他开车安全稳健，为人谦和有礼，所以客户评价很高，在平台上收入也很不错。

新郎新娘敬完酒，转身走向下一桌，赵江看着新郎的背影，羡慕地说："当个网约车司机也不错，靠技术吃饭，不用求人，收入也挺稳定的。"

石头说："不错个啥呀，司机就是个体力活，和保安一样没技术含量，比保安还累，每天开车 12 小时以上，坐得腿都僵了，腰酸背痛。"

金刚之前也当过几个月的外卖员，每天起早贪黑送快递，但最让他无法忍受的是公司的各种扣款规定，超时要扣款，而且有的时候超时并不是他的原因，而是平台派单延误或派单错误导致的。但这些都不是金刚离职的最主要原因，他愤愤地说："做外卖的累主要不是身累，而是心累，很多顾客都不太好说话。你说现在天这么热，送外卖已经紧赶慢赶了，结果顾客拿到手连个'谢谢'也没有，还说'怎么才送过来'，让人觉得挺委屈的。"

大家纷纷点头，表示外卖员真是不容易。

石头说："外卖员风里来雨里去的，很辛苦，我觉得做个健身教练挺不错的，四季在空调房里，遇到的客户都是高素质的，工作应该挺舒心的。"石头还没说完，马上就有战友打断，说："不行，不行，咱们在军队里学的东西，是服务人民大众的，不是给个别有钱人服务的。"

这时，一直沉默的老政委笑了笑，开口道："看来咱们退役军人对职业的看法存在一条鄙视链呀：看不上保安，因为这工作没技术含量，没地位；看不上销售，感觉缺少尊严；不想做快递或司机，感觉是体力活；不想去做健身行业，因为不想为个别有钱人服务。"

大家听后哈哈大笑。是呀，虽说职业无高低贵贱，但其实在大家眼中，早已形成了一条鄙视链，很多职业都被大家加入了"黑名单"，根本不想做，这些对职业的看法可能是自己的经验，也可能是大家的偏见。这不想做，那不想做，但又不知道自己适合哪些职业，所以求职之路才会如此曲折、漫长。

📢 宝儿姐姐开讲啦

进入职场，面临从"退伍老兵"到"职场新兵"的角色转变，很多在军队中学到的技能不能直接运用到日常工作中去，这使得许多老兵在求职的过程中，缺乏能够直接展现的核心竞争力，结果就像情景故事里的石头和他的战友们一样，很难找到满意的工作，感觉前路茫茫，不知路在何方。

此时，我们应该及时调整思路，在"找工作"之前，先要"选工作"，思考自己的职业发展路径，发扬自身特长，确定职业发展方向。通常情况下，职业方向由本人所学或所从事的专业来确定。但在现实社会中，"学非所用"的情况比比皆是。在这种情况下，就要多了解情况，慎重地做出判断。不一定要干老本行，但也不要跟风，去追求所谓的热门。应该先了解行业情况，再结合自身兴趣、能力和职业发展路径来做选择，才能避免盲目，从而找到适合自己的工作。

第一节　退役军人就业现状

对前路感到迷茫时，最好是像情景故事里的石头一样，和战友交流一下，了解退役军人这个群体的普遍就业状况，从中获得对求职环境和自我职场定位的清晰认知。

一、退役军人就业情况

一份针对已退伍军人工作情况的调查显示，退役 0～5 年退役军人就业率（不包含已复学及入学人数）约为 56%（包含自主创业和自由职业等灵活就业方式）。68.04% 的退役军人有参与社会招聘并进入面试的经历。如图 3-1 所示，超过半数退役军人的工资水平集中在 2000～4000 元，平均工资 3176.4 元，远低于全国 2018 届本科毕业生的平均月薪 5135 元与高职高专毕业生的 4112 元。而 43.92% 的退役军人表示，能接受的最低工资水平为 3000～4000 元，15.54% 的退役军人能接受 2000～3000 元的最低工资水平（见图 3-2）。

调查得知：家庭条件对退役军人的就业选择有很大的影响。尽管大多数家庭条件较差的退役军人并不满意自己退役后第一份工作的月薪水平，但是他们希望尽快拥有稳定收入赚钱养家，不会因为薪资待遇过低而放弃就业的机会。在就业压力面前，他们选择先就业再择业；家境较好的退役军人对刚退役第一份工作工资多寡相对不敏感，态度上以学习、积累经验为主，比较容易满足。他们一般认为，只要自己肯好好干，就有升职加薪

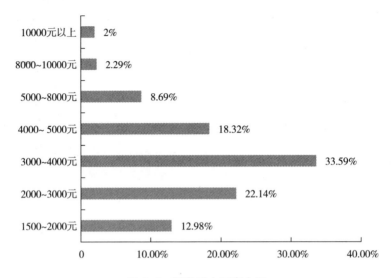

图 3-1　退役军人工资水平

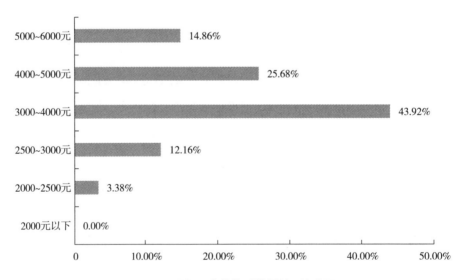

图 3-2　退役军人能接受的最低工资水平

的机会，钱少只是一时的。家庭条件也影响着个人的生活水平和见识阅历。家庭条件富裕的退役军人初入社会，工资水平普遍领先同龄退役军人，但满意度依然不高。很多家庭条件相对较差的退役军人急于赚钱养家，但是他们初入社会缺乏经验和技术，因而会选择那些进入门槛低的工作岗位，而这类工作的薪资待遇通常也较低。

退役军人第一份工作依次集中在销售岗、生产技术岗、后勤岗以及文职等岗位。在接受访问的退役军人中，12.27%的退役军人已报考或正在备考，59.55%的退役军人表示有相关意向，正在考虑或挑选岗位中。而待业退役军人中有20.54%处于备考状态以期进入政府机构、事业单位，或正在参加社会上的职业技能培训班；有71.42%的退役军人仍在求职中；有少部分退役军人已经有一次跳槽或辞职经历。

民营企业依然是吸纳退役军人自主就业择业的主力，其次是国有企业和事业单位。无论是已就业还是待业的退役军人，均对考公以及进入消防、公安表现出了非常高的关注度。

根据一份关于用人单位雇佣退役军人情况的调查，被调查用人单位中，85.71%的用人单位表示有雇佣退役军人，但仅有56.86%的用人单位了解并享受过退役军人企业税收优惠。在针对退役军人有招聘计划的企业中，提供最多的岗位为销售岗（58.94%）与后勤岗（69.95%）。用人单位对退役军人的学历要求普遍在高中以上，并表示会适度放宽录用标准。89.56%的用人单位都会针对上述岗位提供岗前培训，但这些用人单位同时也认为，相比同级别同岗位职工，退役军人在综合素质，特别是人际交往、沟通表达、学习思维能力上，还有待提高。

受访者对退役军人的总体印象是：一方面，他们的身体素质好，勇于进取，服从管理，组织纪律性较高，吃苦耐劳，团队合作表现出色；另一方面，职业技能和专业知识不够扎实，创新意识和创新能力不够，应变能力较弱，对自己职场人的新身份自信不够。受访者建议退役军人初入社会，求职应聘首先还应当多锻炼沟通表达，对于投递岗位及企业提前做好"功课"，向企业展现更多自主思考能力和个人职业发展规划路径。

二、学历对退役军人就业路径的影响

军人入伍前如果通过了高考，不论是否入学，入伍后都会保留学籍，这部分退役军人通常退役后会选择复学，不会轻易放弃学籍和本来已有的读书机会。由于企业在招聘中一般都会有学历要求，会优先考虑学历较高的劳动力，因此，学历较高的退役军人其就业状况更容易得到改善。

受教育年限一定程度上代表了一个人的文化水平，而文化水平会影响一个人的观念、见识、判断力和选择力。因此，一般学历更高的军人对未来的方向较为明确，在退役后选择也会更加多样化，社会招聘不是他们唯一选择，即使不复学，他们也更愿意重拾书本脱产备考，无论是参加高校自招、事业单位招聘考试还是国家公务员考试。学历越低的退役军人越倾向于尽早工作，比起学习，直接赚钱对他们的吸引力更大。

很多军人退役后会有一段探索适应期，有所尝试但缺少发展规划，有较长一段时间处于迷茫状态。

三、退役军人求职信息来源及求职情况

根据调查问卷结果，如图 3-3 所示，绝大多数退役军人的求职信息来源主要是通过家庭朋友等社会关系介绍。人脉是求职者在搜集工作单位信息时的一个重要途径。朋友或亲戚的介绍可以让退役军人更多地了解到公司的一些状况，依靠这种关系了解到的信息往往比较可靠，且通过熟人引荐，应聘成功的概率也较高。然后是线上招聘平台。年轻的退役军人对网

络依赖程度较高，更倾向于在网上了解招聘信息。大型互联网招聘平台如智联招聘、BOSS直聘、前程无忧等虽然工作招聘门类齐全，但在社会招聘中，退役军人和同龄人相比往往缺乏竞争优势，服务于退役军人的相关招聘平台更受退役军人青睐。

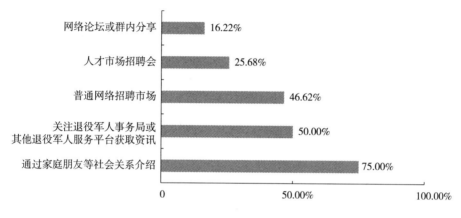

图3-3　退役军人求职信息来源

如图3-4所示，在准备就业的退役军人群体里，有39.87%的退役军人没有求职经历，原因是有部分退役军人还未成功考取公务员，部分退役军人通过内推等非常规方式就业，没有经历简历投递、岗位申请等流程。以问卷对象群体的特征来看，退役两年内或退役后直至第一份工作入职前，多数退役军人的简历投递或岗位申请次数在1~5次，面试次数在5~10次（见图3-5），只有3.38%的退役军人找工作时广泛投递简历，期望获取更多就业机会。

据调查结果分析，多投递简历对增加就业机会可以产生显著的正向影响。因此，退役军人在求职过程中要多了解招聘信息、多投简历，消极等待是很难获得满意的岗位的。

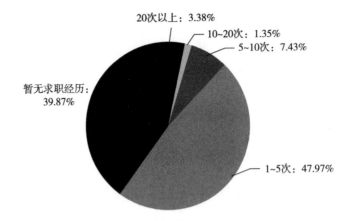

图 3-4　退役军人投递简历或申请岗位次数调查

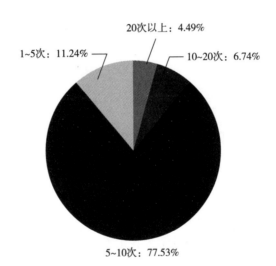

图 3-5　有求职经历的退役军人面试次数

四、退役军人求职行业与地域偏好

求职行业指的是求职者期望未来从事的行业。求职者在思考未来的工作行业时，主要会结合自己所学专业和个人愿景来进行自我判断。初次找工作者最初通常倾向于选择与自己专业相吻合的行业，他们一般会通过初步了解目前的就业形势，自己所学专业所对应的行业发展状况等，思考要不要选择与专业对口的工作。一旦觉得所选专业的就业形势不好，或觉得自己的专业知识不够扎实，他们就会根据自己的个人愿景来选择其他的行业。个人愿景的依据很多，包括自己的特长、拥有其他工作技能、十分看好某一行业的发展前景等。

在退役军人关注热点行业的调查里，排名前五的行业分别是：IT/软硬件服务/电子商务/互联网运营（32.43%）、餐饮/娱乐/旅游/酒店/生活服务（20.95%）、通信/电信运营/网络设备/增值服务（12.84%）、批发/零售（10.81%）、汽车及零配件（10.14%）。

网络不仅是退役军人获取就业信息的重要途径，也是他们不可或缺的生活辅助工具，他们的就业价值取向也受到网络潜移默化的影响。而生活中经常接触的餐饮娱乐服务业以及批发零售业属于劳动密集型产业，进入门槛低，也是退役军人关注的重点。

但并非大部分退役军人都会考虑重拾本专业。41.52%的退役军人表示会重点找与自己专业对口的工作，25.15%的退役军人表示不考虑再接触本专业，剩余的退役军人表示无所谓。如图3-6所示，通过对放弃专业对口职业的原因再调查和访谈发现，特别是理工科出身的退役军人，当年学习的知识已经遗忘或已落伍于现代信息技术。更多退役军人则表示并不会对专业问题执着，除非相当喜爱。

长期封闭的军营生活，使得大部分退役军人对外部社会环境，特别是就业环境缺乏全面的了解和认知，在就业创业的选择上存在一定的盲目性。大部分退役军人在部队中学到的知识、技能和企业中的实际岗位技能需求存在较大的差异，因此退役军人择业就业时在知识和技术上并不占优势。

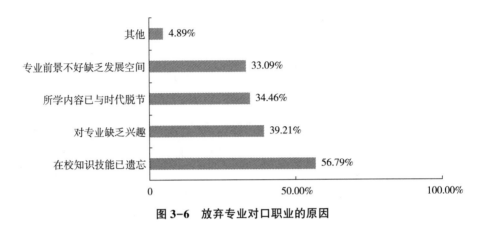

图 3-6　放弃专业对口职业的原因

工作地域一般是指人们希望自己未来进行个人生活与发展的地理空间。工作地域的选择基本分为两种情况：回家乡工作和到大城市工作。倾向于回乡发展的人，一般都受外在的拉力和内心的推力两方面的影响。他们多半有过异地求学的经历，经受过独自一人生活的艰辛，因此内心渴望回到家乡。此外，他们的家人通常也不希望他们继续在外发展，所以也会在他们找工作时进行劝说。例如，一名受访者说："自己服役五年难回一次家，现在只渴望能找一份离家近的工作。"退役军人的心理也是如此，根据调查，59.45%的退役军人只愿留在市内或省内，只有25.68%的退役军人表示哪里有机会就去哪里。

退役军人选择工作地域时，除了与自身的进取和冒险精神有关，也和家乡的经济发展或者家庭条件有关。家住城市尤其是省会、一线城市的退役军人，他们的工作机会更多，因为城市的配套设施完善，用工制度健全，因此家住城市的退役军人没有舍近求远的必要。而农村家庭出身的退役军人往往会选择去城市发展，因为农村产业结构单一，留在家乡就业面狭窄，而城市则是娱乐业、餐饮业等劳动密集型第三产业的集群地区，可以吸纳更多劳动力。此外，大城市有更优厚的教育资源和更广阔的视野平台，是新信息产生和快速流通的地方，更适合提升自我，丰富经历。

五、退役军人离职情况

全球职业社交平台 LinkedIn（领英）针对 15 万份领英用户的公开档案展开统计分析，发布"第一份工作趋势洞察"。报告内容显示，"70 后"第一份工作时长平均有 51 个月，而"90 后"第一份工作的时长平均为 19 个月，"95 后"第一份工作的平均工作时长只有 7 个月。[①]

据调查，大部分退役军人学历偏低，正处于青年时期，退役时间不长，可知该群体在退役后的 2 年内都处于工作不稳定，不断寻找机会、调整方向的阶段。

从图 3-7 中可以看出，在有工作经验的退役军人中，高达 60.31% 的退役军人打算离职或已经结束了第一份工作。高居离职原因首位的是薪资待遇过低，其次是晋升发展空间有限。

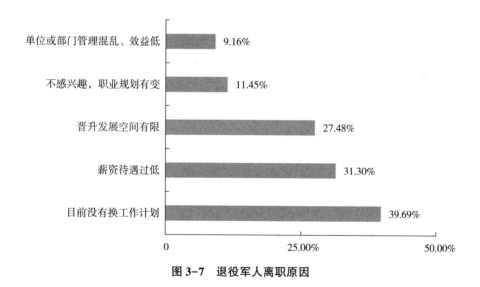

图 3-7　退役军人离职原因

---

① 《领英发布"第一份工作趋势洞察"，95 后平均 7 个月就离职》，https：//www.digitaling.com/articles/62817.html，2018 年 8 月 13 日。

退役军人从校园到军营很少接触社会，往往对职场工作不太了解，抱着学习的心态求职。他们希望初次任职的公司能有完善的人才培养体系，让他们可以学到更多的技能。因此也更看重职位的晋升、人事的调动制度以及企业的未来发展。例如，一位曾从事保安工作的退役军人说："保安岗位的主要工作内容就是站岗、跑腿，晋升的机会不大，学不到东西，干脆就选择离职了。"

很多退役军人能够吃苦耐劳，哪怕签订合同时的薪资待遇过低他们也会愿意去尝试或学习，但是往往他们在入职后才发现当初的设想不一定符合现实的需求。例如，许多受访者在入职以后才脱离家庭的经济支撑，靠自己的努力获得劳动报酬。这使他们对金钱有了更加深刻的感觉，致使他们对薪水状况感到不满意。

此外，有些退役军人在应聘时自身经验不足，沟通技巧欠缺，盲目签订了劳动合同，往往在工作后才发现没有五险一金、休息时间没有保障、需要推销应酬、部门管理混乱、人际关系复杂、实际到手工资低等问题。工作后遇到的实际情况和他们当初应聘时所抱有的设想有着很大的出入，从而使他们内心产生较大落差。

六、退役军人在岗适应性情况

如图 3-8 所示，半数以上的退役军人不约而同地认为影响工作胜任最主要的因素是吃苦耐劳和学习能力强。一方面，退役军人多身处基层岗位，用人单位大多数也看重退役军人吃苦耐劳的品质（见图 3-9）；另一方面，退役军人脱离社会时间较长，专业技能知识也需要重新学习，军人劳动的特殊形式使其存在较高的职业转换成本。

如图 3-10 所示，针对退役军人工作中的短板之处，用人单位认为退役军人最需要提升的是沟通表达能力，其次是商业社会认知、自主思考能力

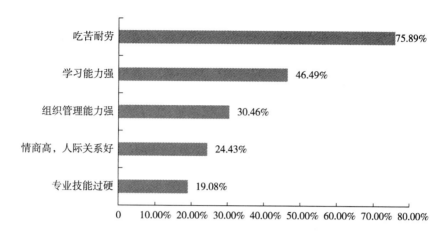

图3-8　退役军人认为影响工作胜任的最主要因素

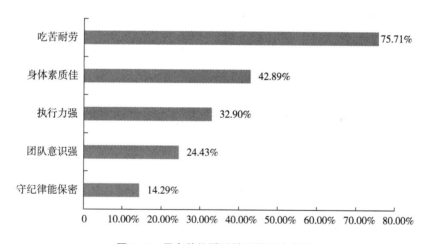

图3-9　用人单位看重的退役军人素质

以及人际关系处理能力。求职应聘方法和自我管理与职业规划也是用人单位认为退役军人应该提升的两个方面。

另外，我们也看到退役军人虽然执行力强，但是当面对需要独立解决问题的工作时，往往缺乏自主思考能力和组织管理能力。一是他们习惯于听从指挥，服从命令；二是他们初入社会，专业技能和社会认知不足，还

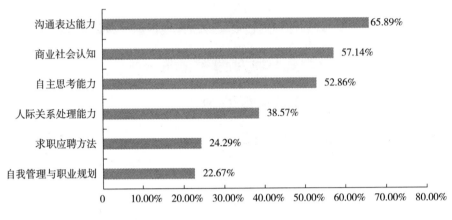

图 3-10 用人单位评价中的退役军人短板

处于从学生学员向独立职业人的角色转换的时期。

　　以上研究表明，影响退役军人就业的各种不匹配因素主要体现在退役士兵自身就业能力与对就业认知的不匹配、职业技能培训与就业能力提升的不匹配、原有军事知识技能与市场需求不匹配。存在这些问题的主要原由是适应性培训缺位或不到位，军人职业劳动特殊性存在着较高的职业转化成本。

第二节　八大职业大扫描

　　百六十行，行行出状元，职业不分好坏，关键看是否适合自己。哪怕是不起眼的工作，只要是适合自己的就是好的。下面我们就来看看，退役军人在求职时，有哪些职业可供选择。

一、安保

安保指的是安全保卫工作。安保人员的岗位职责主要有：

（1）维持公司办公场所内外区域的正常工作秩序；

（2）加强对重点部位的治安防范，加强防盗活动，及时发现可疑人和事；

（3）监督员工遵守安全守则及其他规则；

（4）加强防火活动，及时发现火灾苗头，并消除之；

（5）对违反治安条例的行为，查清事实，收集证据向公司或公安机关报告；

（6）妥善保管配发的安保器械，不得丢失和擅自使用；

（7）正确记录值班日志和案件笔录，及时提出专案报告；

（8）完成安保部部长临时交办的其他任务。①

二、消防

消防员，指列入消防行业特有职业（工种）范围的从业人员。具体可细分为消防官兵、建（构）筑物消防员、灭火救援员、灭火员、防火员、火灾瞭望观察员等。

消防员的岗位职责主要有消灭火灾、抢救灾害、消防安全设施稽查与消防安全知识宣传等，同时也参与救护工作（如道路救援、救护车救援）、为民服务（如清除野生动物、消除安全隐患）、自来水公司安全水源监察、内部勤务（接线、文书等工作）等工作。

---

① 《保安工作职责》，http://m.shizi5.com/jingyan_eyqkzqabkiki/。

三、市场营销

市场营销是在创造、沟通、传播和交换产品中，为客户、合作伙伴以及整个社会带来价值的一系列活动、过程和体系。市场营销的岗位职责主要有：

（1）了解和发掘客户需求及购买愿望，介绍公司产品的优点和特色；

（2）给客户提供专业的咨询；

（3）收集潜在的客户资料，拓展新客户；

（4）维护老客户。

四、司机

司机的岗位职责主要有：

（1）认真完成公司的派车任务要求，服从派车调度人员指挥；

（2）坚持行车安全检查，每次行车前检查车辆，发现问题及时排除，确保车辆运行；

（3）安全驾驶，严禁酒后开车；

（4）每次出车回来后，如实填写行车记录，向派车主管简要汇报出车情况；

（5）车辆用毕后，车辆停泊在指定位置，锁好方向盘、门窗等；

（6）做好车辆的维护、保养工作，保持车辆常年整洁和车况良好；

（7）认真填写车辆档案，对车辆事故、违章、损坏等异常情况及时汇报，写好情况汇报，对车辆运行里程和油耗情况进行统计分析，提出报告和降低成本的建议。

五、厨师

厨师的岗位职责主要有：

（1）遵守酒店及餐厅的各项规章制度和纪律，努力做好本职工作；

（2）负责烹饪工作；

（3）做好劳动调配，密切联系各大厨，合理安排各大厨的技术岗位。

六、汽车维修

汽车维修的岗位职责主要有：

（1）熟悉常见车型的发动机、底盘构造、电路并进行诊断和维修；

（2）能独立对各种车辆故障进行分析判断和检测，并排除故障；

（3）安排车辆维修，判断维修的市场价格，做好车辆维修的预算分析；

（4）按照公司安排及时完成工作任务。

七、健身教练

健身教练的岗位职责主要有：

（1）为会员提供健身指导、辅助会员开展健身活动；

（2）组织会员参加瑜伽、舞蹈等，开展瑜伽、舞蹈等培训班、强化班等。

八、其他新型职业

（一）网络主播

网络主播的岗位职责主要有：

（1）负责公司网络平台的直播才艺展示；

（2）粉丝用户的线上互动和维护；

（3）遵守公司规章制度，配合公司安排的活动和免费培训；

（4）网络直播内容须严格遵守法律法规，杜绝一切低俗不健康行为。

（二）视频制作

视频制作的岗位职责主要有：

（1）负责公司产品展示视频制作、创意性视频方案策划；

（2）有独立完成视频的包装、剪辑、合成、制作能力；

（3）理解视听语言，根据创意脚本或文案对镜头表达进行创作；

（4）具有较强的独立制作能力和创新意识，传达宣传诉求；

（5）具有视频后期制作工作经验，可独立完成三维片头动画、宣传片、广告片等影视片头片花和特效特技等设计及制作。

（三）校园职业

学校岗位类型有很多，除了通常意义上的专任教师外，还有诸多行政部门、教辅部门的行政管理人员，以及后勤管理、服务人员等。行政管理人员和服务人员在学历上不会有太大约束，适合退役军人特性的岗位就有不少。

1. 幼儿园警务室驻园警务员

有关幼儿安保问题越来越受到公众的关注，国家也开始加强幼儿园的安全事件防范和危机处置工作。其实，在幼儿园由当地派出所设立警务室已是常态，但因警力不足，这些警务室其实只具有名义上的震慑作用。园方聘请的保安、门岗素质也参差不齐，缺乏危机处置能力。因此，有的幼儿园会聘请退役军人驻园专事安保工作，在幼儿园筑起一道安全屏障。

2. 中小学军体教员

这里的"军体教员"，不是临时的军训教官，而是一个带有长期性的新职位。从优秀退役军人中选调一批充实到中小学，把军校的一般性军体项目向中小学普及，从而提高学生的身体素质。

（四）自由职业

中国自由职业领域人数每年都在增加，下面整理列举的自由职业，有些是以前就存在的，有些是根据行业新发展新总结的，可以作为参考。

1. 财务报税员

有独立办公室，坐在角落的小隔间，桌子上各种文件架子，时不时发出打印发票时的尖锐声音，这也许就是你印象中的财务人员。现在开始有非常多新型财务人员可都是远程办公的，我国中小型企业数量众多，为节省成本很多小企业都没有固定的财务报税人员，这就衍生出一个新的职业——财务报税员，他们可以同时服务多家企业，不用受雇于某个公司。

2. 翻译

翻译是个技术活，而且很多工作都可以线上完成，例如，翻译专业文件、法律合同、医学文档、在线课程等。如果你的能力过关，在网上赚钱是非常容易的事情。

3. 产品体验官

产品体验官是产品研发中的实践者和总结者，是测试新产品或新服务的相关人员。在酒店行业很早就存在这种职业，比如试睡员。

4. 在线教育

在线教育可以通过实时在线教学实现，也可以通过录播视频教学。除了教学内容要专业，你还需要掌握视频教学的技能，这里面也有不少学问。

5. 设计师

设计师也分很多种，如平面设计、UI设计、图形设计等，国内找设计工作的网站很多。

6. 文案策划

这是内容为王的年代，各种营销信息漫天飞散，真正有文案能力的人却并不多。如果你文案能力强可以尝试，这也是自由职业的一个较好选择。

7. 线上广告投放咨询师

线上广告投放指的是在百度、新浪微博、腾讯的广点通、今日头条等平台上付费投放广告。付费的推广有非常多技巧，特别是搜索关键字。大多数企业对于这方面的认知几乎为零，如果能找到合适的雇主渠道，做这一行自由职业是一个不错的选择。

8. 摄影师

独立摄影师可以自己开工作室，甚至连工作室也不需要，只需要在线上接单，或在线上发布作品销售。

9. 意见领袖（KOL）

意见领袖简单说是在社交平台有影响力的人，如果你在微信公众号、新浪微博、Instagram、Facebook和各种视频网站上已经是一个意见领袖或某个领域的意见领袖，那么可变现的渠道非常多。

10. 自由撰稿人

自由撰稿人不局限于记者或写专栏文章的作者，还包括撰写各种专业内容的人，比如营销软文、专业性的博客内容、商业机会或某个策划，这里的范围会涉及比较广，但都是与文字整理相关的工作。

第三节　职业选择三要素

了　解了就业环境和行业的情况，下一步就是如何寻找及选择适合自己的工作。情景故事中的石头和战友们总结了许多不适合自己的工作，从这我们也可以看出，适合自己的工作，需要具备三个基本要素。

一、内心的选择

有的人选定一个职业就能干一辈子，究其原因，就是他对这份职业的热爱，换言之，这是一种遵循内心的选择的职业，因此得以长久。内心的选择，又可以从兴趣、满足感、价值感这三个方面来衡量和判断。

（一）兴趣

兴趣是人们力求认识某种事物或从事某项活动的心理倾向，它表现为人们对某种事物或从事某种活动的选择性态度和积极的情绪反应。兴趣也是价值观的初级形式。兴趣能对个人的活动产生巨大的推动力。做自己感兴趣事情的时候，人总是表现出高昂的激情，非常积极主动，即使是千辛万苦、废寝忘食，也不会感觉到苦和累，反而乐在其中，心甘情愿。科学家爱因斯坦说："兴趣是最好的老师。"选择自己喜爱的职业更容易让我们获得成功。

1. 兴趣对人的职业选择和职业发展产生重要影响

郭沫若说："兴趣能使人们的注意力高度集中，从而使得人们能完善地完成自己的工作。"兴趣对人的职业生活影响主要表现在以下三个方面：

（1）兴趣可以激发自主学习动力。人在学习自己感兴趣的知识的时候，学习态度非常积极主动，会全身心投入到对感兴趣的知识学习或技能实践之中，紧密关注这方面的发展动态，通过课堂学习、业余实践、技能竞赛、企业实习、线上线下、粉丝群体等各种途径丰富自己的知识，成为这方面的达人甚至专家。

（2）兴趣可以提高工作效率，充分发挥个人职业能力。当一个人从事的是自己感兴趣的工作的时候，就会心情愉快，调动全部精力，个人的观察力、注意力、想象力、思维能力等都能得到充分发挥，从而能大大提高工作效率。有人研究发现：人们如果从事自己感兴趣的职业，能够发挥个人全部才能的 80%～90%，而且长时间保持高效率工作而不感到疲劳；相反，如果对所从事的工作不感兴趣，只能发挥个人全部才能的 20%～30%，而且会很快产生职业疲倦感，大大影响工作状态。

（3）兴趣是保持工作稳定、促进职业成功的重要因素。兴趣是工作动力源泉之一，人们首先会注意到自己感兴趣的工作，同时对自己感兴趣的工作非常执迷，总是想方设法、排除万难去实现工作目标，从而有效促进个人的职业成功，最终不仅提高了个人的工作成就感，也会让个人受到用人单位的器重和提拔，最终保持工作的稳定性。

2. 兴趣是可以后天培养的

兴趣分为直接兴趣和间接兴趣两种。直接兴趣是由认识事物的需要所引起的，如对电影的兴趣。间接兴趣是由认识事物的目的和结果所引起的，如在实施市场调查之后，对市场调查数据处理过程没有兴趣，但对市场调查结果有兴趣，这就是间接兴趣。间接兴趣在职业活动中具有重要地位，要注意培养对职业活动的间接兴趣。事实上，大部分工作本身就是重复性劳动，平凡又单调，容易使人丧失对工作的兴趣。这时，可以通过关注工作目的和工作结果与意义，慢慢形成对工作的间接兴趣，从而推动我们克服工作障碍，圆满完成工作任务。

活动中对待学习任务尤其如此。如果能够将直接兴趣与间接兴趣相结合，人们在愉悦的情绪中从事自己感兴趣的活动，人的积极性、创造性都会得到空前发挥，工作成效卓越。其实，很多人一开始并不喜欢自己的工作，只是在长期的职业活动中，慢慢将对工作的间接兴趣转化为直接兴趣，最终爱上了自己原来并不感兴趣的职业，并取得不俗业绩。

小梁是广东佛山人，1998 年出生，大专读的是汽修专业，2018 年毕业之后在肯德基找了一份储备经理的工作，工作了 8 个月之后觉得不太适合自己，刚好居委会转发了征兵信息，就去体检了一下，结果全部通过，于是便在 2018 年入伍了。

小梁虽然没有明确的个人职业规划，但觉得趁年轻应该多学点东西。进入部队一年后，凭借自己的努力获得了一次无人机培训的机会并取得证书，且自学理财方面的知识，将部队每月的津贴进行投资，到退伍时赚到了 5 个月的津贴。

2020 年，刚满 22 周岁的武警小梁退役回到家乡，报名了退役军人免费的短期技能培训提升自己，但有一半的课程小梁不太感兴趣，所以小梁只上自己想学的课程，其他时间就去图书馆学习金融、理财知识，他成功考取了期货从业资格证，还利用了退伍费进行投资，赚到了两万元。

后来，根据国家发展需要，广州成立了全国第四个期货交易所，急需期货交易人才，小梁知道这个消息后过去应聘，凭借着过硬的知识，小梁通过面试，成功入职。

（二）满足感

大多数人工作的目的是为了生存，换句话说是为了更好地活着。但随着社会的发展、科技水平的不断提高，人们对于如何活着、怎样才算是更好地活着的理解越来越大相径庭，进而对于工作意义的解释更是各种各样、五花八门。

甚至有人断言，工作满足感只是也只能来自于金钱，这种认知是狭隘和偏颇的。现代科学，尤其是心理学的发展足以证明，人类之所以有别于动物，那是因为人类有思想，有精神需求。人类工作的目的不仅仅是获得相应的物质酬劳，还有更深刻的意义——工作满足感。所谓工作满足感，就是指一个人对工作本身和工作环境及工作后所得到的评价产生的一种愉悦的情绪、情感体验。工作满足感可以从以下三个方面获取：

1. 来自工作本身的满足感

（1）工作目标的确定。工作目标是一个人在还没付诸行动时内心的一种需求和方向。如果一个人没有生活目标，那么他的生活便失去光彩。同样地，一个人如果没有工作目标，便不可能获得生活必需品（食物、衣物等）和生活享乐品（旅游、娱乐等），更不可能获得相应的情感满足。工作目标的确定有大有小，大的目标是指人生所追求的宏观的、庞大的，甚至是遥远的事业性目标，小的目标是指简单的、细小的日常性目标，如完成一项小的设计。无论如何，只要有了一定的工作目标，人的情绪就会产生一种愉快体验，就会兴奋、满足。

（2）工作目标的追求过程。很多科学家在追求科学目标的过程中常常遭遇失败，但失败有时也是一种工作满足感，因为他们相信，失败是成功之母，失败一次意味着离成功更近一步。对工作目标孜孜以求的过程，其实也是不断体验工作满足感的过程。

（3）工作目标的完成。工作目标的确定、工作目标的追求过程都能让人体验到一种满足，但就其程度而言，工作目标的完成最能使人达到一种前所未有的兴奋和美妙。

2. 来自工作环境的满足感

（1）管理水平。管理者的管理水平，尤其是一线主管的管理水平越低，越容易引起员工的反感。譬如，管理者与员工缺少沟通，经常主观臆断，很少帮助员工解决实际困难，这就会直接影响员工的工作满足感，甚至会引发员工的一些过激行为以使其心理得到一种平衡。如果管理者能体恤、尊重员工，这样会大大提高员工的工作满意度。

（2）工作群体。工作群体是由在一起工作的人员组合，包括正式群体和非正式群体。和谐的、合作的、理解的、友好的工作群体是使员工产生工作满足感的一个重要因素，因为群体成员之间的关心、爱护、理解、支持、安慰等对员工的积极工作起着薪酬和管理者所不能起到的作用。可见，如何建立良好的工作群体是每一个组织都应该重视的。

（3）工作场所。工作场所是指员工工作的具体环境，如办公室、车间等。良好的工作环境能使员工在工作时心情愉快，提高员工的工作积极性和工作效率；相反，如果工作环境极差，如噪声大、光线暗等，员工的心情会受到影响，即使是再简单的工作，也会降低员工的工作效率，无法让员工产生工作满足感。

3. 来自工作评价的满足感

（1）领导的肯定。对于员工来说，当他们努力工作达到目标时，除了自己感到满足外，也很关注是否得到了领导的尊重和肯定，因为领导的肯定一方面意味着自己的能力和价值得到了体现，另一方面也意味着未来的职业路径会更加顺畅，也更有利于进一步发挥自己的潜能。

（2）同事的认同。一个人生活在这个世界上，做事固然重要，但做人却更为重要。当员工因自己的工作成绩而被同事所认可、赞赏时，他那被尊重、被认可的满足感就会充斥于心，这种因工作评价而得到的满足感直接影响到员工对工作的看法，促使员工以一种更主动积极的心态投入到各项工作中去。

（三）价值感

俗话说"人各有志"。当你在选择职业时，这个"志"反映的就是一种职业价值感。职业价值感表明了一个人通过工作要追求什么。一个人生活在社会环境中，必然会受到社会价值观念的影响。一个人的思想发展与成熟的过程，其实就是接受和认可社会主体价值观的过程。社会价值观念正是通过影响个人价值观而影响个人职业选择的。①

价值感作为一种对事物的态度和信念，影响了人们对职业方向和职业目标的选择。价值感在职业选择上的体现就是职业价值感，它是人们在职业生活中表现出来的一种价值取向。众多科学研究和经验都表明，个体总是倾向于选择那些能满足其价值感追求的工作。

一份职业越能满足个人的价值需求，个人对职业的满意度就会越高，职业稳定性也就越高。不同的职业能满足不同人的价值需求。例如：成为一名科学家可以满足人的社会声望、成就、稳定、自主、挑战性等价值需求；成为一名教师可以满足人的传道授业、得到社会尊敬等价值需求。

心理学家马丁·凯茨归纳了 10 种与职业有关的价值追求，它们可以帮助一个人分辨在某个工作中所能得到的回报和满足。② 这 10 种职业价值追求如下：

（1）高收入：指除足够生活的费用外还有可以随意支配的钱。

（2）社会声望：指是否受到人们的尊重。

（3）独立性：指可以在职业中有更多自己做决定的自由。

（4）帮助别人：愿意把助人作为职业的重要部分，帮助他人改善其健康、教育与福利。

（5）稳定性：在一定时间内始终有工作，不会被轻易解雇，收入稳定。

（6）多样性：所从事的职业要参与不同的活动，解决不同的问题，不断变化工作场所，结识新人。

---

① 《影响职业生涯的影响因素》，https://www.yjbys.com/qiuzhizhinan/show-193432.html，2021年2月28日。

② 《职业价值探索》，https://www.guayunfan.com/baike/308116.html，2021年8月27日。

（7）领导力：在工作中可以控制事情的发展，愿意影响别人，承担责任。

（8）在自己感兴趣的领域中工作：坚持所从事的职业必须是自己感兴趣的领域。

（9）休闲：把休闲看得很重要，不愿意让工作影响休闲。

（10）尽早进入工作领域：涉及一个人是否在意进入工作领域的早晚，是否希望节省时间和不支付高等教育的费用而尽早进入工作领域。

二、能力的匹配

选择职业时，有个关键问题是绕不过去的——我们是否胜任这份工作？也就是要判断自己是否具备这份工作所要求的能力。

（一）与工作匹配的技能

无论是在简历中还是面试时，其实对于一个求职者而言，要达到的目标都是试图向雇主证明：我有良好的能力，足以胜任这份工作。因此，当面对"我为什么要雇你"这样的问题时，你在简历和面试中的回答都应当以自己与工作相关的能力为主线——任何能证明你能力的事情都将增加你得到工作的机会。要做到这一点，你需要对自己拥有什么样的能力有清楚的认识，同时还要了解具体职业所要求的技能是什么。最后，你还需要在简历和面试中将自己与职业相关的技能以恰当的语言和事例充分地表达出来。①

那么，我们应该如何认识自己的个人技能呢？如图 3-11 所示，美国心理学家辛迪·梵和理查德·鲍尔斯将技能（经过学习和练习而培养形成的能力）分为三种类型：①知识技能；②自我管理技能；③可迁移技能（或称通用技能）。通常人们比较容易想到自己所具有的知识技能，但实际上后

---

① 《［职业技能］你成功的钥匙》，"精彩管理"微信公众号，2015 年 3 月 23 日。

两种技能更为重要。因为后两种技能不局限于个人所学的专业，可以让求职者更深入地认识自己的能力，从而拓宽职业选择范围。而且，很多企业管理者更看重求职者的这两种技能，因为它们对于员工的长久发展更有裨益。

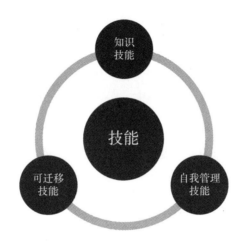

图 3-11 技能分类

1. 知识技能

知识技能是指那些需要通过教育或者培训才能获得的特别的知识或能力，包括在学校所获取的以及自学或通过其他途径获得的专业知识及能力。例如，掌握的法律知识、语言技能、医学知识、编程技能等。知识技能一般用名词来表示。

知识技能不可迁移，也就是说，它们是一些特殊的词汇、代码和学科等内容，必须经过有意识的、专门的、重复的培训才能掌握。它们常常与我们的专业学习或工作内容直接相关。

事实上，知识技能并非只有通过正式的专业教育才能获得。除了学校课程、课外培训、专业会议、讲座、研讨会、自学、资格认证考试等方式都可以帮助个人获得知识技能。此外，很多公司也为新员工提供相关的上岗培训。例如，某著名的会计师事务所在对新员工的培训中，第一年的主要内容就是针对非专业学生补充财会基础。由此可见，即使是一些专业要求较高的职业，如会计师，很多专业技能也可以在就职后的培训中获得。实际上，很多公司更看重个人的综合素质（也就是"自我管理技能"与"可迁移技能"），求职者在学校里学的专业反而不是最重要的。因此，如果想从事本专业之外的工作而又不愿或不能重新选修一个专业的话，仍然有许多途径可以帮助我们获得相关的知识技能。

现实中，年轻人就业难的问题在一定程度上与他们只注重知识技能有关。例如大学生，他们在校时往往更重视专业知识的学习，而忽视自我管理技能和可迁移技能的培养。事实上，作为接受过国家正规高等教育的合格大学生，就专业知识而言，都应该能够达到工作的要求。但为什么企事业单位普遍对刚毕业的大学生不满意呢？在 2005 年发布的一份名为《应对中国隐现的人才短缺》的报告中，麦肯锡咨询公司指出："中国今年将有310 万名大学毕业生，是美国的两倍多，但在庞大的毕业生群体中，极少有人具备从事服务业的必备技能……中国工程类职位的求职者存在的主要缺点是教育体系偏重理论……缺乏参与项目或团队协作的实际经验。实践经验和英语口语水平的欠缺，使求职者中只有不到10%能够满足跨国公司的要求。"从用人单位对大学生的反馈中我们可以看出：大学生们通常不乏知识技能，但常常缺少敬业精神、沟通能力等自我管理技能和可迁移技能。相比而言，年轻的退役军人往往不缺敬业精神，但是也同样需要加强对自我管理技能和可迁移技能的培养。

2. 自我管理技能

自我管理技能经常被看作个性品质而非技能，因为它们被用来描述或说明人具有的某些特征。它们涉及个体在不同的环境下如何管理自己：是勇于创新还是循规蹈矩，是认真还是敷衍了事，能否在压力下保持镇定，是否对工作有热情，是否自信，等等。

良好的自我管理技能能够帮助个体更好地适应周围的环境、应对工作中出现的问题，因此它也被称为"适应性技能"。一个人是如何使用自己的专业知识、以什么样的态度从事工作的，这甚至比工作内容本身更为重要。正是这样一些品质和态度，将个人与许多其他具有相同知识技能的候选人区别开来，最终得到一份工作，并能够适应新的环境和规则，在工作中取得成就，获得加薪和晋升的机会。因此，有人称它们为"成功所需要的品质、个人最有价值的资产"。

事实上，人们被解雇或离职更多的时候是因为缺乏自我管理技能，而不是因为缺乏专业能力（如出于个性上的原因易与他人发生摩擦等）。在用人单位对刚毕业大学生的意见中，经常听到的就是"缺少敬业精神、没有服务意识、眼高手低、不认真不踏实、没有主动进取精神"等，而这些都是与自我管理技能相关的。很多大学生因为从小受到父母、老师的呵护，缺乏这方面的意识，在处理工作问题和人际关系上往往显得不成熟、以自我为中心。他们没有认识到：企业要求员工是成熟、能负责、能独立解决问题的成年人。年轻的退役战士在心态上跟大学毕业生有一定相似性，他们往往不缺敬业精神，但在走向社会时，培养良好的自我管理技能、学会如何为人处世，依然至关重要。

自我管理技能无论是一个人先天具有的还是后天习得的，都需要练习。它们可以从非工作（生活）领域迁移转换到工作领域。也就是说，耐心、负责、热情、敏捷这些技能并不是通过专门的课程学习到的，而是在日常生活中随时随地培养的。

3. 可迁移技能

可迁移技能就是一个人会做的事。比如教学、组织、说服、设计、安装、帮助、计算、考察、分析、搜索、决策、维修等。

可迁移技能的特征是它们可以从生活中的方方面面，特别是工作之外得到，而且可以应用到不同的工作之中。比如组织、沟通、管理等能力就是重要的可迁移技能，几乎在所有的工作中，都或多或少地会用到这些技能。因此，可迁移技能也被称为"通用技能"。

出于这样的原因，可迁移技能也是个人最能持续运用和最能够依靠的技能。随着信息时代的到来、新技术日新月异的发展，知识的更新换代不断加快。这意味着个体需要不断学习新的知识技能才能跟上时代的发展。例如，二三十年前，我们对手机、电脑还几乎闻所未闻，但如今它们却在我们的生活中占据了极其重要的位置，而与它们相关的行业知识也都是近些年来才出现的，并且处于飞速发展变化中。正因为如此，当今的时代越来越强调"终身学习"。代表着"学习能力"的可迁移技能，其重要性甚至超过课本上的知识学习。

与知识技能相比，可迁移技能无所谓更新换代，而且无论你的需求和工作环境有什么样的变化，它们都可以得到应用。随着我们工作经验和生活阅历的增加，可迁移技能还会得到不断的发展。既然它们在许多工作中都会用到，它们的重要性不容忽视。索尼技术中心会计部经理说："我在聘用一个人时，最为看重的是他的人际沟通能力。这项能力极其重要，因为必须有能力与人交谈才能获得需要的信息……我把80%的时间用在与索尼其他部门打交道上，我的员工也花费大量时间与本部门之外的人打交道。"

事实上，知识技能的运用都是在可迁移技能基础之上的。举例来说，你的知识技能也许是动物学，但你将怎样运用它呢？是"教授"动物学，还是当宠物医生"治疗"宠物，或是"写作"科普文章宣传爱护野生动物的知识，抑或在流浪小动物协会帮助"照料"小动物？这些加引号的词都是可迁移技能。你以前可能没有正式当过教师，但是通过当家教、在课堂上汇报讲解小组科研项目等经历，你已经具备了"教学"的技能。当你把

"教学"技能与"动物学"知识结合在一起时，你就可以去应聘相关的职位了。

从这个意义上说，在求职的时候，尽管你从来没有从事过某个岗位，但只要你实际上具备这个岗位所要求的种种技能，那么你就可以证明自己能够胜任这个岗位。因此，即使你并不是真正意义上的专业对口，仍然有可能跨专业从事你想从事的职业，尤其是那些对知识技能要求并不是很高而可迁移技能占重要地位的职业。比如，一个非营销专业的学生，凭着良好的人际交往技能，曾经担任过某杂志的校园代理，并在地区销售评比中取得过很好的成绩，从可迁移技能的角度看，这样的经历足以使他成功应聘一个公司的销售职位。

（二）能力对择业的影响

对自己的能力，无论是一般能力或特殊能力、现有能力或倾向能力的自我认识和评价，对求职者的职业定向与职业选择往往起着筛选和定位的作用。一个人能力的大小及个别差异主要表现在质和量两个方面。[①]

1. 能力的量的差异与职业选择

从量的方面来讲，能力的个别差异表现在能力发展水平的高低，以及不同的能力优势趋向等方面。

在职业定向上，能力因素起筛选作用，个人根据能力的高低和能力优势确定其职业意向。用人单位在招聘人才时都把能力作为一个重要的考虑因素，能力强的人在求职过程中表现出更多的自信，自然也就更受用人单位的青睐。不同的能力优势也影响着职业选择趋向，长于记忆、细于观察、善于思维或者想象力丰富的人都可能找到适合自己并容易发挥自己优势的职业。

---

① 《能力与择业（择业个人因素）——求职应聘技巧》，https://www.docin.com/p-826167307.html。

2. 能力的质的差异与职业选择

能力的质的差异表现为各人有不同的特殊能力、才能和能力的类型差异。任何一种职业活动都要求与该职业相吻合的几种能力的特殊结合，这就是职业对特殊能力的要求。如数学能力是从事科技工作不可缺少的能力。培养数学能力除一般的思维能力外，还要发展概括能力、运算能力和正逆运算的灵活性等。从事音乐工作，除需要鲜明的想象力、记忆力和情感等一般能力外，还需具备曲调感、听觉表象和节奏感等音乐感受能力。苏联心理学家其列扬科通过实验研究认为，从事绘画工作必须具备以下几种能力：对象结构的知觉及表现能力；对物体空间位置的敏锐、完善的知觉和表象能力；对物体亮度比值的评定以及色调的知觉和表象能力；与绘画方法、技术有关的手的精确动作能力；等等。

3. 心理承受能力和应变能力与职业选择

随着退役军人安置制度的改革，退役军人需要自主择业，因而普遍压力较大。心理承受能力强的退役军人必然会首先从这沉甸甸的压力中解脱出来，变压力为动力，在激烈的择业竞争中很快找到理想的工作岗位，即使求职遇挫，他们也能及时做出必要的调整。

应变能力是指随时调整知识与能力结构并与职业需要保持最大适应性的能力。任何职业都需要一定的知识与能力才能胜任，而科技的发展、社会的进步又使这种知识与能力成为一个变数，即随职业内涵的发展与要求而变化。应变能力强的人能根据职业需要迅速地做出自我调整，更好地适应职业的发展需要。

（三）用人单位最重视的技能

用人单位在招聘人才时，通常看重求职者的教育背景、经验等综合素质能力。有些领域需要专门的知识或证书（如医学、程序设计、化学等），但大部分职业并不要求有什么特殊的知识技能，更需要的是一些普遍、一般性的技能和素质（即可迁移技能和自我管理技能）。根据有关调查，用人单位最为重视的技能和个人品质按顺序排列如下：

（1）沟通能力；

（2）积极主动性；

（3）团队合作精神；

（4）领导能力；

（5）学习成绩；

（6）人际交往能力；

（7）适应能力；

（8）专业技术；

（9）诚实正直；

（10）工作道德；

（11）分析和解决问题的能力。

我们可以看到，第一、第四、第六、第七、第十一项都属于可迁移技能，第二、第三、第九、第十项属于自我管理技能，而知识技能包括第五项和第八项。

另一份调查结果也显示：雇主们非常重视员工的自我管理技能和可迁移技能。具体如下：

（1）善于学习；

（2）读、写、算的能力；

（3）良好的交流能力，包括听、说能力；

（4）创造性思维和解决问题的能力；

（5）自尊、积极、有奋斗目标；

（6）有个人和事业开拓能力；

（7）交际、谈判能力及团体精神；

（8）良好的组织和领导能力。

可见，许多企业在招聘人才时不仅看重学习成绩，更重视应聘者的其他综合能力，如良好的沟通、表达能力，较强的分析、组织能力及领导能力，尤其是团队精神。

三、发展的空间

我们找工作，除了看重薪资待遇，往往还会考虑这份工作有没有发展空间，发展的前景好不好。对于这一点，一般人会觉得就是看拟从事的行业是不是热门行业，我们只需尽量避开冷门行业就行。这其实是一种片面的看法，要考察一份工作有没有发展空间，其实需要从行业、组织、岗位这三个维度去衡量。

（一）行业认知

1. 行业认知的内涵

行业认知，就是通过理论分析和实际调研的方式对将要从事的目标行业进行全方位的解读。行业是社会分工的大类，通过了解行业能很好地了解我们可以选择的职业范围。行业认知，属于中观层面的职业探索，是在社会环境认知的基础上，从比较具体的行业方面进行认知和探索，更好地了解和分析行业环境对职业发展的影响。通过行业分析，结合自身实际情况，从而做出行业选择和定位，避免盲目择业和非理性择业，避免片面追求热门行业和高薪行业。

2. 行业认知的具体内容

行业认知，主要针对以下内容进行分析：

（1）这是一个什么行业；

（2）该行业对生活和社会的作用及发展前景；

（3）行业内的细分领域；

（4）国内外最著名的业内公司及介绍；

（5）行业的人力资源需求状况及趋势；

（6）从事该行业需要具有的通用素质和从业资格证书；

（7）有哪些名人做过或正在做这个行业；

（8）行业权威人士的对该行业的认知；

（9）一般职员的工作内容。

3. 如何进行行业认知

求职时，"趋热避冷"是很多求职者的思维定式。新兴热门行业往往意味着高收入、高福利和长远发展，而农林牧渔业、传统制造业等行业却总给人收入低、工作枯燥的印象。在人才市场中，热门行业总是人满为患，冷门行业常常乏人问津。

但是，择业不宜只盯着热门行业。首先，行业的"冷"与"热"是相对的；其次，热门行业中也有冷门职位，而冷门行业中也有热门职位，行业前景不等于职业前景。懂得避开热门行业中的冷门职位，或善于发现冷门行业中有潜力的、成长性的职位，才是聪明之举。究竟如何处理热门与冷门的关系，找到最适合自己且前景较好的职业呢？市场是瞬息万变的，职业的冷门或热门也在不停变化。如果你想从事热门职业，关键要有前瞻性，把成长性强的职业作为自己的目标。①

归纳起来，需要从以下几个关键点进行分析：

（1）行业生命周期分析。行业生命周期是行业演进的动态过程。如图 3-12 所示，行业生命周期分成四个阶段：形成期、成长期、成熟期和衰退期。

1）形成期。形成期是指某一行业刚出现的阶段。在此阶段，有较多的小企业出现，因企业刚建立或刚生产某种产品，忙于发展各自的技术能力而不能全力投入竞争，所以竞争压力较小。研究开发产品和技术是这个阶

---

① 《职业选择需注意，冷热行业各有千秋》，https://www.doc88.com/p-192102341022.html？r=1。

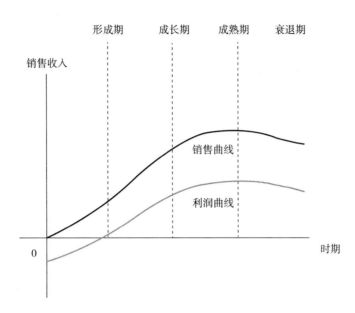

图 3-12　行业生命周期

段的重要职能，在营销上则着重广告宣传，增进顾客对产品的了解。

2）成长期。进入成长期，行业的产品已较完善，顾客对产品已有认识，市场迅速扩大，企业的销售额和利润迅速增长。同时，有不少后续企业进入该行业，行业的规模扩大，竞争日趋激烈，被淘汰的企业开始陆续退出市场。市场营销和生产管理成为关键性职能。

3）成熟期。进入成熟期后，一方面行业的市场已趋于饱和，销售额已难以增长，甚至会在此阶段的后期出现下降；另一方面行业内部竞争异常激烈，合并、兼并大量出现，许多小企业退出，于是行业由分散走向集中，往往只留下少数的大企业。产品成本和市场营销有效性成为影响企业的关键因素。

4）衰退期。到了衰退期，市场萎缩，行业规模也缩小，留下的企业越来越少，竞争依然很残酷，这一阶段的行业就是所谓的"夕阳行业"。

（2）行业竞争结构分析。如图 3-13 所示，行业竞争中五种基本的竞争力量有：新进入者的威胁、行业中现有企业间的竞争、替代品或服务的威胁、购买者的谈判能力和供应者的谈判能力。这五种基本竞争力量的状况以及综合强度引发行业内经济结构的变化，从而决定着行业内部竞争的激烈程度，决定着行业中获得利润的最终潜力。

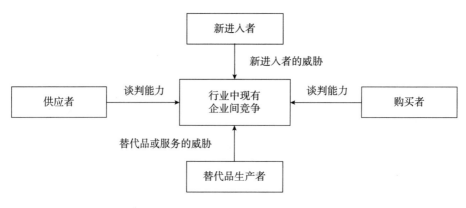

图 3-13　行业竞争结构

新进入者的威胁。如果新的竞争对手带着新增生产能力进入市场，必然要求分享市场份额和资源，因而构成对现有企业的威胁。这种威胁的大小依据进入市场的障碍、市场潜力以及现有企业的反应程度而定。

行业中现有企业间的竞争。在大多数行业中，企业之间是相互依存的。一个企业的竞争性行为无疑将会引起其他企业的反竞争行为。

替代品或服务的威胁。向市场提供任何一种产品或服务的企业都在不同的性质或程度上受到替代品的威胁。这种威胁可以是直接的，也可以是间接的，它主要表现为替代品对企业产品价格的限制。

购买者的谈判能力。买方通过压价、要求提供更好的质量和服务，使竞争者相互倾轧，极大地影响企业。当一个买主或一批买主具有以下特征时，便具有较强的谈判能力：一是购买方的大部分产品或服务有许多可供替代的卖方；二是转向其他卖方的费用极低。

供应者的谈判能力。供应者可以通过提价、降低产品以及服务的质量来影响企业。当供应者具有以下特征时，将处于有利地位：供应者所属的行业由少数企业控制，而买主却很多；没有替代品，供应者能够进行深加工；买方只购买供应者产品的一小部分。

（二）组织认知

1. 组织认知的内涵

通过对组织环境进行分析，了解用人单位的过去、现状和未来的前景，这就是对组织认知的过程。进行组织认知不仅有利于我们制定职业生涯规划，而且有利于工作的开展。

组织认知属于微观层面的职业探索，是在社会环境认知、行业认知的基础上的进一步深化，目的是分析自己所要从事职业的组织环境，使职业的选择建立在对用人单位的充分了解之上。当组织环境适宜于个人发展时，个人职业更容易取得成功。但组织环境同社会环境一样，也在不断地变化，这些变化同样对职业提出了不同的要求，因此，在制定职业生涯规划时，个人所在的组织环境也是应考虑的重要因素。

2. 组织认知的具体内容

从组织内部环境看，影响职业发展的因素是多方面的，主要包括组织实力、组织制度和组织文化等。

（1）组织实力。在激烈的市场竞争当中不一定是最大的组织才能生存，而是适者生存，只有适应这个环境、适应社会发展趋势的组织才能生存。关注组织的生存状况，可以从其在市场上的发展前景来分析。有些公司盛极一时，却像流星一样短暂，没有生命力，拥有能够影响和改变人们的生活方式的产品和服务的公司才是最有生命力的。因此，我们在考察公司实力时，可以从公司的行业领域、发展前景、硬件设施和技术力量、竞争能力及财务状况等方面着手。

（2）组织制度。组织制度涉及的范围比较广，包括管理制度、用人制度、培训制度等，尽可能了解这些信息，了解组织结构的特征与发展变化趋势，分析这种安排对自己的未来可能带来什么样的影响。特别要注意组织的用人制度如何，是用人唯贤还是用人唯亲；能否提供教育培训机会，提供的条件是什么；自己将来有没有可能在该组织担任更高级的职务或担负更大的责任；个人待遇提升的空间有多大，是基于能力还是工作年限；组织的标准工作时间怎样，是固定的还是可以变通的；当然还要考虑组织提供的薪酬和福利待遇与行业内其他单位相比如何。

（3）组织文化。组织文化是全体员工在长期的工作活动中形成并共同遵循的最高目标、价值标准、基本信念和行为规范。一个好的组织除了能够提供很好的福利、吸引人的薪酬、舒适的工作环境和出色的管理之外，还会创造积极的组织文化，让员工感到快乐和受尊重，工作更有创造性。因此，在求职时选择什么样的组织文化氛围让你觉得最舒服也是至关重要的。如果员工个人的价值观与组织文化有冲突，难以适应组织文化，那么就会阻碍员工潜能的发挥，从而影响他们事业的发展。因此，当你求职时有必要认真思考：你是否认同这个组织的文化；组织的文化是否与自己的价值观相冲突；组织能够提供什么样的职业发展途径。

3. 如何进行组织认知

个人在选择用人单位时有必要通过个人可能获得的一切渠道来了解该单位的详细情况和富有深度的财政经济状况。进行组织认知可以从以下三个步骤开展：

（1）进行组织调研。从 10 个方面去了解用人单位：公司简介（何时成立、对外的介绍）；产品服务（核心产品、产品线或服务）；经营战略（发展战略、经营策略）；组织结构（规模、部门和岗位的设置）；组织文化；

人力资源战略（招聘的途径和职位）；薪酬福利；单位员工（高层管理人员、目标部门主管和员工）；图片活动；其他文件。

（2）了解组织发展阶段。组织的发展，如同人的生涯发展，也有诞生、成长、壮大、衰退以及死亡的过程。一个组织从其诞生到其死亡的全过程就是组织的生命周期。在生命周期的不同阶段，组织的发展战略、经营方针及人力资源制度都有着不同的特点。

"开发期"组织——晋升的机会通常较多，短时间可能升到较高位置，但由于组织基础尚不够稳固，势必要承受较大的经营风险。

"成长前期"组织——晋升机会较多，但速度略微缓慢。

"成长后期"组织——制度和体系稳定，短期内难以获得晋升或加薪（大型企业多属于此阶段）。

"成熟期"组织——晋升的可能性较小，工作生涯可能很漫长辛苦。

"衰退期"组织——组织陷入衰退阶段，几乎没有晋升机会，而且随时面临公司倒闭的风险。

（3）选择组织。了解自己适合什么发展阶段的组织，例如：如果你希望进入一家薪水普通但稳定性高的单位，那么你适合进入"成长后期"或"成熟期"组织；如果你希望进入一家能重用年轻人的单位，那么你适合选择"开发期"或"成长前期"组织；如果你希望进入一家学习型单位，那么你适合选择"开发期"或"成长前期"组织。

总之，在求职时，我们应理清思路，确定自己的职业生涯在这个组织中有没有足够的发展空间，衡量自己的目标能够在该组织得以实现的可能性。

（三）岗位认知

1. 岗位认知的内涵

岗位认知也属于微观范畴，是对组织内部某个具体岗位进行探索和分析。通过目标职业的岗位分析，了解岗位的工作职责、工作环境、任职资格和岗位技能要求，这是胜任岗位工作的前提条件。明确自己从事岗位工作的优势与不足，为职业选择和职业发展指明方向，建立起长效的学习、实践的动力机制。

工作岗位是一个组织的"细胞"，岗位亦称职位，是一个人工作的阵地。我们在进行岗位定位时，要在客观评价自我的基础上，根据自己的性格特点、优劣势，对照相关岗位的标准、条件、要求，实事求是地选择自己力所能及的、合适的岗位，不要人云亦云、追随大流，而要选择有利于自己的潜能发挥和事业发展的岗位，适合自己的才是最好的。岗位认知是目标职业认知的核心点。

2. 岗位认知的具体内容

岗位认知的具体内容如下：

（1）岗位的职能、作用及重要性；

（2）岗位的工作内容和评价标准；

（3）岗位的人员组成与构成；

（4）岗位的工作环境；

（5）岗位的特殊技能要求；

（6）岗位的薪酬标准及晋升路线。

3. 如何进行岗位认知

（1）岗位分析。岗位分析是对企业各类岗位的性质、任务、职责、劳动条件和环境，以及员工承担本岗位任务应具备的资格、条件所进行的系统分析与评估，并由此制定岗位规范、工作说明书等人力资源管理文件的过程，其中，岗位规范、岗位说明书都是企业进行规范化管理的基础性文件。在企业中，每一个劳动岗位都有它的名称、工作地点、劳动对象和劳动资料。

（2）了解岗位晋升通路。如图 3-14 所示，岗位是在职能的基础上根据具体需要而分化产生的，所以在同一部门、同一职位上一定会有多个类似的岗位，而了解岗位晋升通路能为自己未来的岗位轮换、工作转换、升职等带来很大的方便。有关岗位晋升通路需要考虑两个方面：一是和这个岗位相关的岗位是什么（拓展发展方向及为轮岗、转换工作做准备）；二是这个岗位的职业发展通路是什么（岗位的晋升方向）。

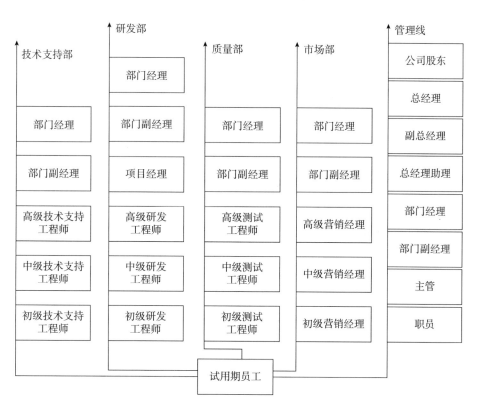

图 3-14　岗位晋升通路

（3）明确不同背景下的岗位要求。岗位的通用要求加上不同背景下的岗位理解构成了一个岗位的最终描述，我们在求职时要特别考虑三个方面：不同行业对这个岗位的理解（行业背景下的岗位要求）；不同类型企业及企业所处发展阶段对这个岗位的理解（企业背景下的岗位要求）；不同领导和上司对这个岗位的理解和要求（人为背景下的岗位要求）。

从职场小白到高管

潘雪均现为浙江博莱特纸容器有限公司的平板部经理。他于 2002 年 12 月至 2004 年 11 月在陆军广东揭阳某部队服役，两年的军旅生涯虽然短暂，但是让他练就了刚毅的品质、严谨的态度和认真负责的性格。退伍后，怀着对社会的憧憬，同时也带着生活的压力，潘雪均应聘成为一名保安。

虽然只是一名普通的保安，但是在工作中，潘雪均始终认真做好自己的本职工作，对别人负责，对自己负责，对公司负责。做保安的一年里，潘雪均每天按时到岗，在岗时，严格执行厂里规章制度，对进出厂区车辆、人员都会确认身份后再放行，无论来访的是厂里工作人员的亲戚还是客户他都一致对待。到了下班时间点，他还会再次巡查一遍厂区，确认没有异常情况后才会离开。因为对当时的他来说，厂里的生产安全和生产物资安全才是最重要的，那是他的本职工作，更是他肩上的责任！

慢慢地，潘雪均进入了公司领导层的视线。一年后，公司把潘雪均调入生产车间。在车间，潘雪均变身"小学生"，不懂就问，不会就学，逐渐掌握生产设备的门路，慢慢从一个辅助工成长为一名成熟的车工。

2009 年下半年，潘雪均进入博莱特纸容器有限公司。当时正值企业投产前的筹备阶段，生产线设备安装的重任落在了潘雪均等几位熟练工的肩上，潘雪均通过自己的摸索、学习和自己之前工作所掌握的经验，带领着工人们连续工作 45 天，每天工作时长达到 12 小时，连家都顾不上，全心全意扑在工作上，终于使生产线在 2009 年 12 月 8 日如期运行。

在博莱特纸容器有限公司，潘雪均从一名机长晋升为领班，然后从领班晋升为副经理，再从副经理到部门经理，一步步的提升使潘雪均感到肩上的责任越来越重。然而潘雪均不惧挑战，脚踏实地，勇于承担，成为下属眼中的好领导，上司眼中的好员工，从一个小小的保安华丽变身为一个部门的主心骨、领头羊。

从部队退役到现在已经过去了十余载，潘雪均的心一直没有离开过他的军营，他始终以一位军人的标准要求自己，坚守正直和善良，走在进步的道路上。

资料来源：《从保安逆袭到亿元企业高管！这个海盐人牛！》，嘉兴人网，http：//www.jiaxingren.com/folder22/folder286/2016-09-10/218799.html。

结　语 ●●·········

沙场茫茫路何方

选择职业的过程，就如同再次进军沙场，不能漫无目的、盲目跟从，必须从自己的实际情况出发，考虑到客观条件的制约，不可好高骛远，追求不切实际的职业目标。因为对自己的职业选择负责，就是对自己最大的认可与坚守。

第四章

百战沙场淬真金

一个退伍军人半年的求职历程

一转眼，石头退役已经半年了，这半年，石头一直在苦苦寻找自己理想的职业，但结果却不理想。一天，石头和战友们在微信群聊天，看到消息说明天政府负责军人就业的单位会在人才大厦举办退役军人就业洽谈会，届时会有很多单位过来招聘。石头抱着试一试的心理，第二天一大早就带着简历去参加洽谈会。

早上9点整，石头进入洽谈会的大厅，眼前出现的是熟悉的一幕——和四个月前的人才洽接会一样，现场满是前来求职的退役军人，大厅的每张桌子后都坐着用人单位负责招聘的人，他们身后是电子屏，电子屏上显示着单位的名称、单位的简介、此次招聘的岗位及岗位要求。石头顺着电子屏一路看过去，发现很多在招快递员、司机、保安等职位，石头先后给六家用人单位投了简历，并跟招聘人员进行了交流，得到的结果都是回去等通知。

不知不觉已临近中午，石头心情有些沮丧，不知道这次求职是否又会石沉大海，自己漫漫的求职路不知何时才是尽头，想到前途充满迷雾，石头心情越发低落。想当年在军营，他可是大家公认的"兵王"，各种训练任务均成绩优异，而今却为了一份工作而发愁，顿时心生悲凉。

正当石头黯然神伤之时，突然听到一个熟悉的声音在叫他，石头回过神来，顺着声音看过去，一个熟悉的身影向自己走来，原来是老政委。老政委走到石头面前，关切地问："石头，退役这半年过得怎么样？"

石头见到老政委，立马像见到了亲人，心里百感交集，向老政委说："老政委，这半年真是一言难尽，什么倒霉事都被我遇到了。"

老政委看出石头有些激动，似乎有很多心事要说，于是他看了看表，说："现在正好是吃饭时间，走，附近有个川菜馆，我请你吃饭，好好听你说说这半年的经历。"

石头顿时觉得心里暖乎乎的，没想到虽然自己已经退役了，但老政委依然如此关心自己："老政委，应该我请您吃饭，在部队时您一直对我关爱有加，一直没机会报答您呢。"

老政委笑了笑说："客气啥，咱们先去再说，这次我请你，等你找到好工作，再请我也不迟。"

石头和老政委下楼走了十分钟后，来到了一家川菜馆，坐下后，点了一盘毛血旺，一盘宫保鸡丁，两瓶啤酒。

石头给老政委倒上茶，老政委说："说说吧，这半年你都遇到啥倒霉事了？"

石头说："别提了，我刚刚退役时，听说附近有个专门为退役军人介绍工作的中介，于是就去了解了一下，那个老板特别热情，承诺可以介绍我去一家大企业，里面负责招聘的是他侄子，我当时很高兴，加上求职心切，李老板又说得天花乱坠，于是我当场就交了 15000 元的中介费，结果交钱后那个李老板一直找借口拖着，我找了他几次都没用，最后人也找不到了。我才知道自己上当受骗了。"石头越说越生气。

说到这家黑中介，老政委是清楚的，黑中介的老板姓李，40 多岁，潮汕人，平常说起话来满脸堆笑，周末战士们休息时，经常会去附近的餐馆吃饭，他就趁机跟战士们闲聊，说自己关系广，人脉多，认识好多政府官员、企业老板，如果将来谁要找工作，尽管来找他，他一句话就能让你进到大企业。所以很多战士退役时都想到了他，他承诺只要交 15000 元的中介费，他帮忙打点一下关系，打点好就可以进到想去的企业。但是交完钱后他一拖再拖，后来很多交了中介费的战士去找他讨说法，他见情况不妙，最后就卷款跑了，至今未抓到。

老政委看到石头又生气又沮丧，安慰道："这个黑中介确实可恶，当初很多战士都上了他的当，相信我们公安机关一定可以把这个李老板绳之以法的。"

此时菜已上来，石头开了一瓶啤酒，给老政委和自己各倒了一杯，说："我也相信恶人有恶报，就当吃一堑长一智吧，所以我后来就不再走捷径了，踏踏实实注册了很多求职网站，写了简历，每天查看职位的更新，投了一百多份简历，结果却只得到两次面试机会。"

老政委清楚，这种投了简历却无人问津的情况是很多退伍军人都面临的困境，因为很多退伍军人不清楚自己的优势，也不知道如何进行简历包装，所以简历上没有体现自己的核心技能、优势和品质，结果必然无法打动招聘单位，最后导致很多简历投出去后石沉大海，无人问津。

老政委端起酒杯跟石头碰了一下杯，然后喝了一口说："你真是挺不容易的，不过你不是说有两次面试机会吗？面试得怎么样？"

石头摇了摇头说："别提了，两次面试都是一团糟，第一次用人单位让我自我介绍一下，结果我紧张得说不出话，后面回答问题也语无伦次，第二次更惨了，对方问了我一个问题，我却不知道如何应对，所以两次面试都以失败告终。"

其实，很多退伍军人都像石头一样，由于长期在军营中生活，不清楚如何进行面试准备，也缺乏面试技巧，所以面试成功率不高。

老政委拍了拍石头的肩膀说："你这些经历都是很多退伍军人的共同经历，关键是要能够在经历这些挫折之后依然保持斗志，坚持求职，体现咱们军人的本色，不被困难击倒，迎难而上。"

听了老政委的话，石头喝了口酒，此时他心情已经轻松了好多，虽然前途还不明朗，但他已重新燃起了希望，他相信自己经过半年的磨砺，后面的求职路会越走越顺。

📢 宝儿姐姐开讲啦

一旦选好了自己心仪的工作，接下来我们就要真正走向求职的"战场"。这时我们要做的，就是用好手中的"武器"——各种求职方法和工具，攻克求职中的重重难关。许多战士就像故事中的石头一样，在这一步频频碰壁。不过，说是难关，其实也不难，只需注意三个关键环节：一是通过各种求职渠道，锁定目标单位；二是用一份优秀的简历来赢得面试的机会；三是做好面试准备，成功通过面试，获得工作。

这几个环节看似简单，实则不然，每个环节都需要认真准备、应对，步步为营，才能打好求职就业这场"职场第一战"。

第一节　求职渠道

情 景故事中的石头在求职时先后采用了中介介绍、线上网站、人才市场等求职渠道，但结果都不理想。其实，在选择求职渠道时，需要事先了解和注意一些问题，才能避免走弯路，找到心仪的工作。

一、政府安置

常见的政府安置接收单位一般会是中央企业和学校等事业单位，同时也有一定的限制条件。中央企业接收符合政府安排工作条件的退役士兵有以下条件和要求①：

1. 符合政府安排工作的对象

政府安排工作对象主要有四类：

（1）服现役满 12 年的士官；

（2）服现役期间平时荣获二等功以上或者战时荣获三等功以上奖励的士兵；

（3）因战致残被评定为 5 级至 8 级残疾等级的士兵；

（4）烈士子女士兵。

另外，中级以上士官因战致残被评定为 5 级至 6 级残疾等级，本人自愿放弃退休安置的，可以选择由人民政府安排工作。对这部分退役士兵，安

---

① 《符合政府安置条件的退役士兵》，https：//wenku. baidu. com/view/b07a060edc88d0d233 d4b14e852458fb760b387a. html？_wkts_=1670416199013。

置地县级以上地方人民政府按照属地管理的原则，对符合安排工作条件的退役士兵进行安置，保障其第一次就业。

2. 政府安排工作的单位类型

各类机关、团体、企事业单位，都是接收安置符合政府安排工作条件退役士兵的主体。其中，安置到机关、事业单位和国有企业的比例不低于80%。

3. 岗位安排的确定

全国普遍把文化考试与档案考核相结合，坚持"考试考核，阳光安置"的办法，按照"下达安置计划、组织考试考核、综合评价排序、自主选择岗位、公示安置去向、办理手续上岗"的程序，对符合安排工作退役士兵进行岗位安置。通过服役表现量化评分办法，使服役时间长、贡献大的退役士兵能够得到优先安置，确保了公平公正。通过向社会主动公开岗位计划、双考成绩和选岗结果，使安置工作的各个环节都在"阳光"下运行。

4. 待安排工作期间待遇

一是社会保险接续方面：退役士兵在国家规定的待安排工作期，以其在军队服役最后年度的缴费工资为基数，按20%的费率缴纳基本养老保险费，其中8%作为个人缴费记入个人账户，全部所需费用由安置地人民政府同级财政资金安排，个人不缴费。退役士兵在国家规定的待安排工作期按规定参加安置地职工基本医疗保险，单位缴费部分由安置地人民政府足额缴纳，个人缴费部分由退役士兵个人缴纳，军地相关部门协同做好保险关系接续，确保待遇连续享受。

二是生活补助方面：退役士兵待安排工作期间，安置地人民政府按照上年度最低工资标准逐月发放生活补助。

5. 保障安置在国有企业的退役士兵待遇

退役士兵享受所在单位正式员工同工龄、同工种、同岗位、同级别待遇。军龄 10 年以上的，接收的企业应当与其签订无固定期限劳动合同。任何部门、行业和单位不得出台针对退役士兵的歧视性措施，严禁以劳务派遣等形式代替接收安置。对拒绝履行接收安置退役士兵任务的单位进行责任倒查，采取适当措施予以处罚，督导相关单位保质保量落实退役士兵安置任务。

6. 接收安置退役士兵的中央企业

中央企业是中国特色社会主义的重要物质基础和政治基础，是我们党执政兴国的重要支柱和依靠力量，是传承红色基因的，是关系到国家经济建设命脉的中坚力量。目前国资委监管的 96 家和财政部监管的 27 家财政金融类共计 123 家中央企业，在党和国家政策指引下主动承担国防义务，每年按照新招录用工的 5% 招收符合政府安排工作条件的退役士兵。退役军人，特别是退役士兵将成为中央企业不可或缺的人力资源。

二、线上网站

互联网的迅猛发展以及自媒体的盛行，为退役军人提供了许多快捷有效的求职途径，各招聘网站、求职 App 琳琅满目。如何从中选择合适而又高效的平台呢？表 4-1 为线上求职平台的归类梳理。

表 4-1　线上求职平台

序号	分类	招聘平台名称	特点
1	传统招聘网站	智联招聘、前程无忧	针对全国范围内各个层次求职者，企业用户和个人求职者群体庞大
		58 同城、赶集网	主要针对一般岗位，如一线工人、服务人员、业务员等

续表

序号	分类	招聘平台名称	特点
2	地方招聘网站	北京人才网、深圳人才网	针对某个地域内各个层次求职者，具有显著地域特色，一般网站简历库较小
3	行业招聘网站	医药英才网、建筑英才网	针对某个行业的招聘网站，行业特点显著，行业人才集中，简历匹配率高
4	社交招聘网站	LinkedIn、脉脉	基于社交网络进行招聘，通过社交网络实现人才与企业的对接，但企业与人才展现的信息都较少，需要进一步挖掘
5	高端招聘网站	猎聘网、智联卓聘	主要针对中高端人才，为企业、人才和猎头提供互动平台，人群定位集中
6	垂直招聘网站	BOSS直聘、拉勾网、内推网	垂直招聘领域网站，专业性、针对性强
7	社区招聘网站	CSDN、豆瓣、天涯人才网	基于网站论坛进行招聘，费用低，专业性论坛可搜寻专业人才，成功率低，耗费时间长

　　传统招聘网站大多是成立较早的招聘巨头，如成立较早的前程无忧、智联招聘等，这类招聘网站提供的招聘信息最多，缺点则是种类过于庞杂，适合退役军人的岗位目标不够明确。社交招聘网站或平台主要是近年来新兴的招聘网站，不仅仅发布招聘信息，还有宣讲会、笔试真题、个人求职分享等多种信息，相比于传统招聘网站，有更多的信息传递、社交互动。例如，专注于公司评价的"看准网"、职场社交的"脉脉"软件等，从这些

网站平台我们可以对有关行业或企业状况一窥究竟。

垂直招聘网站或平台主要是针对某个行业、地区发布招聘信息的平台，最大特点就是精准、针对性强，避免浪费时间。例如，求职者通过 BOSS 直聘应聘时就是直接和公司负责人或 HR（指人力资源部门人员）在线沟通、发送简历作品等。

除了面向一般求职者的招聘网站，对于退役军人来说，还可以选择军民融合类人才交流平台。近几年，一些致力于军民融合发展、服务退役军人的公司或非营利性单位创办了很多此类平台。各级退役军人事务部门为帮扶退役军人就业创业，相继开发和推出了专门的网络招聘平台，组织专场招聘活动，退役军人要及时关注本地退役军人事务部门官方信息。

线上求职渠道多，退役军人要有选择、有目的地去搜索使用，一些招聘平台的信息庞杂，切勿因盲目选择而浪费时间和精力。线上求职时还要学会辨别招聘信息的真伪，对于转账汇款等不合理行为一定要谨慎，避免上当受骗。

三、人才市场

人才市场是企业、事业单位进行招工、招聘，劳动者进行求职、投递填写简历的市场。互联网的兴起促使人才市场分化成实际场地人才市场、网上人才市场、校园招聘人才市场等。

要想在人才市场获得较高的应聘成功率，要做好以下几方面[1]：

（1）入场前先看信息公布栏。在各人才市场的信息公布栏上有当天入场招聘的企业信息，各招聘展台前也会贴出具体的岗位需求。求职者入场后可先到展台前抄写自己感兴趣的企业，有针对性地应聘，节约时

---

[1]《在人才市场找工作技巧》，https：//jingyan. baidu. com/article/3065b3b6c8bdfabecff8a4d2. html，2012 年 3 月 27 日。

间。有条件的求职者最好提前在网上查阅相关资料，这样不仅给自己节省时间，而且有准备的求职者会增进与招聘方之间的亲切感，求职成功率也会增加。

（2）与岗位相适应的简历。大多数用人单位人力专员查看简历的时间非常短，所以简历在人力专员心中的第一印象非常重要，求职者应该突出自己的基本信息以及与职位相应的经验介绍，力求真实、简洁而有针对性。如果你过分夸大或虚构自己的简历，可能会被有经验的招聘者一眼就看出，反而给招聘人员留下不好的印象。

（3）良好的面试第一印象。应聘不同的职位需采取不同的方式，但都需要强调自己与岗位相关优势。应聘者给招聘方留下的第一印象很可能决定着你能否进入之后的面试环节。

四、熟人推荐

请熟人帮忙推荐工作也是一个找工作的重要渠道。如果介绍人对于用人方和求职者都有比较深入了解的话，推荐的成功率会很大。

现实生活中，很多人都是通过人脉关系（熟人推荐）找到了适合的工作，而且很多人力资源主管及求职者都认为这是一种非常有效的招聘方式。前程无忧网也曾经做过一项"最有效的求职途径"调查，其中"熟人介绍"被列为第二大有效方法。

北京纽哈斯国际教育咨询公司曾对案例库中的 140 位求职者进行问卷调查，其中有 51.4% 的人表明自己在找工作的过程中无人脉关系，而 40.6% 的人则表明自己有人脉关系。有时候，即使推荐人只是普通职位，但其作为第三方很容易帮你说一些你作为当事人不便说的信息，比如，你的一些优点自己说出来未免有些王婆卖瓜之嫌，而从第三方的口中说出来，可信度要相对大一些。①

　　小陆没考上大学，高中毕业后就去当兵了。两年后，小陆退役出来找工作，但一直没想好到底要找个什么样的工作。有一天，过去部队的政委联系小陆，得知他在找工作，就说："小陆啊，我朋友在××公司工作，现在缺一个安保主管，你有兴趣吗？"原来在部队里，政委一直挺欣赏小陆，觉得他学习能力强，又很努力，所以见到有工作机会，就想到了他。小陆一听，觉得自己当过兵，管安保应该问题不大，所以就跟政委说："好啊，没问题。"政委让他等消息。

　　没过几天，××公司的人事就给小陆打来电话，让他去做一下体检，没什么问题的话就可以直接入职。于是，在××公司当安保主管成了小陆退役后的第一份工作。入职的那一年是 2003 年，小陆的月薪为 3500 元。在当时，这样的职位和薪资是很不错的，××公司在当地也算是小有名气的企业。入职后，小陆发现安保岗位跟自己想象中还是有点区别的，需要一些专业知识。不过，小陆学习能力强，又肯主动用业余时间来学习，经过一个多月的努力，就掌握了安保工作的知识。小陆熟悉环境，懂得操作流程之后，发觉上班时除了干完一些简单的日常工作，其他没什么可干的，也学不到新东西，他觉得自己还年轻，应该多学点更专业东西，所以干了半年就辞职了。他制作了一份简历，寻找新的工作。以前在××公司，他看到公司人事招人都用某招聘网站，所以他也向该网站投简历。没多久，他就被一家国有企业看中了。后来，他在那家国企担任环境管理部的副经理，主要管安保、消防等，还经常需要做些外联工作，和消防部门等打交道。虽然在前一家公司只待了半年，小陆还是很感谢政委给他的机会，俗话说"师傅领进门，修行靠个人"，他觉得政委就是他的师傅，否则他也不会那么快入行，那么快就当上经理。

---

　　① 《升级人脉圈 6 个方法：认识谁很重要》，https://baijiahao.baidu.com/s？id=159044315
7740047661&wfr=spider&for=pc，2018 年 1 月 24 日。

从这个故事中，我们可以看到，当兵的经历让小陆认识了政委，后者成为小陆求职时的重要社会资源，让他未经面试就获得了一份待遇不错的工作。不过，这当中有一个很重要的前提——小陆本人的优秀和努力。可见，在你个人拥有一些优势的前提下，有朋友的推荐，求职的过程可以变得简便许多。即使你的朋友和你的目标公司没什么直接利害关系，即使你的朋友没有任何过硬的身份，但只要作为第三者，客观地帮你说几句话，你就可能会拿到更为合理的待遇。

一些世界顶级的大公司，如通用电气、微软、甲骨文、西门子等都把内部推荐视作非常重要的招聘渠道，微软的员工甚至有 40% 是通过员工推荐的，这些惊人的数据告诉我们，利用自己的人脉资源寻找合适的工作岗位不失为一个好的求职渠道。

可是对于很多年轻的退役军人来说，人生经历有限，也并非每个人都有那么多能推荐自己的亲戚朋友。所以，我们必须充分利用身边可得的人脉资源，比如通过好朋友来认识朋友的朋友，从而扩大自己的朋友圈，不放过任何一个获得优质人脉资源的机会。[①]

五、社会扶持

当前，为进一步响应党和国家对退役军人就业创业的关注，进一步推动开展就业创业服务工作，协助有关部门开展职业教育和技能服务，搭建退役军人就业创业的平台，社会上涌现出了一支高质量的服务退伍军人扶持力量，有全国性的非营利组织，也有提供综合服务的平台。

（一）中国退役军人就业创业服务促进会

中国退役军人就业创业服务促进会是经国家主管部门批准，具有独立

---

① 《人脉求职案例分析》，https：//wenku. baidu. com/view/e77757381b5f312b3169a45177232f60dccce70b. html。

法人资格，目前唯一专门为退役军人就业创业提供服务的全国性、行业性、非营利性社会组织。宗旨是适应社会主义市场经济条件下人力资源配置市场起决定性作用的要求，以帮助退役军人就业创业为目的，执行国家的法律法规和相关政策，搭建政府

与社会、军队与地方、退役军人与用人单位的合作桥梁，协助政府部门做好退役军人就业创业服务工作，促进国防和军队建设，促进社会和谐稳定。遵守宪法、法律、法规和国家政策，践行社会主义核心价值观，弘扬爱国主义精神、遵守社会道德风尚，自觉加强诚信自律建设。①

中国退役军人就业创业服务促进会的职能作用为：①宣传国家有关退役军人安置的法律法规和政策措施；②收集、交流退役军人人力资源信息和地方用人需求信息；③协助退役军人参加就业创业培训；④采取各种形式为退役军人自主就业创业提供支持；⑤组织开展相关专题调研、理论研究和学术交流，向有关部门建言献策；⑥依法开展有益于退役军人就业创业的社会活动和服务活动；⑦开展符合本会宗旨的其他活动。

（二）广州军转宝科技有限公司

广州军转宝科技有限公司（以下简称"军转宝"）是一家专注于为退役军人提供综合性服务的平台。通过与国内多家知名企业、机关、高等院校、培训机构强强联手，整合多方优质资源，为退役军人的择业就业、培训提升、创业孵化等提供一系列的人力资源综合服务。

1. 职业发展培养

军转宝为退役军人提供职业辅导培训，为其提供有关个人发展计划和技能提升、学历提升的信息和建议，帮助退役军人实现从部队到合格职场

---

① 《中国退役军人就业创业服务促进会》，http：//www. qgqybh. cn/article/item – 467. html，2022 年 1 月 20 日。

人的转变，提供有关求职过程中全方位的具体指导。

2. 就业岗位推荐

军转宝与企业合作，通过建立退役军人人才库，形成大量的人才及岗位需求数据。开启招聘 3.0 时代，做到智能化职位推荐，致力于利用技术实现"人尽其才"。通过推荐系统，为退役军人提供更多可能的岗位，扩大退役军人就业空间。

3. 职业发展跟踪

"一人一档"建立就业跟踪档案，持续关注退役军人在企业的工作、生活情况，及时受理合理诉求，帮助退役军人解决好工作、生活、法律上遇到的困难。

第二节　简历包装

现代社会，求职的第一任务就是制作简历，一份优秀的简历是获得面试机会的敲门砖。情景故事中的石头广投简历，但是大多数都石沉大海，没有得到回应，就是因为他的简历没有体现出他的能力。可见，如何通过简历来体现自己的能力是退伍军人求职之路上的必修课。

一、简历的重要性

简历是用于应聘的交流材料，它可以向未来的雇主展示你拥有能够满足特定工作要求的技能、态度、资质和自信。成功的简历就是一件有利的营销武器，它能够增加你面试成功的概率。简历对于所有的求职者来说都是一张极具个人色彩的名片。一张小小的简历，包含众多学问。如果简历中的内容过于表面，则很难让企业发现你的优点和长处；如果表述过于夸张，又可能起反作用或导致日后职位和能力不匹配的现象，造成职场失信。

每年都会有很多的军人面临退役转业，转业也会有两种形式，要么自主择业，要么听从地方安置。无论是地方安置还是自主择业，进入职场之前，大部分人要经历递交简历以及面试这些步骤。自主择业的退役军人尤其需要学会怎么制作一份别具一格的个人简历。因为自主择业的退役军人面对的是企业的招聘专员，他们每天要查看很多简历，不可能做到每一份简历都仔细查看、认真分析，因此，你的简历中是否突出了你的个人优势和成绩，是影响你能否被选中的重要因素。

二、简历的基本内容

首先，不管是自主择业的退役军人还是根据地方安置的退役军人，在制作简历时，都要填写个人的基本信息。简历的个人信息部分尽量要简洁明了，不要过于冗长，要一目了然，让企业负责招聘的人可以快速了解到你的基本情况即可。

简历的基本内容一般包括姓名、性别、民族、年龄、身高、学历、政治面貌、工作年限、户口所在地、联系电话、通信地址、E-mail、工作经历、项目经历、个人特长、获得的荣誉或奖励等。同时，尽量在简历中贴上自己的照片，最恰当的是贴职业照，切勿放个人生活照、个性写真等，如果没有很合适的照片，宁可不放，也不要乱放，避免给招聘人员留下不严肃的印象。

三、简历制作的方法与要点

个人基本信息是简历的抬头部分，但是个人信息以下的部分才是招聘人员重点关注的。这部分内容包括工作经历、项目经历、个人特长等，这些信息的表达传递直接影响着招聘人员对于你是否与企业招聘的岗位相匹配的认知。

这里需要说明的是，退役军人虽然是一个特殊的群体，但是从军经历却是一个极大的特色，要善于在简历中表达出这个优势。军人通过在军营中的严格训练，养成了很多优良的个人品质，就遵守纪律、注重效率这一点来说，就是很多职场人做不到的，却也是企业在招聘员工时非常重视的。所以这一点是退役军人的加分项，要在简历中突出。

（1）工作经历。首先，不一定按照时间顺序罗列要点，要善于运用倒金字塔的表达方式。做得好的地方要多写，其他的按照主次程度排列或者简单描述即可。工作经历的描述要做到重点突出、主次分明，做到先入为主，给招聘人员留下好的印象。其次，要注意用数据说话，在冗长的文字表达中，数据更加具有真实性和说服力。最后，要条理清晰，善用序号和小标题总结，帮助 HR 快速找到关键词。

如果你在从军前没有过工作经验，可以描述自己入伍期间的表现，比如受表彰或奖励的情况等。

（2）项目经历。工作经历是对你以前工作情况总的概括，项目经历则是具体的工作开展，也是最能直接表达个人工作能力的部分。这部分内容不必所有的项目都进行介绍，要挑选出最具有代表性的项目案例进行分析和总结。需要特别注意的是，在表达的过程中，项目经历中负责的事项以及体现出的工作能力，尽量与要应聘的岗位要求进行靠拢，提高自己与岗位的匹配度。例如，对某成绩明显的项目进行分析时，善于运用总—分—总的表达方式。开头用一句话概括说明项目名称、所负责内容、项目结果等；中间具体介绍自己在项目中的职责和角色；最后总结在此项目中自己的贡献和以后需要注意、继续完善的地方。

（3）自我评价。这部分内容要尽量中肯一点，大大方方表达出自己的优势，要敢于肯定自己的长处和胜任工作的能力。同时在表达自我缺点的时候要注意方式方法，如果过于否定自己，就可能会让招聘人员对你的缺点会不会给以后的工作带来负面影响产生怀疑。在表达了自己的缺点之后，尽量给出克服缺点的方法以及要扬长避短的决心。例如，你虽然没有工作经历，但是你有可以胜任工作的能力及自己的职业目标和规划。

（4）注意事项。自主择业和转业安置的简历在整体风格和语调上有很明显的区别，退役军人要根据自己的实际情况把握好分寸。前者要突出自己的实践能力，后者要突出自己的政治素养和忠诚。退役军人要根据自己的特长寻找与自己能力相匹配的工作，这是一个很简单的道理：企业最终是否决定聘用你，取决于你的能力是否与岗位需求相匹配。例如，你从军期间掌握了良好的驾驶技术，那么你可以去面试司机类岗位；你在部队里带过新兵，你可以应聘管理性质的岗位；你掌握了材料撰写的基本知识，你就可以应聘文员、编辑类工作。

四、投递简历的技巧[①]

1. 有针对性的修改

求职者在投递不同的岗位时，需要用不同的简历。假如你不管什么职位都用同一份简历，没有任何的修改，那么你的简历必然是没有岗位针对性的，自然也会降低对用人单位的吸引力。不过，为每一种岗位都专门预备简历也是不现实的。那怎么办呢？事实上，你在投递不同职位时，只需改动简历的一小部分即可，一定要把你投递的职位放在求职意向的首位；与你投递的职位相关的工作经验要尽量详细，突出自己在这一方面的优势或取得的成绩。

---

① 《投递简历的十个必备技巧》，https：//www.suet.edu.cn/employ/info/1006/1571.htm，2021年12月29日。

2. 求职信尺度要掌握好

很多求职者在网上投简历时都会附上求职信，那么求职信应该写哪些内容呢？首先，你不要期望招聘人员会花很多时间看你的求职信，因此求职信最忌篇幅过长以及与简历内容重复。求职信篇幅以两三百字为宜，最好写一些关于你所申请职位的见解以及你针对那个职位所具备的优势。

3. 简历最好放照片

简历附照片可以体现出你对获得这份工作的诚恳、认真的态度，也可以体现出对面试官的尊重。简历中的照片一般采用证件照或半身照，不要用生活照，以免显得不正式。

4. 经常刷新简历

当招聘人员在网上搜索人才时，符合条件的简历是按刷新的时刻顺序排列的，而且越是靠前的简历越容易得到关注。很多求职者都不知道刷新简历能够获得更多求职机会。因此，每次登录求职网站时，最好多刷新一下简历，让你的简历更容易被招聘人员搜索到。

5. 切忌投同一个公司多个岗位

在求职面试中，求职者经常会被问到的一个问题就是"你的职业生涯规划是什么"。有了明确的职业发展方向，才更容易寻到适合自己的职位。如果你同时投递一家公司的多个岗位，很容易让招聘人员认为你对自己的职业发展没有清晰的规划。因此，投寄简历的时候，切忌同时投寄一家公司的多个岗位，尤其是一些工作要求截然不同的岗位，比如"技术岗"和"销售岗"。

6. 简历的投递格式

通过各种求职网站投递简历时，一定要严格按照招聘单位要求的格式输入邮件标题，比如"姓名+应聘岗位+信息来源"。因为如果你不按要求做，你的简历很可能会被一些企业的内部邮件系统自动归类到"垃圾邮件"。假如你在求职网站上制作了与目标职位相匹配的简历，那么不妨直接点击"申请该职位"，通过网站发送简历，而不是用邮箱投递，如此做的好处是招聘人员能及时收到你的简历，避免将你的邮件当成垃圾邮件删除，而且对你应聘的职位一目了然。

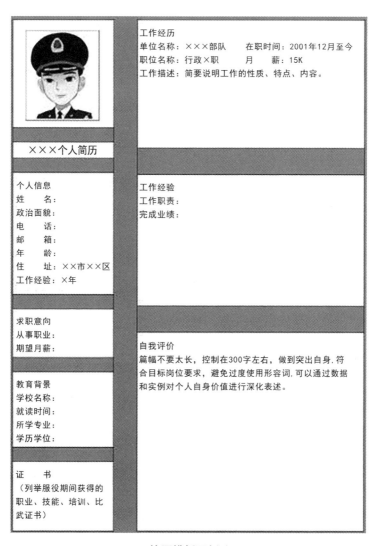

简历模板示例1

基本信息

姓　　名：锤子简历		出生年月：1988.01	
婚姻状况：已婚		民　　族：汉族	
政治面貌：中共党员		性　　别：男	
联系电话：+86 10018100018		籍　　贯：广东省广州市	
邮　　箱：chuizijianli@100chui.com		通讯地址：广东省广州市海珠区	
技能特长：计算机操作、公文拟制、材料写作			

教育经历

2004.09-2008.06	锤子简历指挥学院	武警指挥专业
2012.03-2012.06	锤子简历指挥学院	主官培训

任职情况

2017.09-2018.06	锤子简历部队新兵营受训	战士
2016.06-2017.09	锤子简历总队某部服役	战士
2015.03-2016.06	锤子简历总队某部服役	班长
2014.08-2015.03	锤子简历指挥学院学习	学员
2013.09-2014.08	锤子简历总队某部服役	排长
2012.04-2014.09	锤子简历总队某部服役	副连长

★ 军事行动

2008.05	参加汶川地震抗震救灾任务
2015.07	参加××××灭火任务

荣誉表彰情况

2016.09	评为优秀士兵
2015.06	新训大队受嘉奖
2015.01	评为优秀学员
2014.07	参加学院"达标夺冠"获队列组第一名，个人获"队列标兵"
2014.02	在"×××"抗震救灾中获学院嘉奖并获都江堰景区终生荣誉奖

简历模板示例2

第三节　面试准备

<big>面</big>试前的准备工作是否充分是你面试能否成功的一个前提条件，优秀的求职者总是非常重视面试前的准备工作，做了充分的准备工作，这样就可以大大减少类似情景故事中石头在面试时出现的状况。可以说，充分的面试准备工作意味着面试成功了一半。

一、心态准备

从军营到职场，是一个巨大的转变过程，其中要面对许多新的挑战，求职面试就是其中之一。很多退役军人可能还没有从军人的身份中走出来，对于面试还没有一个正确的认识。因此，在面试之前，要先主动调整心态，以最佳的状态去迎接即将到来的挑战。

（一）克服不良心态①

能否在求职面试前或过程中克服不良心态是面试成功与否的重要提前条件。下面这三种应试心态肯定会导致求职失败，是需要我们引以为戒的：

1. 眼高手低

有的退役军人因为对就业环境和所求职的工作了解不足，面试前过高地评估自己，认为对所求职的工作必然胜任，可是一旦面对面试官，听到

---

① 《求职面试前的心理准备》，https：//wenku. baidu. com/view/84b353b22c3f5727a5e9856a561252d381eb20d2. html？ _wkts_=1670435471412。

对方的一连串提问，立马就慌了神。当谈及自己的业务专长时，展现出过于傲慢的姿态，从而引起面试官的反感；当被问到自己的不足时，又遮遮掩掩、吞吞吐吐，让面试官觉得求职者不够坦诚。如果以这种心态去求职，即便确实胜任这份工作，也很难得到用人单位的认可，很可能因为态度问题而失去工作机会。

2. 碰运气

有的退役军人对面试的重要性认识不足，把面试当成一个"撞大运"的机会，觉得就是看运气，随便试试，也许用人单位正好需要自己这样的人，那就一拍即合了；不行的话，再试下一家。于是在面试时，表现出一种不够庄重、过于随意的姿态，回答问题时显得很随意，既没有抓住机会推销自己，也没有认真了解对方的需求就进行回答，这种无所谓、碰运气的侥幸心理自然很难获得成功。

3. 畏惧求职

战士们退役前，长期在相对封闭的军队工作和生活，交际面相对狭窄，对外面的环境了解不多，一旦走向社会，很多人会突然发现自己除了当兵好像什么都不会，一时之间无所适从、心情沮丧。好不容易通过各种渠道得到一些应聘机会，又由于在此之前从来没有经历过应聘面试，就像无头苍蝇一样，不知道应该怎样准备。这是退役军人求职时相当普遍的一种心态，尤其是服役时间比较长、从事管理工作的军人，他们的就业面相对窄，加上年龄较大，因此在求职时容易患得患失，觉得自己不如应届大学生充满朝气、可塑性强。

任何事情总有踏出第一步的时候，只要勇敢地走出第一步，就会发现"柳暗花明又一村"。退役军人组织纪律性强，是非常好的团队成员，这一点就受到很多企业和单位的欢迎。如果在部队从事过管理工作，具备管理经验和能力，那就可以胜任很多企业的管理岗位；如果在部队从事专业技术的，则可以应聘相应的技术岗位。所以说，退役军人在就业时也拥有自己独特的优势，只要相信自己，总能找到合适的工作。

（二）具备良好的心态

求职者一旦具备了良好的心态，就会在面试时精神饱满、意气风发，充满自信，讲起话来语意肯定、语气恳切、逻辑分明，从而为成功应聘打下良好的基础。

1. 积极进取

有积极进取心态的求职者，总是认真对待每一个面试机会。因此，他会在面试前充分准备，提前熟悉应聘公司的基本信息和岗位要求，对每一个面试官可能要问的问题都提前仔细思考一番，这样在面试时，被问到同样的或相似的问题时就可以有良好或超常的发挥。

2. 双向选择

当你去参加面试时，并不意味着你的命运掌握在用人单位手里。的确，从用人单位来看，你是在接受审查，看你的条件是否符合招聘的要求，不过，换个角度来看，用人单位也在被你审查，看看他们给的条件能不能吸引你，这就是一种双向选择。一旦有了这种双向选择的意识，你在精神上就可以不卑不亢，就能沉着、稳健地回答面试官的问题。

3. 不怕挫折

面试时如果有了不怕挫折、不怕失败、输得起的心态，那就会大大增强你面试的信心，讲起话来有理有条，就算遇到比自己强的竞争者，你也不会自惭形秽，而是抱着一种"一山还比一山高""我也要成为他那样的人"的积极心态来应对。总之，经不起挫折的人才是真正的失败者。有了这种不怕挫折的思想准备，即使一次面试不成功，你也可以从中吸取经验教训，下次表现得更好，最终一定能找到称心的工作。

二、资料准备

接到面试通知电话时，一定要问清楚招聘单位的名称、招聘职位、面试地点（包括乘车或开车的路线）、时间等基本信息，最好顺便问一下公司的网址、通知人的姓名和面试官的职位等信息。面试当天，尽量稍微提前一点儿到达面试地点，避免因为迟到而错失面试机会。

面试前，还应该做好以下准备工作[①]：

（1）了解应聘公司的背景。包括企业所属行业、核心产品、在建项目、发展沿革、组织结构、企业文化、薪酬水平、员工稳定性、发生的关键事件等，了解越全面、深入，面试的成功率就越高，同时，也有助于对企业的判断（人才和企业是双向选择的关系）。

（2）了解应聘的职位情况。包括应聘职位的职位名称、工作内容和任职要求等，这一点非常重要，同一个职位名称，各家企业的要求是不尽相同的，了解越多，面试的针对性就更强。

（3）在亲友和人脉圈（包括猎头）当中搜索一下有没有熟悉、了解这家企业的，他们的感受或了解无疑具有非常重要的参考价值。

（4）如果是网上投递简历，一般都有记录，包括应聘的企业和职位、岗位职责和要求、工资范围等。在接到面试通知时，马上查看一下。

（5）如果是应聘高管职位，最好能了解一下该企业老板的相关背景和个性风格等（一般情况下，老板肯定是面试高管的最后一关）。

（6）学习一些实用的面试技巧，尤其是如何在3~5分钟内做自我介绍、如何尽可能展现自己的优势和实力，给面试官一个选择你的理由。对一些常见的面试问题要有应对的准备，最好能做下模拟面试演练，在亲友中找一个在企业做过管理的人来做评判，提出建议，以便发现问题，及时调整。

[①] 《猎头教你面试经》，https://www.diyifanwen.com/qiuzhijianli/mianshijiqiao/1622210235827922.htm。

（7）除专业、经验和敬业等通用要求外，不同的职位类型有不同的侧重要求。因此，面试前要对目标职位的侧重要求做到心中有数。比如，营销类职位侧重沟通力、客户拓展力、机敏性；财会类侧重严谨度、原则性；技术研发类侧重逻辑性、专业性；企划、创意类职位侧重策划力、思维的发散性；工程类侧重执行力、实操性；人力资源类侧重亲和力、沟通力、推动力；行政服务类侧重服务性、热情度和细致度；而中高层管理类职位则侧重认知的高度、领导力、协调整合力；等等。

（8）每家企业都有不同的企业文化和对人才的软性要求，有强调沟通协调力的、有强调执行力的，也有强调团队协作或职业感的，等等，虽然求职者的讲话风格已经基本定型，但面试时不妨适当做有针对性的表现。在接到每一个面试邀请时，除了要尽量全面地了解该企业的背景、职位职责和任职要求，也要尽可能了解其企业文化（包括显性的和隐性的，成文的和不成文的）、老板的风格与成长背景、对人才的软性要求以及企业的经营与管理模式等。

（9）估算一下路途时间，一定要留出富余时间，千万不要迟到，但也不用太早到达，提前10~20分钟到达面试地点为宜。如因突发事件或不可抗力因素不能准时到达，要电话说明情况，请求谅解。

（10）在综合各种因素后认为不适合或不值得去面试的，也可以放弃，但一定要知会用人单位，这是职业素质的基本要求。

三、着装准备

从哪些方面能给别人留下完美的第一印象呢？行为心理学家认为，90%以上的人是在最初见面的几分钟时间内（甚至是在见面的一瞬间）就做出了对对方总体印象的基本判断，而且这种第一印象、第一判断受到首因效应的影响，很难改变。

心理学家的进一步研究还表明，一个人是从以下三个方面给别人留下第一印象的，即外观、语调语气、讲话内容。其中，外观最为主要；其次是语调语气。也就是说，人们主要是通过视觉、听觉来判断对他人的印象感觉。

所以，如果你想要在面试的过程中给用人单位留下良好的第一印象，就要提早从外观形象（即仪容、仪态、仪表）、语言表达方式上训练自己的礼仪修养，随时展示一个好的形象。

从军人转为职业人，退役军人的职业形象可能会成为其能否通过求职面试的重要影响因素。在一个人的外在形象中，服饰是重要且不可忽略的组成部分。服饰是人的形体外延，也是一种无声的语言。它不仅具有标示功能，如职业、身份的标示，修养和作风的标示，而且还具有美化功能，如服装的颜色、款式、质地能反映出面试者的着装是否得体、美观。

（一）面试着装的基本原则

退役军人在参加面试时的着装总体原则是：着装整洁、大方、得体，搭配协调，符合职业形象。在应聘不同的岗位时，衣着应与之相适合，根据所应聘的岗位工作性质和类型，确定自己的穿着搭配，这是一个较稳妥的着装方法。不同的职业对人的要求是有差异的，而这种差异同样体现在穿着上。尽管没有成文的规定来划定对某种职业的穿着标准，但人们的心理上确实存在着各种各样模式化的思维。观察一下就可以发现，从事不同职业的人一般有着不同的穿着特点。因此，求职者的穿着最好是与所求工作的性质和环境相一致。例如，应聘车间里搞安装之类的具体操作岗位，应穿朴素一点；去广告公司应聘职位，则不应穿得太过于古板落俗；若从事营销之类的行业，穿着则应给人以正式、专业的感觉。[①]

[①] 《大学生面试礼仪之面试仪表》，https：//baijiahao.baidu.com/s？id=1681251427605435710&wfr=spider&for=pc，2020 年 10 月 22 日。

着装的原则可以采用"TPO 原则"。这里，T 是指"时间"（Time），P 是指"地点"（Place），O 是指"目标、对象"（Object）。TPO 原则要求在恰当的时间、恰当的场合，穿着恰当的服装。退役军人在求职过程中，要注意着装礼仪，选择正确的服饰，从而给用人单位留下一个良好的印象，提高面试的成功率。

在面试时，退役军人根据岗位的特点，可以考虑穿职业正装，也可以考虑穿职业便装。在正式场合，通常要求穿职业正装，男女职业正装有着相应的要求，掌握这些要领，有助于我们正确着装，树立自己良好的职场形象。

（二）面试时着装上应注意的问题

面试时，在着装上应注意两个问题：一是最好穿深色西装，领带和衬衫袖口要注意清洁。二是尽量减少首饰的佩戴，要突出退役军人干练有朝气的一面，以清新的形象示人。皮鞋要干净锃亮，擦去灰尘和污痕，鞋带要系牢。袜子颜色一般不要比裤子颜色淡。

四、应急准备

面试是"现场直播"，没有事先的彩排，所以面对面试时的突发状况，比如面试迟到等，许多的"新手"不知道该怎么处理。下面我们就来说一下面试中可能出现的一些突发状况以及我们应该如何应对的方法。

（一）面试迟到

虽然我们一直建议面试时要留出足够的路途中的时间，提早出门，但很多时候可能还是会出现自己没法控制的意外状况，导致迟到。

这天天气非常炎热，气温高达 40℃，小王的心情却格外好，因为他接到了梦寐以求的那家名企的面试通知书，准备去面试，正当他坐车到半路的时候，突然接到电话，母亲中暑了，正在好心邻居帮助下送往医院。小王只得放弃面试，赶紧跑去医院照顾母亲，他一想到上午 11 点的面试就痛心不已。本来他想就这么算了，不过他实在不甘心，还是打通了企业那边的电话，如实说明了自己的情况，并且表示很希望能够获得他们的理解，约第二天面试，那边面试官立即表示同意，这也令小王悬着的心放了下来。

面对迟到，要学会调整心态，不要总想着"这下完了"，更不要就此放弃。当预见到自己有可能迟到的时候，应该提前打电话告知面试单位，简单说明一下导致迟到的不可抗力原因，并表示自己会尽快赶到。抵达后的第一件事就是当面再解释一下原因并致歉，相信大多数公司都会给予谅解。如果迟到时间较长，可以根据实际情况与面试单位另行约定面试时间。

总之，迟到并不代表失败。要记住，不放弃一线希望，成功也就不会放弃你。

（二）面试突然提前

如果面试中出现这种状况，很有可能其本身就是面试的一部分，考验的是求职者作为职场人的基本素养。

某外贸公司要招聘一名业务主管，前来面试的应聘者很多。经过上午的笔试、上机操作考核，求职者大伟与另外三位应聘者顺利通过了初试。初试完毕已经到了中午，面试官通知他们下午两点半在会客厅复试。大伟因为带了面包，就在会客厅将就；另外三人都到外面吃饭去了。大约过了20分钟，面试官走进会客厅，见只有大伟一人，便通知大伟：下午的复试提前到一点钟，在八楼总裁办公室进行。

大伟一看离复试的时间只有半个小时，便着急地对面试官说："另外三人都去吃饭了，怎么办？"面试官说："看到他们就通知一声，没看到就算了吧。"现在出去找他们根本不现实，大伟认为自己不能这样自私，就在会客厅干等着。直到最后一刻，三人还没有出现，于是他就在门上留了个便条，告诉另外三人更改过后的复试时间和地点，让他们看到纸条后立即赶来。留言后，大伟在最后一分钟赶到复试地点，却见他们三人已在总裁办公室等候！原来这就是复试的考题。

面试官已经单独通知到了所有复试者，其余三人为了能够得到这个工作，打败其他竞争者，没有把复试提前的消息告诉其他人，只有大伟这样做了。面试官问大伟："听说你一直在楼下等其他人，你为什么要这样做？"大伟回答："给别人机会就是给自己机会，靠投机取巧取胜不是一个高素质的人所为。"面试官当即拍板录用了他。

资料来源：《面试意外招数如何巧妙面对》，https：//www.yjbys.com/qiuzhizhinan/show-284979.html，2021 年 3 月 13 日。

（三）面试中途暂停

如果应聘的公司突发状况，一般会中断或取消面试，如果没有对求职者多做说明，只是暂时停止面试，求职者最好能耐心等待，因为这也有可能是面试的一环。

刚从大学毕业的小叶去一家广告公司应聘秘书，由总经理亲自面试。从多方面对小叶进行测试后，总经理看起来对小叶还是挺满意的。这时，总经理接了一个电话，便对小叶说："我有事出去一下，请你稍等。"谁知道，总经理这一去就是将近三刻钟，小叶等得有些不耐烦了。但她很快稳定了自己的情绪，从口袋里拿出一本事先准备的英语杂志，认真地看起来，连总经理进来都不知道。总经理高兴地通知她："你明天来上班吧。"原来这段时间，总经理一直在另一间监控室观察她，事实证明，小叶的行为符合一个秘书的要求，故录用了她。

资料来源：《面试意外招数如何巧妙面对》，https：//www.yjbys.com/qiuzhizhinan/show-284979.html，2021 年 3 月 13 日。

面试中，当面试官中途借故退场，你一定要警惕，千万不能左顾右盼露出好奇的神态，更不能显出不耐烦。正确的应对方法是：如果室内有报纸，可以拿来看一看，或自己预先准备书籍杂志。保持淡定从容，才能增加面试成功的概率。

老黄的求职之路

46岁的老黄从军二十多年，于2014年离开部队自主择业。老黄给自己制定了精准的职业规划，经过精心的求职准备，他从众多竞争者中脱颖而出，获得了某民营军工单位产品开发与市场开发职位的面试资格。

老黄收到面试通知后，进行了精心的面试准备：

（1）老黄再次把应聘单位的情况仔细进行了了解，上网搜索资料，对此公司生产的产品的相关专业知识进行了学习，做到对应聘公司的总体情况和产品特性有一个相对具体的了解。

（2）老黄拿出一个笔记本，记下面试官有可能问的所有的问题，并一一进行针对性的准备。为此，老黄专门请来朋友扮演面试官对自己提问，自己进行模拟面试。

（3）老黄提前一天去了一趟通知面试的地点，熟悉了一下周边的环境，并对到达时间进行了计量，确定了面试当天的出发时间。

（4）老黄在面试前专门去理了个头发，把头发理成军人标志性的小平头，平时老黄都是用剃须刀自己刮胡子，这次他专门请理发人员用刮胡刀仔细地给刮了刮胡子。

面试当天，老黄穿上笔挺的藏青色西服、白色衬衣、蓝色领带、油光锃亮的皮鞋，提前20分钟赶到面试现场。在等候面试这段时间，老黄静静地坐在椅子上把自己准备的问题答案又仔细地默想了一遍。

轮到老黄进场面试了，老黄轻敲面试室的大门，听到"进来"的回应后，老黄轻推房门进屋，转身轻轻关上门。

回过头，看到有3位面试官，而自己求职时在招聘会上见到的那个张经理并不在场，老黄有点意外，迅速定了定神，扫视了3位面试官后看着中间那位面试官，欠了欠身，面带微笑地说："各位领导，上午好。"

领导示意老黄坐下，老黄不慌不忙地坐在对面的椅子上，标准的军人坐姿，二十多年的军旅生涯，这一点对老黄已经习惯成自然了。看到面试官没有提问的意思，老黄主动开口了："各位领导，我名叫黄××，我非常诚恳地希望得到你们提供的工作机会，我的简历你们已经看到了，对于我个人的情况，如果各位领导有什么还需要深入了解，我非常愿意和各位领导进行汇报。"

3位面试官就老黄过去的部队经历、老黄的个人能力特点、老黄对新工作的认识分别进行了提问，这些问题都没有超出老黄的准备范围，所以老黄有条不紊地依次进行了回答。

最后，主面试官对老黄说："你的初步面试表现很好，我们非常满意，请你下去准备一下，我们半个小时后还要进行一个无领导小组讨论的情景面试。"随后递给老黄一张纸条，上面写着情景假设的情况。

老黄接过纸条，起身弯腰向各位面试官致谢，然后转身自然地走出面试室，出门后回头把面试室大门关好。

等到老黄走出面试室时，才赶紧看了看纸条上的情景假设情况，这种面试方式老黄以前没有见过，也没听说，所以老黄略微有些紧张，时间有限，老黄赶紧把心情平稳下来，仔细看看情景假设的具体内容。

纸条上的内容是："本公司主打的产品由于市场竞争激烈，产品利润严重下降、产品市场份额在不停萎缩，你作为市场开拓经理，怎样处理？"老黄事先对这个公司的产品进行了比较全面的了解，所以心里相对有数，然后老黄迅速整理一下思路，从几个方面打了一下腹稿，并在心里反复默念了好几遍。

无领导小组讨论正式开始，几个被初步面试确定相对优秀的求职者按各自扮演的公司角色围绕设定的问题进行了讨论。轮到老黄发言，老黄对其他几位的发言进行了充分的肯定，然后从自己的角色角度提出了对策建议。老黄的发言总共占用的时间不到 5 分钟，他说话不紧不慢，语速均匀、条理清楚，提出的措施具体得当、行之有效。

面试结束后，老黄写了一封诚恳的感谢信，感谢应聘单位给予面试机会。

感谢信发出 3 天后，老黄主动打电话询问录取情况，负责录取的张经理告诉老黄被录取了，让他等劳资部门和他电话谈薪酬的问题。

很快，劳资部门刘经理给老黄打来电话，问老黄对薪水的要求。老黄考虑到这个企业的效益不错，按当地的偏高标准提出自己希望的薪水。经过几轮沟通，最后双方约定好基本薪酬以及绩效、奖金。

这样，老黄历经层层考验，终于获得了梦寐以求的工作机会。

第四节 面试技巧

面试是求职者综合素质在短时间内的一次集中展示，通常只有几十分钟，甚至几分钟的时间，如何在短暂的时间内，全面又突出重点地介绍、推销自己，使面试官清楚地了解自己的情况，并留下美好而鲜明的印象，的确不是一件易事。不懂得面试技巧，就很容易像情景故事里的石头一样，在面试中表现不佳，失去工作机会。

一、常用技巧①

为了能在较短的时间内成功地营销自我，讲话策略与口才是关键因素。

第一招：管住自己的嘴巴，三思而后答

面试场上，面试官们经常采用的一个基本策略就是尽量让求职者多讲话，目的在于多了解一些求职者在书面材料中没有反映的情况。因此，在面试时，如果认为自己已经回答完了，就不要再讲下去。不要采用多讲话的策略来谋求在较短的时间内让招聘方多了解自己，事实上，这种方式对大多数人来讲并不可取。因此，说什么，不说什么，一定要斟酌好之后再开口，以免画蛇添足、言多有失。

第二招：留足进退的余地，随机而应变

面试当中，对那些需要从几个方面来加以阐述的问题，或者"圈套"式的问题，求职者要注意灵活运用语言表达技巧，尽量不要使用过于绝对的语言。否则，很容易将自己置于尴尬境地或陷入"圈套"之中。②

第三招：稳定自己的情绪，沉着而理智

在面试时，有时面试官会冷不防地提出一个求职者意想不到的问题，目的是想试试求职者的应变能力。这时，你需要的是稳定情绪，千万不可乱了方寸。

第四招：不置可否地应答，模棱而两可

面试官有时会问一些无论作肯定的回答还是作否定的回答都不讨好的问题。比如，面试官问："以你的能力，应该能找到比我们公司更好的单位

---

① 卢敬天：《竞聘面试 6 大技巧》，https：//www.jianshu.com/p/0a3f25a13d84，2021 年 10 月 20 日。

② 《面试技巧和注意事项有哪些》，https：//wenku.baidu.com/view/19ab86383386bceb19e8b8f67c1cfad6185fe90d.html？_wkts。

吧？"如果你的回答是肯定的，则说明你这个人心高气傲；如果你的回答是否定的，说明你要么能力不足，要么自信不足；如果你回答"我不知道"或"我不清楚"，则又有回避问题之嫌。遇到这种任何明确答案都不太合适的问题时，就要善于用模糊的语言来应答，可以先用"不可一概而论"作为开头，接着从正反两方面来解释你的观点。

第五招：圆好自己的说词，滴水而不漏

有时候，面试官提出的问题并不一定有标准答案，只是看求职者能否回答得滴水不漏、自圆其说而已。这就要求求职者答题之前要尽可能考虑得全面一些，以免使自己陷入被动局面。

第六招：不拘一格的思维，"歪打"而"正着"。

面试中，如果面试官提出近似于游戏或笑话式的、过于简单的问题，你就应该想一想面试官是否另有所指，如果是，那就不要机械地做出就事论事的回答，而是跳出常规思维的束缚，采用一种非常规思维或发散式思维的方式去回答问题，以求收到"歪打正着"的奇效。

第七招：摆平自己的心气，委婉而机敏

面试官往往会针对求职者的弱点提出一些带有挑战性的问题。比如，对年轻的求职者会问："我们认为你担任经理这个职务太年轻了，你怎么看？"对年龄稍大的求职者可能会问："我们觉得你的年龄大了点，恐怕在精力方面不如年轻人，你怎么看？"面对这样的问题，如果回答"不对""不会""不见得吧""我看未必""完全不是这么回事"等，虽然也能表达出自己的想法，但语气过于生硬、否定过于直接往往会引起面试官的不悦，因此要委婉地进行反驳。

第八招：放飞想象的翅膀，言之而有物

面试中，偶尔也会出现一些近乎怪异的假想题，这类题目一般具有不确定性和随意性，这也使求职者在回答时有了发挥想象的空间和进行创造性思维的余地，你只有充分利用自己积累的知识，大胆地以"假设"对"假设"，就能够使自己在面试中处于主动地位。

二、无领导小组讨论的面试方法[①]

无领导小组讨论通常也被称为群面，群面题目一般会分成两种，一种是与工作相关的题目，另一种是与情境相关的题目。第一种题目是为了考察求职者的专业技能；第二种题目是为了考察求职者的综合素质。这些题目通常没有一个标准答案，但可以从面试者的表现中看出求职者的思维方式和性格特点。在参加群面的时候，一定要在回答中体现你的专业背景、特长、能力等。要想获得"群面"的成功并不容易，不过只要多注意以下几个要点，胜出的概率会大大提高。

（1）在面试官发布题目的时候，精神一定要集中，如果担心遗漏重要事项，可以边听边记。一方面如果没有正确理解题目要求的人可能会被面试官认为是理解力太差，另一方面做记录的行为还会让面试官觉得你做事认真、有条理，从而增加印象分。

（2）发言时间不宜过长。在面试中你应该学会控制好自己的发言时间，不可太沉默，不发表任何意见，也不能太张扬。一旦发现自己说得太多，就要懂得适时保持沉默，给别人留一些发言时间，这个时候可以加上一句："××，对于这个问题你是怎么看的？能谈谈你的想法吗？"这是一个表现你团队意识的好机会。

（3）注重表现自己的优秀特质。面试时要在一些细节上突出自己的一些优秀特质，比如坚毅、认真、勤奋、细心、宽容等，因为这些通常都是用人公司非常看重的方面。

---

① 《面试的技巧和注意事项，13 条技巧助你顺利面试》，中聘网，https：//www.cnzp.cn/article/c_show-id_55.html，2019 年 4 月 4 日。

（4）不要为了表现自己而刻意追求标新立异。虽然面试官在介绍群面的题目时会表示观点并没有对错之分，这时尽量不要为了标新立异而发表一些太过个人化的言论，因为标新立异不是吸引面试官注意力的最佳捷径，有时候反而会弄巧成拙，这样反而容易给面试官留下不好的印象。

（5）充分展现职业素养。在面试过程中尽量不要有过多的小动作，说话要注意语气、音量，吐词要清晰、音量要适中。另外要注意自己的眼神，切不可东张西望或眼神躲闪。打哈欠、用手指指人等毛病也一定要杜绝。

（6）充分把握独立发言的表现机会，在几分钟内让主管记住你。群面中，一般每个求职者都会有几分钟的发言时间，你一定要把握好这个机会，给面试官留下深刻印象。虽然只是短短几分钟，但利用好了，就是通往面试成功的关键点。

群面结束后，面试官一般不会给予点评，所以你一定要及时反省自己身上出现的问题，不可把这次犯的错误继续带到下一场面试中。

三、面试禁忌①

（一）自吹自擂

面试中对自己经历及能力的表述应简明扼要，适可而止，千万不要像打开话匣子般没完没了地夸夸其谈、自吹自擂，甚至主次不分地"反客为主"。求职者在回答问题时要言简意赅，不可过分夸大自己的能力或虚构自己的经历，说得太多反而会暴露自己的缺点或容易引起面试官的反感。

面试的目的是对求职者进行能力评估，但面试官对于求职者的话往往抱着谨慎的态度。这时，如果求职者东拉西扯，尽说些不着边际的话题，

---

① 《求职面试技巧（15篇）》，百度文库，https：//wenku. baidu. com/view/e132f41c217916 8884868762caaedd3383c4b5a0. html？ _wkts。

甚至大肆吹嘘，自鸣得意，反而容易让面试官认为此人浅薄至极，能力也不会好到哪里去。

很多面试者自吹自擂的目的往往是为了回避问题，用自我吹捧的方式来掩盖自己的弱点。比如，求职者常常被问及为何会辞掉上一份工作，有的人为了回避问题，便故意顾左右而言他，大谈理想抱负或过去的工作所学非所用；若实在非回答不可，便对过去的工作单位大加批评。通常，求职者越是夸夸其谈，面试官在心里给他打的分就越低。

（二）抢话争辩

有的求职者为了获得面试官的好感，会试图通过语言的"攻势"来"征服"对方。这种人自我表现欲极强，在面试时根本不管面试官究竟想了解什么，没说上三句两句话，就迫不及待地拉开"阵势"，通过抢话、插话或争辩等来卖弄口才，力求自己在"语机"上占上风，在事理上征服对方。不能说爱抢话或爱插话者都是浅薄者，但人们往往非常讨厌这种"管不住嘴"的人。因此，在面试时，无论你的见解多么正确，无论别人认为你的看法或观点有多么错误，在面试官把话说完之前，千万不可插嘴，这也是对别人最起码的尊重。如果面试官对你的评价过于片面，说明他对你已经持有成见，在这个时候，无论你如何插话、抢话也已经于事无补，只会徒增对方对你的反感。

如果一个求职者在群面过程中一直使用争辩和反驳的语气："为什么不是这样！""我有我的见解，不管你怎么想。"这非但不能表现出求职者的才智、逻辑能力和说服能力，在一定程度上还会显示出其偏激的性格特点。因此，即使求职者在某个问题上看似"赢"了，殊不知就在其"过了嘴瘾"的同时，面试官在心里已经放弃对他的录用了。

赢得一次争辩而失去一份好的工作，可谓是"因小失大"。面试的目的不是开辩论会，而是要得到工作。如果你在面试中过于"较真儿"，让面试官觉得你的性格过于执拗，那么面试的结果也就可想而知了。

（三）自以为是

对于面试官的问题，求职者可以有自己的看法，但是在阐述这些看法时，切记要就事论事，不要针对面试官，尤其是自己的看法可能会与对方有明显不同时，不要自以为是，坚持自己的回答才是正确的。俗话说"忠言逆耳"，忠告往往听起来都是批评，批评都是难以接受的，尤其是来自陌生人的批评，哪怕这些批评是合理的、有益的，但大多数人还是很难对批评自己的人产生好感。身为求职者，初次见面，就对面试官摆出一副批评教育的姿态，即使你说得有道理，对方对你的印象依然不会有多好。

在面试官眼里，让求职者谈想法、提建议，一方面考察求职者的思维能力，同时也会考察求职者的性格，是否能听进去不同的意见。所以，在面试中，最忌讳向面试官提一些自以为是的建议。

（四）提低级的问题

面试中，求职者也可以向面试官询问一些与工作内容相关的问题，或者一些管理制度相关的问题。但在发问之前，必须好好想想自己要问的问题是否都有意义，尤其不要提一些低级的甚至是违背常识的问题。不然非但不能体现出求职者的思虑深远，反而会给面试官留下不好的印象。

（五）满口网络用语

年轻人追求新颖的事物并不是件坏事，但有些年轻人知识能力比较一般，对网络却很着迷，平常说话也总喜欢使用最新潮的网络用语，结果到求职面试时也像平时一样无所顾忌，动辄用自认为时髦的网络用语与面试官对话，以为这样能让面试官觉得自己很"前卫"，很有个性，因此而被录用。殊不知，在面试官眼里，这往往是不稳重、不成熟的表现。

（六）不分场合地诉苦

求职不是诉苦会，有些求职者在面试时没有摆正自己的位置，面试官一提问，便借回答之际大倒苦水，诉说自己的种种不幸，以为这样能引起面试官的同情，殊不知这样做不但得不到面试官的同情，反而起反作用。有的人心理承受能力差，遇到一点挫折就垂头丧气，摆出一副苦大仇深的样子。当然，面试官也有同情心，但称职的面试官绝不滥用这种同情心。

对于面试，很多人都有这样的一种理解的误区：面试一测外貌；二测口才。其实，现实中特别要求外貌和口才的岗位只是极少数，毕竟工作中只有这两方面是远远不够的。例如，科研型单位更看重求职者在某一领域的真才实学，需求的是具有较强科研能力和写作能力的人才，那些只有外貌和口才而没有专业知识的求职者明显不适合这类单位。一直以来，有很多年轻的求职者自以为外貌和口才不错，以为在面试官面前能"对答如流"，便可以捞足"印象分"。结果可能与他们预想的大相径庭，因为面试的关键还是在于通过与面试官的对话，充分体现自己的能力、优势和积极认真的态度，这些才是打动面试官的制胜法门。

四、关键应对[1]

面试中，面试官往往会问一些关键问题，如果没有做好准备，往往会像情景故事中的石头一样，不知如何应对。下面 10 个问题是面试中经常出现的，掌握它们的应对方式，可以有效避免因回答不当而导致面试失败。

1. "你对这份工作有多少了解？"

在面试之前要先做一些准备工作，提前了解招聘单位的基本信息、岗

---

[1] 《合理运用"答案"，满分通过面试》，戎友之家，https：//baijiahao.baidu.com/s?id=1710765975120712337&wfr=spider&for=pc，2021 年 9 月 13 日。

位职责、行业状况等，做到心中有数。面试中被问到这个问题时，可以从提前了解的行业状况、岗位职责等方面进行回答，还可以延伸谈一下自己的职业规划，可以将自我认知与对岗位认知相结合，谈一谈自己与岗位的适配度，突出自己能够为企业带来什么以及如何实现自己的职业目标等。这样面试官就不会觉得你对这份工作一无所知或一知半解。

2. "请你做个自我介绍。"

许多求职者往往忽视了自我介绍的重要性，寥寥几句介绍了一下自己的基本情况就结束了，其实这是非常不正确的，因为在自我介绍这个环节中，面试官不是真的想从你口中知道这些简历上已经写得明明白白的信息，而是在考察你的表达能力和临场发挥能力。所以，可以提前演练一下自我介绍。

3. "你的职业规划是怎样的？"

当面试官问你职业规划的时候，主要是想了解两个信息：一是了解你是不是一个有规划的人；二是了解你能否长久地从事这份工作，即你能够在这个公司待多久，是否具有稳定性。毕竟没有哪个公司希望辛辛苦苦培养的员工，刚工作熟练了或积累了一定经验就辞职了。因此在回答自己的职业规划时一定要强调自己的思考、规划以及长久从事这份工作的决心。即使真的不打算一直从事这份工作，也要有技巧地说出来，比如"未来根据需要，我可能会继续深造。但在此之前，我想好好锻炼自己，做出一定的成绩"。

4. "你缺乏经验，如何能胜任这项工作？"

这是一个退役军人经常遭遇而且难以回答的问题。身为求职者，你在回答这个问题时需要考虑三个方面：第一，你可以从部队的经历中发掘相关经验，弥补工作经验不足的缺陷；第二，强调自己的学习能力，对工作的热情和积极、主动的工作态度，同时，还要表现出你的诚恳、机智和敬业；第三，你要知道，当面试官问你这个问题时，他并不是真的在乎你的工作经验，而是看你怎样机智、圆满地回答这个问题，以此来考察你的应变能力和抗压能力。

5. "你最大的优点是什么？"

在回答这个问题的时候，求职者需要注意三点：第一，你阐述的优点必须与应聘的职位相关，与职位无关的优点，即使很值得炫耀，可以简要提一下，尽量不要过多表述；第二，实事求是，即你所阐述的优点就是你真实拥有的；第三，你需要为所阐述的优点举例证明，没有例证，怎么能让人相信你说的是真的？

6. "你最大的缺点是什么？"

这是一个令求职者感到非常头痛的问题，因为你说出的自己的缺点如果可能会对所应聘的工作有严重影响，那么就很可能会被拒之门外。如果你说出的缺点无关痛痒，或者把优点说成缺点，那么会让面试官认为你不诚实，引起面试官的反感。正确的做法是真诚地说出自己的缺点，但这个缺点绝对不能是应聘职位的"致命伤"，同时，你还需要表明自己积极改正的态度和决心。

7. "这个工作的工作时间灵活，有广阔的发展空间。"

这句话不是疑问句，却隐藏着一个问题："你是否接受这样的工作条件？"当面试官提到工作时间灵活这个词的时候，你要对未来的工作强度做好准备，工作时间灵活意味着要根据公司需要随时准备工作，同时也非常考验一个人的工作自觉性。当面试官对你说这份工作将有一个广阔的发展空间、很多锻炼机会或者广大的成长空间，这意味着公司可能刚刚起步，要注意提前了解薪资以及是否加班等问题。

8. "你的理想薪资是多少？"

当面试官询问你的理想薪资时，不要犹犹豫豫不敢说，你需要提前了解应聘岗位在市场中的薪资水平，然后对自己的能力、资历进行客观评价，最后提出自己的薪资预期。在回答这个问题时如果你吞吞吐吐，无法说出明确的期望薪资，那么面试官可能会认为你不够自信，没有足够的能力胜任这份工作，即使面试官不会这么认为，在薪资沟通过程中你也会处于弱势。

9."如果让你换到别的岗位你愿意吗?"

如果面试官问你是否愿意调整岗位，说明可能目前该岗位已经招满了或者因为某些原因认为你不太适合应聘岗位，但是面试官仍然对你发出邀请，说明他还是对你很感兴趣，对你比较认可，你可以根据自己的实际情况决定是否换到别的岗位。

10."你还有什么问题?"

对于这个问题，首先可以询问自己的职位发展，比如"这个职位有什么发展空间"?可以充分体现你对这份工作的期待和对这份职业的重视程度，让面试官觉得你是一个有长远目光、有规划的人。同时自己也可以确切地了解招聘单位更详细的信息。其次可以询问公司的未来发展规划，这也是很好的切入点。表达对公司前景的关心，让面试官感觉到你对公司的期待和对这份工作的深思熟虑。

面试是职场上的一种自我推销，求职者应该清楚、有说服力地传递信息、想法以及态度，其结果需要双方反复权衡分析。最后，无论是否录用，都需正确面对、总结经验教训，重新调整方向。

结　语 ●●········

百战沙场淬真金

就业求职就像一个没有硝烟的战场，看不到敌人在哪里，但你可能不知不觉就会被打倒。其实，我们有制胜的武器，那就是充足的准备和百折不回的心态。在哪里跌倒，就在哪里爬起来，相信自己身上打不倒的军人魂，一定可以打赢这场战斗！

第五章

职场发威再建功

情景故事 ●●········

一个退伍军人初入职场的艰辛与挑战

经过半年艰辛的求职历程，石头终于如愿以偿地被一家商贸公司聘用，负责渠道管理工作。当石头接到公司通知让他去上班时，他开心万分，觉得自己半年的努力终于有了结果，自己即将开始期待已久的职场生涯，相信自己一定可以在职场中大展身手，重新取得"兵王"的荣誉。

石头接到上班通知时，第一个想到的就是把这个好消息告诉老政委，请他吃饭，以答谢老政委对自己的开导与指引。

石头拨通了老政委的电话，兴奋地告诉老政委自己已接到录用通知，即将到商贸公司就职，老政委也非常开心，但由于老政委正在外地出差，无法接受石头的就餐邀请。

一个月后，老政委出差回来，石头再次邀请老政委相聚，老政委欣然同意，两人约在军区附近的"好再来"川菜馆。

正午时分，老政委来到"好再来"川菜馆，石头已经等在餐桌前，点了几个菜。老政委坐下后，看着石头高兴地说："小伙子真不错，恭喜你求职成功。"这时，石头却露出了一脸苦笑，说："我以为去上班了就万事大吉了，没想到上班后压力更大。"

老政委带着一点好奇，关切地问："那你跟我说说都有啥压力？"

石头一言难尽地说："唉，我周围的很多同事都是大学生，学历都比我高，我很多东西都不懂，感觉自己不如别人。"

老政委知道，石头说的情况其实是很多退役军人都面临的，很多退役军人都是高中毕业后就参了军，就业时确实存在学历相对低的情况，这既加大了求职难度，也让很多退伍军人在工作中很自卑，觉得自己低人一等。

老政委理解地点点头，说："学历的问题确实是客观存在的。但咱也不能看低自己，工作做得好不好，学历不是最重要的，在工作时不断累积经验、努力精进才是最重要的，而且你作为一名退役军人，身上有军人百折不挠的品质，这就是你的优势。"

石头听后点点头，说："这倒也是，我确实应该多看看自己曾经作为军人的优势。不过，还有一个问题，就是在公司里，我觉得好难融入团队。"

石头所在的部门有七个人，其中一个是经理，一个是主任，一个是即将退休的老员工，其余三个是20多岁的年轻人。这三个年轻人经常中午一起吃饭，上班时也有说有笑，周末有时还约了一起去爬山、唱歌、打游戏。石头加入公司后试图加入这个小集体，但发现他们好像有意和他保持距离。石头很困惑，不知道是自己哪里做得不好，才被同事们孤立。

老政委看到石头困惑的样子，语重心长地说："石头呀，职场的人际关系不同于部队，处理人际关系是有方法的，我们在职场中既要有同事相处的技巧，又要懂得如何跟领导相处，这样，我推荐给你一本书——《职场人际关系管理》，你回去好好研究研究。"

石头马上在手机上搜索这本书，跟老政委确认了一下，立即下单购买了，说："职场真是一门大学问，我一定好好学习这本书。感觉上班这一个月，自己总在犯一些低级的小错误，比如接待客人时不懂得如何规范地称呼客人、如何给客人倒茶、如何送别客人等，领导已经就这些小错误批评我几次了。"

老政委听后说："刚入职场，犯一些错误在所难免，每一个人都是从新人过来的，这些经验需要慢慢累积，当然你也要加强学习。"

石头连连点头："我要学的东西真是太多了，比如如何制作工作报表、如何汇报工作、如何跟客户谈判，这些都是我需要学习的，我正计划报一个'办公软件使用'培训班，先系统学学办公软件的使用。"

"这是一个好主意，可以通过培训班来学习，也可多向领导和有经验的同事请教，这也是一种省钱又快捷的学习方式。"老政委启发道。

石头一拍大腿："是呀，我怎么没想到，就想着去外面参加培训学习，其实身边很多人都是自己的老师，三人行必有我师，我以后要多虚心向别人请教。今天跟老政委谈完，我觉得心里敞亮了许多，对做好工作也有信心了。"

谈到这里，石头阴郁的心情明朗了很多，他夹了口以前最爱吃的鱼香肉丝，细细品了品，黝黑的脸上露出了久违的笑容。

📢 宝儿姐姐开讲啦

顺利进入职场，并不意味着职场之路就一帆风顺了，反而可能会像石头一样，遇到种种挑战，犹如进入了一个新的"战场"：

职业心态的障碍，可能会让我们无法适应从沙场老兵变成职场"新兵"的转变；

职场人际的障碍，可能会让我们与其他人格格不入，无法融入团队；

职场规范的障碍，可能会让我们在不知不觉中被贴上不合格的标签；

职业技能的障碍，可能会让我们在新的工作岗位倍感吃力，自我否定。

面对这些障碍，不用畏惧、不用害怕，只要掌握方法，勇敢应对所有挑战，才能在这个新的"战场"再建奇功，再做"兵王"！

第一节 破除职业心态障碍

心态决定了一个人的思维方式，而思维方式指导着具体的行动。如果你的职业心态存在障碍，就会像情景故事中的石头一样，在职场中倍感压力。因此，我们要培养正确的职业心态，才能更快适应职场，完成从军人向职场人的转变。

一、"归零"心态：每一个人都是从新人过来的

很多退役军人新入职场，就像是情景故事中石头一样，从部队里的老兵变成职场新人，一切从零开始，对比周围的同事，有的学历比自己高，有的工作经验比自己丰富，难免感觉有些低人一等。其实，正如老兵都是从新兵练起来的一样，每一个成熟的职场人也都是从新人过来的，没有谁一进职场就是精英。所以，进入职场后，第一步是要学会保持"归零"的心态。

什么是"归零"？就是从"零"开始，忘掉那些过去的荣誉，虚怀若谷，那么你的生活和工作将是另一番景象，你就可以在最短的时间内调整好自己的职业心态，有足够的勇气和信息迎接职场挑战。"归零"是一种轻装上阵的心态，也是一种从头再来的勇气和魄力。

2004年6月28日李宁公司上市，对李宁公司来说，这是一个值得纪念的日子。李宁召开了庆功会，但是作为董事长的李宁在庆功会上的讲话却很淡定。他说："这样的庆功会，在我做运动员时，每年都开，几乎每次我

都要上台讲话。但当我回到台下，我总要告诉自己——成功只代表过去，未来要从头开始。过去做运动员时，我时时告诫自己忘掉过去的荣誉，轻装上阵，现在做企业我也是这样要求大家，上市只代表着过去的业绩，而未来还有更大的挑战要面对。"

"让我们从头再来。"李宁经常爱说这句话。每一块金牌都是从头再来，从运动员到商人，对李宁来说更是从头再来，正是抱着一种"一切从头再来"的"归零"心态，李宁才能一步步超越自己，超越过去。

资料来源：《体操王子到商业巨子：超越过去，让自己更 perfect》，搜狐，http：//mt. sohu. com/20160912/n468261901. shtml，2016 年 9 月 12 日。

其实，很多企业在招聘的时候往往更强调经验，甚至会认为经验比学历更重要。只有高学历而没有经验的大学生，初入职场时就像一个婴儿，从这个角度来讲，退役军人其实和那些大学生是站在同一起跑线上的，都处在职业起步阶段。在这个阶段，要学会"空杯思维"，把自己当成学徒，不断学习新的知识和技能，慢慢成长起来。

中国有一句俗话，叫"好汉不提当年勇"。好汉之所以是好汉，就是因为他们懂得放弃过往，从零开始。

泰国有个商人叫施利华，他是一位传奇人物。原先他是一位股票投资者，靠炒股积累了巨额财富，在股市里几乎无人能敌。可正在他的事业如日中天的时候，他却说："我玩够了，我要进入另一个行业。"施利华放弃了股票，转行做房地产。他认为这样做可能会有很大的风险，但对他的人生却具有挑战性。

他把自己所有的积蓄和从银行贷到的大笔资金全部投了进去，在曼谷市郊盖了 15 幢配有高尔夫球场的豪华别墅。可是别墅刚刚盖好，1997 年的亚洲金融风暴出现了，他的别墅卖不出去，贷款还不起，施利华只能眼睁睁地看着别墅被银行没收，连自己住的房子也被拿去抵押，还欠了很大一笔债务。

破产后的他只说了一句话："好哇！又可以从头再来了。"他从容地加入了街头小贩的行列，叫卖三明治。一年后，施利华靠卖三明治实现了东山再起的梦想，重新回归富豪的行列。

资料来源：《吃得苦中苦，方为人上人》，https：//www.sohu.com/a/165153304_492771，2017年8月16日。

施利华有句名言："商场如战场。"只有拥有随时从零开始的勇气，你才能不惧未来的任何挑战。职场又何尝不是如此？放下身段才能提高身价，暂时的俯低终会促成未来的高就。这和呼吸是一样的：每天呼吸新鲜的空气，都是为了吐出二氧化碳，吸进新鲜的空气，这样才能保持生命的长久与健康。吐故才能纳新，有舍才能有得，空杯才能蓄水，放下才能超越。

在职业起步阶段的道路上，要想更好、更快地成长，就必须以"归零"心态来面对职业生涯。不要以自己曾经取得过多好的成绩来标榜自己，从而认为自己特别优秀，而是要把自己的姿态放低，让自己沉淀下来，抱着学习的态度去适应环境、接受挑战。

让过去"归零"，才不会成为职场上那只背着重壳爬行的蜗牛，才能像天空中的鸟儿那样轻盈地飞翔。通用电气公司的前CEO杰克·韦尔奇曾说过一句话："纠正自己的行为，认清自己。从零开始，你将重新走上职场坦途。"

年轻人往往容易带着几分傲气，又带着几分稚气，认为自己无所不能、所向披靡。其实，每个初入职场的新人都是个"婴儿"，正处在从爬到走的起步阶段。年轻的退役军人在进入职场后，一定要学会心态"归零"，心灵总是敞开的，能随时接受启示和一切能激发灵感的东西，能时刻感受到成功的召唤。

二、成熟心态：重要的是知道自己的定位

著名作家王蒙在书中写道："一个人应该知道自己能够做什么，应该做什么，必须做什么；更应该知道不应该做什么，不要做什么，其实做也做不成什么。"同理，一个人要想有一个好的职业前景，就必须在正确的位置上做正确的事，给自己先进行一个准确的职场定位。只有这样，才能让我们的人生价值最大化。

小张是一名市场营销专业的本科生，参加工作两年他已经换第三份工作了，但仍不是很满意目前的工作状态。每次换工作都是草草了事，他总是找到一份可以养活自己的工作就上班了。小张以前在学校是优秀学生，学生工作也做得不错，大家都认为他应该有很好的发展前景。他的第一份工作是采购，他感觉跟所学专业没什么关系，再加上待遇不是很好，做了半年就换了；第二份工作是图书发行业务，做了一年也辞职了；目前他在一家网络公司的市场部做客服兼市场调查和策划，这家网络公司刚起步，待遇也不高。他本想积累经验，结果发现工作中的事情全部要摸索着来，这让他感觉很无助，而且越来越找不准自己的职业方向。

像小张这样，工作两年后还没有找到自己职场定位的人不在少数。一个人定位不明确，就没有目标，很可能在职场上走弯路，这样不仅比别人花费了更多的时间和精力，而且还拿不到高薪，也没有好的发展前景。

在职场，精确的定位是自我定位和社会定位两者的统一。自我定位就是确定我是谁，我是什么性格类型的人，我天生擅长什么、不擅长什么；社会定位就是我在社会里的角色定位，在社会大分工中我应该处于什么位置，扮演什么角色，也就是我应该从事什么职业。精确的定位源于对自己的了解，全面、系统、客观地评价自己的能力，明确自己的优势和劣势，

通过职业倾向、兴趣和擅长等综合测评，选定最适合自己的职业和发展方向。[①]

当今社会人才竞争激烈，机会转瞬即逝。只有正确自我定位之后，才能根据自己的目标，抓住发展中的每一个机会，不断提高自身竞争力，从而在职场发展中如鱼得水。通常认识和准确定位自己需要从以下几方面着手[②]：

1. 正确的职业理想，明确的职业目标

职业理想在职业生涯设计过程中起着调节和指导作用。一个人选择什么样的职业以及为什么选择某种职业，通常都是以其职业理想为出发点的。而职业理想又必然要受到社会环境、社会现实的制约。社会发展需要是职业理想的客观依据，凡是符合社会发展需要和人民利益的职业理想都是正确的，并具有现实的可行性。

2. 正确进行自我分析和职业分析

首先，要通过科学认知的方法和手段，全面认识与评估自己的职业兴趣、性格、能力等，清楚自己的优势与特长、劣势与不足。避免职业设计中的盲目性，实现设计目标的合理性。其次，要对该职业所在的行业现状和发展前景有比较深入的了解，比如人才供给情况、平均工资状况、行业的非正式团体规范等。此外，还要了解职业所需要的特殊能力。

3. 构建合理的知识结构

知识的积累是成才的基础和必要条件，但单纯的知识数量并不足以表明一个人真正的知识水平。人不仅要具有相当数量的知识，还必须形成合理的知识结构；没有合理的知识结构，就不能发挥其创造能力。

---

① 《测测看，你适合做什么工作》，https：//www. docin. com/p-2050410486. html。
② 《职业规划八大原则》，阜阳师范大学教育学院，http：//www. fynu. edu. cn/jyxy/info/1060/1510. htm，2016 年 11 月 10 日。

4. 培养职业所需的实践能力

综合能力和知识面是用人单位选择人才的依据。一般来说，刚进入岗位的新人，应重点培养社会需要的决策能力、创造能力、社交能力、实际操作能力、组织管理能力和自我发展的终身学习能力、心理调适能力、随机应变能力等。

5. 参加有益的职业训练

职业训练包括职业技能的培训、对自我职业的适应性考核、职业意向的科学测定等。一般来讲，可以通过从事社会兼职、模拟性职业实践、职业意向测评等进行职业训练。

一个人只有对自己有着清醒的认识和定位，才能采取有效的行动，将理想变为现实。这不仅对职场新人来说是必要的，对任何一个想在工作上有所发展的人都是重要的。

三、积极心态：不看低自己，总有自己能力发挥的空间

退役军人在求职就业的过程中，难免会遇到各种各样的挫折，需要保持积极的心态，迎难而上，不看低自己，坚信困难与挫折只是一时的，职场中总有自己能力发挥的空间，为社会和用人单位创造价值，从职业发展上实现自己的人生理想。

我们要在职业上获得发展，就要正确看待工作与发展的关系：一是整体上看，不同行业与岗位共同构成了社会的有机体，它们都是社会整体正常运转所不可缺少的有机组成部分；二是还要看到个人能否有所作为，这并不取决于个人所从事的职业，职业只决定贡献的途径和内容，至于能否做出贡献以及贡献有多大，很大一部分取决于求职者对待职业的态度和主观努力程度。

有些退役军人有心干一番事业，却感到自己的工作内容过于平凡、琐

碎，认为自己的工作没有发展前途，从而对工作失去兴趣。其实，换个角度来看，平凡的工作也能做出一番成就。就好比电影行业评选电影大奖，既会评选最佳主角，也会评选最佳配角。同样的道理，对于退役军人来说，不要追求在职业上一步到位，可以把退役后第一份工作作为衡量个人日后发展的"尺子"，不能因为工作不太理想就产生"路子窄了没干头"的想法。

衡量一个人日后是否有所作为，不在于他担任什么职务、从事什么工作。"三百六十行，行行出状元"，任何行业都有成功者，而一个人在职场中的成功在于是否发挥了自己的聪明才智，职务高低不是衡量作为大小的唯一标准，只要我们在职场中创造了价值，坚守信念、不畏困难，总有一日会干出一番事业。

人生并非单行道，条条大路通罗马。退役军人要干出一番事业，道路也是多种多样的。因此在看待职业与发展的关系时，如果怀着岗位分高低、职业分贵贱的心理，就会压抑个人正常职业发展。相反，只要认真对待工作，努力提升业务水平，总能干出一番成绩。

有着29年兵龄并在正团职岗位上干了5年的某部军官老马，转业到了商业银行某分行任保卫处长。上班的第一天，老马感到了一股无形的压力。因为身边全是年轻人，而且在这里没有明显的资历区分。在银行安全保卫方面是"门外汉"的老马有点寝食难安。

商业银行的经营和管理与部队完全不同，银行里没有资历之分，既有28岁的分行行长，也有50岁出头的一般出纳员，业务能力强的业务员年终奖丰厚，业务能力差的业务员甚至因为完不成任务而一分钱的奖金也没有。在部队口若悬河的老马逐渐变得不愿开口说话，因为他一说全是外行话。老马感到痛苦困惑：在部队干到了正团职，这在地方也算是个正处级干部，现在却什么也不是。老马抓部队政治工作是行家里手，现在却成了一个"新兵蛋子"，面对全新的环境全新的工作，老马整天在琢磨怎样才能实现人生角色转换。

在压力和困难面前，老马没有气馁，重新调整心理状态，对自己重新进行了角色"定位"，先从一名银行"小学生"做起，抓紧时间学习银行安全保卫方面的专业知识，努力干好手头工作，不久就适应了新的工作岗位。

老马进入职场之初也怀疑自己能否干好工作，但他在工作中逐渐认识到：在部队锻造出来的特殊素质是取之不尽用之不竭的无形资本。如严格的组织纪律观念、清醒敏锐的政治头脑、密切联系群众的工作作风等，这些素质不是技术却胜过技术。只要善于发挥自己的优势就能很快适应新的工作岗位。因此，我们要正视自己，勇于开创工作新局面。

总之，退役军人在职场转变心态的过程，实质上是战胜自我的过程，以积极向上的心态迎接职场调整，就能实现人生的第二次跨越，走向光明的未来。

第二节　打破职场人际障碍

在职场中，我们不仅要把工作做好，还需要处理好工作中的各种人际关系。人际关系处理不好，就会像情景故事中的石头一样，难以融入团队，给工作带来不良影响。因此，学会处理职场人际关系，打破职场人际障碍，也是成为职场人的必修课。

职场人际关系是指职场中的人相互之间产生的各种关系，如上下级关系、同事关系、客户关系等。如何处理这些关系不仅考验着职场精英和普通员工，对初入职场的新人来说更是一种挑战。进入职场后，工作中的同事可以说是陪伴我们时间最长的人，因而，职场人际关系需要我们花费相当多的时间和精力去应对。如果职场人际关系出现问题，就会对工作造成影响。倘若是生活中其他人际关系出现问题，我们还可以选择回避或其他手段来应对，但在职场上，我们无法逃避，因此必须妥善处理。

从空军某部退役的老李，到某单位工作之初，为了尽快打开工作局面，干出成绩，拿出了当年在部队的那种风风火火的劲头和工作魄力，干任何事情都雷厉风行，上班没多久就赢得了领导同事的好评。然而，在得到众口夸赞的同时，老李也很郁闷：凡遇到棘手、没有人愿意干的事情，大家都一致推给他。刚开始，老李认为是同事对自己的信任，可是时间一长，老李就看出蹊跷，只要单位里有棘手的事情，大伙儿就等着老李来处理。老李经手这样的事情多了，不仅把自己搞得疲惫不堪，而且实际上也没有真正融入团队。老李感觉工作越来越难，遇到难事如果自己都干了，会感觉有点委屈，好像自己就该啃硬骨头，如果不干吧，又怕同事说闲话。老李为此颇为烦恼和无奈，不知道该如何处理。

与老李同时退役的战友老张，在步入新的工作岗位后，没有急于踢"头三脚"，而是稳扎稳打，一边认真干好本职工作，一边细心观察周围人际关系，十分谦虚地向周围的同事学习，给大家留下了办事认真、谦虚好学的印象，大家也乐于和老张交朋友。有了良好的人际环境后，老张主动跑一线，单位遇到难以解决的问题，他积极向领导提出合理化意见，遇到领导处理不了的"挠头"事，他主动当好参谋和助手。慢慢地，老张成了领导身边不可缺少的"智囊"人物，也得到了周围的同事的一致认可。后来，办公室副主任位置空缺，老张得到了大家的一致推荐，工作干得风生水起。

以上两位退役军人就业后"头三脚"的经历足以让大家引以为鉴。老李"急"着踢"头三脚"，不仅没有踢出成果，反而引火烧身；老张"稳"着踢"头三脚"，不仅踢得顺当平稳，而且为下一步工作奠定了基础。因此，退役军人到新工作岗位后，不要急于出成果，而是要先踏实干好本职工作，等适应新的工作环境、人际关系环境后，再施展个人才能。这样，才能奠定事业成功的基石。

一、职场人际关系处理的基本法则

在职场的人际交往过程中，职场新人要遵循基本的人际关系处理法则，这样才有助于职场和谐人际关系的建立，有助于了解社会、认识社会，充分运用人际关系为自己的职业发展保驾护航。

（一）白金法则

白金法则就是"别人希望你如何对待他，你就如何对待他"，即"在人际交往中要取得成功，就一定要做到交往对象需要什么，我们就要在合法的条件下满足对方什么"。其本质是以交往对象为中心，满足交往对象的需求。"白金法则"有三个要点：一是行为合法，不能要什么给什么，做人、做事都需要底线；二是交往应以对方为中心，对方需要什么我们就要尽量满足对方；三是对方的需要是基本的标准，而不是你想干什么就干什么。

在职场中掌握并灵活运用这一法则，就能拥有更好的人际关系。首先，要做到尊重他人。在工作中，我们应当尊重每一个人的人格，就像我们自己希望得到别人尊重一样。其次，要做到真诚待人。或许你不是最聪明的，或许你不是最机灵的，但只要能够诚心地做事，诚心地待人，时间长了，就会赢得大多数人的信赖和尊重。最后，要做到公正待人。待人接物要做到公平公正、不偏不倚，这样别人也会用这种态度对你，避免在职场中出现恶性竞争导致的两败俱伤的局面。

（二）三 A 法则①

三 A 法则是人们在社交过程中待人处事的基本规则之一。三 A 法则的具体内容如下：一是"Accept"，接受对方。所谓接受对方，就是要待人如己，宽以待人。即要有容纳意识，这就要求我们尊重差异，容纳对方的缺点，谅解对方。"水至清则无鱼，人至察则无徒"，一个人在人际交往中如果没有容纳意识，迟早会将人际关系推向崩溃的边缘。二是"Appreciate"，重视对方。这里所讲的重视就是欣赏，就是要善于发现对方的优点。当你肯定别人时，实际上也是在肯定自己，说明自己宽容、有层次、有涵养。三是"Admire"，赞美对方。在人际交往中，不仅要善于欣赏对方，而且要充分肯定对方的优点。人际交往是相互的，当你善待别人的时候，别人就会善待你。因而，在职场中，"三 A 法则"在协调人际关系方面发挥着重要作用。

（三）跷跷板互惠原则②

俗话说，助人为快乐之本。人与人之间的互动，就如同坐跷跷板一样，不能永远固定为某一端高、另一端低，而是要高低交替。一个永远不肯吃亏、不愿让步的人，即便真得到了不少好处也不会快乐。因为自私的人如同坐在一个静止的跷跷板顶端，虽然维持了高高在上的优势位置，但失去了人际互动带来的应有的乐趣。跷跷板互惠原则是与同事相处时不可缺少的一门平衡艺术。

---

① 《职场三 A 法则的概念和应用》，https：//tongxiehui. net/bm/623e3cd70d989. html。

② 《职场人际交往原则》，北财教育，https：//mp. weixin. qq. com/s？ __biz=MjM5MDI2ODU0Mg＝＝&mid = 208042541&idx = 3&sn = e4f12286d5222a28d4d86bdecc378794&chksm = 2fd5b73c18a23e2ae385e3a3ae34391172c97bd991de5674825d9af84c03b8a2abca2655cb83&scene＝27，2015 年 9 月 14 日。

（四）刺猬法则①

刺猬法则可以用这样一个有趣的现象来形象说明：两只困倦的刺猬，由于寒冷而相拥在一起，可是因为各自身上都长着刺，刺得对方怎么也睡不舒服。于是，它们分开了一段距离，但寒风刺骨，它们又不得不凑到一起。几经折腾，两只刺猬终于找到

了一个合适的距离：既能互相获得对方的体温，又不至于被扎。刺猬法则就是人际交往中的心理距离效应，它告诉我们：人与人之间应该保持亲密关系。但这是亲密有间的关系，而不是亲密无间。在职场中，我们要学会运用"刺猬法则"，与同事相处时既不要拒人于千里之外，也不要过于亲密，要保持适当的距离。

（五）首因效应

现实生活和社会心理学实验研究证明：人在初次交往中给对方留下的印象很深刻，人们会自觉地依据第一印象去评价一个人，今后交往中的印象都会被用来验证第一印象，这种现象就是"首因效应"。在现实的人际交往活动中，给交往对象留下良好的第一印象，对于工作顺利、有效地开展起着不可低估的作用。如果给人第一印象不好，今后可能花上数倍的努力也很难消除别人对你的消极印象。所以，在现实工作中，我们要力争给人留下最好的第一印象。

以上都是职场人际关系处理的重要法则，掌握这些法则将有利于提升个人在职场中的影响力，促进职场人际关系的和谐。

---

① 《职场处事讲究四项基本原则》，中国公共招聘网，http：//www. job. mohrss. gov. cn/rzzc1/131677. jhtml，2022 年 3 月 9 日。

二、学会建立职业人格

职业人格是指作为职业的权利和义务的主体所应具备的基本素质和心理状态。它是一个人为适应社会职业所需要的稳定的心理状态以及与之相适应的行为方式。职业人格是一个人职业素质的核心部分，而健康的职业人格是人在职场中生存与发展的必备条件。一个身心健康、既会做人又会做事的人才能成为职场中最被需要的人。

职业人格的修炼，必须从心开始，通过职业行为运行，通过职业形象表现，通过职场考验定型。

（一）诚信是第一人格

诚信是一种美好的品德，也是职业人格中最重要的一点，很多企业都将诚实守信作为招聘员工的重要衡量标准。所以，进行自我诚信管理是职场人士培养职业人格的第一步。

一个顾客走进一家小型的汽车维修店，自称是 A 运输公司的汽车司机。"在我的账单上多写点零件，我回公司报销后，一定分你一份好处。"他对店主说。

"不，"店主很生气，"你这是对我人格的侮辱！"

顾客继续纠缠说："我经手的生意不算小，而且我会常来，肯定能让你赚很多钱！"店主严正地告诉他，这事无论如何他也不会做。顾客气坏了，大声嚷起来："你怎么这么死心眼？现在谁都会这么干的，你简直太傻了。"店主也火了，他马上让那个顾客离开，到别处去谈这种生意。

这时，顾客的脸上露出了微笑并敬佩地握住了店主的手："我就是 A 运输公司的老板，我一直在寻找一个固定的、信得过的维修店，你的诚信告诉我，这笔生意非你莫属。"

资料来源：《诚信经营小故事（共 5 篇）》，写写帮，https：//www. xiexiebang. com/a15/2019051514/6c924dd31cab2c66. html，2019 年 5 月 15 日。

做好自我诚信管理，发扬职场人格魅力，这样才能为日后的事业发展奠定坚实的基础。诚信不但是个人品德的金字招牌，这其中还蕴含着巨大的经济价值和社会价值。

（二）有责任心才能成就大事业

一个人很有责任心意味着主动将责任揽到自己肩上，意味着他在工作中会付出更多的努力，意味着其对工作尽善尽美、积极进取的态度。伴随责任而来的往往是晋升的机会，做好自我管理，让自己成为一个有责任心的员工，就应该将工作做得一丝不苟、全力以赴。不要逃避责任，更不要时常说出"这不归我管"之类的话。因为这句话说明了你对工作的冷漠和不负责，反之，积极主动地多做一些对公司也对自己的工作有利的事情，显示出你的责任心和对公司的忠诚度。有责任心的员工自然更容易被人信任和得到重用，进而才能成就大事业。

小纪是某娱乐公司的一位小职员，在该公司下属的一家电影院工作。按规定，影院是八点钟上班，但大多数员工不到十点半几乎不会来电影院。小纪觉得这样做是不负责任的表现，可他人微言轻，只能管好自己。所以，他每天按时上班，从不迟到。没有事情干，就做一些打扫电影院、整理书籍等活儿，有时还看一些经营管理的书籍，通过学习提升自己。

有一天，老板来电影院视察。已到了上班时间，可整个电影院里除打扫卫生的小纪外，没有任何人。他走过去问小纪："年轻人，你是这里的清洁工吗？"小纪说："不，我是放映员。"

"那你为什么在打扫呢？"老板又问。"我做好了放映准备，但没到放映时间。所以我顺便打扫一下场地，让观众感觉舒适一点。"小纪老老实实地回答。

老板想看看别人到底是什么时间来上班的，就一面坐在那里等着，一面跟小纪说话。老板问了一些有关电影院经营的问题，小纪谈了一些自己的见解。当经理和其他管理人员陆续来到后，老板召开了一个会议，严厉地批判了这种对工作不认真负责的风气，同时大大地赞扬了一番小纪并将他升任为副经理。

负责是自我人格管理的重要内容。一个负责任的员工才能获得组织的重用，组织才可能将他提升到更高的位置，去承担更多的责任。

（三）细节体现职业形象

注意工作中的细节能为你树立严格、自律、一丝不苟的职业形象；反之，则可能让人觉得你马虎粗心、不负责任。所以，为了维护正向的职业形象，我们必须通过自我管理，认真做好每一个细节，塑造专注、敬业、高效的职业形象，提醒自己良好的职业人格的重要性。

有一位男孩，去应聘一家大公司的秘书，不少人都带着精美的履历和推荐信，唯独男孩什么也没有带，但最后他却被录取了。事后，男孩问经理，为什么自己连简历都没有却被选中了，经理笑着说："不，你带了最好的简历，也有一个最有力的推荐人。你进门的时候，在门口蹭掉了鞋底的泥巴，这说明你很爱干净，随后你轻轻把门关上，说明你很有礼节；当你看到身体不便的扫地工时，立即帮他拿起扫帚，说明你体贴善良；进了办公室，你先脱去了帽子，回答问题时很干脆果断，证明你懂礼貌又有才能。更让我欣赏的是，我故意放在地上的书，所有人都从书上跨了过去，只有你俯身拾起放到我的桌子上。当我们交谈时，我发现你彬彬有礼、谈吐文雅。所以，我觉得你最好的介绍信就写在了你的行动上，你自己就是最好的推荐人。"

重视细节，在工作中干脆果断、一丝不苟，不拖泥带水、敷衍了事，这体现了一个人极高的自我管理能力和素质。通过细节可以看出一个人的品质和能力，所以，在工作中千万不要忽视任何细节，这样你才能从员工中脱颖而出，最终获得晋升和发展。

三、学会控制情绪

在职场中，我们难免会遇到几个脾气暴躁的同事，当他们对你暴跳如雷的时候，你会怎么应付他们呢？很显然，跟他们针锋相对或朝他们大喊大叫不是好方法。我们观察一下人际关系非常好的人，会发现他们在面对别人的怒火时，通常能做到心平气和。这是因为，在职场中，情绪若控制不好，会造成许多负面影响，除了自己不开心，也容易得罪别人，使人际关系变差，导致工作不顺利。

情绪管理的基本法则是用适当的方式在适当的场合表达适当的情绪。这不仅关系到你能否在职场游刃有余，还关系到你的身心健康以及工作幸福感。那么，我们应当如何管理自己的情绪呢？下面介绍一些简单实用的化解愤怒情绪的方法：

1. 平心静气法

美国经营心理学家欧廉·尤里斯教授提出了能使人平心静气的三项法则："首先降低声音，继而放慢语速，最后胸部挺直。"降低声音、放慢语速都可以缓解情绪冲动，而胸部向前挺直会淡化冲动紧张的气氛，因为情绪激动、语调激烈的人通常都是身体前倾的，当身体前倾时，就会使自己的脸接近对方，这种讲话姿态能人为地制造紧张局面。

2. 意念控制法

愤怒时，最好让理智先行一步，比如可以自我暗示，心中默念："别生气，别跟他一般见识，有什么天大的事要发这么大的火呢？""发火是愚蠢的，解决不了任何问题。"

3. 回避矛盾法

如果与同事刚发生了激烈的争吵，大家都在气头上，为了避免争吵升级，最好暂时回避他，通过转移注意力来消除怒气。

4. 时间推迟法

如果你感觉自己非常愤怒就要大发雷霆了，那么不妨在情绪爆发之前稍作停顿，告诉自己再忍耐一刻钟。这样很可能一会儿之后愤怒的情绪自动消散了，让你愤怒的那件事情也可能变得不再那么重要。

5. 主动释放法

把心中的不平和愤怒找你的好朋友或亲人诉说一番，亲朋好友的理解和关心能让你如沐春风，化解心中的不良情绪，而你的不良情绪也不会传染给他人。

6. 积极沟通法

当争吵双方都心平气和的时候，利用午休时间聊聊天，谈谈各自的爱好，或许你会发现你们之间并没有什么重大矛盾。大家都是为了工作，积极沟通处理好工作才是最重要的。

7. 提高修养法

平时多做一些提高修养的事，比如，种种花草，养养鱼，学学书法，练练画，让自己变得谦和有礼，不容易暴躁和动怒。

第三节　处理好职场人际关系

职场中有三种常见的人际关系：与领导的关系、与同事的关系、与企业外部的关系。对于这三种关系，我们需要掌握不同的处理方法。

一、与领导的关系

向上管理是指为了给公司、给上级及自己取得最好的结果而有意识地配合上级一起工作的过程。向上管理是一门艺术。觉得应付领导很辛苦的人，通常都是被动等待的类型。实际上，若你愿意多花一些时间了解你的领导，化被动为主动，其实工作中的很多事情会变得简单许多。在此分享五个与领导相处的原则，这些原则简单易学，在实际应用中却能收到不错的效果。

原则一：了解领导的目标

职场中，每个人都有自己的工作目标，都需要努力去实现。工作时，除了考虑自己的目标外，还要考虑你的目标和领导的目标有多少关联。如果你的工作成果跟领导的目标有很直接的关联，你就比较能跟领导同一战线地进行讨论，并较容易得到领导的帮助。反之，你就得重新思考及调整与领导相处的策略了。

原则二：了解领导的沟通模式

在与领导沟通时，必须清楚领导擅长的"信息接收方式"，这能让你提出的东西更容易被领导理解，自然也更容易获取他的看法与意见，进而得到他的认同。例如，有的领导对文字的接受度高于听觉，那么，你在汇报工作时，最好优先想想领导偏好的沟通模式，让领导以最轻松的方式获得汇报的信息。

原则三：了解领导的情绪

人都有喜怒哀乐，也可能因为情绪而做出不理性的决策，因此，我们应该避免在一些可能会提高否决率的时候找领导谈事情或提案。例如，当领导为处理棘手的事情正焦头烂额时，你去找他请示事情，领导肯定没法做到对你和颜悦色，请示的结果很可能也不如你意。也有些领导喜欢在特定时段处理事情，在这一时段中跟他讨论议题是比较好的。

原则四：了解领导的管理风格

在职场中，不同的领导有不同的管理风格，因此，了解你的直属领导的管理风格是十分必要的。有的人可能觉得，自己只要在规定的时间内完成领导分配的工作任务就可以，领导喜欢的办公方式和管理风格与自己无关，其实不然。比如，有的领导是结果导向型的，只要下属圆满完成工作任务即可，中间有什么问题下属自己解决，不需要事事向他汇报；而有的领导则希望下属大事小事充分汇报，因为他希望随时掌控工作动态，甚至有些领导还希望下属每天下班前要写日报。

因此，如果你刚刚入职，面对新领导，可以先假设他属于第二种风格，尽量立刻让他知道所有重要的事情。如果他愿意授权，多接触几次之后你就会慢慢了解新领导的管理风格，从而可以灵活调整提供信息的多少。

原则五：认清自己的角色定位

有时候，领导可能要求你做一些职责内容以外的事情。看似是你吃亏了，但是你最好的处理办法就是少开口、多做事。因为不管你的职务、职责内容是什么，你在领导心里的定位其实是帮他能解决问题的人，如果不能帮他解决问题，不管你自认有什么能力，都很难得到领导的认可。所以，多思考如何让自己成为解决问题的人，不要拘泥表面职务与职责，不要斤斤计较，在工作中不肯吃一点亏，如此才能开拓出一条更顺畅的职场之路。

二、与同事的关系

（一）处理好同事关系

同事之间关系融洽、和谐，就会使你在工作时感到心情愉快，有利于工作的顺利进行，从而促进事业的发展；反之，同事关系紧张、相互拆台，彼此经常发生摩擦，就会影响到你的正常工作和生活，进而影响你的事业发展。处理好同事关系，应注意以下几点：

1. 热心帮助

要与同事建立互助合作的良好关系，在同事需要帮助时应用心尽力地帮助他们。有时一句寒暄或关怀问候的话，也会令人倍感温暖，赢得同事的接纳与好感。

2. 避免发生矛盾

在与同事的相处互动中，难免会因意见、观念不同或利害冲突等情况而争辩或发生矛盾，此时要提醒自己心平气和，要懂得适时退让，以消弭无益的纷争，确保双方关系不会遭到破坏。因为口舌争辩是没有胜利者的，即使你能说得对方哑口无言，对方也可能会因自尊心受损而怀恨在心，最后你表面上赢了实际上却也输了。

3. 善于"示弱"

如果你因为工作出色或者接了大业务被领导表扬，得到了晋升，不要自视甚高，而要学会和善与"示弱"，只有这样，才能提升自己的职业魅力和职业影响力。否则，太过张扬会招人不满，引来不必要的麻烦。

4. 不要背后议论别人

别人的事情尽量少议论，尤其是不能在背后议论别人。不管是同事工作上的事情还是私人生活上的事情，如果你到处议论甚至添油加醋地在别人面前说三道四，很可能会招来同事的怨恨。

5. 同舟共济

现代社会，竞争虽处处存在，但同事之间大多数是为了一个共同目标而奋进，更何况现在讲究的是双赢、多赢。最简单的例子，部门的效益上不去，大家都很难有好的发展。所以，当你的工作业绩超越同事时，没必要蔑视他人；当同事的业绩在你之上时，也不必嫉妒。很多时候，同舟共

济比同室操戈更有意义。

（二）快速融入团队

瑞士著名的心理学家荣格有这样一个公式：I（我）+We（我们）= Fully I（完整的我）。这个公式的意思就是，一个人只有把自己融入集体中，才能最大限度地实现个人价值，完善自己的人生。在这种情况下，我们只有融入团队才会实现自我业绩的突破，同时拥有良好的同事关系。

团队文化是一种心灵的力量，它来自于团队成员对于使命的认同。无论在什么样的团队里做什么工作，人们只有认同其使命才会产生奋斗的激情，才会有工作的动力。因此，融入到团队文化的前提就是对团队使命的认同。只有融入团队文化，认同团队的价值观和共同愿景，愿意为团队的共同目标努力，才能很好地融入团队，与团队成员一起发挥团队的威力。①

小余所在的公司是一家为客户提供售后服务的公司，他们的团队是公司里最优秀的团队，团队文化的精髓就是两个字：服务。全心全意为客户服务，一心一意为客户服务，一切都为客户考虑，客户就是上帝，客户的利益就是自己的利益。团队里每天比的就是谁更能赢得客户的信任，谁对客户的服务更好。

---

① 《善于与人合作提高团队精神》，https：//wenku.baidu.com/view/3ead09b4393567ec102de2 bd960590c69fc3d881.html？_wkts。

不久后，他们团队又招聘了三个人，其中一个叫小金的新同事，对团队这种"唯客户至上"的理念很不认同，觉得做好服务是对的，但对客户过于顺从，太过委屈自己，实在没有必要。于是在平常的工作中，小金总是对客户大大咧咧，有时候甚至还爱答不理。小余批评过他几次，开导他说："我们的工作就是服务，'唯客户至上'才是应当的。"小金还是不听，他振振有词，认为自己是对的，团队里的人太迎合客户了。大家都拿他没办法。不久之后，他居然与一名客户吵了起来，甚至还大打出手，打伤了客户。一时间，小余他们团队的声誉直线下降，服务口碑也一落千丈。最终，小金被公司开除了。

小金的经历对我们每一个人都应该有所启示。每一个人新到一个团队，都要学会快速融入团队中去。而想要快速融入一个团队，与团队同事之间关系融洽，必须懂得先融入团队文化，认同团队的价值观，尽量使自己的行为举止与团队的文化理念一致。这其实也是一个员工良好职业素养的体现，以下是融入一个团队需要注意的几点：

1. 肯定团队的既有文化

新到一个团队，必须认同团队的既有文化，即便心里有一些不认同的地方，也应当全面了解之后再提出自己的见解。存在即有它的合理性，我们要明白这个道理，首先肯定这个合理性，肯定团队原有的文化，才不会对团队的一些既定做法感到别扭，与团队成员之间格格不入，进而快速融入团队中去。

作为新进的一员，在肯定团队文化的基础上，还应积极地学习既有文化中好的一面，深入了解原来的文化，取其精华为自己的工作更好地服务。

2. 找准自己的位置

找准自己在团队中的位置是融入团队文化的重要一环。一个好的团队就像一部设计精密的机器，每位成员都是一个小的部件，有自己独特的作用。只有每一位团队成员都认清了自己的位置，明白了自己的主要任务，团队这部机器才能正常且高效运转。若对自己的位置认识不清，看不清工作的重点，团队就会呈一团散沙。因此，在加入一个团队之后，首先需要做的就是寻找自己的定位，找准自己的位置。[①]

3. 将自己的利益与团队利益结合到一起

这是融入团队文化的另一个关键之处。将个人利益与团队利益相结合并不仅仅是指牺牲个人利益。"我们从不提倡你为了公司利益牺牲个人利益，不会要你拿将来的职业生涯做赌注。"万科集团董事会主席郁亮曾这样对员工说。优秀的团队都是有意愿将个人利益和公司利益相结合的团队，作为团队中的一员，你需要做的就是将二者进行有机结合。

个人为团队做出贡献，团队为个人提供机会，形成一种良性的循环。因此，一个能够真正融入团队文化的成员，既要能够从团队整体利益出发去判断问题，去做出决策，也要能够在关注平台的时候关注自己，不断提高自己的能力。只有充分利用团队为你提供的这个平台，想方设法提高自身各方面的能力，取得更大的发展，你才有可能为团队的发展做出更大的贡献，才能更好地融入团队文化中。

三、与企业外部的关系

除了企业内部的领导和同事，我们在工作中还需要建立一些企业外部的人际关系，例如，与客户之间的关系，与供应商之间的关系，与市场监管部门的关系，等等。学会与企业外部的人交朋友，是拓展职场人际关系的重要一步。我们可以采用以下几种方法来强化及建立自己的企业外部人际关系。

[①] 《善于与人合作提高团队精神》，https：//wenku.baidu.com/view/3ead09b4393567ec102de2bd960590c69fc3d881.html？_wkts。

1. 找出双方的共同点

在交往时，找出双方的共同点，这是迅速拉近关系的一个诀窍。比如，在进行客户拜访时，首先从两个方面了解客户：一方面是个人情况，另一方面是企业情况。个人情况包括个人爱好、工作方式、禁忌等；企业情况可以浏览公司的网站，阅读媒体对企业的报道等，然后从中找出双方的共同点，以助于下一步交往的顺利进行。

2. 予以适度的赞美

比如，有些人喜欢在办公室摆放照片，你可以对这些照片进行赞赏，并询问"这是在什么地方照的？景色真美！""你真精神"等。又如，有些人喜欢得到别人的尊重，那么你可以提及他非常得意的事情。

3. 适时关心对方

可以适时表现出对对方的身体健康、饮食的关心，以及文化信仰的认同。在常规的节假日，或对方特殊的日子，如对方生日及其家人的生日时，你不妨打一个问候的电话，发一条祝福的短信，或发送一个精致的电子贺卡，也可以在适当的时机请对方吃个便饭。像这样在平时妥善维护关系，遇到工作上的困难时，对方的举手之劳可能会帮你解决大问题。

第四节　跨过职场规范障碍

家有家规，国有国法，在职场中一样有着一套基本规则，我们称之为职场规范。制定职场规范的目的是在公司内形成一种既严谨有序又和谐融洽的工作氛围，使员工在工作时保持良好的精神风貌，体现公司优秀的企业形象和精神风范，并保障公司各部门工作高效开展。

一、什么是职场规范

职场规范是职业素质和工作状态的规范化，即在合适的时间、合适的地点，用合适的方式，说合适的话，做合适的事。那么，到底什么是"合适"呢？这个标准没有固定答案。

一位实习生到单位上班，一天，一位经理让他复印一堆文件，实习生手脚利索，很快就把复印件交到了经理的面前。经理一看，却大为不悦，说："毕竟是刚进社会的学生呀，就是不够职业。"原来，那个实习生把文件复印好后，并没有把文件整理并装订好，而是将一大堆杂乱无章的复印件一股脑儿地塞给了经理。[①]

经理的话中"不够职业"有着很丰富的含义：一是实习生不懂职场语言，复印和装订是一体的事情，上级分配任务，不可能所有的事情都向你交代一遍，你在接到领导分配的工作任务后，自己要多动动脑子，有哪些事情是领导没交代但是自己需要做好的；二是实习生工作态度不够积极；三是实习生做事太过机械，不能领会领导的意图。总之，实习生的上述行为在职场上是不合格、不规范的。

再如，你约见一个律师，说好上午 10 点在律师事务所见面，结果律师迟到了一刻钟，理由是堵车。同时，他还以一身休闲装打扮出现在你面前：穿着圆领 T 恤、牛仔裤，脚上是一双旅游鞋。这样的律师会给你什么感觉？你还会放心地把自己的事情委托给他吗？

我们应该明白，职场不是家里，你的领导和客户也不是你的家人，领导和客户不会也不可能包容你"不够职业"的行为。如果你不懂职业规范，

---

① 《职场上要做好职业化的自己》，https：//wenku.baidu.com/view/e1a8f52ecf7931b765ce0508763231126fdb7740.html？_wkts_=1670590175271&bdQuery=%E5%81%9A%E5%A5%BD%E8%81%8C%E4%B8%9A%E5%8C%96%E7%9A%84%E8%87%AA%E5%B7%B1。

做事"不够职业"、行为不够规范，那么，你的职业发展很可能会止步不前，甚至被职场淘汰。

二、如何遵守职场规范

在职场中，我们需要遵守的规范主要有两类：一是显性的规范，即国家的法律法规和公司的规章制度；二是隐性的规范，即公司企业文化对员工行为的标准和要求。一个人要想成为合格的职场人，就必须从这两个方面，把职场规范转变成自己的思维习惯和行为习惯。

（一）不折不扣地维护和遵守显性规范

所谓显性规范，指的是那些明确的、成文的、记录在册的规则，如法律法规和企业的规章制度等。对于这些显性规范的遵守和适应相对要容易一点，毕竟，这是有章可循、有据可查的规范。但是，仍然会有一些人，对这些规范视而不见，或是为了个人利益而抱着侥幸心理违反它们。

小王毕业后工作两年就被提拔为一家企业的业务部副经理，他年轻能干，头脑灵活，深受公司高层器重。然而刚刚上任半年之后，他却悄悄离开了公司，没有人知道他为什么离开。

在事情过去一段时间后，一天，小王找到了他原来公司关系不错的同事小宋。在酒吧里，小王喝得烂醉，他对小宋说："知道我为什么离开吗？我非常喜欢这份工作，但是我犯了一个错误，我为了一点儿小利，失去了作为公司职员最重要的东西。虽然总经理没有追究我的责任，也没有公开我的事情，算是对我的宽容，但我真的很后悔，你千万别犯我这样的低级错误，不值得啊。"

小宋尽管听得不甚明白，但是他知道这一定和钱有关。后来，小宋知道了，小王在担任业务部副经理时，曾经收过一笔款项，对方没有要求开发票。他的直接上司业务部经理说可以不入账了，小王虽然觉得这么做不妥，但是他也没拒绝，半推半就地拿下了那笔钱。当然，业务部经理拿得更多。没多久，业务部经理辞职了。后来，总经理发现了这件事，小王当然也不能再在公司待下去了。[①]

小王私下收钱，他不可能不知道这样做的后果。但是他放纵了自己不正当的欲望，以致最终葬送了自己的前途。对于如此明目张胆的"犯规"行为，企业是不能容忍的，职场也是不能容忍的。所以，在任何情况下，你都应该遵守规章制度，否则将会得不偿失。

总之，作为一个职业人，应该时刻以职业规范来要求和约束自己的行为，目光长远，不因小失大，做一名合格的职业人。

（二）深入了解和适应隐性规范

职场中的有些行为规范，虽然企业没有明文规定，但是你却可以时时感受到它们的存在，这就是所谓的隐性规范。这样的规范，更多地存在于企业文化方面。

小吕的第一份工作是在一家公司做销售，这家公司对销售人员的考核很有特点，就是只看结果，不看过程，只要完成销售目标，就是好员工，并且实行不定时的工作制，上下班没有严格的时间要求。在这种环境下，小吕如鱼得水，他的销售任务连年超额完成，成为公司最有价值的员工。后来，由于公司发展"触礁"，不得已小吕转到另一家公司，同样也是做销售，对他来讲这份工作算是轻车熟路，虽然是新人，但他的业绩却是最好的，不过让他不能理解的是，他得到的奖励与他的业绩却不对等。原来，小吕的主管多次提醒他要遵守公司的作息时间和各项制度，小吕却仍然按自己在上一家公司的习惯做事，认为销售员的任务就是销售，其他的都不重要，直到有一天，小吕的主管告诉他，公司决定辞退他。理由是他破坏

---

① 《智慧与忠诚》，http://ms.zjer.cn/index.php? r=studio/post/view&sid=937&id=3335369。

了严格遵守管理制度的公司文化，公司的决定让小吕始料未及，他对自己平常的行为后悔不已。[①]

不同的公司文化会产生不同的规章制度。你不能因为自己的风格在一个公司受到过鼓励就认为自己永远是对的。作为一个职场人，在新进入一家企业的时候，首先要做的就是深入了解企业文化，并尽快适应企业的隐性规范。

三、注重职场礼仪

身为职场人，除了要遵守公司规章制度和企业文化对我们行为的要求之外，还要注重一些待人接物方面的基本礼仪。以下列举九种场合中的礼仪[②]，只要我们身在职场，无论从事什么工作，都需要熟悉并掌握这些基本的职场礼仪知识。

（一）问候

问候是见面时最先向对方传递的信息，对不同环境里所见到的人，要用不同的问候语。和初次见面的人问候时，最标准的说法是："你好"或"您好""很高兴认识您""见到您非常荣幸"等。如果对方是有名望的人，也可以说"久仰"或"幸会"；与熟人相见，用语可以亲切、具体一些，如"可见着你了"。对于一些在业务上往来的朋友，可以使用一些称赞语，如"你气色不错""你越来越漂亮了"等。

（二）称呼

在社交中，人们对称呼一直都很敏感，选择正确和恰当的称呼，既能反映出自身的教养，又能体现出对他人的重视。称呼一般可以分为职务称呼、姓名称呼、职业称呼、一般称呼、代词称呼、年龄称呼等。职务称呼

---

① 《规范意识训练》，https：//blog. csdn. net/nhboy/article/details/488048，2005 年 9 月 23 日。

② 《交往礼仪常识》，瑞文网，http：//www. ruiwen. com/liyichangshi/1107727. html。

包括经理、主任、董事长、医生、律师、教授、科长、老板等；姓名称呼通常是以姓或姓名加"先生、女士、小姐"等；职业称呼是以职业为特征的称呼，如秘书小姐、服务员先生等；代词称呼指用"您"或"你们"等来代替其他称呼；年龄称呼主要以"大爷、大妈、叔叔、阿姨"等来称呼。

使用称呼时，一定要注意主次关系及年龄特点，如果对多人称呼，应以年长为先，上级为先，关系远为先。

（三）介绍

介绍就基本方式而言，可分为自我介绍、为他人作介绍、被人介绍等。在作介绍的过程中，介绍者与被介绍者的态度都需要热情得体、举止大方，整个介绍过程应面带微笑。一般情况下，在介绍时，双方应当保持站立姿势，相互热情应答。为他人作介绍应遵循"让长者、客人先"的原则，即先把身份低的、年纪小的介绍给身份高的、年纪大的；先将主人介绍给客人；先将男士介绍给女士。

介绍时，语言应简洁清楚，不能含糊其词。可以简要地介绍双方的职业、籍贯等情况，以便于不相识的两人相互交谈。当介绍某人时，不可用手指去指点对方，应有礼貌地以手掌示意。被人介绍时，应面对对方，显示出想结识对方的诚意。等介绍完毕后，可以握一握手，说一句"您好""幸会""久仰"等客气话表示友好。男士被介绍给女士时，男士应主动点头并稍稍欠身，等候女士的反应。按照一般规矩，男士不用先伸手，如果女士伸出手来，男士应立即伸手并轻轻点头。自我介绍可一边伸手跟对方握手，一边作自我介绍，也可主动打招呼说声"您好"来引起对方的注意，眼睛要注视对方，在得到回应后再向对方报出自己的姓名、身份、单位及其他有关情况，语调要热情友好，态度要谦恭有礼。

（四）握手

握手是沟通思想、交流感情、增进友谊的一种方式。握手时应注意避免手是湿的或脏的，与人握手时不戴手套和墨镜，不交叉握手，不摇晃或推拉对方的手，不坐着与人握手。握手的顺序一般讲究"尊者决定"，待女士、长辈、已婚者、职位高者伸出手之后，男士、晚辈、未婚者、职位低者方可伸手去回应。平辈之间，应主动握手。若一个人要与许多人握手，顺序是：先长辈后晚辈，先主人后客人，先上级后下级，先女士后男士。握手时要用右手，目视对方，表示尊重。男士同女士握手时，一般只轻握对方的手指部分，不宜握得太紧太久。有时为了表示与对方的亲切或非常尊重对方，也可以双手握住对方的右手。

（五）名片

在社交场合，名片是自我介绍的一种简便方式，通过名片双方可以快速了解对方的基本信息。递送名片时应将名片正面朝向对方，然后双手奉上。同时眼睛应注视着对方，面带微笑地说："这是我的名片，请多关照。"名片的递送应在介绍之后，在尚未弄清对方身份时不应急于递送名片，更不要把名片视同传单随便散发。与多人交换名片时，应依照职位高低或由近及远的顺序依次进行，切勿跳跃式地进行，以免使人有厚此薄彼之感。接收名片时应起身，然后面带微笑注视着对方。接过名片时应说"谢谢"并微笑着阅读名片。然后回敬一张本人的名片，如身上未带名片，应向对方表示歉意。在对方离去之前或话题尚未结束前，不必急于将对方的名片收藏起来。接过别人的名片切不可随意摆弄或扔在桌子上，也不要随便地塞进口袋或丢在包里，应放在西服左胸的内衣袋或名片夹里，以示尊重。

（六）电话

1. 打电话

电话是人们最常用的通信工具。打电话时，要考虑对方是否方便，一般应在早上八点后晚上十点前。拨通电话后，应首先向对方问好，自报家门和证实对方的身份。通话时，语言要简洁明了。当事情说完后，道一声"再见"，然后及时挂断电话。

2. 接电话

电话铃响后，要迅速接通并问候"您好"，然后询问对方的来电事由。要认真地理解对方意图，并对对方的谈话做出积极回应。应备有电话记录本，对重要的电话做好记录。通话结束后，应等待对方挂断，以示尊敬。

3. 其他相关礼仪

在开会或其他重要场合应关机或设置静音。非经同意，不能随意使用别人的手机或代别人接听电话。

（七）网络

如同任何一种沟通方式一样，网上沟通同样存在着道德规范和文明礼仪。网络礼仪要遵循彼此尊重、容许异议、宽以待人、保持平静、与人分享的原则。网上的道德和法律与现实生活是相同的。尊重他人的劳动和隐私权，不剽窃别人的作品。

（八）接待

接待上级来访时要周到细致，对领导交待的工作要认真听、记。领导前来了解情况，要如实回答。如果领导是来慰问的，要表示诚挚的谢意。领导告辞时，要起身相送，然后互道"再见"。接待下级要亲切热情，除遵照一般来客礼节接待外，对来客反映的问题也要认真听取，对一时解答不了的问题要客气地进行解释。当来访结束时，要起身相送。在进入领导办公室之前，要先轻轻叩门，得到允许后方可进入。进入领导办公室后，应先向领导点头致意，然后再进行交谈。待汇报完毕走出办公室时应回身轻轻把门关好。

（九）会务

1. 会场安排礼仪

提前布置会场时，要对必用的音响、照明、空调、投影、摄像设备认真检查布置。将需要用到的文具、饮料预备齐全。重要的会议还应在主席台每位就座者面前的桌子上，事先摆放好写有其姓名的桌签，排列主席台座次的惯例是：前排高于后排，中央高于两侧，左座高于右座。听众席的座次可以按指定区域统一就座，也可以自由就座。

2. 会场服务礼仪

要安排好与会者的会场服务工作。对于交通、膳宿、医疗、保卫等方面的具体工作，应精心、妥当地做好准备。在会场之外，对于重要的嘉宾还应安排专人迎送、引导、陪同。在会议进行阶段，会议的组织者要进行例行服务工作。

3. 与会者礼仪

无论参加哪一类会议，衣着整洁、举止大方都是必要的礼仪。与会者要准时到场，进出应井然有序。在会议中，要认真听讲，切忌与他人交头接耳。每当发言精彩或结束时，都要鼓掌致意。中途离开会场时要轻手轻脚，不可以影响他人。在会议进行时手机应关闭或调整到振动状态。

会议主持人要注重自身形象，衣着应整洁、大方，走向主席台时步伐要稳健有力。如果是站立主持，双腿应并拢，腰背挺直。持稿时，右手持稿的底中部，左手五指并拢自然下垂。当双手持稿时，应与胸齐高。坐姿主持时，应将身体挺直，双臂前伸，两手轻按于桌沿。在主持过程中，要根据会议的性质来调节会议的气氛。在嘉宾发言期间，主持人不能与会场上的熟人打招呼，更不能寒暄闲谈。

会议发言有正式发言和自由发言两种，前者一般是领导报告，后者一般是讨论发言。正式发言者，应注意自己的举止礼仪，走向主席台时步态应自然、自信、有风度。发言时应口齿清晰，逻辑分明。如果是书面发言，要时常抬头环视一下会场，不要只是埋头看着发言稿。当发言完毕后，应对听者表示谢意。而自由发言则较为随意，但要讲究顺序、注意秩序，不能争抢发言。当与他人有分歧时，态度应平和，不要与人争论不休。如果有参加者提问，发言人应礼貌作答，对不能回答的问题，应巧妙地回应，切忌生硬地拒绝。

第五节　突破职业技能障碍

职业技能，包括通用职业技能和专业技能。职业技能是职业能力的核心，只有通过学习，不断提升职业技能，才能在一项工作中有长足的发展。

一、提升通用职业技能的方法

所谓通用职业技能，就是进入任何一个行业或者干任何一个工作，都必须具备的最基本职业技能。在职场中，以下四项能力是最基本的通用职业技能。

（一）沟通能力①

沟通是现代职场人的必备技能，不论上下级之间，抑或是同事之间，都少不了沟通。以下是职场沟通的一些技巧。

---

① 《职场沟通技巧及注意事项》，个人图书馆，http://www.360doc.com/content/19/0823/14/25708565_856617823.shtml。

1. 用心聆听

懂得侧耳倾听是一种很好的沟通方式。职场中我们经常需要跟别人沟通工作，通过积极主动地聆听他人的话，你能更容易领略到其他人想表达的意思，减少沟通成本。

2. 非言语沟通

你的肢体语言、眼神交流、手势和语气都能为你想表达的信息润色。当你在说话时，多多留意他人的非言语特征。因为非言语特征往往传达着一个人的真实所想。比如说，你询问对方某件事情时，如果对方没有跟你有眼神上的对视，那么表明对方目前情绪不佳或正忙于其他重要事情。

3. 语言表达简单明了

表达个人所想时尽可能言简意赅。在表达前先想好怎么说，这样能够避免过度表达以及使你的听众感到困惑。

4. 友好待人

当你需要询问同事某个问题时，可通过友好的、人性化的提问方式，还可以加上友善的面部表情，比如微笑注视对方，这些都有益于你与同事间建立开放且真诚的对话交流。如果是书面交流，可以贴心地在发送给同事的邮件最后附上祝福语，这样既能够使邮件生动起来，还能使收件人心情愉悦。

5. 保持自信心

当你与同事进行沟通交流时，保持自信心是一件很重要的事情。因为自信心能够使你的同事不自觉地信服并跟随你的思路，使你们之间的沟通更加顺畅。

6. 换位思考

当你并不认同老板或同事的某一观点或做法时，你可以尝试换位思考，从老板或同事的立场出发分析问题。也可以先表达"我理解你的出发点"，以表示你有换位思考并尊重他们的观点，然后再提出不同见解。

7. 保持开放的心态

开放的心态是指无论是你喜欢的人还是你讨厌的人，你都愿意虚心从他身上发现和学习有价值的东西，而不是因为讨厌他就全盘否定这个人。优秀的沟通者都能以灵活、开放的心态对待别人，以开放的心态聆听并理解他人的观点。

8. 尊重他人

当你能够表达对他人观点的尊重时，人们会更乐意与你交流。简单细小的动作，诸如说出对方的名字、眼神交流，以及在别人说话时积极地聆听，都能给对方留下很好的印象。

9. 虚心接受别人的意见

懂得得体地给予和接受反馈意见也是一项重要的沟通技能。用心聆听别人给你的反馈，如果对个别问题不太清楚，可以提出几个明确的问题，然后努力实践这些反馈的意见。

10. 选择合适的沟通方式

不同的场合需要选择合适的沟通方式。比如，某些严肃、重要的事情最好当面交谈。如果对方很忙，你可以选择以电子邮件或其他社交平台的形式给他留言，这也是尊重对方的一种表现。

（二）办公软件操作能力

对于现代职场人来说，掌握办公软件的操作是基本的岗位要求之一。常见的办公软件种类很多，有通用的工具类办公软件，比如数据分析、文字处理、图片处理、方案设计等，还有大量专用的办公软件，比如不同行业领域的 ERP 等，不同类型的办公软件，掌握的方法也不一样。

针对通用的办公软件，应该从基本操作开始学起，这些通用的办公软件往往在操作上并不复杂，但是需要一个系统的学习过程，尤其是在提升操作效率方面，应该下一番功夫。比如目前数据分析类软件的学习就比较重要，可以从 Excel 学起，而要想具有较强的数据分析能力，那么还需要具备一定的算法应用能力。

对于初学者来说，结合具体案例进行学习是比较好的方式，印象也会比较深刻。在学习软件操作的过程中，既要注重自主学习，也要重视与其他同事的交流。总的来说，要想提升通用办公软件的操作能力，一定要多交流多练习。

针对特定行业的办公类软件，应该从了解行业的业务流程开始，很多人在操作软件的过程中总是会遇到各种障碍，一个重要的原因就是脱离了业务流程，不同的业务流程需要在软件操作的过程中有所体现。不同行业往往都有自己的"业务流"，"业务流"与"软件工作流"要做到严格地匹配才不会出现问题。

另外，不同的办公类软件往往对于使用者的基础性要求也不一样，有的办公类软件需要操作者具备一定的专业知识基础，比如金融业、统计业等，所以要想提升这些办公软件的操作能力，还需要具备相应的知识。

（三）分析和解决问题能力

分析和解决问题的能力是一个人立足职场的根本。职场中的成功者都是分析和解决问题的高手。既然解决问题的能力如此重要，那么我们该怎样提高自己解决问题的能力呢？以下七种方法可供参考。

方法 1：善于问为什么

要多问且善问，问的问题尽可能与要解决的事情相关，才会对解决问题有帮助。

方法 2：主动记住与问题相关的事物

要主动记住所有与问题相关的事物，然后进行数据分析、头脑风暴、案例借鉴，最终做出最适合解决问题的方案。

方法 3：将问题可视化

如果需要解决的问题比较复杂，涉及的内容很多，可以在分析问题时进行可视化操作，通过数据、图表等方式层层分解问题，让问题更直观。

方法 4：善用头脑风暴法

头脑风暴是指一个团队的人坐在一起，每个人都发表不同的意见，然后都记录下来，最终总结出一个相对好的方法来解决问题。通过团队成员的思维碰撞，可以激发出好的解决办法。当你需要独立解决遇到的问题时，可以寻求不同人的建议，从不同的角度分析，寻找解决问题的最好方法。

方法 5：多看案例

每个人都是通过后天学习才获得了很多知识，然后再用知识来武装自己，让自己的能力越来越强。想提升自己分析和解决问题的能力，还要善于学习别人的成功案例或者从别人失败的案例中总结经验，通过总结、学习前人的案例，寻找更好的解决问题的方法。

方法 6：在大脑中演练

在解决问题的过程中，你也可以在大脑中演练用某种方法解决问题会出现哪些结果，将可能的结果在自己的大脑里过一遍。这样，可以让自己有充分的心理准备，同时也更加清楚解决方案的一些细节问题。

方法 7：多总结、多实践

实践是检验真理的唯一标准，因此，要找到解决问题的办法，最好的途径就是实践。将问题分析出来，用头脑风暴的方法，将你觉得可行的解决方案写在纸上，然后提炼出一个整体的方案，再按这个方案去实践，在实践过程中不断改进解决方案。

（四）协同能力①

所谓协同能力，是指建立在团队的基础之上，个人发挥团队精神，通过与团队成员的互补互助实现团队工作效率最大化的能力。职场如战场，我们不是在孤军奋战，问题的解决通常需要依靠团队成员之间的协同配合。对于团队的成员来说，不仅要有个人能力，更需要有在不同的位置上各尽所能、与其他成员协调合作的能力。我们可以从以下五个方面来培养自己的协同能力。

1. 取长补短

团队强调的是协同工作，所以团队的工作气氛很重要，它直接影响团队的合作效率。没有完美的个人，只有无敌的团队，团队成员之间取长补短，相互协作，方能造就出一个好的团队，所以也才有"三个臭皮匠顶个诸葛亮"的说法。在一个团队中，每个成员都有自己的优缺点，应该主动学习团队成员的优点，强化或克服自己的缺点，或者利用自己的长处去补齐团队成员的短板，使团队的协作更加顺畅，提高工作效率。

2. 包容团队成员

团队工作需要成员之间相互配合，发挥各自的优势，如果一个人固执己见，无法听取他人的意见，或经常与团队成员发生冲突，团队的工作就无法进行下去。团队的高效率在于成员之间配合默契，如果成员之间没有默契，团队合作就不可能成功。因此，对待团队中其他成员时一定要抱着宽容的心态，讨论问题时对事不对人，即使他人犯了错误，也要本着大家共同进步的目的去帮对方改正，而不是一味斥责。同时也要经常检查自己的缺点，如果意识到自己的缺点，不妨坦诚地讲出来，承认自己的缺点，让大家共同帮助你改进，这是最有效的方法。

---

① 《如何提高团队的配合性》，https：//wenda. so. com/q/1464015039723862。

3. 获得支持与认可

工作中如果你能得到同事们的支持和认可，那么你与同事之间的协作就会比较顺畅。想要获得同事们的支持与认可需要你发挥自己的人格魅力，比如你的责任心很强、工作很认真、很关心同事，或者通过自己的工作能力来说服别人。

4. 保持谦虚

任何人都不喜欢骄傲自大的人，骄傲自大的人在团队合作中通常也不会被大家认可。可能你在某个方面比其他人强，但你更应该将自己的注意力放在他人的强项上，只有这样，才能看到自己的不足之处。团队中的任何一位成员都有自己的专长，所以必须保持足够的谦虚。

5. 资源共享

团队作为一个整体，需要的是整体的综合能力。不管一个人的能力有多强，如果个人能力没有充分融入团队，那么个人能力是无法发挥出来的。在团队工作中要学会资源共享，将资源利用最大化，这样团队的力量才会更强。

二、提升专业技能的方法

提升自我专业技能的最好方法就是学习。不过，职场中的学习与在学校和军队中的学习不同，职场学习有其特有路径。

（一）系统学习

我们进入一个新的行业，往往需要通过系统学习来建立对这个行业的认知体系。那么，如何进行系统学习？可以从以下三点入手：

第一，找到有效的"抓手"。所谓"抓手"，就是一个学科中最精华、最核心的知识和概念。例如，如果我们要学习科技史，这是一个非常宏大的主题，该如何入手呢？找到人类科技进步重要的两个抓手：能量和信息，然后根据这两个抓手展开整个科技史的学习。虽然人类的科技史不能够完全由这两个抓手覆盖，但是它们已经涵盖了大部分的内容，因此抓住了它们就抓住了主干。

> 人只有学习了学习的方法后，才能快速进步。
>
> ——[美]查理·芒格

第二，建立学科的知识图谱。这一点很好理解，我们有时看完书会自己做一个思维导图，总结这本书中的内容，将里面的核心知识和概念串起来。这样一方面可以加深我们的记忆，另一方面可以让我们从新的角度去理解这些知识。

第三，学习成功经验。很多时候我们学习的效果不好，并不是我们不努力，而是我们不知道该怎么学习。不得不承认，有些人真的在学习这件事上有天赋，总能想出更好的学习方法，让自己的学习事半功倍。因此，想要提升自己的实力，最好的方法就是向他们学习，学习他们那些行之有效的学习方法。

（二）在岗学习

在岗学习又称为在岗培训，是指在日常的工作中，公司领导和技能娴熟的老员工对普通员工和新员工们进行知识、技能、工作方法等方面的指导和培训的一种学习方法。其特点是不离开工作环境，在具体工作中双方一边示范讲解、一边实践学习，被指导方有不明之处可以当场询问，指导方可以随时补充和纠正。

（三）师带徒

对于新入职的员工，公司通常会分配一位老员工来帮助新员工熟悉业务。新员工应该主动积极地向老员工学习知识和技能，学习老员工的工作态度和工作作风，锻炼自己的意志力和自信心，遵守企业规章和劳动纪律，早日成为一名合格员工。

在这个学习的过程中，新员工要主动去发现问题，现场请教老员工如何解决，通过"问—答"式有针对性的培训，促使自己快速成长。"师傅领进门，修行在个人"，新员工在熟悉业务之后还要继续保持学习状态，不断提升业务水平。

结 语 ●●·········

职场发威再建功

从应聘者中脱颖而出，获得自己心仪的工作，是进入职场的第一个成功。庆祝之余，就该沉下心，直面挑战，跨越障碍，在新的工作岗位发威发力，再建奇功，证明自己的实力，证明自己胸中永远燃烧着军人魂！

附 录

退役军人求职应知应会 30 问

1. 个人简历包括哪些内容？

答：（1）基本信息：姓名、性别、出生年月、籍贯、政治面貌、婚姻状况、身体状况、兴趣、爱好、性格以及自己的联系方式等；

（2）求职意向；

（3）教育背景；

（4）在部队里的主要工作经历；

（5）专业技能；

（6）所获荣誉。

2. 如何收集用人单位需求信息？

答：收集用人单位需求信息渠道一般有：

（1）招聘网站；

（2）各类的招聘会；

（3）各类媒体；

（4）亲朋好友。

3. 自荐方式有哪些？

答：（1）参加人才招聘会；

（2）上门自荐；

（3）电话自荐；

（4）信函自荐（书面自荐）；

（5）他人推荐；

（6）广告自荐；

（7）网络推荐。

这几种自荐方法并非独立存在，在现实的求职活动中，往往综合应用方能达到自我推荐的目的。一般来说，几种方法并用效果会好一些。但就个人而言，究竟采取哪种自荐方式，应从实际需要出发。

4. 面试有哪些具体形式？

答：面试的具体形式一般包括个别面试、小组面试、成组面试、电话面试和视频面试等。个别面试是一个应聘者与一个面试人员面对面地交谈。小组面试通常是由两到三个人组成面试小组对各个应聘者分别进行面试。成组面试通常由面试小组（由两到三人组成）同时对几个应聘者（一般是五到六人）进行面试。电话面试是一种通过手机、固定电话等通信工具对应聘者进行考核和筛选的面试渠道。视频面试是指用人单位与应聘者利用互联网，通过视频摄像头和耳麦连接语音、视频、文字的方式进行即时沟通交流的招聘面试行为。

5. 面试考察应聘者哪些方面的素质和能力？

答：面试能够综合考察应聘者的素质和能力，主要包括仪表风度、专业知识、工作实践经验、口头表达能力、综合分析能力、反应能力与应变能力、人际交往能力、自我控制与情绪、工作态度、上进心、求职动机、业余兴趣与爱好等。

6. 面试中有哪些注意事项？

答：（1）注意面试着装；

（2）注意面试礼仪；

（3）与面试官目光交流；

（4）心态要放松；

（5）展现自身优势。

7. 面试时如何谈薪资问题？

答：（1）分析市场行情，建立合理薪资预期；

（2）分析市场需求，了解目前市场对于该岗位人才的稀缺程度，从而进行评估；

（3）客观分析自身经验和能力，不可盲目抬价；

（4）分析企业性质，比如大型企业规章制度严格，薪酬控制较为严格；

而中小企业的薪酬弹性相对比较大；

（5）关注薪资细节，如是否有年终奖、具体工作时间、加班是否有加班工资、给出的工资是税前的还是税后的等。

8. 如何化解职场人际冲突？

答：（1）沉默以待，不给别人留下把柄；

（2）划清界限，保持立场；

（3）真诚和解，拿出诚意；

（4）恳请上司主持公道。

9. 退役军人与用人单位订立劳动合同时要注意哪些事项？

答：劳动合同是劳动者与用工单位之间确立劳动关系、明确双方权利和义务的协议。劳动法规定劳动合同应当以书面形式订立，订立劳动合同应一式两份，用人单位与劳动者各保存一份。退役军人与用人单位订立劳动合同时要注意劳动合同的有效条款。

一份有效的劳动合同必须具备以下条款：

（1）劳动合同期限；

（2）工作内容；

（3）劳动保护和劳动条件；

（4）劳动报酬；

（5）劳动纪律；

（6）劳动合同终止的条件；

（7）违反劳动合同的责任。

与用人单位签订劳动合同时，特别要注意下列事项：

（1）劳动合同必须在平等自愿、协商一致和不违反法律、法规的前提下签订；

（2）合同内容应当完整清楚，包括合同期限、工作内容、劳动保护和劳动条件、工资标准、劳动纪律、劳动合同终止条件、违反劳动合同的责任等必须约定的条款；

（3）双方协商约定的条款，如试用期、违约金、培训费用的支付与赔偿、保守商业秘密、竞业限制、更换工作岗位、调整工资待遇等内容，员工应考虑成熟，在自己能接受的情况下再签订；

（4）不要签订空白劳动合同，避免自己的权益受到侵害。

10. 劳动合同与劳务合同有什么区别？

答：劳动合同是指劳动者与用人单位之间确立劳动关系、明确双方权利和义务的协议。签署劳动合同的双方，即退役士兵和用人单位之间具有从属性。劳动合同适用于劳动法以及相关行政法规调整。签署劳动合同，用人单位必须严格遵守法律的强制性规定以及劳动合同中的合法约定，向退役士兵支付劳动报酬。

劳务合同是指以劳动形式提供给社会的服务民事合同，是当事人各方在平等协商的情况下就某一项劳务以及劳务成果所达成的协议。退役士兵需要注意，劳务合同双方不具有从属性，属于平等民事主体的关系。劳务合同适用于合同法以及民法总则和其他民事法律调整。劳务合同报酬的结算和支付方式依据双方当事人的约定。

11. 试用期到底应该多长？

根据《中华人民共和国劳动合同法》第十九条规定，劳动合同期限 3 个月以上不满 1 年的，试用期不得超过 1 个月；劳动合同期限 1 年以上不满 3 年的，试用期不得超过 2 个月；3 年以上固定期限和无固定期限的劳动合同，试用期不得超过 6 个月。具体计算试用期，还是要依据所签订的劳动合同期限来设定。第十九条规定中的"以上"包含本数，"不满"不包含本数，即若是劳动合同期限为 1 年的，试用期可约定为 2 个月，但不能超过 2 个月。

需要注意的是，以完成一定工作任务为期限的劳动合同或者劳动合同期限不满 3 个月的，不得约定试用期。还要注意的是，试用期应包含在劳动合同期限内。劳动合同仅仅约定试用期的，则试用期不成立，该期限应计为劳动合同期限。

12. 试用期内被辞退了怎么办?

答：退役军人可能会遇到试用期不满即被辞退的情况，这会让一些初入职场的退役军人缺乏安全感。其实试用期内被辞退时，不要惶恐，而要依据有关法律法规厘清被辞退的原因以及试用期所规定的辞退条件，就可以断定辞退是否合理。

根据《中华人民共和国劳动合同法》第二十一条规定："在试用期中，除劳动者有本法第三十九条和第四十条第一项、第二项规定的情形外，用人单位不得解除劳动合同。用人单位在试用期解除劳动合同的，应当向劳动者说明理由。"第三十九条规定："劳动者有下列情形之一的，用人单位可以解除劳动合同：（一）在试用期间被证明不符合录用条件的；（二）严重违反用人单位的规章制度的；（三）严重失职，营私舞弊，给用人单位造成重大损害的；（四）劳动者同时与其他用人单位建立劳动关系，对完成本单位的工作任务造成严重影响，或者经用人单位提出，拒不改正的；（五）因本法第二十六条第一款第一项规定的情形致使劳动合同无效的；（六）被依法追究刑事责任的。"第四十一条规定："有下列情形之一，需要裁减人员二个人以上或者裁减不足二十人但占企业职工总数百分之十以上的，用人单位提前三十日向工会或者全体职工说明情况，听取工会或者职工的意见后，裁减人员方案经向劳动行政部门报告，可以裁减人员：（一）依照企业破产法规定进行重整的；（二）生产经营发生严重困难的……"

需要注意的是，用人单位可解除劳动合同的条件是"必须举证证明劳动者在试用期间不符合录用条件"。用人单位在试用期解除劳动合同的，应当向劳动者说明理由。在这种情况下，用人单位解除劳动合同无须支付经济补偿金。如果用人单位没有证据证明劳动者在试用期间不符合录用条件的话，就不能解除劳动合同。

13. 试用期应当享有的企业福利有哪些?

答:员工福利分为两类:一类是法定福利,如社会保障、带薪年休假;另一类是非法定福利,如奖励旅游、节日补贴。法定福利是依照国家的法律法规给予的,非法定福利单位可以给,也可以不给,主动权在单位手中。如果国家的法律法规中没有提到试用期内是否给福利,则默认试用期员工与正式员工一样,单位必须给予同样的福利。

单位必须给予的法定福利是:社保、带薪年休假、最低工资标准、同工同酬险等。社会保险是重要的法定福利。有些单位和员工说,试用期内不缴纳社会保险,试用期过后,一次性补缴。这种做法听上去似乎有道理:虽然试用期内不缴,但是试用期转正后会补缴,似乎待遇没损失。但是一旦试用期内单位认为员工不符合录用条件解除了劳动合同,此时矛盾就产生了。其实,社会保险作为法定福利,试用期内必须缴纳。

需要注意的是,即使没有转正,单位也要在试用期内为员工缴纳社会保险。试用期没结束就离职的员工,其在试用期内的社会保险单位仍然应当缴纳。对于单位来说,试用期内缴纳社会保险可以免除自己的风险。所以转正后再补缴的方式是不合法的。

14. 如果企业拖欠工资,员工生活无保障怎么办?

答:企业无故拖欠员工工资,是侵害劳动者合法权益的行为,如果导致员工生活无保障的情况出现,员工可以追究企业相应的法律责任。根据《中华人民共和国劳动合同法》第八十五条规定:"用人单位未按照劳动合同的约定或者国家规定及时足额支付劳动者劳动报酬的;低于当地最低工资标准支付劳动者工资的;安排加班不支付加班费的;解除或者终止劳动合同,未依照本法规定向劳动者支付经济补偿的,由劳动行政部门责令限期支付劳动报酬、加班费或者经济补偿;劳动报酬低于当地最低工资标准的,应当支付其差额部分;逾期不支付的,责令用人单位按应付金额百分之五十以上百分之一百以下的标准向劳动者加付赔偿金。"

这里的"逾期不支付"是指用人单位没有按照劳动行政部门规定的履行期限履行其向劳动者支付相关费用的法定义务。如果用人单位有拖欠工资的违法行为，在劳动行政部门发出限期支付劳动报酬、加班费等费用的责令后，该用人单位即在劳动行政部门规定的期限内履行了其支付义务的，则不必再按照该条规定。

16. 退役军人可选择的维权方式有哪些？

答：退役军人如遇到侵权事件，可采用以下渠道进行维权：

（1）协商。双方协商体现了平等、自主，既省时间金钱，又不伤害感情。但是否协商，取决于双方自愿。协商解决不是劳动争议处理的必经程序。

（2）调解。调解是指在第三人的参与下，通过说服、劝导促成争议双方达成和解。一般是指在劳动争议调解委员会的调解下进行，调解也不是劳动争议的必经程序。

（3）仲裁。仲裁是指由公正的第三人居中裁决纠纷。仲裁是劳动争议处理的必经程序。

（4）诉讼。诉讼是人民法院通过审判程序解决纠纷的活动。劳动争议诉讼是劳动争议处理的最后程序，也是最权威的处理方式。

16. 用人单位不得解除劳动合同的情形有哪些？

答：所谓"用人单位不得解除劳动合同的情形"，严格来说应当是"用人单位不得无过失单方解除劳动合同的情形"。这是国家对无过错劳动者的保护性条款。了解这些条款对于初入职场的退役军人有效维护自身合法权益是十分必要的。根据《中华人民共和国劳动合同法》第四十二条的规定，这些不得解除劳动合同的情形包括：

（1）从事接触职业病危害作业的劳动者未进行离岗前职业病健康检查，或者疑似职业病病人在诊断或者医学观察期间的。

（2）劳动者在本单位患职业病或者因工负伤并确认丧失或者部分丧失

劳动能力的。职业病是劳动者在生产劳动及其职业活动中，接触职业性有害物质引起的疾病。

（3）劳动者患病或者非因工负伤，在规定的医疗期内的。

（4）女职工在孕期、产期、哺乳期的。所谓孕期，是指妇女怀孕期间。产期，是指妇女生育期间，根据《中华人民共和国劳动合同法》第二十六条的规定，产假不应少于 90 天。哺乳期，是指从婴儿出生到满一周岁的期间。

（5）劳动者在本单位连续工作满 15 年，且距法定退休年龄不足 5 年的。

（6）法律、行政法规规定的其他情形。

17. 常见的针对退役军人就业的诈骗形式有哪些？

答：（1）试用期陷阱：单方面延长试用期、只签订试用期合同、试用期永远"不合格"、试用期不缴纳社保等。

（2）收费诈骗："黑中介"、招聘收费、"合伙诈骗"等。

（3）培训陷阱：培训效果不佳、培训老师水平不足、培训院校不够规范、培训证书水分大等。

18. 劳动者依法离职时，用人单位为挽留员工，拒绝开具离职证明是否合法？

答：不合法。《中华人民共和国劳动合同法》第五十条和第八十九条规定，用人单位应当在解除或者终止劳动合同时出具解除或者终止劳动合同的证明，用人单位违反本法规定未向劳动者出具解除或者终止劳动合同的书面证明，由劳动行政部门责令改正；给劳动者造成损害的，应当承担赔偿责任。故为已解除劳动关系的劳动者开具离职证明是用人单位的法定义务。如果因用人单位拒开劳动关系解除证明导致劳动者无法办理入职手续产生损失的，用人单位要承担损失赔偿责任。用人单位挽留优秀员工应采用合法方式，以拒开离职证明等方式挽留员工的做法不可取。

19. 劳动者离职时需要完成交接手续才可以离职吗？

答：《中华人民共和国劳动合同法》第五十条第二款规定，劳动者应当按照双方约定，办理工作交接。用人单位依照本法有关规定应当向劳动者支付经济补偿的，在办结工作交接时支付。此规定明确了劳动者离职时需要协助办理交接手续，如若劳动者不配合办理交接手续，用人单位可以拒付经济补偿。另原劳动部《工资支付暂行规定》第十六条也规定了，因劳动者本人原因给用人单位造成经济损失的，用人单位可按照劳动合同的约定要求其赔偿经济损失。故劳动者离职也应本着"好聚好散"的原则，与接任人员妥善地进行工作交接，切莫任性为之。

20. 退役士兵报考公务员有哪些优惠政策？

答：在军队服役 5 年（含）以上的高校毕业生士兵退役后可以报考面向服务基层项目人员定向考录的职位，同服务基层项目人员共享公务员定向考录计划。县以下一线执法职位、乡镇（街道）专职人民武装干部职位招录，应拿出一定名额面向大学生退役士兵招录。退役残疾军人符合条件的可以报考面向残疾人的专设公务员招录职位。公安机关特警职位可面向反恐特战等退役士兵招录人民警察。

21. 退役士兵报考事业单位有哪些优惠政策？

答：对符合政府安排工作条件的退役士兵，可由县级以上地方人民政府督导和组织事业单位（含人事管理工作纳入属地管理的上级部门所属事业单位），根据编制空余情况，拿出一定比例的岗位进行定向招聘。鼓励各地事业单位根据工作需要和岗位特点优先招聘退役士兵，对有一定军事技能和专业素质要求的岗位，可面向退役士兵定向招聘。

22. 退役士兵参加国有企业招录有哪些优惠政策？

答：国有、国有控股和国有资本占主导地位企业在新招录职工时，按照本企业全系统新招录职工数量的5%核定年度退役士兵接收计划，由所属企业或部门在退役士兵之间公开竞争、择优录用。

23. 退役军人就业有哪些优惠政策？

答：企业招用自主就业退役士兵，与其签订 1 年以上期限劳动合同并依法缴纳社会保险费的，自签订劳动合同并缴纳社会保险当月起，在 3 年内按实际招用人数，以每人每年 9000 元的定额标准，依次扣减增值税、城市维护建设税、教育费附加、地方教育附加和企业所得税。

24. 退役士兵服现役年限可以计算为工龄吗？

答：可以。《退役士兵安置条例》第 44 条规定，退役士兵服现役年限计算为工龄，与所在单位工作年限累计计算，享受国家和所在单位规定的与工龄有关的相应待遇。

25. 退役士兵在城镇从事个体经营或者以灵活方式就业的，可以参加职工基本养老保险吗？

答：可以。退役士兵到城镇企业就业或者在城镇从事个体经营、以灵活方式就业的，按照国家有关规定参加职工基本养老保险，服现役年限视同职工基本养老保险缴费年限，并与实际缴费年限合并计算。

26. 军龄能否视为基本医疗保险参保缴费年限？

答：退役士兵的服现役年限应视同参保缴费年限。

27. 士兵退出现役时，其医疗保险关系如何转移？

答：士兵退出现役时，接收安置地区已经实行城镇基本医疗保险制度的，由所在单位后勤财务部门填写《军人退役医疗保险个人账户转移凭证》或《义务兵退役医疗保险金转移凭证》，交给本人，并及时将本人退役医疗保险个人账户资金从银行汇至接收安置地区的社会保险经办机构。士兵退出现役后，应当将本人所持的《军人退役医疗保险个人账户转移凭证》或《义务兵退役医疗保险金转移凭证》交给接收单位，由接收单位为其办理城镇职工基本医疗保险个人账户落户手续；接收安置地区的社会保险经办机构应当在收到接收单位或者退役军人个人提供的转移凭证后 20 天内，按照城镇职工基本医疗保险管理的有关规定，为退役军人建立（或续接）城镇职工基本医疗保险个人账户。

士兵退出现役时，按照国家规定不参加城镇职工基本医疗保险的，由所在单位后勤财务部门，填写《军官、文职干部和士官退役医疗保险金给付表》，将个人账户资金发给个人；义务兵入伍前参加城镇职工基本医疗保险的，入伍时由当地社会保险经办机构将个人账户封存。退役回到原入伍地就业后，由当地社会保险经办机构启封个人账户。易地安置的，由接收地区的社会保险经办机构通知原入伍地的社会保险经办机构办理个人账户转移手续。

退役士兵参加城镇居民基本医疗保险或者新型农村合作医疗的，如地方没有建立个人医疗保险账户，其军人退役医疗保险金在士兵退役时由部队发给本人。士兵退役回到地方后参加城镇居民基本医疗保险或者新型农村合作医疗的，按照当地医疗保险经办机构规定办理。

28. 退役士兵以企业职工的身份参加职工基本医疗保险，保费如何缴纳？

答：国家规定，职工应当参加职工基本医疗保险，由用人单位和职工按照国家规定共同缴纳基本医疗保险费。退役士兵不论是自主就业还是安排工作，只要与用人单位建立劳动关系，所在单位都应当为其办理职工基本医疗保险，并且按照企业普通职工参加职工基本医疗保险一样进行缴纳。

29. 退役士兵以企业职工的身份参加城镇职工基本医疗保险，保费如何缴纳？

答：国家规定，职工应当参加城镇职工基本医疗保险，由用人单位和职工按照国家规定共同缴纳基本医疗保险费。退役士兵无论是自主就业还是安排工作，只要与用人单位建立劳动关系，所在单位都应当为其办理职工基本医疗保险，并且按照企业普通职工参加职工基本医疗保险一样进行缴纳。

30. 退役士兵怎样参加失业保险?

答:根据《人力资源和社会保障部、财政部、总参谋部、总政治部、总后勤部关于退役军人失业保险有关问题的通知》(人社部发〔2013〕53号)规定,退役士兵参保缴费满一年后失业的,按规定享受失业保险待遇。退役士兵离开部队时,由所在团级以上单位后勤(联勤、保障)机关财务部门,根据其实际服役时间开具《军人服现役年限视同失业保险缴费年限证明》并交给本人。退役士兵在城镇企业事业等用人单位就业的,由所在单位或者本人持《军人服现役年限视同失业保险缴费年限证明》及士官(义务兵)退出现役证,到当地失业保险经办机构办理失业保险参保缴费手续。失业保险经办机构将视同缴费年限记入失业保险个人缴费记录,与入伍前和退出现役后参加失业保险的缴费年限合并计算。士兵入伍前已参加失业保险的,其失业保险关系不转移到军队,由原参保地失业保险经办机构保存其全部缴费记录。士兵退出现役后继续参加失业保险的,按规定办理失业保险关系转移接续手续。

小郭政委有话说

　　遥想当年，出于对军人的崇拜，对军营生活的向往，亦有立志于国防事业的初心，许多青年毅然决然地穿上了军装。经过几年的摸爬滚打，当年初出茅庐的新兵，而今已经成为一名坚毅顽强的老兵。

　　当军营中的一切都已习惯后，却到了离开的时候。当你脱下军装，走向社会，面对的一切似曾相识，却又有几分陌生，还夹杂着诸多的不习惯。脱下军装，回归社会和家庭，你是否无所适从？

　　为了帮助战友们重入社会，我们编写了这本书，希望能对读到这本书的战友们起到解惑和指引的作用。这是我们的初心。

　　我们希望，进入职场奋斗的战友们，运用这本书里提供的知识和方法，能够重新从职场新兵成长为不畏职场风云的老兵。这是我们的期盼。

　　身为一名退役军人，军旅生涯在你的整个人生中只是一段短暂的经历，从军营走向社会，你的人生还有漫长的路要走。一旦完成了从军营到社会的转变，你就跟其他年轻人一样，站在了同一起跑线。在这个过程中，希望你：一要打开自己，多与外界人或事沟通接触，尝试接受各种可能性；二要坚持学习，通过学习解决成长过程中遇到的问题，找到个人的目标和方向；三要有外部思维，在遇到困难时，主动向身边的朋友、战友寻求帮助，善于利用身边的资源。通过这三点，踢好进入社会的"头三脚"。这是我们的建议。